謹んで古稀をお祝いし

平出慶道先生
高窪利一先生

に捧げます

執筆者一同

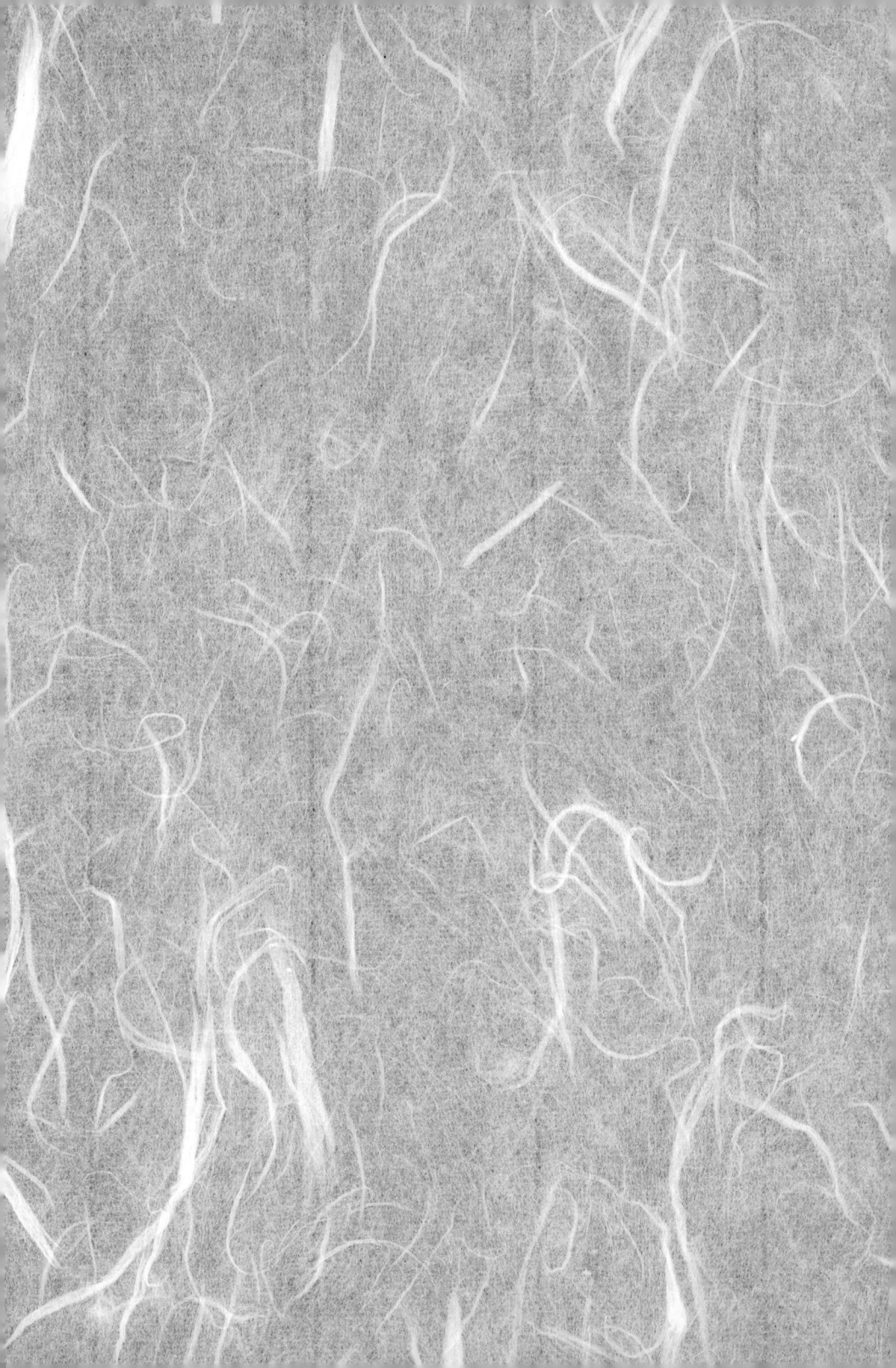

平出慶道先生　近影

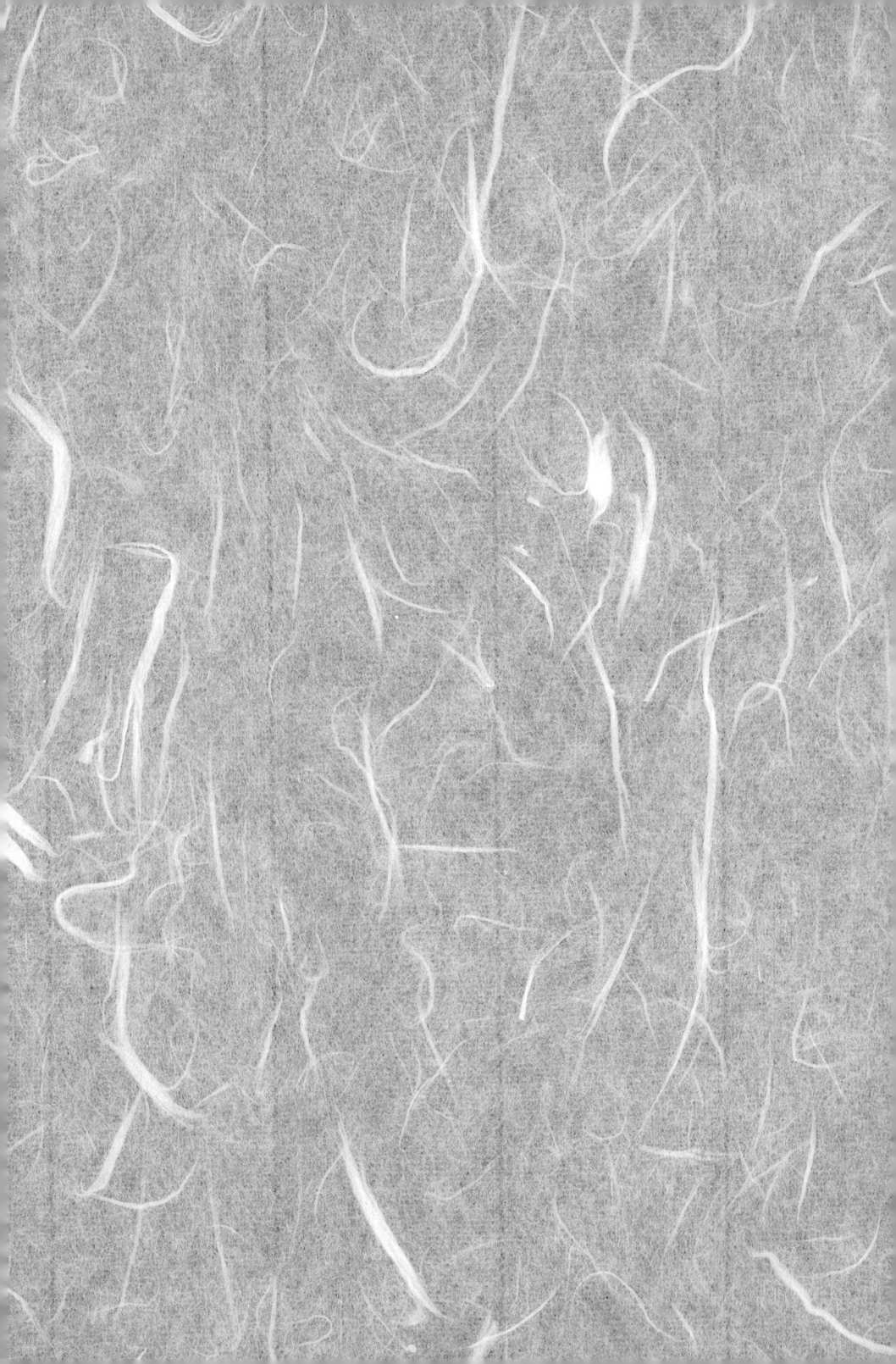

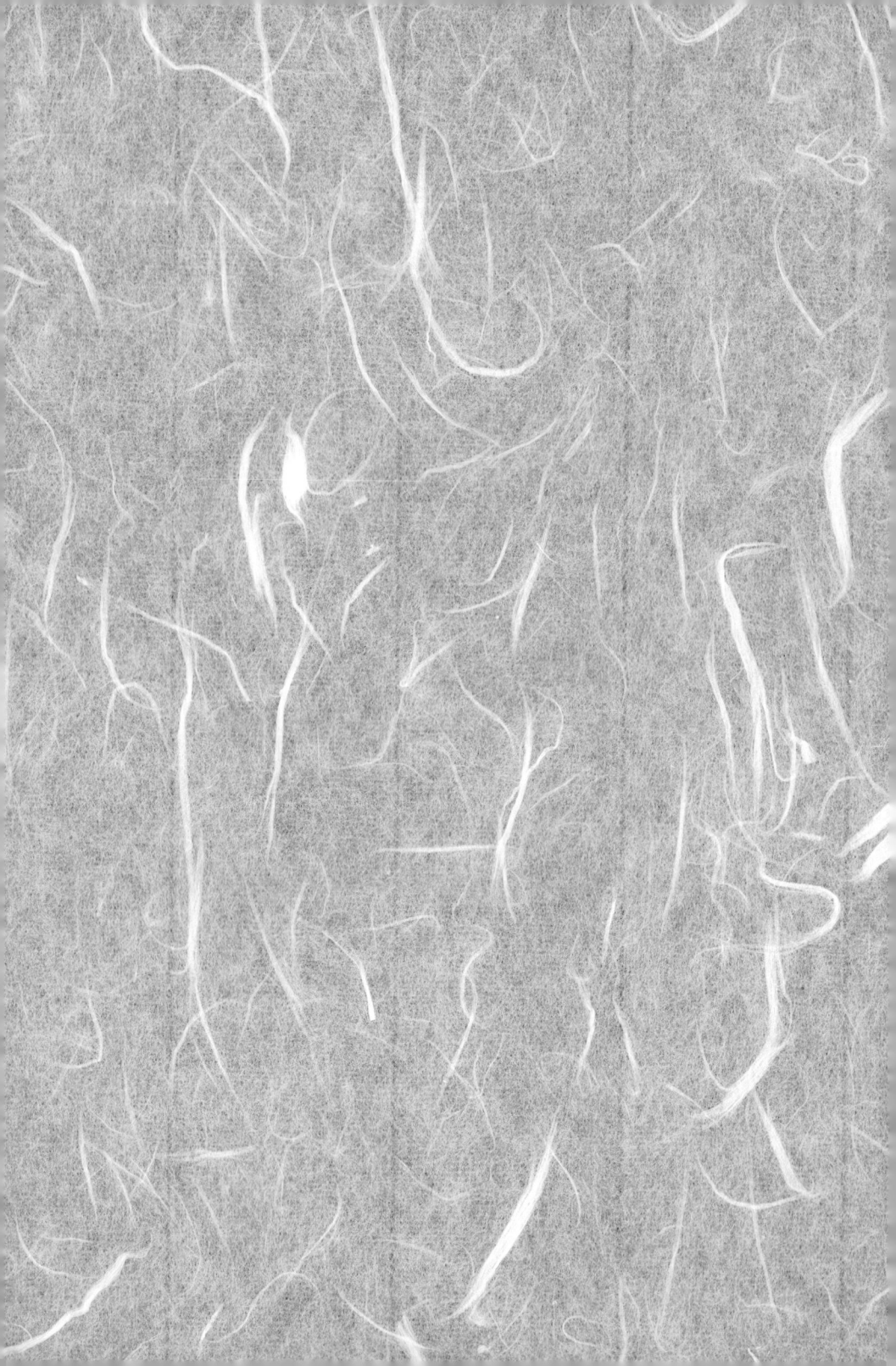

高窪利一先生　近影

平出慶道先生・高窪利一先生古稀記念論文集

現代企業・金融法の課題（上）

信山社

捧呈の辞

われわれが敬愛してやまない平出慶道先生、髙窪利一先生は、平成一二年春にめでたく古稀を迎えられました。本論文集は、平出先生、髙窪先生より身近に御指導をいただいているわれわれ執筆者一同が、両先生の古稀を祝賀し、御学恩への感謝の意を表すために、両先生に捧呈するものであります。

平出慶道先生は、昭和五年三月二四日に広島県にお生まれですが、幼少の頃から東京で育ち、昭和二七年に東京大学法学部法律学科を卒業と同時に、大学院研究奨学生として、鈴木竹雄先生の御指導の下に、研究生活に入られました。そして、昭和三二年に北海道大学法学部助教授に任ぜられ、進んで、昭和三七年に教授に任ぜられました。その後、昭和四八年に名古屋大学法学部教授に転じられ、平成二年には筑波大学大学院教授を併任し、翌年にその専任の教授となられました。さらに、平成七年には中央大学法学部教授となられ、平成一二年三月に停年により中央大学の教壇を去られました。その間、先生は、商法の分野において数多くの優れた著作を発表されるとともに、四三年の長きにわたり学生の教育、後進の指導に尽力してこられました。また、北海道大学教授の時代以来、学内外において様々な要職に就かれ、手腕を発揮されましたことは、略歴にも示されている通りであります。

平出先生の学問上の御業績は、会社法を始めとして、商行為法、手形法・小切手法等、広い分野にわたっており、それぞれの分野において輝かしい研究業績を挙げられております。とりわけ、株式会社の設立をめぐる基礎理論を究明された『株式会社の設立』(有斐閣、昭和四二年)は、この分野の名著と評価されています。また、精緻な解釈論を呈示された体系書『商行為法』(青林書院、初版昭和五五年、第二版平成元年)、および、有価証券法の基礎理論を究明され、独自の理論を構築された体系書『手形法小切手法』(有斐閣、平成二年)

は、研究者・学生・実務家の必読書となっています。

先生の御研究は、それぞれの分野において先生のご見解を正面に打ち出すということを特徴とされています。それらの見解は、『商行為法』『手形法小切手法』に引用されている文献、判例が示すように、諸学説および判例の網羅的かつ綿密な分析に裏付けられています。先生の著書・論文に、研究者・学生・実務家が絶大な信頼を寄せる所以であります。また、先生は、アメリカ会社法にも造詣が深く、その一端は、共訳書『アメリカ模範会社法』（商事法務研究会、昭和六三年）で公にされています。先生が平成七年に高窪先生が在職されております中央大学に迎えられ、新設された国際企業関係法学科の基幹的科目「アメリカ会社法」を担当され、中央大学の研究教育の発展に貢献されたのも、その表れといえます。

先生は、中央大学の教壇を去られた後、永年にわたる商法の御研究を生かして、弁護士業務に携わっています。最近の『ジュリスト』誌で判例研究を発表されておりますように、御研究もまだまだ続けられております。

高窪利一先生は、昭和五年四月二四日に東京でお生まれになり、以来東京で育ち、東京都立第一高等学校（現在の都立日比谷高校）を卒業され、昭和二四年に中央大学法学部法律学科に入学されています。昭和二八年に卒業されると、中央大学大学院法学研究科修士課程に進学されています。昭和三〇年に中央大学法学部助手になられ、昭和三四年に助教授、昭和四一年には教授になられています。その後は、学生部長や大学院法学研究科委員長などを歴任されています。先生は多くの研究者を育てられています。その先生に育てられた研究者達が、今回の論文集の執筆者になっています。

高窪先生の学問上の御業績は、手形法を始めとして、会社法など商法全分野にわたっています。とりわけ、先生は恩師であられる升本喜兵衛先生の創造説を発展させ、その手形法に関する基礎理論は独自の基礎理論として結晶させられました。その理論を具現化した『現代手形・小切手法』（経済法令研究会、昭和五四年）は、手形法学における基本書となり、その後版を重ねて、現在では三訂版が出版されています。先生の手形法に関する御業績は、業績一覧に示されているところです。先生は、また、若い時代から、比較法的な研究にも強い関心を寄せられ、具体的には、日米法学交流計画として行われていたゼミナールにも、昭和三一年以来参加されて、個別報告も数度なされています。このような比較法的な関心は、その後、ホールデンの著書を翻訳した『英国流通証券法史論』（日本比較法研究所翻訳叢書）としても結実しています。

そして最近では、コーポレート・ガバナンスにも強い関心を持たれ、日本学術会議会員としても、積極的に発言をされています。

先生の御研究は、その天才的な発想を比較法的な研究と、非常に緻密な理論とをもって展開されるということを特徴とされています。学者として従来の学説に、そして学問に一石を投じることができるということは、多くの学者が望むところではありますが、非常に難しいものです。それを先生はいとも容易に成し遂げられ、学界における学問の発展に寄与されておられます。この点は、手形法において特に顕著であり、手形法学の幅を広げ、進化させた先生の御業績は全ての人が認めるところであろうと考えています。

また、学問のすばらしさだけではなく、温かな人情味のあるお人柄で、多くの後進から慕われています。中央大学でも多くの学生から尊敬され、卒業生の中に先生を囲むいくつもの会ができています。

先生は二年前から弁護士登録もされ、理論を実践の場で検証すべく、ますます御元気で活躍されておられます。また、いくつかの執筆計画もあり、執筆意欲も依然として旺盛であります。

平出先生、高窪先生の学問上の影響は広く実務界にも及んでいますが、本論文集の刊行にあたりましては、両先生の研究分野において親しく御指導をいただき、また共同して活動されている方々を中心に御寄稿をお願いしました。御労作をお寄せ下さいました執筆者各位に心より御礼を申し上げます。

また、このような大部な論文集を刊行することができましたのは、渡辺左近氏をはじめ信山社のみなさんの御尽力のたまものであります。厚く御礼を申し上げる次第です。

最後に、平出先生、高窪先生が今後とも御健康に恵まれ、末永く御活躍をお続けになりますことを、執筆者一同とともに、心よりお祈り申し上げる次第です。

平成一二年一二月

青竹正一
永井和之

目次

〈上巻〉

目次

持株会社法制に関する序説的考察
――持株会社に対する会社法上の規整――

前田重行

手形決済資金確保のために行った振込組戻しの適否
――銀行の当座勘定取引先に対する不渡回避義務――

松本貞夫

〈執筆者一覧〉（五十音順）

青竹正一　小樽商科大学商学部教授
浅木愼一　神戸学院大学法学部教授
石田　満　白鴎大学法学部教授
今井克典　名古屋大学大学院法学研究科助教授
今泉邦子　南山大学法学部助教授
宇田一明　札幌学院大学法学部教授
遠藤直哉　弁護士
大野正道　筑波大学大学院企業法学専攻教授
尾崎安央　早稲田大学法学部教授
川田悦男　東京三菱銀行事務部部長・駒澤大学法学部講師
河内隆史　神奈川大学法学部教授
黒田清彦　南山大学法学部教授
後藤紀一　広島大学法学部教授
近藤弘二　札幌大学大学院法学研究科教授
重田晴生　神奈川大学法学部教授
庄子良男　筑波大学大学院企業法学専攻教授
砂田太士　福岡大学法学部教授
関口雅夫　駒澤大学法学部教授
高橋紀夫　松山大学法学部教授

執筆者一覧

田邊宏康　小樽商科大学商学部助教授
田邊光政　大阪学院大学法学部教授
辻純一郎　エーザイ㈱法務部課長
戸川成弘　富山大学経済学部助教授
橡川泰史　神奈川大学法学部教授
永井和之　中央大学法学部教授
中島弘雅　東京都立大学法学部教授
二羽和彦　高岡法科大学法学部助教授
野口明宏　敬愛大学経済学部助教授
野田　博　一橋大学法学部教授
服部育生　名古屋学院大学経済学部教授
平井一雄　獨協大学法学部教授
平沼高明　弁護士
福瀧博之　関西大学法学部教授
藤原雄三　北海学園大学法学部教授
前田重行　筑波大学社会科学系教授
松本貞夫　明治大学法学部教授
松山三和子　埼玉大学経済学部教授
丸山秀平　中央大学法学部教授
三浦　治　岩手大学人文社会科学部助教授
弥永真生　筑波大学社会科学系助教授

取締役の従業員引抜きによる責任

青竹正一

一　はじめに

イ　最近、取締役が在任中または退任後まもなく会社の従業員に対し新事業・競争会社への参加と退職を勧誘して引抜きを行い、これに対し、会社が取締役の責任を追及する事例が増えている。この取締役と会社との紛争の多くは、中小規模のまたは閉鎖的な株式会社において、取締役が会社の実質的支配者（代表取締役・社長）と対立し、不満を抱いたことに起因している。そして、そのような会社では取締役の従業員に対する人的関係が濃密であること、および、わが国における伝統的な終身雇用制が崩れ始め、雇用関係が流動化しつつあることが、独立にあたり従業員の引抜きを伴い易いものにしている。他方、会社にとって従業員を引き抜かれると従来どおりの営業の継続を妨げられるおそれがある。とくに、特殊な専門的知識・技術を有する従業員の場合にそのおそれは大きい。

ロ　会社は、通常、取締役の在任中または退任後の従業員に対する引抜行為は、取締役の競業避止義務または忠実義務に違反するとして、商法二六六条一項五号の法令違反による損害賠償を求める。また、民法七〇九条・

七一九条にもとづき不法行為による損害賠償を求めることもある。そこで、本稿では、主として、取締役の従業員に対する引抜行為はいかなる法令に違反し、また、法令違反・違法性を認めるにはどのような事情を考慮すべきかについて、最近の判例・学説を分析しながら検討することにする。

二　在任中の引抜行為

(イ)　競業避止義務違反

イ　取締役の行為が競業避止義務に違反する場合は、商法二六六条一項五号の法令違反にあたることは明らかである。しかし、商法二六四条一項が定める取締役の競業避止義務は、取締役が会社の営業の部類に属する「取引」をなすことを義務の対象とするから、取締役が在任中に新事業・競争会社の設立を企画して定款の作成などの設立手続を進めたり、競業・開業準備行為を行うことは、営業開始が取締役退任後であるかぎり、取締役会の承認を要しない。そこで、取締役が在任中に会社の従業員に対し自己が計画中の新事業・競争会社への参加と退職を勧誘し、引抜きを行うことも、競業・開業準備行為にあたり、競業避止義務の対象にならないといえる。

ロ　これに対し、忠実義務違反のほか、競業避止義務違反の責任が問われた①前橋地裁平成七年三月一四日判決（判時一五三二号一三五頁、判タ八八五号二四四頁）では、オートレース場の清掃と警備業務などを行うX会社の取締役Y_1ら三名が、Xの発行済株式の四分の一をこえる株式を有する元代表取締役との軋轢から、新会社Aを設立して警備業の認定を受け、X会社の警備員のほとんどを新会社に入社させ、Xの警備業務の遂行を不可能ならしめ、その結果、道路工事現場の交通警備の業務を除く一切の業務を奪ったという認定のもとで、「Y_1ら三名は、いずれもX会社の取締役であった、遅くとも、……頃には、X会社の業務の乗っ取りを計画し、Aを設立させ、その計画を実行に移したのであるから、Y_1らの乗っ取り行為は、X会社の取締役としての忠実義務及び競業避止義務に違反することは明らかであり、したがって、Y_1らは商法二六六条一項五号、同条四項、二五四条の三、二六四条一項により、X会社に対し、連帯して、X会社が被った損害を賠償する責任があるといわなければならない」と判示する。

商法二六四条一項は、競業行為を定型的に規定している。また、競業避止義務違反により賠償すべき会社の損害については、損害額の推定を定める商法二六六条四項の適用を受ける。競業避止義務の対象を実質的に判断して拡大することには慎重でなければならない。①判決は、取締役Y_1らが在任中に新会社のために警備業務を受注したことを明確に認定していない。それなのに、Y_1らの乗っ取り行為が競業避止義務にも違反することは明らかというのは、疑問といわなければならない。[1]

(ロ)　善管注意義務・忠実義務違反

イ　取締役は一般的義務として、善管注意義務を負い（商二五四条三項、民六四四条）、また、忠実義務を負う（商二五四条ノ三）。そして、商法二六六条一項五号は、取締役がその任務を怠って会社に損害を与えるすべての場合に会社に対して責任を課す包括的な規定であるから、同号にいう「法令」には、商法二六四条のような具体的規定のみならず、善管注意義務や忠実義務を定める規定も含まれると解してよい。[2] そこで、取締役が在任中に従業員に対し自己が計画中の新事業・競争会社への参加と退職を勧誘し、引抜きを行うことは、取締役の一般的義務に違反しないかが問題となる。

ロ　忠実義務違反の責任が問われた②東京地裁昭和六三年三月三〇日判決（判時一二七二号二三頁、判タ六六五号二四六頁）では、X会社のコンピューター事業部長に就任し、後に取締役になったY_1が、代表取締役Aとの対立から独立を考え、コンピューター事業部の数人の従業員に対し独立への参加を勧誘し、Y_1が中心となって設立した新会社に入社させて、コンピューターソフト関係の業務を開始したという認定のもとで、「X会社のコンピューター事業部のように主にプログラマーあるいはシステムエンジニア等の人材を派遣する業務にあっては人材こそが会社の唯一の資産ともいうべきものであり、人材の確保、教育訓練等が会社の維持、発展のための主な課題となるものである。したがって、……X会社の取締役であるY_1がX会社のコンピューター事業部の従業員に対しX会社を退社して自己が設立しようとする同種の会社への参加を勧誘することは、それだけで取締役としての忠実義務に違反するものというべきである」と判示し、また、X会社に入社の際Y_1と代表取締役との間でなされた三年後に独立させる旨の約束は、従業員に対する引抜行為を適法化するものではないとしている。

②の控訴審判決である③東京高裁平成元年一〇月二六日判決（金判八三五号二三頁）も、「X会社のように、プログラマーあるいはシステムエンジニア等の人材を派遣することを目的とする会社においては、この種の人材は会社の重要な資産ともいうべきものであり、……この種の業を目的とする株式会社の取締役が、右のような人材を自己の利益のためにその会社から離脱させるいわゆる引き抜き行為をすることは、会社に対する重大な忠実義務違反であって、Y_1は、商法第二五四条ノ三、第二六六条第一項第五号により、会社が被った損害につき賠償の責任を負うべきものである」と判示する。

同じく忠実義務違反の責任が問われた④東京地裁平成一一年二月二二日判決（判時一六八五号一二一頁）では、子供向けの英会話教材の販売、英会話教室の運営などを目的とする従業員約六〇名のX会社において、代表取締役の肩書きでXの各支社の業務全般を統括、監督するなどの職務に従事していたYが、Xの親会社の代表取締役と不仲になったことから、Xの各支社長、管理職を引き連れてYが元々勤務していたAグループ内の企業に集団転職することを決意し、従業員三八名がAグループ内の子供向けの英会話教材の訪問販売などを行うB会社に転職したという認定のもとで、YはX会社の一管理職に命じ、Aグループに対しXの営業内容を開示するなどしてX従業員のAグループへの転職や転職後の営業の展開を容易にするよう準備したこと、その後、自らAグループとの間でYおよびX従業員の集団退職の交渉を始め、交渉の進展に応じ、自らまたはXの各支社長らを通じて、Xの各支社長、管理職、営業マンに対しAグループへの転職を勧誘したこと、集団退職を敢行するためその統率、指揮を行ったことが認められるとし、「Yの右のような行為が取締役の忠実義務に違背することは明らかであって、Yは、商法二六六条一項五号に基づき、X会社がYの右行為により被った損害を賠償すべき責任があるというべきである」と判示し、また、Xの親会社が英会話教室の生徒数が一万人に達したときに経営権を譲渡するとの約束を守らなかったので、親会社に不満を抱いて退職したという事由は、Yの右行為が忠実義務に違背することを否定する理由にならないとしている。

忠実義務違反の責任および不法行為責任が問われた⑤大阪地裁平成八年一二月二五日判決（判時一六八六号一三二頁）では、会議開催の準備、通訳・翻訳、各種イベントや展示会の企画・運営、人材派遣などを業務とするY_1会社の取締役Y_2が、社長と対立したことから、関西支社の幹部社員のX_1らを勧誘してY_1会社と同種の事業を営む新会社Y_3の設立を計画し、Y_2の指揮のもと、X_1らが中心となって従業員の勧誘や新会社の設立を積極的に行ったという認定のもとで、「このようなY_2の行為は、Y_1会社の業務とその機能を阻害するもので、取締役の忠実義務（商法二五四条ノ三）に著しく違反するものである」と判示する。

⑤の控訴審判決である⑥大阪高裁平成一〇年五月二九日判決（判時一六八六号一一七頁）では、競業避止義務違反の責任も問われ、「Y_2の行為は、商法二六四条の趣旨に反し、同法二五四条ノ三の忠実義務ないし同法二五四条、民法六四四条の善良な管理者の注意義務の重大な違反であって、……Y_2はY_1会社の取締役であったから、商法二五四条三項（二五四条ノ三）により忠実義務を、同法二六四条一項により競業避止義務を負担していたものである。Y_2は、……取締役を退任しているが、それまでの間にも、Y_3の設立の準備に積極的に関与したもので、Y_2が、競業避止義務の趣旨に反し、善良な管理者としての義務ないし忠実義務に違反したことは既記のとおりである」と判示する。

ハ　右のように、引抜行為について取締役の一般的義務違反による責任を認める判例は、⑥判決を除き、忠実義務違反を直接の理由にしている。取締役の従業員に対する引抜行為の責任は、忠実義務違反を理由に導くのが正当なのであろうか。また、②―⑤判決は、取締役の忠実義務は善管注意義務とは異なる義務であるとの立場から責任を認めたものであろうか。

昭和二五年の改正でアメリカ法の影響のもとで新設された商法二五四条ノ三(昭和五六年改正前二五四条ノ二)が取締役に課している忠実義務は、取締役と会社との利害が対立するおそれがある場合に、取締役に対し、個人的な利益のために会社の利益を犠牲にすることを禁じ、会社の利益のために誠実に行動することを求めるものである。そして、学説では、商法二五四条三項を介して取締役に適用される民法六四四条の善管注意義務は、取締役が職務を執行するにあたって用いるべき注意の程度を定めるにすぎず、忠実義務と善管注意義務はその性質、適用範囲を異にするとする異質説が有力に主張されているところである。(3)

しかし、善管注意義務は、元来は注意義務の標準であって、債務ではないとみられていたが、民法六四四条がとくに善管注意義務を明定した主たる理由は、注意義務に債務性を与えるためであった。(4) また、現行民法六四四条の草案では、当初、「受任者ハ委任ノ本旨ニ従ヒ忠実ニ其委任セラレタル事項ヲ処理スル義務ヲ負フ」(傍点筆者)と規定していた。旧民法に「善良ナル管理人タルノ注意」とあったのを「忠実ニ」と改めたことについて、起草者の一人(富井政章)は、債務の目的物が有体物でない場合は「管理人」という言葉は穏やかでないからと説明し、「忠実」が「誠実」になることはかまわないが、なくなっては「本条ノ必要カ又夫レト同時ニ殆ント無ク為ルト思ヒマス。本条ノ必要ハ主トシテ此『忠実ニ』ノ三字ニアルノテアリマス」と述べている。最終的に「善良ナル管理者ノ注意」に改められたのは、「忠実ニ」というと、善良な忠実を尽くせば一般人の注意に達しない注意でよいと読めるという理由からである。(5)

民法六六四条成立の経緯が示すように、商法二五四条ノ三だけが取締役に対し個人的利益のために会社の利益を犠牲にすることを禁じていると理解すべきではない。異質説に対し、民法六四四条成立の経緯を一つの根拠として、商法二五四条三項、民法六四四条からも取締役は会社の利益を犠牲にして自己の利益をはかってはならない義務を負うとする見解は、[(6)]正当といわなければならない。

最高裁昭和四五年六月二四日大法廷判決（民集二四巻六号六二五頁）は、八幡製鉄政治献金事件において、取締役の忠実義務を定める商法の規定は、商法二五四条三項、民法六四四条に定める善管注意義務を敷衍し、かついっそう明確にしたにとどまるのであって、通常の委任関係に伴う善管注意義務とは別個の高度の義務を規定したものと解することはできない、と判示している。また、取締役の一般的義務違反が問題となった下級審判例の多くは、取締役の忠実義務は善管注意義務を敷衍したものと述べて、善管注意義務違反と忠実義務違反をともに問題にしている。[(7)]②―⑤判決も、従業員を引き抜かれた会社側が忠実義務に違反するとして取締役の責任を追及したために、それに応えて忠実義務違反を直接の理由にしたものとみられる。忠実義務異質説の立場から忠実義務違反を理由に責任を認めていると理解すべきではない。[(8)]

なお、従業員に対する引抜行為についての責任については、取締役に故意・過失があるか否かは判例では問題となっていないが、善管注意義務・忠実義務違反による商法二六六条一項五号の責任は債務不履行責任にほかならず、債務不履行の原則規定である民法四一五条は債務者の有責性を責任要件としている。そこで、商法二六六条一項五号の責任が成立するためには、取締役に有責性すなわち故意・過失がなければならないといえる。[(9)]判例も、五号の法令違反の責任につき取締役の故意・過失を必要とするとしている。[(10)]これに対し、忠実義務異質説の立場から、忠実義務違反による取締役の責任については、善管注意義務違反の責任に原則として必要な故意・過失は必要ではなく、その意味で無過失責任であるとする見解がある。[(11)]しかし、かりに異質説をとっても、商法二六六条一項五号の法令には善管注意義務と忠実義務を定める規定の両者が含まれるから、忠実義務違反の責任についてだけ無過失責任とすることは解釈上無理がある。

二　従業員に対する引抜行為が取締役の競業避止義務に違反しない場合でも、会社の利益を犠牲にして自己の利益をはかる行為といえるならば、善管注意義務および忠実義務に違反する。それは、どのように判断すべきか。

学説の多くは、取締役が在任中に会社の従業員に対し自己が計画中の新事業への参加と退職を勧誘することは、会社の利益を犠牲にして自己の利益をはかる行為であって、会社の業種、引き抜かれる従業員が特殊な技術を身に付けた者かどうかを問わず、あるいは、引き抜かれる従業員の人数の多少を問わず、忠実義務に違反すると解している。(12)

これに対し、退職勧奨、自己が計画中の事業への参加勧誘を行っても当然に忠実義務違反となるのではなく、勧誘方法の当・不当のほか、取締役の退任の事情、子飼いの部下か否かという退職従業員と取締役との関係、退職従業員の会社における待遇、その人数等、会社に与える影響の度合など諸般の事情を考慮して忠実義務違反にあたるか否かを判断すべし、とする見解がある。(13)その理由は、わが国の会社では仕事上のノウハウなどの個人的な伝授など会社に対する義務として本来要求されている以上のものを取締役が部下につぎ込んでいる場合もあり、そのような取締役が子飼いの部下に退職勧奨、自己が計画中の事業への参加勧誘を行えば当然に違法になるというのは、取締役にとり酷にすぎること、および、退職勧奨、事業への参加勧誘は、会社と取締役との利害対立の形をとっていても、とくに中小企業の場合、取締役同士の争いであって、会社に残る側と追い出される側との争いである場合が少なくなく、そのような事案で争いに関する非は社長(会社)側にあったことを認めて義務違反の主張を排斥した判例があり、そうした事案は、退職勧奨、事業への参加勧誘は当然に忠実義務に違反するという判断が単純すぎることを示している、というにある。(14)そして、勧誘方法の当・不当などを考慮して忠実義務違反にあたるか否かを判断すべしとする右の見解を支持するものがある。(15)また、従業員に対し退職を勧誘しただけでは義務違反とはいえず、会社にとって重要な人材をめぐり取締役の個人的利益と会社の利益が衝突している局面において引抜きがはかられた場合に限定して忠実義務違反を問題とする見解がある。(16)

確かに、①―⑥判決の事案にみられるように、取締役の退任と、従業員に対する退職勧奨、新事業への参加勧誘は、中小企業における取締役同士の争いを起因とすることが多い。従業員の退職も、経営者（会社）に対する不満から生ずることがある。また、それ以外にも、従業員の自由な意思で退職する場合があるのは当然である。従業員に退職を勧誘した事実がない場合や、従業員が取締役の勧誘とは別の理由で退職した場合には、善管注意義務・忠実義務違反の責任を問うことはできない。

判例においては、前述の②判決は、従業員の退職が取締役Y_1の勧誘と無関係のものと認めることができる証拠があれば義務違反にならない旨を判示していたが、③判決は、X会社を退職した従業員七名のうち三名の退職は上司の嫌がらせその他の事情が主因であるとして、四名の引抜きによる損害についてのみ責任を認めている。また、⑥判決は、従業員の大半は自発的に新会社Y_3に参加したと認定して、Y_1会社の売上減少による損害は従業員の移転勧誘、引抜きと因果関係は認められないとしている。

⑦東京地裁平成三年八月三〇日判決（判時一四二六号一二五頁）は、テレビゲームのハード・ソフト開発メーカーのX会社の取締役・事業本部長兼渉外部長のYが、社長との意見の対立からXを退職し、休眠会社のAを買い取って定款目的を変更するとともに代表取締役に就任し、X会社の開発部門の従業員Bら三名がAに入社したため、Yの忠実義務違反の責任が問われた事案で、三名の従業員の退職はX会社の将来に対する不安、上層部に対する不信から生じた結果であり、Yが部下に必要以上の危機感を持たせ、虚偽の話をするなどして退職を勧奨した事実は認められず、また、従業員二名が退職した時点においてYはX会社に在職していたことをあげて、YがX会社在職中にBら三名をAに引き抜くためにX主張のような不当な退職勧奨をしたとは認められないとして、責任を否定している。

諸般の事情を考慮すべしとする学説が引合いに出している⑧高知地裁平成二年一月二三日判決（金判八四四号二二頁）は、冷凍食品、鮮魚および生鮮食品の加工・販売などを目的とするX会社の取締役営業部長Y_1が、代表取締役Aから交際費の着服などの嫌疑をかけられたことから取締役を辞任し、同じ頃退職した従業員$Y_2$$Y_3$とともに新会社Bを設立してX会社と同種の営業を開始し、また、他に二名の従業員がXを退職してBに入社したところ、X会社が、退任した取締役も商法二五八条一項によりなお取締役として忠実義務違反および競業避止義務違反の責任を負う、と主張した事案であるが、後述の理由のほか、$Y_2$$Y_3$が退職した理由はもっともなものであること、他の二名の従業員は自由な意思で退職したものであること、X会社の従業員が相次いで退職したのは帰するところ経営者たるAの責任というべきであることをあげて、忠実義務違反および競業避止義務違反の主張を排斥している。

右の判例にもみられるように、従業員に退職を勧誘した事実がなかったり、取締役の勧誘とは無関係に別の理由で退職したことが認められる場合は、責任は否定される。もっとも、⑦判決は「不当な退職勧奨」をしたとは認められないというが、それは、虚偽の話をするなどして退職勧奨したという会社側の主張するような事実がないことを否定したにとどまり、とくに勧誘方法の当・不当を問題にして責任を否定したものとはいえない。

ホ　それでは、一部の学説がいうように、勧誘方法の当・不当など諸般の事情を考慮して、善管注意義務・忠実義務に違反するか否かを判断すべきであるのか。また、取締役の一般的義務違反による責任を肯定する判例は、諸般の事情を考慮しているといえるか。

取締役は、従業員についての情報・能力などについて容易に知りうる立場にある。また、取締役は従業員に対し影響力を有する。取締役が従業員に対し自己が計画中の新事業への参加と退職を勧誘することが、取締役の個人的利益と離れてなされることは、通常考えられない。他方、従業員に対する引抜行為が自由にできるとすると、従来どおりの営業の継続が妨げられ、会社の営業利益が減少するなど、会社に損害を与えるおそれがある。

諸般の事情を考慮すべしとする説がその理由として、子飼いの部下に退職勧奨、事業への参加勧誘を行えば当然に違法になるというのは取締役に酷にすぎることをあげ、退職従業員が子飼いの部下か否かを考慮すべしとしている点は、疑問である。取締役は在任中は会社の利益を優先させる義務を負い、子飼いの部下であっても会社のために活用させることが期待されているといえるからである。取締役在任中の引抜行為が善管注意義務・忠実義務に違反しているか否かについては、後述の在任中および退任後の引抜行為について不法行為責任が問題とされる場合の違法性の判断基準と同列に扱うことはできない。

虚偽や誇張など不当な勧誘方法を用いたか否かは、後述のように、不法行為責任を問題とする場合は重要な判断基準となる。しかし、取締役の善管注意義務・忠実義務違反を問題とする場合は、勧誘方法の当・不当を考慮すべきではない。勧誘方法が不当でなくても、勧誘・引抜行為により会社に損害を与えるおそれがあることに変りはないからである。取締役の退任の事情も、会社のために不利な時期に退任したことによる損害賠償責任を否定する事由になりえても（民六五一条二項但書参照）、従業員に対する退職勧誘を正当化することにはならない。また、従業員を大量に引き抜くと、それだけ会社に与える影響の度合は大きい。しかし、少人数を引き抜く場合でも、会社の営業利益が減少するなど、会社に損害を与えるおそれはある。人数の多少は、不法行為責任が問題となる場合または会社の逸失利益・損害額の算定において考慮すべきものである。

会社にとって重要な人材をめぐり取締役の個人的利益と会社の利益が衝突している局面に限定して忠実義務違反を問題とする見解も、疑問である。確かに、従業員に対する新事業への参加と退職の勧誘は、②③判決の事案にみられるように、会社にとって重要な人材、特殊な知識・技術を有する従業員を対象になされることが少なくない。会社にとって重要な人材を引抜きの対象とする場合は、それだけ、取締役の個人的利益と会社の利益が対立し易く、引き抜かれると会社に損害を与えるおそれは大きい。しかし、代替性のある人材を引き抜く場合でも、従来どおりの営業の継続が一時的に妨げられ、会社に損害を与えるおそれはある。引き抜かれる従業員の会社における重要性も、不法行為責任が問題となる場合または会社の逸失利益・損害額の算定において考慮すべきものである。④判決も、引き抜かれた従業員の重要性・定着性をもっぱら会社の逸失利益の算定において考慮している。

ちなみに、アメリカの判例では、取締役が在任中に競業の準備をすることは、自由競争を奨励する公序にもとづき原則として認められるが、準備に際し、会社の従業員を引き抜いたり、会社の秘密の情報を利用した場合は、不公正な競業準備行為として忠実義務に違反するとされている。[17] また、一九九二年にアメリカ法律協会（American Law Institute）が採択した「コーポレート・ガバナンスの原理――分析と勧告」五・〇六条は、取締役の競業を独立した忠実義務違反の類型に公式化して、取締役は会社との競業を行うことにより自らの金銭上の利益を追求してはならないとし、例外として、当該競業が公正であるとき、または、経営判断原則をみたす方法で利害関係のない取締役が承認するとき、または、利害関係のない株主が承認しその承認が会社資産の浪費とならないときは、取締役は競業をなすことができると定めている（同条(a)項）。そして、五・〇六条は、わが法と異なり、規制対象を競業取引に限定していないため、同条の注釈は、規制対象となる競業には、顧客獲得面の競争だけでなく、原材料の供給、従業員、事業で使う資産などまで幅広く含まれると述べている。[18] また、取締役が在任中に競業の準備をしたことから当然に義務違反が生ずるわけでなく、その判断にとり会社の営業を実質的に妨害する程度いかんが重要で、在任中に従業員に対し退職して競争的事業を始める意図を知らせることは許されるが、競争的事業への参加を勧誘することは同条に違反すると述べている。[19]

以上のように、取締役が在任中に従業員に対し自己が計画中の新事業への参加と退職を勧誘し、引抜きを行うことは、勧誘方法の当・不当、引き抜かれる従業員の人数、従業員の会社における重要性・代替性などを問わず、善管注意義務・忠実義務に違反するといわなければならない。前述の②―⑥判決も、従業員に対して新事業への参加と退職を勧誘したという認定のもとで、取締役の一般的義務違反による責任を肯定しているので、勧誘方法の当・不当などを問題としない立場に立っているといえる。もっとも、②③判決は、人材が会社の唯一の資産であること、および、人材は会社の重要な資産であることをあげて、忠実義務に違反するとしている。しかし、それは、コンピューター事業部の従業員という事案に即して判示したもので、会社の業種、人材の会社における重要性によって義務違反を判断したものと理解すべきではない[20]。

なお、前述の②判決は、取締役Y_1と代表取締役Aとの間でなされた独立の約束は、従業員に対する引抜行為を適法化するものではないとしているが、正当である。そのような約束は、当然に無効となるわけではないが、取締役の善管注意義務・忠実義務に違反する行為まで認めるものと解すべきではないからである。

へ　前述の取締役の一般的義務違反による責任を肯定する判例のうち、②④⑤判決は、在任中の会社と同種の事業を営む会社への参加を勧誘することも理由にあげて、あるいは、同種の事業を営む会社の設立を計画して勧誘したとか、同種の事業を営む会社に入社させたことも認定して、忠実義務に違反するとしている。善管注意義務・忠実義務に違反するか否かを判断するにあたり、取締役の従業員に対する引抜行為は、同種の事業、競争会社のためになされる必要があるか。

学説では、取締役が異種事業を開始する場合でも忠実義務違反になるとする見解がある[21]。これに対し、退職後の競業のため従業員を勧誘することを忠実義務違反の根拠とする見解がある[22]。

取締役が異種の事業への参加を勧誘する場合は、会社の取引先・顧客が奪われるおそれは少ない。しかし、異種の事業であっても、引抜きにより、従来どおりの営業の継続が妨げられ、会社に損害を与えるおそれがあることに変りはない。競業避止義務違反ではなく、取締役の一般的義務違反を問題とする場合は、同種の事業、競争会社への参加を勧誘したかをとくに問う必要はない。また、一般的義務違反については、実際に競業取引をなしたかは問題とならないから、従業員が同種の事業を営む競争会社に入社したかを問う必要はない。

なお、前述の②判決は、従業員の退職の事実を認定しているが、退職勧誘それ自体で忠実義務に違反するとしている。学説でも、退職の結果を問わず忠実義務違反が認められるとする見解がある[23]。しかし、善管注意義務・忠実義務違反による商法二六六条一項五号の責任は債務不履行責任にほかならず、責任の発生要件として、会社の損害の発生のほか、取締役の義務違反行為と損害との因果関係の存在が必要となる。[24] 退職という結果を伴わない場合は、義務違反を認めるにしても、損害の発生および因果関係の存在を認めるのは困難であろう。[25]

(ハ) 不法行為責任

イ 一般に、他人の営業的活動を侵害すること、あるいは契約関係にある債務者への働きかけが不法行為を構成するといえるためには、侵害行為の態様が公序良俗に反する程度のものでなければならないと解されている。[26] 従業員に対する引抜行為が不法行為にあたるかが問題となった判例では、取締役を辞任したが幹部従業員にとどまっていた者による従業員の引抜行為に関する⑨東京地裁平成三年二月二五日判決(判時一三九九号六九頁、判タ七六六号二四七頁)は、引抜きが単なる転職の勧誘の域をこえ、社会的相当性を逸脱しきわめて背信的な方法で行われた場合は責任を負うべきで、社会的相当性を逸脱した引抜行為であるか否かは、転職する従業員の会社に占める地位、会社内部における待遇および人数、従業員の退職が会社に及ぼす影響、転職の勧誘に用いた方法(退職時期の予告の有無、秘密性、計画性)など諸般の事情を考慮して判断すべしとし、引抜行為の態様は計画的かつきわめて背信的であったといわねばならず、社会的相当性を逸脱した違法な引抜行為であって、不法行為に該当すると評価せざるをえないとしている。

ロ これに対し、取締役による引抜行為につき民法七〇九条・七一九条にもとづく不法行為責任も問われた⑥判決は、前述のように、取締役Y_2の行為は、忠実義務ないし善良な管理者の注意義務の重大な違反であるとしたうえ、「不法行為法上も違法である」と判示する。

従業員は転職の自由を有する(憲二二条一項)。また、従業員の引抜きにより従来どおりの営業の継続が妨げられるおそれはあるが、会社の侵害される利益、逸失利益は現実化している損害ではない。したがって、取締役の従業員に対する引抜行為が不法行為法上も違法というためには、その態様の不法性が強いものでなければならず、

⑨判決がいうように、引抜行為が社会的相当性を逸脱するものであることが必要になる。また、社会的相当性を逸脱するものであるか否かを判断する際には、勧誘方法の当・不当、勧誘の対象とした従業員の人数、従業員の会社における重要性などが問題となる。退職の勧誘、新会社設立の準備を行ったということだけで不法行為法上も違法とする⑥判決は、疑問といわざるをえない。

（1）　早川勝〔判批〕商事一五二〇号（一九九九年）七四頁も、①判決の評釈で同様の疑問を出されている。なお、①判決は、責任の根拠規定の一つに商法二六六条四項をあげながら、新会社Aの得た利益についてまったく言及していない。

（2）　通説である。大隅健一郎＝今井宏・会社法論中巻（第三版、一九九二年、有斐閣）二五一頁、鈴木竹雄＝竹内昭夫・会社法（第三版、一九九四年、有斐閣）二九六頁など。

（3）　大阪谷公雄「取締役の責任」田中耕太郎編・株式会社法講座三巻（一九五六年、有斐閣）一一一七頁、赤堀光子「取締役の忠実義務（四・完）」法協八五巻四号（一九六八年）四六頁、星川長七・取締役忠実義務論（一九七二年、成文堂）二五頁以下、神崎克郎・商法II（第三版、一九九一年、青林書院）二九一頁、田中誠二・三全訂会社法詳論上巻（一九九三年、勁草書房）六三〇頁以下、北沢正啓・会社法（第五版、一九九八年、青林書院）四一三頁。

（4）　中川高男・新版注釈民法⒃（一九八九年、有斐閣）二二三頁参照。

（5）　以上の民法六四四条成立の経緯につき、中川・前掲注（4）二二三―二二五頁参照。

（6）　森本滋「取締役の善管注意義務と忠実義務」民商八一巻四号（一九八〇年）一七頁以下、浜田道代・新版注釈会社法⑹（一九八七年、有斐閣）三二―三四頁。

（7）　たとえば、第一次野村證券事件第二審判決の東京高判平成七年九月二六日判時一五四九号一一頁、判タ八九〇号四五頁。

（8）　大塚龍児「株主権の強化・株主代表訴訟」落合誠一ほか編・現代企業立法の軌跡と展望（一九九五年、商事法務研究会）六五頁は、②③判決の事案について、取締役の善管義務に違反するといえるとしている。なお、近藤光男〔判批〕判評三五七号（一九八八年）五五頁は、②判決の評釈で、取締役Y_1は単に不注意でまたは故意に会社の財産に損害を与えたのではなく、会社の利益を犠牲にして自己の利益をはかって会社の財産を奪ったのであるから、いわゆる狭い意味での忠実義務違反の事案であるという。しかし、忠実義務異質説によれば、忠実義務違反による責任の範囲は会社の被った損害額の賠償にとどまらず、取締役の得たすべての利得の会社に対する返還に及ぶとされており（神崎・前掲注(3)二九二頁、北沢・前掲注(3)四一四頁参照）、②判決はそのような損害額の算定をしていないので、異質説は採用していないようであるといわれている。

(9) 民法四一五条にいう「責ニ帰スヘキ事由」は、債務者の故意・過失または信義則上これと同視すべき事由と解するのが通説である。我妻栄・新訂債権総論（一九六四年、岩波書店）一〇五頁、奥田昌道・債権総論（増補版、一九九二年、悠々社）一二五頁など。

(10) 最判昭和五一年三月二三日金法七八九号三六頁。なお、取締役の独禁法一九条違反による会社に対する責任につき、東京地判平成九年三月一三日判時一六一〇号一一六頁、最判平成一二年七月七日金判一〇九六号三頁。

(11) 神崎・前掲注(3)二九二頁、北沢・前掲注(3)四一四頁・四三四頁。

(12) 近藤・前掲注(8)五五頁、吉原和志〔判批〕ジュリ九二〇号（一九八八年）三七頁、松山三和子〔判批〕金判八一四号（一九八九年）五〇頁、中村信男〔判批〕判タ九四八号（一九九七年）一一二頁、北村雅史・取締役の競業避止義務（二〇〇〇年、有斐閣）一六三頁。

(13) 江頭憲治郎〔判批〕ジュリ一〇八一号（一九九五年）一二四頁。

(14) 江頭・前掲注(13)一二四頁。なお、前田庸ほか「今後の会社法改正に関する基本的な視点」商事一五四八号（二〇〇〇年）二八頁〔江頭発言〕。

(15) 早川・前掲注(1)七五頁。

(16) 神作裕之〔判批〕ジュリ別冊・会社判例百選（第五版、一九九二年）一二一頁。

(17) 北村・前掲注(12)六八頁参照。

(18) American Law Institute, Principles of Corporate Governance : Analysis and Recommendations, Vol. 1,

at 302 (1994).
(19) Id. at 304.
(20) 吉原・前掲注(12)三七頁も、②判決についてそのように理解すべきといわれている。
(21) 戸塚登〔判批〕判タ六六〇号（一九八九年）六二頁、松山・前掲注(12)五〇頁。
(22) 北村・前掲注(12)一六三頁。
(23) 戸塚・前掲注(21)六三頁、北村・前掲注(12)一六三頁。
(24) 債務不履行責任においても違反行為と損害との間に事実的因果関係（責任設定的因果関係）がなければならないことにつき、北川善太郎・注釈民法⑽（一九八七年、有斐閣）五〇〇頁。
(25) 戸塚・前掲注(21)六三頁、北村・前掲注(12)一六四頁は、引抜きに対抗して会社が慰留のため費用を要した場合はその費用を損害として賠償請求できるといわれるが、そのような損害の賠償を認めた判例は見当たらない。
(26) 四宮和夫・不法行為（一九八七年、青林書院）三二一頁・三二二頁・三四四頁・三五〇頁、幾代通＝徳本伸一補訂・不法行為法（一九九三年、有斐閣）七九頁。

三　退任後の引抜行為

㈠　商法上の義務違反および不法行為責任

イ　取締役の商法上の競業避止義務および善管注意義務・忠実義務は取締役在任中の義務であるから、退任した取締役が新事業・競争会社のために元の従業員を引き抜いたとしても、これらの義務違反の責任を問うことはできない。学説では、信義則、民法六五四条、商法二五条一項を根拠に退任取締役の忠実義務を認める見解があるが[27]、いずれも忠実義務を認める根拠にならないといえる。前述の⑨判決も、取締役を辞任した後に計画された引抜行為について忠実義務違反の責任を問うことはできないことを明らかにしている。

そこで、取締役の責任を問ううえで、勧誘・引抜行為が取締役在任中に行われたか否かが重要となる。もっとも、会社と取締役との間で退任後の競業を禁止する特約がなされることがあり、会社の営業と競業する業務に従事・関与してはならない旨の特約を公序良俗に反せず有効とする判例がある。[28] しかし、そのような特約は、有効であっても、取締役の営業的活動が制限されるにとどまり、従業員に対する引抜きについて当然にその効力が及ぶと解すべきではない。

ロ　商法上の義務を負わない退任取締役でも、不法行為責任は問題となる。しかし、学習塾を経営するX会社の取締役Y_1らが塾のオーナーと対立して退任し、X会社の講師や従業員の多数を雇い入れて新たな学習塾を経営したため、不法行為責任を問われた⑩東京地裁平成五年八月二五日判決（判時一四九七号八六頁）では、会社の取締役は退任後はその一切の法律関係から解放されるのであって、在任中に知り得た知識や人間関係などを自らの営業活動のために利用することも、それが旧会社の財産権の目的であるような場合または法令の定めもしくは当事者間に格別の合意があるような場合を除いては原則として自由であり、顧客、業務ノウハウなどを違法または不当な方法で奪取したものと評価すべきときでないかぎり、退任した者が旧使用者と競業的な事業を開始し営業したとしても、ただちに不法行為を構成することにはならないとしたうえ、Y_1らは塾の講師や従業員に対しその方法または態様において単なる転職の勧誘の域をこえ社会的相当性を逸脱した引抜行為を行ったものということはできないこと、塾の教育方法や教材などはY_1らの属人的要素が強く、X会社の企業秘密、財産権の目的となっているものではないこと、Y_1らの退任の経緯に照らして、Y_1らには違法または不当な手段・方法を弄して講師や従業員などを引き抜き、これによってX会社に損害を加えようとして退任したなどの積極的な害意を認めることはできないことなどに照らすと、「Y_1らの前記の一連の行為が自由競争の範囲を明らかに逸脱した違法なものであるということはできないものということができる」と判示する。

ハ　営業上競争関係にある相互間では、自由競争として違法性の認められない範囲は広く、違法性が認められるのは、競争に用いられる手段・方法が不正であるとか、明確に反社会性の強い場合であると解されている。[29] また、退職した幹部従業員による従業員の引抜行為について、自由競争の建前があることから、不法行為が成立するためには、従業員の一斉かつ大量の計画的引抜きなど、侵害行為が公序良俗や信義則に違反するなどとくに違法性の強い態様でなされることを要すると解されている。[30] また、内紛に端を発する引抜きについて違法性を判断するためには、内紛の原因が問題となり、とくに経営者が営業活動にタッチしていない場合は、幹部従業員の主張の方が合理的であり、部下の信頼も厚い場合があることを斟酌しなければならないといわれている。[31] 判例においても、前述の⑧判決は、従業員Y_2Y_3の責任につき、Y_2らが退職後に競業関係に立つ営業をなすことはその手段・方法に法令もしくは信義則に反する違法・不当な点がないかぎり、自由競争の結果として容認され、Y_2らが共謀して従業員を引き抜いたこと、および、違法・不当な手段を用いたことを認定するに足りる証拠はないとして、不法行為は成立しないとしている。また、従業員の一斉退職による競業行為について、退職した幹部従業員が競争会社を設立する際に、故意に元の会社の従業員を集団で引き抜いたとすれば違法性が生じることもあるが、従業員の一斉退職は、元の会社の代表者が何の理由もなく幹部従業員を降格させ、代表者の行為を原因として生じた会社内部の混乱と不安から生じたことをあげて、競業行為は違法な行為ではないとする判例がある。[32]

三　退任後の引抜行為

退任した取締役は、商法上の義務を負わず、営業活動の自由を有する。ただし、会社の営業上の秘密は取締役個人に帰するものではない。また、営業上の秘密が流用されると会社の営業に支障を来すおそれは大きい。会社の営業上の秘密の流用を伴う場合は、不法行為となる違法性が認められるといわなければならない。[33] そのような秘密の流用、守秘義務違反を伴わない場合に、元の従業員に対する引抜行為が不法行為を構成するというためには、引抜行為が社会的相当性、自由競争の範囲を逸脱したものであることが必要になる。転職の勧誘、引抜行為がその方法または態様において社会的相当性を逸脱していないこと、退任の経緯などをあげて、自由競争の範囲をこえていないとして退任取締役の不法行為責任を否定した⑩判決は、正当といってよい(34)。

(ロ) 商法二五八条一項にもとづく義務違反

イ 会社の実質的支配者（代表取締役・社長）との対立などから取締役を辞任しても、取締役の法定の員数である三名（商二五五条）をようやくみたすような小規模のないし閉鎖的な株式会社においては、後任取締役が選任されないまま放置されることがある。任期満了または辞任により退任し、法定の取締役の員数を欠くに至った場合、商法二五八条一項により、退任した取締役は、新取締役が就任するまでなお取締役の権利義務を有する。そこで、会社側が後任取締役を選任しない場合でも二五八条一項が適用されるとすると、競業避止義務および善管注意義務・忠実義務を負う結果、退任取締役は営業活動の自由を制限されるということが起こりうる。

ロ 判例では、前述の④判決は、X会社の支社長、管理職に転職を勧誘した当時は取締役でなかったから忠実義務を負わないとのYの主張に対し、Yの任期満了後の取締役再任について全員出席の株主総会による決議が成立しているものというべきであるとしたうえ、かりに全員出席総会の成立が認められないとしても、Yは商法二五八条一項により取締役としての権利義務を負うことは明らかであるから、忠実義務を負担しているというべきだとしている。

これに対し、⑧判決は、商法二五八条一項が適用される場合には、後任の取締役が就職するまで退任取締役は個人として本来的に有する職業選択の自由（営業の自由）が制限される結果となるのであるから、会社としてはそのような状態が発生した場合はできるだけ速やかにそれを解消すべきことが要請されるとし、Y_1の辞任申出から退任まで二週間余りの期間があり、同族会社であるXの株主構成からするとその間に後任取締役を選任することは可能と認められ、また、退任後まもなくY_1から後任取締役を早急に選任するよう要求されたにもかかわらずその努力をすることなく放置していたこと、Y_1の退任の事情からするとX会社とY_1の信頼関係は破れていること、および、前述の従業員の退職は帰するところ経営者たるAの責任というべきであることをあげたうえ、「これら諸事情を勘案すれば、X会社が、商法二五八条一項を根拠にして、X退職後のY₁になおX会社に対する忠実義務及び競業避止義務があることを主張するのは、民法一条に則り、信義則に反する主張として許されないというべきであり、したがって、X会社が、商法二六六条一項五号に基づき、Y₁に損害賠償を請求することは、権利の濫用として許されないものと解するのが相当である」と判示する。

ハ　取締役の員数の最低限は法定されているのであるから、退任により法定の員数を欠くに至った場合は、会社は遅滞なく株主総会を招集して後任取締役を選任しなければならないといえる。選任の手続を怠ったときは取締役は過料に処せられる旨も明定されている（商四九八条一項一八号）。商法二五八条一項は、取締役の職務を行う最低限の者が存在しないことによる混乱を避け、また、新取締役が選任されて就任するまでに若干の日時を要することを考慮した規定である。[35] そこで、会社が長期にわたり後任取締役を選任しない場合は、二五八条一項の適用を否定するということも考えられる。判例においても、退任取締役が監視義務違反による商法二六六条ノ三第一項の責任を追及された事案で、商法二五八条一項にもとづく取締役としての権利義務は会社の業務執行が空白になるのを防ぐために暫定的に法律により特別に認められたもので、新取締役を選任するについて特段の障害があったという事情もないのに、退任後七年または一五年以上も経過した者に監視義務違反の責任を負わせることはできないとするものがある。[36] 学説においても、二五八条一項による取締役の権利義務は暫定的なものであることを理由に、後任取締役の選任に必要な合理的期間が経過すると退任取締役に同条項の適用はないとする見解、[37] あるいは、相当年数の経過に加えて、取締役としての権利の行使や義務の追及がその間まったくなかった場合には同条項の適用を否定するとの見解がある。[38]

右の判例の事案のように、退任後長期にわたり後任取締役を選任していない場合は、商法二五八条一項の趣旨からみて、その適用を否定してもよいであろう。④判決の場合も、Yの取締役再任について全員出席総会の成立が認められないとすると、任期満了後五年以上も後任取締役を選任していないことになる事案である。それにもかかわらず二五八条一項により取締役としての権利義務を負うことは明らかであるとするのは、疑問である。しかし、退任した取締役が元の従業員を引き抜き、その責任を問われるのは、退任後まもなくというのが通常である。したがって、退任後経過した期間によって二五八条一項の適用を否定することは、一般的に難しい。

小規模のないし閉鎖的な株式会社では、会社側が商法上の手続を無視しておきながら、争いが裁判に持ち込まれると、相手方攻撃の手段として商法の適用を主張することが多い。そこで、そのような会社側の主張を排斥するために信義則の適用を認める判例は少なくない。たとえば、会社が株券の発行を不当に遅滞し、信義則に照らしても株式譲渡の効力を否定するのを相当としない状況に立ち至った場合は、会社は株券発行前であることを理由に譲渡の効力を否定することはできない、とした最高裁昭和四七年一一月八日大法廷判決（民集二六巻九号一四八九頁）、会社は、共同相続人により権利行使者の指定および会社に対する通知が履践されたことを前提として株主総会の開催およびその総会における決議の成立を主張・立証すべき立場にあるにもかかわらず、右手続の欠缺を主張して、決議不存在確認の訴えを提起した共同相続人の原告適格を争うことは、訴訟上の防御権を濫用し著しく信義則に反して許されない、とした最高裁平成二年一二月四日判決（民集四四巻九号一一六五頁）である。

⑧判決の事案では、Y_1の辞任申出から退任までの間に後任取締役を選任することは可能であり、また、Y_1から後任取締役の選任を要求されたにもかかわらず、会社は後任取締役選任の努力をすることなく放置していたという事情がある。それなのに、会社が商法二五八条一項によりY_1の忠実義務違反および競業避止義務違反を主張することは、信義則に反するといってよい。信義則を理由に会社側の主張を排斥した⑧判決は正当といえる。[39]ただし、⑧判決は、会社と退任取締役の信頼関係が破れている事情もあげているが、辞任により退任した以上、信頼関係が破れていることは、信義則を適用する、あるいは二五八条一項の適用を否定する事情にならない。[40]そのような事情は、二五八条二項による仮取締役の選任を請求できる理由にとどまる。また、学説では、取締役が会社

の業務執行を担当する意思がない場合にも責任を負担させるのは不当であるとして、業務執行の意思があることを二五八条一項適用の要件とする見解がある。[41] しかし、同条項により取締役の権利義務を有する者は取締役の職務を行うことを求められるから、業務執行を担当する意思があるかないかは適用の要件にならないというべきである。

(27) 草尾光一「退任取締役の競業避止義務」家近正直編・現代裁判法大系17（一九九九年、新日本法規）二二〇―二二二頁。なお、神作裕之「取締役の競業避止義務に違反する場合」ジュリ増刊・商法の争点I（一九九三年）一四九頁は、アメリカにおける「会社の機会」の理論から、取締役が在任中に知得した会社の内部情報や取引先との関係は、退任したからといって一瞬のうちに消滅する性質のものではないといわれている。

(28) 東京地決平成五年一〇月四日金判九二九号一一頁、東京地決平成七年一〇月一六日判時一五五六号八三頁、判タ八九四号七三頁。

(29) 加藤一郎・不法行為（増補版、一九七四年、有斐閣）一二二頁、幾代＝徳本・前掲注(26)八〇頁。

(30) 土田道夫「労働市場の流動化をめぐる法律問題（上）」ジュリ一〇四〇号（一九九四年）六〇―六一頁。

(31) 田村善之「労働者の転職・引抜きと企業の利益（下）」ジュリ一一〇三号（一九九六年）一一〇頁。

(32) 東京地判平成六年一一月二五日判時一五二四号六二頁。

(33) 大阪高判昭和五八年三月三日判時一〇八四号一二二頁は、通信販売を営む会社の取締役が退任後の競業のため従業員に会社の一切の資料と得意先名簿を持ち出させたことにつき、忠実義務違反および不法行為による責任を認めている。

(34) なお、⑩判決は、退任取締役に積極的な害意を認めることはできないこともあげているが、学説でも、単なる引抜きの場合には、被用者の転職の自由にも配慮する必要があり、不法行為責任を負うとするには、単なる悪意では足りず、害意もしくは計画的行為などの特別の事情を要するとすべきことが主張されている（吉田邦彦・債権侵害論再考（一九九一年、有斐閣）六〇四頁）。

(35) 浜田道代・新版注釈会社法(6)（一九八九年、有斐閣）八三頁参照。

(36) 東京高判昭和六三年五月三一日判時一二七九号一四六頁。
(37) 阪埜光男〔判批〕金判八一七号（一九八九年）四二頁、森淳二朗〔判批〕法セ四一三号（一九八九年）一二二頁、柿崎栄治〔判批〕ひろば四二巻八号（一九八九年）六六頁。
(38) 浜田道代〔判批〕ジュリ九三五号・昭和六三年度重要判例解説（一九八九年）一〇二頁。
(39) 田辺光政「判例にみる取締役の競業避止義務と忠実義務」高窪先生還暦記念論文集刊行委員会編・現代企業法の理論と実務（一九九三年、経済法令研究会）一四〇頁は、合理的期間経過後も退任取締役に取締役として容喙を許すうえで、⑧判決のように信義則を適用する立場にも捨て難いものがあるといわれている。
(40) 青木英夫〔判批〕金判八六一号（一九九一年）四六頁は、⑧判決の評釈で、信頼関係が破壊されていることが認定されている場合は、民法一条を持ち出すまでもなく商法二五八条一項の適用が否定されるとしている。
(41) 吉本健一「商法二五八条一項と退任取締役の責任」阪法四〇巻三・四号（一九九一年）二八八頁以下。

四　むすび

イ　取締役が在任中に会社の従業員に対し自己が計画中の新事業への参加と退職を勧誘し、引抜きを行うことは、取締役の善管注意義務および忠実義務を定める商法二五四条三項（民六四四条）および商法二五四条ノ三に違反する可能性がある。両規定とも、取締役は会社の利益を犠牲にして自己の利益をはかってはならない旨を定めていると理解すべきであるからである。商法二六四条一項の競業避止義務に違反しているというためには、取締役が在任中に従業員を引き抜いて競業取引を行っている場合でなければならない。

善管注意義務・忠実義務に違反するか否かを判断するにあたり、勧誘方法の当・不当、勧誘の対象とした従業員の人数、従業員の会社における重要性・代替性などを考慮すべきではない。従業員に対して新事業への参加と退職を勧誘し、引抜きを行うことが、取締役の個人的利益と離れてなされることは通常考えられず、また、勧誘方法の当・不当などにかかわらず、従業員の引抜きにより従来どおりの営業の継続が妨げられ、会社に損害を与えるおそれがあるからである。また、善管注意義務・忠実義務違反を問題とする場合は、会社と同種の事業、競争会社への参加を勧誘したか、あるいは、勧誘により競争会社に入社したか、を問う必要はない。ただし、従業員が取締役の勧誘とは無関係に別の理由で退職したと認められる場合は、善管注意義務・忠実義務違反の責任を問うことはできない。

従業員に対する引抜行為が違法で、民法七〇九条・七一九条の不法行為を構成するというためには、引抜行為の態様が社会的相当性を逸脱していることが必要になる。従業員の意思、転職の自由を考慮しなければならず、また、会社の侵害される利益は現実化している損害ではないからである。社会的相当性を逸脱しているか否かを判断する際には、勧誘方法の当・不当、従業員の人数、従業員の会社における重要性などが問題となる。

ロ　退任した取締役が新事業・競争会社のために元の従業員を引き抜いたとしても、商法上の義務違反を問うことはできない。また、退任した取締役は営業活動の自由を有するから、引抜行為が違法で、不法行為を構成するというためには、引抜行為が社会的相当性、自由競争の範囲を逸脱していることが必要になる。

商法二五八条一項にもとづき商法上の義務違反を問題とする場合にも、退任取締役の営業活動の自由を考慮しなければならない。会社が後任取締役選任の努力をすることなく放置しながら、二五八条一項により商法上の義務違反を主張することは、信義則に反し許されない。

ハ　取締役の従業員引抜きによる責任については、それが、善管注意義務・忠実義務に違反し商法二六六条一項五号の責任を負う場合、または、不法行為にもとづく責任を負う場合、取締役はいかなる損害、損害額を賠償しなければならないのかも重要となる。会社側から主張される損害は、通常、従業員が退職せずに稼働していれば得られたはずの会社の逸失利益、退職従業員の新人教育に要した費用、会社の社会的信用が低下したことによる損害である。逸失利益の算定に際しては、退職した従業員の人数、知識・技術、代替性などが問題となる。前述の②③④判決も、これらを算定の基礎にしている。しかし、逸失利益を立証することは難しく、算定も難しい。その他の損害も同様である。いかなる損害について、どのように損害額を算定すべきであろうか。また、善管注意義務・忠実義務違反の責任の場合に、競業避止義務違反による会社の損害につき損害額の推定を定める商法二六六条四項の類推適用は認められるであろうか。また、⑥判決は、会社の信用低下による損害につき損害額の立証がきわめて困難なときに裁判所は相当な損害額を認定できると定める新民訴法二四八条を適用しているが、裁判所のまったくの裁量で認定できるのであろうか。これらの問題については、別に検討することにしたい。

貨物引換証の債権的効力に関する掌論

浅木愼一

一 緒言

貨物引換証は、運送人が運送品の受領を認証し、到達地においてこれを証券所持人に引き渡すべき義務を負担する有価証券であり、運送品引渡請求権を表章する債権証券である。貨物引換証は、一方で運送契約に基づく運送品の受取りを原因として発行される要因証券であるが、他方、貨物引換証が作成されたときは、運送に関する事項については、運送人と証券所持人との間では証券の定めるところによるとされ（商五七二条）、この証券は文言証券性をも有している。右の、貨物引換証の要因性と文言性との関係は、「不調和なる命題」[1]として、周知のようにほぼ一世紀近く、わが商法学界の議論の焦点のひとつであり続けた言わば「陳腐なテーマ」[2]である。しかし、一九八〇年代以降は、従来のように、商法五七二条に基づいて証券の性質を確定した後、発行者の責任構成を試みるという迂遠な方法によるのではなく、運送の実態を考慮しつつ、不事記載を惹起した発行者の帰責事由と、文言どおりの権利を取得しうるとの信頼利益を有する所持人の主観的要件とをふまえ、発行者の責任の根拠、要件、効果を検討すべきであるとの視座から、新たな議論の展開がなされている。[3] かかる新たな展開は、落合誠一教授の説得力ある論稿[4]がその契機を提供されたものと言うことができる。

落合教授は、貨物引換証の債権的効力をめぐる従来の議論が、物品証券の要因性と文言性との関連においていかに解釈構成するかという、やや抽象的な本質論に大きく傾斜していると評価されている[5]。それよりも、いかなる法律上の根拠に基づき、いかなる責任成立要件の充足によって、いかなる責任効果が認められるかを具体的に明らかにすることによって、証券不実記載発行者の損害賠償責任の法的構成を探ることが重要であると説かれているものと思われる[6]。

ところで、貨物引換証の債権的効力を検討するうえで、従来からの検討手法を踏襲しつつ、同時に右のような新たな提言を考慮して行くことは、何らの抵触にはならず、十分に両立可能なことであろう。すなわち、貨物引換証の不実記載がなされた場合に、従来の検討手法の延長線上で商法五七二条の守備範囲を明らかにし、そのうえで同条の保護の網からこぼれる善意の所持人があるならば、その所持人が保護に値するものであるか否かを検討し、保護に値するならば、その救済の法的枠組みを新たに提言された視座から構築するという手順が試みられてもよいのではなかろうか。本稿においては、貨物引換証の要因性と文言性との関連について、いたずらに抽象的に論じることを避けつつ、右のような手順による検討を試みたいと考える。

(1) 大橋光雄「船荷証券の要因性」論叢三九巻二号(一九三八年)二三九頁。
(2) 戸田修三「船荷証券の証券的効力について」新報六三巻一〇号(一九五六年)八五〇頁。
(3) 岡田豊基「運送取引」法教二一六号(一九九八年)四一五頁。なお、田邊光政・商法総則・商行為法(一九九五年、新世社)二八四頁参照。
(4) 落合誠一「物品証券不実記載発行者の損害賠償責任」鴻常夫先生還暦記念・八十年代商事法の諸相(一九八五年、有斐閣)二六三頁以下。同様の方向性を打ち出された藤原雄三「貨物引換証の債権的効力」長谷川雄一教授還暦記念・有因証券法の研究(一九八九年、成文堂)一三五頁以下も貴重な示唆に富むものである。

（5）落合・同前二六五頁。
（6）同前参照。

二　具体例の提示

イ　貨物引換証の要因性と文言性をめぐる従来の学説・判例の展開およびそれらの立体的な比較検討に関しては、近時も原秀六教授や岡田豊基教授らが明快に整理分析をなされておられ[(7)]、これに関する新たな整理分析を試みることは、まさに「屋上、屋を架す」作業になると思われる。詳細はこれらの先行業績に委ねたいと考える。ここでは、従来の典型的な要因性重視説と文言性重視説とを並べて掲げ、両説の欠点につき正鵠を射て明快な、今日もなお十分に説得性を有する西原寛一教授の指摘を示すにとどめておこう。

典型的な要因性重視説はおよそ以下のようなものである。すなわち、貨物引換証の文言性は原因である実質的契約たる運送契約の存在という制約を受けざるをえない。したがって空券の場合には原因を欠くものとして証券は無効であり、また事実受け取った物品と証券記載のそれが相違した場合にも事実受け取った物品を返還すれば足りる。これらの場合に証券の記載を信頼して不測の損害を受けた証券取得者の救済は、証券発行者の不法行為責任ということで解決されるべきである[(8)]。

典型的な文言性重視説はおよそ以下のようなものである。すなわち、貨物引換証は要因証券であるが、ここにいわゆる要因とは証券の文言に原因の記載を要するという意味にすぎないものである。したがって空券の場合であろうと品違いの場合であろうと、証券は記載されたとおりの効力を生じる。記載どおりの証券上の債務を履行することができなければ、証券発行者は債務不履行責任を負うべきである[(9)]。

西原教授が指摘された要因性重視説の欠点はおよそ以下のようなものである。この説によれば、文言性とは証券の記載に一応の証拠能力が認められるにすぎず、また、文言性の支配を受ける記載事項は比較的軽微な事項に限られると解することになろう。しかし、証券文言が実質的な運送契約の存在を前提とするものであるならば、契約内容の一部についてのみ文言性の優位を認めるのは、首尾一貫しない。(10)

同じく、文言性重視説の欠点はおよそ以下のようなものである。証券への原因記載が責任発生の要件ならば、運送人の運送品返還債務は実質的運送契約とは無関係の抽象的無条件的のものでなくてはならない。現にこれを根拠として空券や品目違いの場合の運送人の責任を推論するのである。ところが、この立場をとりながら、不可抗力による運送品の滅失の場合の免責とか、運送契約の無効または取消の場合には、証券発行行為は有効でも証券上の権利は存在しないとか、運送契約の内容が証券記載よりも証券所持人に有利な場合、所持人はこれを立証して契約所定の請求ができるとか、論者により多少の範囲の広狭はあるが、都合のよいときには実質的運送契約を持ち出している。これまた首尾一貫しない態度と言わざるをえない。(11)

ロ 貨物引換証の要因性と文言性をどう調和させるべきかという問題は、証券の流通の保護を至上の課題とする有価証券法理の枠組みの中で整合性のある解答が導かれなければならないと考える。その検討がいたずらに抽象化しないよう、以下の具体例を提示し、それを基礎に考察してみたいと思う。

〔例1〕　運送人が荷送人に脅されて、通常料金の半額で契約せよと強要され、やむなくこれに応じた。この契約を基に貨物引換証が作成、交付された。後に強迫を理由にこの運送契約が取り消された。貨物引換証の善意の所持人は、運送人の文言責任を問うことができるか。

〔例2〕　福岡県に営業拠点を置く運送人が、荷送人から「松山町」と到達地を示されて、同じ九州内の鹿児島県曽於郡松山町のことだと思って運送契約を締結したが、荷送人の真意は東北の宮城県志田郡松山町のつもりであった。この契約を基に貨物引換証が作成、交付された。後に運送人が契約の錯誤無効を主張したとき、貨物引換証の善意の所持人は、運送人の文言責任を問うことができるか。

〔例3〕　運送人が荷送人から甲国産の器械の運送を依頼され、運送契約を締結した。甲国産の器械は精度の信頼性が低く、市場の評価も劣る。そこで荷送人は、運送人の貨物引換証作成行為に干渉して、無理やり乙国産と表示するよう強要した。運送人が貨物引換証作成時に強迫があったと主張するとき、善意の証券所持人はいかなる物品の引渡しを請求できるか。

〔例4〕　運送人が荷送人から「こうのとり（学名Cionia cionia boyciana）」の運送を依頼され、運送契約を締結した。貨物引換証を作成するとき、運送人は「こうのとり」の学名が“Nipponia nippon”であると思って、運送品の種類を“Nipponia nippon”と記載した。この学名は朱鷺を指すものである。運送人が貨物引換証作成時に錯誤があったと主張するとき、善意の証券所持人はいかなる物品の引渡しを請求できるか（もちろん現実には、天然記念物や国際保護鳥が勝手に運送の対象とされることはないが）。

右のうち、〔例1〕および〔例2〕は、原因契約たる運送契約自体に瑕疵すなわち無効取消事由が存在する場合である。〔例3〕および〔例4〕は、運送契約は有効に締結されたものの、証券発行行為自体に瑕疵すなわち無効取消事由が存在する場合である。

錯誤および強迫の例を挙げたのは、これらの場合の意思の欠缺・瑕疵ある意思表示に関する民法の規定が意思主義によっているからである。周知のように、意思の欠缺・瑕疵ある意思表示に関する民法の諸規定を手形行為に適用してよいか否かに関しては、手形行為論の中で活発に議論されてきた。手形行為の性質をどのように構成しようとも、意思主義によった民法の規定をそのまま手形行為に適用することは手形の流通保護の観点から問題があるという結論に異論はないであろう。貨物引換証もまた流通の保護が図られるべき有価証券であることに変わりはない。それゆえ、錯誤および強迫の具体例を提示したわけである。

（7）　原秀六「貨物引換証の要因性と文言性」北沢正啓＝浜田道代編・商法の争点II（一九九五年、有斐閣）二四〇頁以下、岡田・前掲注（3）三九―四〇頁。なお、藤田・前掲注（4）一三八―一四九頁の詳細な分析は、きわめて有益であった。
(8) さしあたって、鴻常夫「倉庫証券の債権的効力」鈴木竹雄＝大隅健一郎編・演習商法（一九六〇年、有斐閣）七六頁等参照。
(9) 同前参照。
(10) 西原寛一・商行為法（一九七三年、第三版、有斐閣）三二一頁。
(11) 同前。

三 貨物引換証の作成、交付行為

運送人が貨物引換証を作成、交付する行為が法律行為であることに異論はなかろう。まず、法律行為としてのこの行為について整理しておこう。

運送契約が成立し、この契約に基づいて運送人が運送品を受け取ってはじめて、運送品は運送人の保管下に置かれ、場所的移動が物理的に可能な状態が生じる。運送には通常相当の時間を必要とするから、市場の景況や買主の信用状態の変化等に対処すべく、荷送人には運送契約上の付随的な権利として、運送の中止、運送品の返還その他の処分を指示するいわゆる運送品処分権が与えられ（商五八二条一項前段）、運送品が到達地に到達した後は、荷受人もまた同様の権利を取得する（商五八三条一項）。荷受人が運送品の引渡しを請求するときは、前述の荷送人の処分権は荷受人の処分権に劣後するに至る（商五八二条二項）。荷送人の処分権および後発する荷受人の処分権は、右のような性質を持つ独特の債権である。かかる処分権の中核をなすのが運送品引渡請求権であろうが、この請求権は、貨物引換証の作成がなされない限り、このような性質を有する指名債権であると解されよう。

貨物引換証の発行行為は、運送契約に基因する右のような運送品処分権を、証券化することによって単一の請求権にまとめ、かつそれを指図債権化する行為であると解されよう。証券に化体されるのは荷送人の運送契約上の権利であると断じる必要はなく[12]、証券発行によって、本来は後発するはずの荷受人の権利も当初から証券上に単一の請求権として融合されていると解すれば足りるのではなかろうか。

指図債権は、証券を介して流通に置かれることが予定されているから、運送人は、自己の負担する運送契約上の債務の内容を、所持人が容易に知りえるように、証券上に簡明に要式化、定型化して記載する。このようにして、貨物引換証には、正当な所持人に対して、証券記載の運送契約上の債務を負担するという運送人の意思が表示されることになる。

右のような運送人の証券上の債務は、運送人が貨物引換証を作成して、これを荷送人に交付することによって発生すると解する（交付契約）。運送人の証券上の債務が発生することによって、それまで荷送人が有していた指名債権としての運送品処分権は消滅する（なお、このような両者の権利の発生、消滅の関係は、交付契約説によって最も明快に説明できるのではないかと考える）。

荷送人が自己を荷受人として指定した貨物引換証の交付を受けた場合には、荷送人は当然に貨物引換証の所持人として処分権を行使しうる。

他人が荷受人として指定された貨物引換証の交付を受けた荷送人の地位はどうであろう。他人を荷受人とする貨物引換証の発行を受けた荷送人は、これを荷受人に交付しさらに荷受人から証券上の権利を取得するまでは証券上の所持人にあたらないとする見解がある[13]。この見解によれば、他人を荷受人とする貨物引換証の発行を受けた荷送人は、これを荷受人に交付する前に事実上所持していても、証券の第一所持人として処分権を行使できず、かかる荷送人は、貨物引換証を運送人に返還して証券発行のない状態を回復することにより、荷送人として処分権を行使することになると説かれる[14]。しかし、このような見解は、あまりにも形式的に過ぎるように思われる。むしろ、荷送人は、指名債権としての処分権が消滅するのと引換えに、指図債権たる証券上の処分権を証券受領

三　貨物引換証の作成、交付行為

と共に取得すると見るのが自然ではなかろうか。証券上誰が荷受人として指定されているかは、単に形式的資格の問題にすぎない。[15] 荷送人の名称が荷受人として記載されていれば、荷送人は裏書によって証券上の権利を移転することになるが、他人の名称が荷受人として記載されていれば、実質的権利者たる荷送人は、その者に証券を交付することによって権利を移転することになるだけのことではなかろうか。荷受人として指定された者の名称がどうであれ、当初の証券上の実質的権利者は荷送人であると解されよう。もちろん、かかる実質的権利を荷送人が立証することは、きわめて容易であろう。

(12) 原茂太一「貨物引換証と運送品の滅失」商法総則商行為法判例百選（一九八五年、第二版、有斐閣）一五〇頁、藤原・前掲注(4)一三五頁参照。

(13) 平出慶道・商行為法（一九八九年、第二版、青林書院）四六三頁。

(14) 同前。

(15) 石井照久＝鴻常夫・商行為法（一九七八年、勁草書房）一四六頁参照。

四 〔例1〕および〔例2〕は商法五七二条の守備範囲内に存するか

イ 貨物引換証が荷送人の元にあるときは、貨物引換証の文言的効力は問題とならない。荷送人と運送人との間の権利義務関係は、証券外の実質的関係（運送契約の具体的内容）によって決定されるからである。「運送に関する事項」を要式化、定型化して簡明に証券に記載したのは、運送契約の内容を直接に知りえない爾後の所持人の便宜のためであり、貨物引換証の流通の促進という要請のためである。したがって、荷送人と運送人の間においては、「運送に関する事項」はもっぱら運送契約の定めるところによって決せられるのが当然である。[16] もっとも、荷送人が貨物引換証を所持しているときは、荷送人と運送人の間にも、文言的効力以外の証券的効力は存在している[17]。すなわち、荷送人は、貨物引換証に化体された指図債権としての運送品処分権の実質的権利者である。荷送人がこの権利を行使するときは、貨物引換証をもって行使しなければならない。

ロ　右に述べたように、荷送人と運送人との間においては、貨物引換証に表章される権利の具体的内容は常に実際の契約によってのみ定まる。このような結果になるのは、貨物引換証に表章された債権関係が、当該の運送契約関係に他ならないからである。すなわち、貨物引換証上の債権は、具体的な運送契約に基因する運送品返還請求権が証券化されものに他ならず、同証券上には、原因たるべき運送契約上の債権がそのまま表章されているからである[18]。そうであるとすれば、貨物引換証が要因証券であるという場合の「要因性」とは、まさに運送契約そのものを原因とするとの意味であると解さなければならないであろう[19]。

文言性重視説の強力な推進者であった竹田省博士も、右の点については以下のように述べておられる。すなわち、わが商法上、貨物引換証の債権は単に典型的または形式上の運送債権たればよいのではなく、特定具体的な運送契約上の債権たることを要することは明瞭であり、既存の運送債権の再現たることは疑のないところである。したがって、基本契約たる具体的運送契約が当然に証券の内容となっているのであり、その証券上の文言に反する範囲において証券上の権利の内容となることができないだけのことである[20]。

つまり、具体的な運送契約に基づいて、爾後の証券所持人に対してどのような内容の運送債務を負うかは、その運送債務を要式化、定型化して作成する運送人の書面意思にかかっているのである。かかる書面意思、文言責任は、原因契約の存在を当然の前提とするものである。わが商法上、運送契約と絶縁された抽象債権を貨物引換証上に認めることは、そもそも困難なのではなかろうか[21]。

ハ　以上から導かれるところによれば、〔例1〕および〔例2〕の場合、原因契約たる運送契約自体が無効であり、または取り消されているのであるから、必然的に証券上に表章されるべき具体的な権利が存在しないということになろう。何ら具体的な権利を表章しないものであるからには、これらの証券は、貨物引換証として無効であると言わざるをえない。したがって、かかる証券に、商法五七二条所定の文言性を認めることはできないことになる。すなわち、〔例1〕および〔例2〕のような事例において、善意の所持人は、商法五七二条の恩恵に与ることはできない。

しかし、右の結論は、〔例1〕および〔例2〕のような事例における善意の所持人は、商法五七二条に依拠して保護を受けられないと言うに止まるものである。このような場合の善意の所持人が保護されるべきではないと主張しいるわけではないのである。このような場合の善意の所持人の保護の根拠規定を商法五七二条に求めるべきではない、と述べたにすぎないのである。

二 どのような有価証券であれ、そこに表章される権利が存在しないかもしれないとの不安を完全に払拭することに成功した証券は存在しないのではなかろうか。権利の不存在に対する所持人の不安を相当に減殺すべく工夫された典型的な無因証券たる手形すら、右の不安を完璧に零としたわけではない。たとえば、手形上の署名者の全員が制限能力者であれば、その所持人が手形上の権利を取得するのはきわめて難しい。それにもかかわらず、少なくとも手形行為者の中に一人でも能力者がいることを確かめないと安心して手形を取得することができないと危惧する者はいないであろう。それは、手形行為者のすべてが制限能力者であるという可能性が無視しえるほどに小さいからであり、手形行為独立の原則が認められていればほぼ十分であるからである。

このように、無因証券ですら、権利の不存在に対する不安を理論上完全に払拭することはできないのであるから、要因証券においては、かかる不安の払拭が不十分な程度に止まるのはやむをえまい。

典型的な要因証券である株券は、株式が有効に存在しないならば、たとえ証券が作成されても無効の株券にすぎない。たとえば、会社が将来の新株発行に備えてあらかじめ株券を印刷、保管していたところ、それが何らかの形で流通に置かれても、当該株券は無効のものである。そのような株券の保管について、会社がたとえ著しく杜撰であったとしても結果は同じである。かかる株券の善意の取得者は、けっして有価証券法理の処理準則の中で救済を求めることはできない。もちろん株券には文言証券性が認められないから、直ちに貨物引換証と同列に論じることはできないが、表章される権利の不存在に対する不安は、要因証券には常に付帯するのである。株券の場合、株式が有効に存在することを確認しなければ安心してこれを取得することができないと危惧する声が上がらないのは、会社法が株式の成立につき厳格な手続きを要求し、新株発行の無効等に適切な対処規定を用意している結果であって、株券上に表章された株式の存在に対する信頼は、有価証券法理それ自体によって支えられているわけではないのである。

貨物引換証には、株券には見られない商法五七二条という規定が存在する。貨物引換証に関して文言性重視説支持派は、おそらくこの証券に表章された権利の不存在に対する所持人の不安を、商法五七二条を根拠に減殺せしめようとしてきたものと思われる。そうであるからこそ、同条に関して、運送契約を離れて証券の文言自体に権利関係の創造的効力を認めたり、部分的に無因証券化することを認めるような解釈を加えてきたのであろう。しかし、そのような解釈は疑問である。貨物引換証上の権利の不存在に対する所持人の不安への対処は、商法五七二条を離れて考えるべきであろう。商法五七二条は、そのような役割りを担う条文ではないと考える。

(16) 大隅健一郎・商行為法（一九六五年、青林書院新社）一五六頁。
(17) 田中誠二・新版商行為法（一九七〇年、再全訂版、千倉書房）二五一頁参照。
(18) 谷川久「船荷証券記載の効力」法雑九巻一号（一九六二年）四六頁、大橋・前掲注(1)二六二頁参照。
(19) 谷川・同前。
(20) 竹田省「証券の文言性の限界」・商法の理論と解釈（一九五九年、有斐閣）所収四九八頁（初出、一九五一年）。
(21) 大橋・前掲注(1)二六三頁参照。

五　〔例3〕および〔例4〕は商法五七二条の守備範囲内に存するか

従来の学説における議論を概観する限り、貨物引換証においては、証券発行行為自体に意思の欠缺・瑕疵ある意思表示があるときは、その証券的効力の帰趨は民法の一般原則によって定まるものと解されているようである。たとえば、手形行為の意思の欠缺・瑕疵ある意思表示について、民法の適用を排し、手形に特有の理論を樹立する必要を繰り返し主張された鈴木竹雄教授も[22]、こと貨物引換証に関しては、その証券的効力は証券作成行為自体に瑕疵があればもとより発生しないと[23]、いとも簡単に片付けておられる。文言性重視を徹底され、証券流通の保護に大きく踏み込まれた竹田省博士も、証券的意思表示の有効、無効は、民法の一般原則により定まると結論づけておられる[24]。商法五七二条の内容は、法が善意の取得者保護のために設けた技術的な抗弁制限法則であると解される谷川久教授も、貨物引換証に記載をなすということそれ自体は、運送人の意思の証券上への表示なのであるから、証券作成についての意思表示上の瑕疵に基づく抗弁は当然には制限されない[25]、と述べておられる主旨から推して、証券発行行為自体の意思の欠缺・瑕疵ある意思表示に関しては、民法の一般原則の適用を肯定される立場にあるものと思われる。

以上の考え方は、必ずしも首肯しうるものではないように思われる。手形行為に対する民法の意思の欠缺・瑕疵ある意思表示に関する一般原則の適用の可否をめぐる議論においては、民法の一般原則がたとえば売買、消費貸借のような固定的な特定の当事者間の法律関係を予定しているのに対し、手形行為は不特定人間を流通する証券上の行為であるから、不用意な行為者の利益よりも、何ら非難すべき点のない手形取得者の利益を重視しなければならないという利益衡量が働いていた。そうであるとすれば、同様に固定的な特定の当事者間の法律関係に限定されることなく、流通に置かれることが予定されている貨物引換証が、証券発行行為の意思の欠缺・瑕疵ある意思表示に関して、当然に民法の一般原則の適用を受けるものとして扱われなければならないのであろうか。

先に挙げた〔例3〕および〔例4〕は、ともに証券発行行為自体の意思表示に欠缺・瑕疵が認められるというものである。その結果、証券に表示された運送品が実際の運送契約上の運送品と異なることになったという、いわゆる「品違い」の状態が惹起されたものである。これに対して、従来の議論で扱われた「品違い」とは、竹田博士などの論説の文脈から推して、おそらく、実際に運送人が受け取った物品自体の過誤に出たことに基づく運送品の記載相違を指すものであろうと思われる。そうであるとすれば、〔例3〕および〔例4〕の場合のような「品違い」と、受領物品自体の過誤に出た「品違い」と、証券発行者の帰責性がより高いと認められるのは、いずれであろうか。

強迫の場合はともかく、錯誤に関して言えば、〔例4〕の場合、その失態を演じたのはもっぱら証券発行者たる運送人である。これに対し、受領物品の過誤に出た品違いに関しては、必ずしもひとり運送人の側にのみ責に帰すべき事由があるとは限らない。たとえば、荷送人が運送状の記載相違をなすことによって影響を及ぼすこともあろうし、そもそも荷送人が物品の渡しまちがいを犯すこともあろう。こう考えると、証券発行行為自体の錯誤による意思表示によって結果的に品違いが生じたような場合に、善意の証券所持人に対して運送人の証券発行行為の錯誤無効の主張を許すのは、いかにも均衡を失しているように思われるのである。

そこで、以下のように考えることはできないであろうか。

五　〔例3〕および〔例4〕は商法572条の守備範囲内に存するか

商法五七二条に規定される「所持人」が、貨物引換証の流通保護のため、その記載を信頼してこれを取得した善意の所持人を指すものであることは、ほぼ一致して認められている。すなわち、同条は、本来証券発行者たる運送人と直接契約関係に立たない証券の譲受人と運送人との間を規律するものである。したがって、商法五七二条は、運送人の証券発行行為自体に意思の欠缺・瑕疵ある意思表示があった場合の、運送人の証券的意思表示の効果について、運送人と善意の証券所持人との関係を規律するにふさわしい規定であると思われる。こう解するならば、法律行為としての運送人の証券発行行為自体の意思の欠缺・瑕疵ある意思表示に関して、商法五七二条は、一律に意思主義を排斥して表示主義を採用することを明らかにした規定であって、民法の一般原則に対する特則ということになる。したがって、運送人は、貨物引換証の善意の所持人に対して、民法の一般原則に依拠した主張を許されないということになるわけである。もちろん、荷送人と運送人の間においては、民法の一般原則の適用があるが、ひとたび証券が流通に置かれたときは、善意の証券所持人と運送人の間は、もっぱら商法五七二条によって処理されるのである。

以上のように解すれば、先の〔例3〕および〔例4〕のような事例こそが、そもそも商法五七二条によって律せられるべき例であるということになろう。かかる場合、運送人は、貨物引換証発行行為の錯誤無効や強迫による取消を善意の所持人に対抗できず、証券記載の文言どおりの責任を負うことになると解される。したがって、証券に記載された物品を引き渡すことができなかった場合は、債務不履行の処理準則が働くことになろう。こう解することと、たとえば運送人に不可抗力による運送品の滅失の場合の免責の主張を許すこと等は、両立しえるものと思われる。

(22) 鈴木竹雄（前田庸補訂）・手形法・小切手法（一九九二年、新版、有斐閣）一四二頁参照。
(23) 鈴木竹雄・新版商行為法・保険法・海商法（一九七八年、全訂第一版、弘文堂）五三頁。
(24) 竹田省「有因債権証券の証券的性質」・商法の理論と解釈（一九五九年、有斐閣）所収四六三頁（初出、一九一五年）。
(25) 谷川・前掲注(18)七五頁参照。
(26) 竹田・前掲注(24)四六三頁参照。

六　空券はどう位置づけられるか

貨物引換証の要因性と文言性とをめぐる従来の議論は、主として「品違い」および「空券」の場合を念頭に展開されてきたものと思われる。したがって、いわゆる「空券」に関しても言及しておくことが必要であろう。ここに空券とは、実質的のみならず形式的にも運送契約が不存在であるにもかかわらず発行された貨物引換証を指すものであると定義づけておこう。商法五七二条を、運送人の貨物引換証発行行為自体の意思表示の欠缺・瑕疵があった場合の運送人と所持人の間の証券的効力に関する民法の特則であると解した場合、空券はどう位置づけられることになるのであろうか。

右のような意味における空券が流通過程に置かれることは、きわめて特異かつ例外的な場面でしか生じない。おそらく、空券の作成者から証券の交付を受けた第一所持人が、任意にこれを譲渡するというのが、実際に生じうるほぼ唯一の場面であろう。かかる空券の第一所持人が、譲渡の意思をもってこれを流通に置いたとき、それまでの一連の行為をもって、空券作成者と第一所持人との間には、原因契約たる運送契約の存在につき、通謀虚偽表示類似の関係が生じると評価することができないであろうか。そうであるとすれば、善意の証券取得者は、当該運送契約について、民法九四条二項所定の「善意の第三者」[27]に該当し、空券作成者たる運送人は、この者に運送契約の不存在を対抗できなくなると構成することができる。そして、このような、不存在を対抗しえない運送契約を前提として、空券作成者の証券作成行為自体の意思の欠缺・瑕疵ある意思表示の有無を検証することになるわけである。

まず、運送人が、運送契約が不存在であることを認容しつつ、あえて貨物引換証発行行為をなした場合を考えてみよう。この場合、運送人の証券上の意思表示は、心裡留保になるものと認められよう。すなわち、運送契約が存在しないことを知りながら、あえて証券発行行為を行ったものであるから、運送人には運送債務を負うとの効果意思の形成はないものと思われる。それにもかかわらず、証券記載の債務を負う旨の表示行為が存在するのであるから、心裡留保に該当するものと言うべきである。こう解すれば、かかる場合の空券の効果に関して、運送人と証券の善意の所持人との間は、商法五七二条によって処理されるべきであるという結論になる。

次に、運送人が、運送契約が不存在であることの認容を欠いて、貨物引換証発行行為をなした場合を考えてみよう。換言すれば、実質的にも形式的にも運送契約が存在しないにもかかわらず、存在するとの誤信の下に貨物引換証作成行為がなされた場合である。この場合、純理論的には、かかる証券発行行為は運送人の動機の錯誤に出てなされたものと解すべきことになろう。その限りでは、運送人とかかる証券の善意の所持人との間に商法五七二条の適用を認めることは困難であるように思われる。しかし、このような空券については以下のように考える。そもそも貨物引換証発行行為は誰にでも可能な法律行為ではない。その発行は、手形等の場合と異なり、運送営業を商人として専門的に手掛ける運送人に限られているのである。運送人は、かかる営業の専門家として、社会通念上期待される相当の注意を尽くして、貨物引換証発行行為をなさなければならない。そうであるとすれば、証券発行にあたり、運送契約が実質的にも形式的にも存在していないということの認容を欠くことは、証券発行に関して最も根幹をなす注意を欠いたということであるから、そのこと自体が責められなければならない。すなわち、かかる場合には、運送契約の不存在を認容しつつ証券を発行したのと同程度の重過失があると言うべきである。したがって、この場合は、理論的には心裡留保に該当しないものの、運送営業の専門家としての証券発行者の重過失を認めて、心裡留保と同様に扱うことが妥当であると解する。したがってこの場合も、運送人と証券の善意の所持人との間は、商法五七二条によって処理すべきことになる。

(27) 証券取得者を民法九四条二項所定の第三者として扱うとすれば、この者は、通謀虚偽表示の当事者（空券作成者と第一所持人）の外形行為によって形成される法律関係（運送契約の締結）に対し、別個の法律関係（貨物引換証の譲受）によって新たに法律上利害関係を有するに至ったのであるということになる。したがって、証券取得者の善意悪意は、証券取得時に判断されることになる。問題があるとすれば、善意の主張立証責任が、善意第三者であることを主張する者の側にある（すなわち証券取得者側にある）という点であろうが、同条同項は、善意であることに無過失であることを要しないと解されているし、実際上も、証券流通の阻害要因とまで過大評価すべき欠点とまでは言えないと思われる。

七　〔例1〕および〔例2〕における善意の証券所持人の保護

繰り返し述べるように、先の〔例1〕および〔例2〕の場合、貨物引換証の善意の所持人は、商法五七二条に依拠して保護を受けられないというに止まる。彼らには、同条以外の別の根拠に基づいて保護を受けるに値すると結論づけられる可能性が残されているのである。要するに、貨物引換証に不実記載がなされたとき、その善意の証券所持人の保護、救済の根拠を、ひとり商法五七二条のみに求めることは適当でないということである。その意味では、善意の証券所持人の救済を図るにあたり、証券発行者の不実記載発行そのものを責任の基礎にすえる法律構成によるべきであるとの視座から、その責任発生原因規定（根拠）を商法五七二条に置くことなく、証券発行者の損害賠償責任の発生を基礎づけうる一般的な民事法原則に根拠を求める他ないとされる落合誠一教授の考え方は[28]、まさに正鵠を射られたものと言えよう。

落合教授は、運送人の証券不実記載発行者の損害賠償責任の発生の根拠を、契約締結上の過失の理論に依拠して構成することを試みておられる[29]。このような責任発生を認めて善意の証券所持人に対する救済の途をひらくことは、とりわけ〔例1〕および〔例2〕のような、商法五七二条の保護の網からこぼれる所持人にとって有益であると思われる。

不実記載証券発行者が証券所持人に対してその信頼利益の賠償責任を負う根拠を権利外観理論によって基礎づけようとされる藤原雄三教授の試みも、(30)解決の方向性は落合教授と一致するものであると評価できよう。この側面では、田邊光政教授が、有価証券取引の一般的な処理準則としての外観法理の可能性を強く示唆しておられる。(31)有価証券法理の枠組みの中で、善意の所持人の保護を考えて行こうとされる点で支持しうるものと思われる。ただ、貨物引換証の場合は、不実記載証券発行への荷送人の関与をどう評価し、その帰責性を証券所持人の保護法理の中にどう取り込んで行くべきかという課題が残されていよう。

(28) 落合・前掲注(4)三三一—三三二頁参照。
(29) 同前三三二—三三五頁参照。
(30) 藤原・前掲注(4)一五九—一六三頁。
(31) 田邊・前掲注(3)二八四—二八五頁参照。

八　結　語

貨物引換証は完全な要因証券である。商法五七二条の存在は、この証券に部分的にせよ無因性や設権性を認める根拠たりえない。加えて、同条は、原因契約たる運送契約が無効であったり、取り消された場合にも、善意の証券所持人を保護する根拠規定となりえない。

右のように解そうとも、商法五七二条は空文化するものではない。同条は、貨物引換証発行の際の証券的意思表示自体に欠缺・瑕疵が存した場合に、善意の証券所持人に対する関係では、意思主義を排斥し、表示主義を採用したという限りで、証券に文言性を認める規定であると解することができる。すなわち、要因性は、運送契約が有効に存在することが証券発行行為の有効性の前提となることを意味するものであるが、文言性は、もっぱら証券発行行為自体の瑕疵の中で問題にされるべきものである。かく解することにより、要因性と文言性は決して「不調和なる命題」ではなくなる。

品違いについては、実際に受領した物品の過誤に出て、結果的に貨物引換証記載の運送品に不実記載が生じたような場合は、証券発行行為自体の錯誤とは言えないであろう。これは、証券発行行為の動機の錯誤である。したがって、このような品違いは、商法五七二条の規整の埒外にある。

実質的にも形式的にも運送契約が存在しないにもかかわらず、貨物引換証が発行されたといった空券の場合は、原因契約たる運送契約締結に通謀虚偽表示類似の評価を与え、これを前提に、証券発行行為自体の心裡留保またはこれに準ずるものと捉えて、善意の証券所持人は商法五七二条に依拠して保護されることになる。

商法五七二条の規整の埒外にある不実記載に関しては、証券発行者側の帰責事由と証券の外観を信頼して取得した善意の所持人の主観的要件とを、個々の事例において比較検討して妥当な結論を求めるより他ないように思われる。さしあたって、有価証券取引（ないしは商取引）において活用されている外観法理に依拠すべきであるということになろうか。

〔**追記**〕　空券の構成に関しては、名古屋大学の浜田道代教授より解決のヒントをいただいた。

税理士賠償責任保険の免責条項の適用

石田　満

一　はしがき

税理士賠償責任保険は、昭和六二年一二月一七日に、損害保険七社がこれをいわゆるファイル・アンド・ユース方式（認可制度の簡略化）により大蔵大臣に届け出て、同月二六日に承認され、昭和六三年四月一日から発売するに至った（保険業法一二三条一項、同施行規則八三条参照）。

税理士賠償責任保険は、法令に基づく資格を有する専門職業人のための専門職業人賠償責任保険の一つであり、税理士が専門的業務を遂行するに当たり生ずる危険を担保する保険である。

ただ、責任保険について同様のことが常にいわれるのであるが、税理士の民事責任を保険会社が肩代りすることにより税務行政に支障をもたらすことはないのか、また税理士の違法行為を助長することはないのか、保険の構成にあたってまた約款の解釈にあたり十分留意すべき課題があるのである。

わたくしは、税理士の民事責任および約款の免責条項の適用の有無について保険会社から二つの質問を受けた。この二つの質問事案は、いずれも消費税法に定める消費税課税事業者選択書を提出することなく、消費税確定申告（還付請求）書を所轄税務署に提出したことが、約款五条二項の免責条項の過大申告に該当するか否かが争点とされている。本稿で、重複するところ少なくないが、この質問事案に対するわたくしの意見を述べ、この問題を明らかにしたい。なお、この質問事案については、いずれもすでに東京地方裁判所の判決が示されている。この判決の内容をも掲げ、その判決に対して、わたくしの考えを述べることにする。

二　質問事案（その一）について

(イ)　質問事項とそれに対する意見

日本税理士会連合会は、税理士である甲を被保険者として、乙火災海上保険株式会社（以下、乙保険会社という）との間で、保険期間を平成八年七月一日から平成九年七月一日まで、保険金額を一請求について五〇〇〇万円、保険期間中一、〇〇〇万円とする税理士職業賠償責任保険契約を締結していた。

甲の乙保険会社に対する上記保険契約に基づく保険金請求の訴えの請求の原因において、次のとおり主張している。

(1)　甲は、丙株式会社（以下、丙会社という）との間で、税理士の業務に関する顧問契約を締結していた。

(2)　甲は、丙会社の委任に基づき、平成八年五月二九日に所轄税務署に対し、丙会社の平成七年一〇月一日から平成八年三月三一日事業年度の消費税確定申告書を提出した。その申告の内容は、仕入れ税額控除に基づき四三五万二、〇二五円の還付を受けるものとなっていた。

(3)　ところで、消費税の確定申告により上記の還付を受けるためには、当該申告者は、課税事業者でなければならず、免税事業者であった者が還付を受けるためには、課税期間の開始前に「消費税課税事業者選択届出書」

を提出しておかなければならないのに、甲は、丙会社が当然に課税事業者であると思い込んでいて、課税期間の開始前に上記消費税課税事業者選択届出書を提出することなく、還付の確定申告書を所轄税務署に提出した。

(4) 平成八年七月三日に所轄税務署から還付請求が認められない旨の通知が税務代理の委任者である丙会社になされた。

(5) 税務代理人である甲は、上記確定申告書を取り下げた。

(6) 平成八年七月一五日に甲は、丙会社に上記消費税課税事業者選択届出書を提出していたならば、還付されることになる税額四三五万二、〇二五円および加算税相当額四万三八円の合計四三九万二、〇六三円の損害賠償金を支払った。

甲は、乙保険会社に対して、税理士賠償責任保険契約に基づき、保険金四三九万二、〇六三円の支払を求める訴えを提起している。

税理士職業賠償責任保険税理士特約条項（以下、約款という）五条二項は、「当会社は、納税申告書を法定期限までに提出せず、または納付すべき税額を期限内に納付せず、もしくはその額が過少であった場合において、修正申告、更正、または決定により納付すべき税額の全部もしくは一部に相当する金額につき、被保険者が被害者に対して行う支払（名目のいかんを問いません。）については、これをてん補しません」と規定している。

乙保険会社は、この免責条項に基づき保険金の支払を拒否することができるか。

二　質問事案（その一）について

わたくしは、上記質問事案（その一）について、次のように判断するのである。

(a) 消費税課税事業者選択届出書の不提出

甲は、丙会社の税務代理人として、平成八年五月二九日に平成七年一〇月一日から平成八年三月三一日事業年度の消費税確定申告書およびこの添付書である仕入控除税額に関する明細書（法人用）を所轄税務署長に提出している（甲五号証）。

申告納税方式による国税の納税者は、国税に関する法律の定めるところにより、納税申告書を法定申告期間までに税務署長に提出しなければならない（国税通則法一七条一項）。消費税についても、事業者が資産の譲渡を行った時に納税義務が成立するが、申告により、具体的に確定する申告納税制度を採用している。ただ、その申告がない場合、またはその申告に係わる税額の計算が消費税法（昭和六三年法律第一〇八号）に関する規定に従っていない場合、その他その税額が税務署長の調査したところと異なる場合に限り、税務署長の処分により確定することになる。

上記の消費税確定申告書には仕入控除税額に関する明細書が添付され、それには、還付申告となった主な理由として、設備投資欄およびその他の欄に丸印しが付けられている。

基準期間における課税売上高が三、〇〇〇万円以下の事業者は、その課税期間中に行った課税資産の譲渡等について納税義務を免除される（同法九条一項）。ただ、免除事業者に該当する事業者であってもその事業者の選択により、課税事業者となることができるものとされ、この場合、その課税期間開始前に課税事業者選択届出書を納税地の所轄税務署長に提出しなければならない（同法九条四項）。

質問事項によれば、甲は平成八年七月二九日に所轄税務署に消費税確定申告（還付請求）書を提出しているが、甲は、消費税の還付申告をするためには、「課税事業者選択届出書」を提出しておかなければならないのに、その届出を怠ったとある。甲において税務の専門家として重大な過失があることは否定できない。

(b)　消費税確定申告書の提出と保険者の免責

約款五条および六条は、保険者の免責事項を定めている。税理士の民事責任を保険会社が肩代りすることにより、税務行政に支障があってはならないし、また税理士の違法行為を助長することがあってはならない。敷衍するならば、納税者が過少なことを知りながらあえて申告をし、それが発覚した場合には、修正申告をして納税すれば足りるとする者もあり得る。これはもちろん税務行政に対する違背である。またこの場合、過少申告につき委託を受けた税理士に過失があるとして損害賠償の請求をするならば、結果として過少申告をしてもなんら納税者は不利益を受けることはないことになる。しかも、この場合、容易にその税理士がこの請求に応じたうえ、保険会社に保険金の請求をすることができるというようなことは、違法行為を助長するものであり、到底法律上認めることはできないのである。この理は、質問事項についても異なるところはない。すなわち、質問事項に即していえば、一応、消費税免税事業者にしておいて還付請求をし、それが所轄税務署長から認められないときに、それにつき本保険契約に基づく保険金の請求を認めるというようなことは、消費税法によれば消費税免税業者は、還付請求をするためには課税期間前に消費税課税事業者選択届出書を所轄の税務署長に提出しなければならない、とする消費税法および税務行政の根幹に眞向から違背することを助長しかねず妥当性を欠くのである。そこで約款五条二項は、これらを免責事由としたものと解されるのである。

二　質問事案（その一）について

質問事項によれば、平成八年七月三日に所轄税務署長から還付請求が認められない旨の通知が税務代理の委任者である丙会社になされ、結局、税務代理人である甲は、確定申告書を取り下げたとある。約款五条二項の解釈として、核心となる点は、平成八年五月二九日に、甲が丙会社の税務代理人として、消費税確定申告（還付請求）書を提出した事実、および同年七月三〇日に所轄税務署長から丙会社に対して還付できない旨の通知があった事実だけである。

これ以前において、甲は、丙会社が当然に課税事業者であると思い込んでいたというような事実は、約款五条二項の免責条項の解釈になんら関係するものではない。

また、これ以後において、甲が丙会社の税務代理人として、上記の消費税確定申告（還付請求）書を取り下げたというようなことも、約款五条二項の免責条項の解釈になんら関係するところはないのである。

甲は、丙会社の税務代理人として、平成八年五月二九日に、消費税確定申告（還付請求）書を提出しているが、客観的にみて還付請求が認められないにもかかわらず、還付請求をしているのであるから、約款五条二項にいう「その額が過少であった場合」に該当する。質問事項は、還付請求が否定された事案であり、客観的には還付請求金額が零であるにもかかわらず、還付請求をしている恰好になるのであるから、上記の過少申告の文言に該当することはまったく疑いがない。この場合、甲が過失もしくは重大な過失により、還付請求をすることができると信じたという主観的要素はまったく考慮されない。

次に、上述したとおり、平成八年七月三日に所轄税務署から丙会社に対して還付できない旨の通知があったのであり、この通知は更正通知書による通知と同視され、還付金の還付を受けることができないのであるから、上記還付請求金相当額は、約款五条二項にいう「更正により納付すべきこととなる本税等」に該当し、乙保険会社は、甲が被害者丙会社に対してなすべき本税等分に相当する損害賠償の支払いにつき、これをてん塡する責任を負うことはない、との結論に至るのである。

以上が質問事案（その一）に対する意見である。

(ロ)　東京地裁平成一〇年一一月二六日判決

東京地裁平成一〇年一一月二六日判決（平成九年(ワ)第一九七六八号）は、この事案について次のとおり判示している。

「一　証拠…及び弁論の全趣旨によれば、本件免責特約が設けられた趣旨は、税理士の関与の下に納税者が過少申告等に及び、それが発覚した場合に税理士において過失があるとして依頼者たる納税者に対し右申告等により免れようとした税額等相当額を支払った上、右支払額について保険による塡補の請求を認めるものとすると、事実が発覚したときでも保険によって塡補されるとの担保の下に、過少申告等の違法な行為を誘発することになり、ひいては申告納税制度の根幹を危うくするため、このような危険を防止することを目的とするものであることが認められる。

そして、右の場合に、保険者において当該行為に及んだ者の不正目的の有無等の主観的な意図を判別することは極めて困難であるから、本件免責特約の適用については、行為者の故意、過失を問わないものと解される。

二　本件において、Aは、課税期間の開始前に消費税課税事業者選択届出書を提出しなかったのであるから、本件事業年度について消費税の還付を受けることができないことが確定していたのであり、それにもかかわらず、原告は、同会社の顧問税理士として消費税の還付を受けることを内容とする消費税確定申告に及んだものである。

そして、右還付申告は、過少申告と表裏の関係にあり、実質において過少申告と異なるところがなく、また、Aは所轄税務署から還付を受けられない旨の通知を受けて右申告を取り下げたものであるから、更正処分を受けた場合と同視すべきものというべきである。

したがって、原告が行った還付申告は、本件免責特約が対象とする行為に該当し、被告は、本件免責特約により、原告がAに対して支払った消費税及び加算税相当額について保険金の支払義務を負わないものというべきである。」

本判決は、第一に、免責特約の適用については、行為者の故意、過失を問わないこと、第二に、還付申告は、実質的に異なるところはないこと、第三に、所轄税務署から還付を受けられない旨の通知を受けて申告を取り下げたことは更正処分を受けた場合と同視すべきであることの判示はすべて賛成である。この点、前記質問事案に対する意見とほぼ同じである。

二　質問事案（その一）について

三　質問事案（その二）について

(イ)　質問事項とそれに対する意見

日本税理士会連合会は、税理士である甲を被保険者として、乙保険会社との間で、保険期間を平成六年七月一日から平成七年七月一日まで、保険金額三、〇〇〇万円とする税理士職業賠償責任保険契約を締結していた。

(1)　甲は、丙$_1$（別訴原告丙$_2$の子）との間で、税理士の業務に関する顧問契約を締結していた（丙$_2$の事業を含む）。丙$_2$の甲に対する別訴損害賠償請求事件において、丙$_2$は、次のように主張している。丙$_2$は、丙$_1$と地上一〇階地下一階建てのビルを建設し、平成六年一月に竣工した。本件ビルは、丙$_1$の持分が一〇分の六、丙$_2$の持分が一〇分の四で、丙$_1$、丙$_2$のビル賃貸事業用資産である。丙$_2$は、本件ビルの建築に関して五、七八三万八、六四三円の消費税を支払った。

(2)　消費税法では、課税売上高が三、〇〇〇万円以下の事業者の場合には、「課税事業者の選択」をするか否かを決定できるものとされ、この選択をして、税務署長に「消費税課税事業者選択届出書」を提出した場合には、翌課税期間から課税事業者となり、課税対象となる取引（三、〇〇〇万円以下の取引を含む）に消費税が課せられるが、課税仕入れに係わる消費税額等について控除を受けられることとされている（同法九条四項）。

(3)　甲は、平成五年一〇月に税務署長に対して、丙$_2$の事業について「消費税簡易課税制度選択不適用届出書」を提出したが、「消費税課税事業者選択届出書」を提出していなかった。

(4)　丙$_2$と甲とは、平成六年には本件ビルが竣工し引渡しがなされること、および消費税の還付がなされること等の話し合いをした。消費税の還付を受けるためには、平成五年一二月三一日までに「消費税課税事業者選択届出書」を所轄の税務署長に提出しなければならないのにもかかわらず、これを提出していなかった。

(5) 平成七年三月三一日に消費税確定申告（還付請求）書を提出したが、同年六月に所轄税務署から還付できない旨の通知があった。

(6) その後、甲は税務署と交渉を続けたが、結局還付請求が認められなかった。

(7) 上記の甲の債務不履行により、丙₂は、五、六〇七万四、八七三万円の還付を受けることができず、同額の損害を被ったとして、丙₂は、甲に対して損害賠償の請求の訴えを提起した。

甲は、乙保険会社に対して、税理士職業賠償責任保険に基づき、保険金三、〇〇〇万円の支払を求める訴えを提起している（本訴）。

税理士職業賠償責任保険税理士特約条項（以下、約款という）五条二項は、「当会社は、納税申告書を法定申告期限までに提出せず、または納付すべき税額を期限内に納付せず、もしくはその額が過少であった場合において、修正申告、更正、または決定により納付すべきこととなる本税等の本来納付すべき税額の全部もしくは一部に相当する金額につき、被保険者が被害者に対して支払う（名目のいかんを問いません。）については、これをてん補しません」と規定している。

乙保険会社は、この免責条項に基づき保険金の支払いを拒否することができるか。

三 質問事案（その二）について

わたくしは、上記質問事案（その二）について、次のように判断するのである。

(a) 消費税課税事業者選択書の不提出

甲は、丙₂の税務代理人として、平成七年三月三一日に平成六年分の消費税確定申告書およびこの添付書である仕入控除税額に関する明細書（個人事業者用）を税務署長に提出している（甲二号証）。申告納税方式による国税の納税者は、国税に関する法律の定めるところにより、納税申告書を法定申告期限までに税務署長に提出しなければならない（国税通則法一七条一項）。消費税についても、事業者が資産の譲渡等を行った時に納税義務が成立するが、申告により、具体的に確定する申告納税制度を採用している。ただ、その申告がない場合、またはその申告に係わる税額の計算が消費税法(昭和六三年法律第一〇八号)に関する規定に従っていない場合その他その税額が税務署長の調査したところと異なる場合に限り、税務署長の処分により確定することになる。

上記の消費税確定申告書には仕入控除税額に関する明細書が添付され、それには、還付申告となった理由として、固定資産等の購入とされている。

基準期間における課税売上高が三、〇〇〇万円以下の事業者は、その課税期間中に行った課税資産の譲渡等について納税義務を免除される(同法九条一項)。反面、この免除事業者は、仕入税額控除の適用を受けることはできない(同法三〇条一項)。ただ、免税事業者に該当する事業者であってもその事業者の選択により、課税事業者になることができるものとされ、この場合、その課税期間開始前に課税事業者選択届出書を納税地の所轄税務署長に提出しなければならない(同法九条四項)。

(b) 消費税確定申告書の提出と保険者の免責

質問事項によれば、甲は平成五年一二月三一日までに消費税課税事業者選択届出書を所轄税務署長に提出することなしに、平成七年三月三一日に消費税確定申告(還付請求)書を提出している。丙$_2$の税務代理人である甲は、課税事業者選択書を提出しなくとも消費税確定消費税書を提出して還付請求をすることができると誤解したのか、それとも、またすでに上記の選択書を提出していたものと誤解して消費税確定申告書を提出したのか、この間の事情は明らかではないが、いずれにしても甲において税務の専門家として重大な過失があることは否定できない。

甲は、非課税事業者が誤って申告しても、これは消費税法に基づく申告ではなく、しかも本事案の場合、甲は、税務署長から「申告は無効であるので、甲の手元にある税務署の受理印を押捺した消費税確定申告書の控えを渡してもらいたい」旨求められ、それに応じたにすぎず、消費税確定申告を撤回したものである、と主張している。

また、乙保険会社は、税務署が甲に対して本件の消費税確定申告書の控えの交付を求めたことについて、「本来であれば、更正あるいは修正申告をなすべきところ、更正あるいは修正申告に伴って生ずる過少申告加算税を課さないようにするなどの配慮からの取扱いであると考えられる」との回答を得ている、と主張している。

納税申告は、法律関係を納税者の意思表示によって確定し、それを税務署長に通知する行為であり、対等な当事者間における合意の形成を目的とする民法上の意思表示とは異なるのである。したがって、錯誤等の意思表示の欠陥を理由としての納税申告の無効等は、法律上原則として認められない。これは、消費税法等における納税申告の変更（修正申告や更正・決定）による救済手段によるべきである。ただ、申告も意思表示である以上、まったく申告意思を欠いているとか、他人による申告などについては、納税申告は無効と解される。そのほか、法定の手続きによっては納税申告者の利益を保護することができない「特段の事情」がある場合に限って、錯誤等による申告の無効の主張も認められると解される。この点について最高裁昭和三九年一〇月二二日第一小法定判決民集一八巻八号一七六二頁は、「確定申告書の記載内容の過誤の是正については、その錯誤が客観的に明白且つ重大であって、前記所得税法の定めた方法以外にその是正を許さないならば、納税義務者の利益を著しく害すると認められる特段の事情がある場合でなければ、所論のように法定の方法によらないで記載内容の錯誤を主張することは、許されないものといわなければならない」と判示し、申告納税制度について、錯誤による無効については、制限を加えているのであり、質問事案においては、甲は、丙$_2$の税務代理人として錯誤による無効をも主張できる事案でもない。

質問事項によれば、甲は、平成七年三月三一日に消費税確定申告（還付請求）書を提出したが、同年六月に税務署から還付できない旨の通知があったとされている。同年六月に税務署から還付できない旨の通知があるまで、税務署長は、その申告に係わる税額の計算（還付請求）が消費税に関する法令の規定に従っているか否かを調査し、その結果、申告が税務署長の調査したところと異なるところがあったからこそ、税務署長の処分として還付金の請求を認めない旨の通知をしたものと解されるのである。本来、これは、税務署長が更正通知書を送達して行うべきであり、その通知書が相手方に到達した時にその効力を生ずるものとされる（国税通則法二八条一項、三〇条）。この更正通知書には、更正前の課税標準等および税額等、更正後の課税標準等および税額等、その更正によって増加または減少する部分の税額等を記載しなければならないとされている（同法二八条二項三項）。

平成七年六月に税務署長が還付することができない旨を通知したとあるが、これはもとより税務署長の丙$_2$の消費税確定申告（還付請求）についての処分と解されるのである。ただ、丙$_2$の消費税確定申告（還付請求）は、消費税法に定める要件をまったく充足していないのであるから、上述したとおり更正通知書に記載すべき事項を記載して通知することなしに、単に還付することができない旨を通知したにとどまったものと解されるのである。法律上は、上記の通知は、更正通知書による通知と同視されるのである。質問事案の場合、どのような方法で還付請求の拒否の通知をするかは、税務署長の裁量の範囲に属するものであると考えられるが、この通知は、上述のとおり更正の通知と法律上同視されるものと解されるのである。

約款五条および六条は、保険者の免責事項を定めている。税理士の民事責任を保険会社が肩代わりすることにより、税務行政に支障があってはならないし、また税理士の違法行為を助長することがあってはならない。敷衍するならば、納税者が過少なことを知りながらあえて申告をし、それが発覚した場合には、修正申告をして納税すれば足りるとする者もあり得る。これはもちろん税務行政に対する違背である。またこの場合、過少申告につき委託を受けた税理士に過失があるとして損害賠償の請求をするならば、結果として過少申告をしてもなんら納税者は不利益を受けることはないことになる。しかも、この場合、容易にその税理士がこの請求に応じたうえ、保険会社に保険金の請求をすることができるというようなことは、違法行為を助長するものであり、到底法律上認めることはできないのである。この理は、質問事項についても異なるところはない。すなわち、質問事項に即していえば、一応、消費税免税事業者にしておいて還付請求をし、それが所轄の税務署長から認められないときに、それにつき本保険契約に基づく保険金の請求を認めるというようなことは、消費税法によれば消費税免税業者は、還付請求をするためには課税期間前に消費税課税事業者選択届出書を所轄の税務署長に提出しなければならない、とする消費税法および税務行政の根幹に真向から違背することを助長しかねず妥当性を欠くのである。そこで約款五条二項は、これらを免責事由としたものと解されるのである。

質問事項では、税務署長から上記の通知があった以後、甲は、税務署と交渉を続けたが、結局還付請求が認められるに至らなかったとある。約款五条二項の解釈として、核心となる点は、平成七年三月三一日に、甲が丙$_2$の税務代理人として、消費税確定申告（還付請求）書を提出した事実、および同年六月に所轄税務署長から丙$_2$に対して還付できない旨の通知があった事実だけである。

これ以前において、甲が丙$_2$の税務代理人として、平成六年一二月三一日までに、消費税課税事業者選択届出書を税務署長に提出するのを失念していたというような事実は、約款五条二項の免責条項の解釈になんら関係するものではない。

また、これ以後において、甲が丙$_2$の税務代理人として、所轄税務署と交渉し、その結果、上記の消費税確定申告（還付請求）書を取下げもしくは撤回したというようなことも、約款五条二項の免責条項の解釈になんら関係するところはないのである。

甲は、丙$_2$の税務代理人として、平成七年三月三一日に、消費税確定申告（還付請求）書を提出しているが、客観的にみて還付請求が認められないにもかかわらず、還付請求をしているのであるから、約款五条二項にいう「その額が過少であった場合」に該当する。質問事項は、還付請求が否定された事案であり、客観的には還付請求金額が零であるにもかかわらず、還付請求をしている恰好になるのであるから、上記の過少申告の文言に該当することはまったく疑いがない。この場合、甲が過失もしくは重大な過失により、還付請求をすることができると信じたという主観的要素はまったく考慮されない。

三　質問事案（その二）について

次に、上述したとおり、平成七年六月に所轄税務署から丙$_2$に対して還付できない旨の通知があったのであり、この通知は、更正通知書による通知と同視され、還付金の還付を受けることができないのであるから、約款五条二項にいう「更正により納付すべきこととなる本税等」に該当し、乙保険会社は、甲が被害者丙₂に対してなすべき本税等分に相当する被害賠償の支払いにつき、これをてん補する責任を負うことはない、との結論に至るのである。

なお、付言するに、甲は、丙₂は消費税免税業者であり、したがって納税義務者ではないので、還付申請は単なる任意文書の提出に過ぎず、消費税確定申告は無効である、と主張しているが、それは、あくまでも結果として、丙₂は消費税課税事業者選択届出書の提出がなく免責事業者であったことが明らかにされたものであり、消費税確定申告（還付請求）書の提出が任意文書の提出に過ぎないとする見解は、まったく根拠がなく妥当性を欠くものといわざるを得ない。単なる任意文書の提出であるとすれば、これを取下げたり撤回したりする必要もないはずである。

以上の理由で、乙保険会社は、約款五条二項に基づき、甲に対して税理士職業人賠償保険金の支払いの責任を負わない、と判断する。

以上が質問事項（その二）に対する意見である。

(ロ) 東京地裁平成一一年三月三〇日判決

東京地裁平成一一年三月三〇日判決（平成九年(ワ)第一一七三六号）は、次のとおり判示している。前半の部分については正しい判断であるが、後半の部分は後述のとおりまったく理解しがたい判示である。

「一　本件申告への本件特約条項の適用の有無について

1　本件申告において、Aは還付請求をしているが、Aは消費税法九条一項により免税事業者とされており、消費税課税事業者選択届出書の提出を期限までに提出しなかった以上、消費税の還付を受けられない。とすれば、本件申告におけるAの還付請求は、還付を受けられないにもかかわらず還付を請求するという意味で、過大還付を求めるものである。そして、過大還付も、過少申告も、その実質は本来国庫に入るべき額よりも少ない額を国庫に入れることを指向している点で共通しており、過大還付はいわば過少申告の裏返しの関係にあるといえる。したがって、Aが消費税法九条一項により免税事業者に当たるとしても、本件特約条項にいう「その額が過少であった場合」に当たることは、論理解釈上明らかである。

次に、千葉東税務署による取下げの勧告も、本件特約条項に該当するものということができる。確かに、千葉東税務署は本件に関し、更正・決定をしたわけではないが、取下げ勧告も税務署の裁量の範囲内の行為であり、その理由として本件申告によりAが還付を受けることはできないとの判断があると認められる以上、「更正または決定」に準ずる税務署の判断の表明があるものとして本件特約条項を適用し得る。

したがって、本件保険事故についても本件特約条項の適用は肯定される。

2 そして、「本来納付すべき税額」については、本件が過大還付の事案であることから「還付を受けられないこととなる額」と読み替えることとなるが、本件では還付が受けられないのであるから、右額は還付請求額となり、本件特約条項の適用により還付請求額については保険金の支払はされないこととなる。」

「二 本件におけるAの損害の発生と本件申告との関係

もっとも、Aが還付を受けられないという損害を被ったのは、原告が平成五年一二月三一日までに消費税課税事業者選択届出書を千葉東税務署に提出することを失念していたことが原因であり、右へ五年一二月三一日の経過により、Aが還付を受けられないことは確定している。したがって、還付を受けられないこととなる具体的な消費税額は平成六年一二月三一日が経過するまでは未確定であるとしても、Aの損害の発生自体は平成五年一二月三一日に確定している。

三 質問事案(その二)について

とすれば、本件申告当時には既にAの損害は確定していたのであるから、本件申告並びに千葉東税務署の取下げ勧告によってはAには何ら損害は発生していない。よって、本件申告における還付請求額につき保険金の支払がされないという前述のような本件特約条項の適用の結果は当然のことを確認しているにすぎないといえる。

三　被告（保険会社）の責任

他方、平成五年一二月三一日の経過時においては、Aの損害は確定的に発生している。そして、この時点においては本件特約条項に該当する事実は何らないのであるから、右損害について、被告は保険会社としての責任を負担すべきである。被告も消費税課税事業者選択届出書の提出を失念しただけの事例については、本件特約条項の適用がないことは争っていない。

なお、被告は、消費税課税事業者選択届出書の提出を失念し、かつ、免税事業者として還付の請求をした場合が本件の特徴であり、このような場合には本件特約条項が適用され、被告は免責されると主張するのであるが、以上検討したように提出の失念と還付の請求とは場面が異なり、これを一括して考えて、本件特約条項を適用することは、偶発的な事由の発生により、被告の免責の範囲が不当に拡大することを許容することとなり、とうてい妥当であるとはいえない。

以上述べた理は、提出の失念をした税理士甲と還付の請求をした税理士乙が別個の人物である場合を考えると、還付請求した税理士乙については本件特約が適用されるとしても、だからといって提出の失念をした税理士甲についてもまた本件特約の適用があるということになるということはできないことからみても、首肯し得る。」

上記判決の「二　本件におけるAの損害の発生と本件申告との関係」、および「三　被告の責任」の部分の論旨は、不可解であり、まったくの誤解によると思われ、賛成できない、というのがわたくしの結論である。以下その理由を述べる。

(1)　一般論として、責任保険契約における保険事故をどの事実求めるべきかについては争いがある。①損害事故の発生、②責任の負担、③加害者に対する請求、④債務または責任の確定、⑤加害者の被害者への支払いなどが保険事故を確定するための基準とされている（石田・商法Ⅳ（保険法）（改訂版）（平一〇、青林書院）二三三頁以下参照）。ただ、責任保険一般についての保険事故を確定することはむずかしいのみならず意味がなく、各種の責任保険の特約条項でそれを明らかにすればよいのである。本特約四条では、「保険期間中に被保険者に対して損害賠償の請求がなされた場合に限り、その損害をてん補する」と規定し、いわゆる請求事故説をとっているのである。すなわち、被保険者である税理士原告がAから損害賠償の請求がなされたことが、本特約にいう保険事故に該当する。上記の判決によれば、「Aは、原告の債務不履行により、五六〇七万四八七三円の還付を受けられず、同額の損害を受けたとして、平成九年三月三一日、損害賠償請求訴訟を提起した（千葉地方裁判所平成九年(ワ)第六〇六号）」とある。したがって、この時点でAから税理士原告への損害賠償の請求があったものとするならば、本特約の保険事故は、この時点（平成九年三月三一日）に保険事故が発生したことになるのである。この特約は、Aから税理士原告に対する請求を保険事故としているのであるから、質問事案では、この時点で既に、特約条項五条二項の免責条項に該当する事実がある以上、保険会社は、保険金を支払う責任を負わないことになるのである。

(2)　上記の判決で、「Aが還付を受けられないという損害を被ったのは、原告が平成五年一二月三一日までに消費税課税事業者選択届出書を千葉東税務署に提出することを失念していたことが原因であり、右平成五年一二月三一日の経過により、Aが還付をうけられないことは（客観的に—石田）確定している。したがって、還付を受けられないこととなる具体的な消費税額は平成六年一二月三一日が経過するまで未確定であるとしても、Aの損害の発生自体は平成五年一二月三一日に確定している」とある。この点は、とくに異論はない。したがって、損害額が確定すればAは、税理士原告に対して債務不履行に基づく損害賠償の請求をすることができることは論をまたない。これは、あくまでもAと税理士原告との間の損害賠償に関する問題である。

ところで、続いて「とすれば、本件申告当時には既にAの損害は確定していたのであるから、本件申告ならびに千葉東税務署の取下げ勧告には何ら損害は発生していない」とある。Aに生じた損害は、それはあくまでも税理士原告に対して請求すべきものであり、これは、申告並びに千葉東税務署の取下げ勧告によってAにはなんら損害は発生していないというが、それはそれなりに間違いではないが、問題は、なにゆえにこのような判断を示さなければならないのか、まったく理解に苦しむ。さらに続いて上記判決は、突如として「よって、本件申告における還付請求額につき保険金の支払いがなされないという前述のような本件特約条項（免責条項―石田）の適用の結果は当然のことを確認しているにすぎないといえる」という。Aの損害から本特約（賠償責任保険）の特約条項の適用の有無について論及しているが、この点も理解に苦しむところである。本保険は、税理士を被保険者とする賠償責任保険契約であることを忘却したのではないかとの疑いさえ抱かせるのである。このことは、本判決で「平成五年一二月三一日の経過時においては、Aの損害は確定的に発生している。そして、この時点においては本件特約条項（免責条項―石田）に該当する事実は何らないのであるから、右損害について、被告は保険会社としての責任を負担すべきである」とあるのと関連している。

本保険は、あくまでも賠償責任保険契約であり、その保険事故は、第三者であるAが被保険者である税理士原告に対して損害賠償の請求をしたことであり、上述したように、原告が税務代理人として、平成七年三月三一日に、消費税確定申告（還付請求）書を提出しているが、客観的にみて還付請求が認められないにもかかわらず、還付請求をしているのであるから、特約の免責条項五条二項に該当するか否かが問題の核心であり、これ以外のなにものでもないのである。

本判決は、上述したとおり、Aに生じた損害は平成五年一二月三一日に確定的に発生し、この時点において免責条項に該当する事実はないから、保険会社は、保険金の支払の責任を負担する旨判示しているが、本特約を賠償責任保険以外のファースト・パーティー型保険と同視しているところに本判決の重大な過誤がある。いうまでもなく、本特約は、賠償責任保険契約であり、サード・パーティー型保険であることを看過しているか、また保険事故をいわゆる損害事故と誤解しているといわざるを得ないのである。

本判決の「一　本件申告への本件特約条項の有無について」において示されている判断はおおむね妥当であり、賛成である。この部分の判断をもって十分に事案の解決に足りるものと解されるのである。

四　あとがき

本稿は、税法と保険法とが交錯する問題について、具体的な二つの事案をとおして検討し、税理士賠償責任保険の免責条項の適用の有無について、消費税法に定める消費税課税事業者選択書を提出することなく消費税確定申告（還付請求）書を所轄税務署に提出したことがこの免責条項に該当する旨を明らかにしたものである。ただ、上記の消費税確定申告（還付請求）書を提出するまでには至らなかったが、消費課税事業者選択書を提出しなかったために、結局、還付請求を受けることができなかったというような場合には、上記の免責条項には該当しないことになる。消費税確定申告（還付請求）書を提出したことが免責条項の過少申告とされるのである。税理士の民事責任を保険会社が肩代りすることにより税務行政に支障をもたらしてはならないのであって、そこに専門職業人賠償責任保険一般にいえることであるが、この税理士賠償責任保険の限界があるのである。

なお、東京高判平成一一年一二月二二日（判時一七一一号一五三頁）は、第一審判決の東京地判平成一〇年一一月二六日を取り消した。最高裁判所の判断が注目されるところである。

原因関係の不存在と繰戻振込の委託

今井克典

一　問題の所在

イ　依頼人が受取人の指定を誤って振込委託（受取人相違の過誤振込委託）をしたため、依頼人と受取人との間に振込取引がなされる原因関係が存在しない場合に、この振込取引によって受取人の預金債権が成立するか否かが争われている（以下では、預金債権の成立を肯定する見解を「肯定説」、また否定する見解を「否定説」という）。学説においては、結論が分かれているが[1]、最高裁判決[2]は、預金債権の成立を肯定する。預金債権の成否の検討に当たって主に採り上げられるのは、振込取引の手段性に関わる点の他に、最高裁判決の事案で問題とされたような受取人の無資力の危険を依頼人と受取人の一般債権者とのいずれが負担するのが適切かという点である[3]。

預金債権の成立が肯定されるのであれば、受取人は、依頼人に対して不当利得返還債務を負担することになる。否定説からは、受取人が不当利得返還債務の負担に伴ってリスクおよびコストを負担することが指摘されている[4]。すなわち、受取人にとって返還の相手方となる依頼人が誰であるかを知ることは容易ではなく、また、受取人が悪意になった後には利息の支払が問題となりうる。受取人の無資力等の特別な問題のない通常の場合の事後処理については、従来は特に問題とされてこなかったようである。肯定説がこのような受取人のリスクおよびコストにつきどのように考えているかは、必ずしも明らかではない。

指摘される受取人のリスクおよびコストを除去することはできないであろうか。振込金額が、依頼人と受取人との間において直接に返還されるのではなく、振込取引の側面において返還されるのであれば、除去の可能性が見出されるであろう。除去のためには、以下の点を充たすことが必要であると解される。

第一に、振込金額が当初の振込取引を逆流する逆過程の振込取引によって返還されるという点である。受取人として当初の振込取引の依頼人を指定するという形式の振込取引ではなく、当初の振込取引を逆流するという形式の振込取引が行われるのであれば、依頼人が誰であるかを受取人が知らなくても、振込金額は依頼人に返還されうる。また、逆過程の振込取引の実行は、依頼人を仕向銀行が、また仕向銀行を被仕向銀行が確認しうるので、特に銀行にとって困難ではない。第二に、逆過程の振込取引の手数料を受取人は負担しないという点である。第三に、逆過程の振込取引を受取人自らが開始しうるという点である。受取人は、預金債権の存在を認識しても即座に、自ら振込金額を依頼人に返還することができれば、利息の負担を免れることができる。

ロ　銀行実務においては、原因関係が不存在である振込取引は、いわゆる組戻の手続によって対応されうる。組戻の手続は[5]、依頼人からの振込委託の撤回を受けてこれを処理し、振込委託が行われる前の状態に戻す手続である。被仕向銀行が受取人の預金口座への入金手続を実行した後の組戻においては、被仕向銀行が組戻についての受取人の承諾を得てから、振込金が順次返還される[6]。預金債権の成立時期については、銀行実務を含めて一般には被仕向銀行による受取人の預金口座への入金手続時であると解されているから[7]、入金手続後の組戻は、預金債権の成立後の組戻を意味するといえよう。

組戻においては、依頼人が振込委託を撤回する理由（組戻の理由）は問われない[8]。したがって、原因関係の不存在または受取人相違の過誤振込委託の場合に、振込委託の撤回により、組戻の手続は開始されうる。また、銀行実務は、組戻の手数料について、特に入金手続の前後による区別をしないで、依頼人の負担としている。[9]したがって、入金手続後の組戻においても、受取人ではなく依頼人が手数料を負担することになると考えられる。しかし、受取人は、自ら組戻の手続を開始することはできず、依頼人が組戻の依頼をするのを待たなければならない。

ハ　振込取引の完了および原因関係での支払完了という意味において、日本法の下での預金債権の成立には、ドイツ法の下での受取人の入金記帳に基づく請求権（Anspruch aus Gutschrift）の成立が対応すると解される。ドイツ法においては、受取人の入金記帳に基づく請求権は、原因関係の存在しない振込取引によっても成立する、と一般に考えられている。[10]そのため、原因関係が不存在である場合には、受取人は、依頼人に対して不当利得返還債務を負担すると解されている。[11]

原因関係の存在しない振込取引が行われ、振込金が受取人の被仕向銀行に対する既存債務と差引計算される場合には、受取人に拒絶権（Zurückweisungsrecht）が認められている。受取人が拒絶権を行使すると、振込金額は、被仕向銀行から仕向銀行へ、さらに仕向銀行から依頼人へ返還される。ドイツ法における関心は、一方で振込金の入金によって受取人が不当利得返還債務を負担するという点と、他方でそれにも関わらず返還すべき振込金額が受取人の被仕向銀行に対する既存債務に充てられるという点とにある。

拒絶権は、前者の点で、上述の受取人のコストおよびリスクの問題と重なる。また、後者の点は、日本法においては前者の点とは別個に問題とされている。被仕向銀行による受取人に対する預金債務と既存債権との相殺を許容する見解[12]がある他に、受取人の預金債権の成立が肯定されるとしても、例えば被仕向銀行が振込制度の運営者であることを理由として、被仕向銀行による相殺は制約されるという見解[13]が示されている。

ニ　本稿は、肯定説を前提に、原因関係が存在しない振込取引の事後処理として、以下のような方法を探求することを目的とするものである。すなわち、受取人の不当利得返還債務の負担に伴うリスクおよびコストを除去するための方法である。日本法の下では、特に議論がないようであるので、関心に若干のズレがあるものの重なる点が見出されるドイツ法における拒絶権を概観し（本稿**二・三**）、その上で、検討を加える（本稿**四・五**）ことにしたい。[14]

なお、一九九九年七月二一日の振込法（Überweisungsgesetz）[15]によって、ドイツ民法（BGB）は改正された。拒絶権は、改正前のドイツ民法を基礎として、また、改正前における振込取引の理解に従って検討されている。そこで、本稿におけるドイツ法の考察については、改正前のドイツ民法と振込取引の理解とを前提とすることにする（本稿が示す「BGB」は改正前のものである）。

（1）例えば、後藤紀一「振込取引をめぐる最近の判例と問題点」金法一二六九号（一九九〇年）一三頁以下、岩原紳作〔判批〕金法一四六〇号（一九九六年）一一頁以下、前田達明〔判批〕判評四五六号（一九九七年）三〇頁（判時一五八五号一九二頁）以下、松岡久和〔判批〕ジュリ一一一三号（一九九七）七三頁以下参照。

（2）最判平成八年四月二六日民集五〇巻五号一二六七頁。

（3）肯定説によれば、預金債権は受取人の責任財産となる。最判平成八年四月二六日前掲注(2)、後藤紀一「振込取引に関する最近の判例をめぐって（下）」金法一三九三号（一九九四年）二六頁は、預金債権に相当する金額について、依頼人と受取人の一般債権者とが同順位に置かれるという結論を支持する。これに対して、肯定説の一部は、依頼人を受取人の一般債権者に優先させる方法を検討する。松岡・前掲注(1)七四―七五頁。また、中田裕康「判批」法教一九四号（一九九六年）一三一頁参照。

（4）山田誠一「誤った資金移動取引と不当利得（下）」金法一三三五号（一九九二年）二五―二六頁。

（5）振込規定8。また、松本貞夫ほか「振込規定ひな型の逐条解説」金法一四一〇号（一九九五年）二四頁以下（小笠原浄二執筆）、松本貞夫・実務内国為替入門（一九九五年、金融財政事情研究会）一〇六頁以下参照。

（6）松本貞夫「振込取引における仕向銀行の責任と組戻しの取扱い（下）」金法一一三八号（一九八六年）一九頁、松本ほか・前掲注(5)二六頁（小笠原浄二執筆）、松本・前掲注(5)二二七頁、全国銀行データ通信センター編・Q&A新しい内国為替実務（一九九五年、金融財政事情研究会）六六頁。また、岡山地判平成五年八月二七日金法一三七一号八三頁参照。

(7) 後藤紀一・振込・振替の法理と支払取引（一九八六年、信山社）六四―六五頁、松本・前掲注(6)一八頁等参照。なお、筆者は、預金債権の成立時期につき、為替通知の被仕向銀行への到達時であると解している。今井克典「振込システムの法的構成（四）」名法一六三号（一九九六年）一九一・二一五頁。

(8) 松本・前掲注(6)二〇頁、同・前掲注(5)二二八頁。

(9) 振込規定10。また、松本ほか・前掲注(5)二八―二九頁〔川田悦男執筆〕参照。

(10) *W. Hefermehl*, Schlegelberger Handelsgesetzbuch Bd. IV 5. Aufl. (1976, Verlag Franz Vahlen), Anh. zu §365 Anm. 78. また、*C. W. Canaris*, Bankvertragsrecht 3. Aufl. (1988, Walter de Gruyter), Rdn. 429 参照。

(11) *W. Hefermehl*, a.a.O. (N. (10)), Anh. zu §365 Anm. 78, 112; *C. W. Canaris*, a.a.O. (N. (10)), Rdn. 486; *K. Hopt*, Handelsgesetzbuch 29. Aufl. (1995, C.H. Beck), (7) Bankgeschäfte C/16. また、*W. Gößmann*, Recht des Zahlungsverkehrs 3. Aufl. (1997, Erich Schmidt Verlag), Rdn. 113-114 参照。

(12) 後藤・前掲注(1)一六頁。

(13) 木南敦「誤振込と預金の成否」金法一四五五号（一九九六年）一六―一七頁、中田・前掲注(3)一三一頁。なお、前提となる預金債権の成否に関しては、前者は否定的であり（木南敦〔判批〕金法一三〇四号（一九九一年）九頁参照）、後者は肯定的であるように思われるが、必ずしも明らかではない。また、後藤・前掲注(3)二六頁は、被仕向銀行による相殺に問題があることに一定の理解を示す。さらに、座談会「誤振込と預金の成否をめぐる諸問題」金法一四五五号（一九九六年）二七―二八頁、石井眞司「振込依頼人の受取人口座誤記による振込と右受取人の預金債権の成否」金法一四六一号（一九九六年）五頁参照。

(14) 以下の考察については、今井克典「振込委託の撤回と繰戻振込の委託」富大経済論集四四巻一号（一九九八年）一三三頁以下参照。

(15) BGBl. I 1999, 1642ff. また、*A. Klamt und C. Koch*, Das neue Überweisungsgesetz, NJW 1999, 2776ff.

参照。

二　連邦通常裁判所判決

イ　ドイツ法においては、受取人に拒絶権が認められるか否かが、主に二つの場合の振込取引について論じられている。原因関係が不存在である場合の振込取引と、依頼人が受取人によって指定された口座とは異なる口座を指定して振込委託を行い、そのため受取人によって指定された口座とは異なる口座に入金が行われた場合の振込取引とである。学説や判例は、拒絶権を検討する際には一般に、原因関係において合意された内容に従って振込取引が行われた場合には、拒絶権を認めないことを前提としている。(16)

ここでは、学説によって拒絶権に関わる判決として中心的に採り挙げられている二つの連邦通常裁判所（BGH）判決を概観し、その上であらためて、学説を考察することにする。

ロ　連邦通常裁判所一九八九年九月一九日判決（以下「一九八九年判決」という）(17)は、原因関係が存在しない事案において、受取人の拒絶権を認めた。(18)　AのY会社に対する金銭債権がXに譲渡され、さらにZ銀行に譲渡され、Y会社は譲渡の通知を受けてこれを承諾した。それにも関わらず、Y会社は、Aを受取人としZ銀行のAの口座を指定して振込を行った。Z銀行は、振込金を別口座にあったAのZ銀行に対する既存債務の弁済に充当した。そこで、Xは、任意的訴訟担当者として、Y会社に対して、Z銀行の金銭債権につき弁済に充当された金額に相当する残額をZ銀行に支払うよう請求した。

判決は、Aには拒絶権があるとして、Xの請求を認めなかった。すなわち、Z銀行は、Aの入金拒絶によって、振込金額を返還する債務（BGB六六七条）を負担し、この返還債務金額は、Y会社のZ銀行に対する金銭債務と差引計算されたとした。

第一に、判決は、拒絶権に関わる受取人と被仕向銀行との状況について、以下のように説明する。一方で、入金が受取人にとって望ましくないというだけではなく、原因関係の不存在のために受取人に不当利得返還債務を負担させることになる場合には、不当利得返還債務の負担を回避することが受取人にとって可能でなければならない。受取人は、被仕向銀行による債務約束の承諾を拒絶することによってのみ、過誤振込による金額が自己の既存債務の減少のために使用されることを回避することができる。他方で、被仕向銀行は、受取人に追加の貸付を行わない限り、入金が拒絶されても自己の正当な利益を失うことにはならない。また、受取人の被仕向銀行に対する既存債務は、拒絶権の遡及効に基づき弁済されていないことになるから、被仕向銀行は、担保権を失うことはない。

第二に、銀行普通取引約款（Allgemein Geschäftsbedingungen der Banken）は、被仕向銀行が受取人宛の金額を受領する権限と、これを受取人の口座へ入金する権限とを有する旨を規定するが[19]、判決によれば、以下の理由から、この規定は、拒絶権の障害にはならない。すなわち、拒絶権は、被仕向銀行が入金を実行することによってはじめて生じるからである。

二　連邦通常裁判所判決

ハ　その後、連邦通常裁判所一九九四年一二月六日判決（以下「一九九四年判決」という[20]）は、振込取引の原因関係は存在するが、依頼人が受取人によって指定された口座とは異なる口座に振り込んだ事案[21]において、受取人の拒絶権を認めなかった。Aに対して支払債務を負担していたXは、AからBにあるAの口座（郵便ジーロ口座）に振り込むよう指示されたにも関わらず、誤ってY銀行にあるAの口座に振り込んだ。Y銀行にあるAの口座は、貸越であり、Y銀行は、振込金を貸越と差引計算した。一方、Xは、Aの催告に応じてあらためて別の口座への振込を行った。そこで、Xは、Y銀行に対して当初の振込取引の振込金額の返還を請求した。Xの返還請求は、受取人Aの拒絶権が認められるのであれば、仕向銀行であるC銀行のY銀行に対する振込金額の返還請求権（BGB六七五・六六七条）が発生し、XがC銀行からこれを譲り受けたとして基礎付けられる可能性があり、判決においては、受取人Aに拒絶権があるか否かが問題とされた。

判決は、本事案では、受取人の依頼人に対する支払請求権を基礎付ける原因関係が存在するので、受取人には拒絶権がないとして、Xの請求を認めなかった。判決は、一九八九年判決を示して、結論としては次の場合に受取人の拒絶権が認められるとする。原因関係が不存在であり、そのため受取人が依頼人に振込金を返還しなければならないが、しかし、振込金額が受取人の被仕向銀行に対する既存債務と差引計算されることによって、口座に残存している金額だけでは受取人が依頼人に対して振込金の返還をすることができない場合である。その上で、拒絶権は、原因関係（対価関係）の欠缺によって正当化されるとする。

第一に、判決は、拒絶権の法的根拠を第三者のためにする契約の第三者（受益者）の拒絶権（BGB三三三条）に求めることには否定的である。第三者のためにする契約の第三者は、自己の積極的な関与なしに権利を帰属させられるが、これに対して、振込取引の受取人は、ジーロ契約において被仕向銀行が受取人宛の振込金を受領することに積極的に同意している。したがって、第三者のためにする契約の第三者の保護と振込取引の受取人の保護とは、比較対照されえない。そのため、拒絶権の法的根拠は、受取人と被仕向銀行との間のジーロ契約に求められるとする。

第二に、判決においては、拒絶権の認められる範囲が以下のようにして制限される。被仕向銀行は、ジーロ契約上、受取人宛に到達した金額を受取人の口座に入金する権限を有するとともに、入金する義務を負う。広範囲に拒絶権を認めると、拒絶権の行使に時間的な制限がないとすれば、ジーロ取引が必ずしも円滑に行われなくなる可能性があり、また、資金解放（処分）が可能な金額の計算が不可能になるかもしれない。そのため、拒絶権が認められるのは、例外的な場合に限られなければならない。

原因関係が存在する場合には、振込金が受取人に実質的帰属すべき関係は、存在するのであり、また、被仕向銀行は、原因関係上の振込方法に関する取決について認識を有さず、関心を向ける必要もない。したがって、拒絶権は、振込金が受取人に実質的に帰属する場合、すなわち原因関係が存在する場合には認められない。拒絶権が認められるのは、振込金が実質的には受取人に帰属しない場合で、入金された当該金額が受取人や被仕向銀行の処分対象になっていない場合に限られる、とされる。

二 二つの連邦通常裁判所の判決からは、拒絶権について以下のような理解を抽出することができると考えられる。第一に、拒絶権は、原因関係が存在する場合には、指定口座とは異なる口座に振り込まれたとしても認められない。(22) 拒絶権が認められるのは、振込取引の原因関係が存在せず、その上、差引計算によって、受取人の口座に残存している金額が、受取人の依頼人に対する振込金返還債務の金額に充たない場合である。

第二に、一九八九年判決が示すように、拒絶権は、実行されようとする入金それ自体を回避するために入金が実行される前から存在するのではなく、入金が実行されたことによってはじめて発生する。

第三に、拒絶権の法的根拠に関して、一九八九年判決においては、受取人は、仕向銀行による債務約束の承諾を拒絶することによってのみ、入金から権利を取得することを回避することができるとされている。しかし、入金記帳に基づく請求権は、一般に、受取人と被仕向銀行との間の包括的な基本契約（ジーロ契約）の存在を前提としながらも、個々の振込取引における被仕向銀行の一方的な意思表示によって発生すると解されている。(23) したがって、受取人による承諾の拒絶を採り挙げることには、問題があると指摘されている。(24) これに対して、一九九四年判決においては、拒絶権は、ジーロ契約の解釈から導かれている。(25)

第四に、一九八九年判決によると、拒絶権は、遡及効を有する。

第五に、拒絶権の行使の時間的な限界については、必ずしも明らかではない。(26)

第六に、一九八九年判決によれば、拒絶権が行使されると、被仕向銀行は、委託の実行のために受け取ったものを引き渡す義務（BGB六六七条）に基づいて、振込金額の返還義務を負う。すなわち、拒絶権が行使されると、振込取引は不完了であるという結果になり、したがって、被仕向銀行は、費用償還請求権（BGB六七五・六七〇条）を有さず、受け取った振込金額を返還しなければならないことになる（ＢＧＢ六七五・六六七条）。振込金額の返還義務は、受任者が委任者に対して返還する義務であるから、振込金額は、被仕向銀行から仕向銀行に、さらに仕向銀行から依頼人に順次返還されると解されるであろう(27)。

(16) 例えば、OLG Oldenburg Urteil vom 3. 21. 1991, WM 1991, 1333 (ZIP 1991, 923) は、原因関係における合意に従って振込取引が行われた事案において、拒絶権を認めない。また、*W. Gößmann*, a.a.O. (N. (11)), Rdn. 103 参照。

(17) BGH Urteil vom 19. 9. 1989, WM 1989, 1560 (ZIP 1989, 1317; NJW 1990 323).

(18) また、原因関係が不存在である事案において拒絶権を認める下級審判決として、OLG Celle Urteil vom 24. 3. 1993, WM 1994, 625 参照。

(19) 一九八六年版銀行普通取引約款四条一項一・二文。事案において振込取引が行われたのは、判決掲載雑誌では一九八七年と記載されているが、前後関係からすると一九八六年であると考えられる。なお、一九九三年版銀行普通取引約款において、四条一項一・二文に相当する内容は削除された。

(20) BGH Urteil vom 6. 12. 1994, BGHZ 128, 135 (WM 1995, 149; ZIP 1995, 109; NJW 1995, 520).

(21) 事案の詳細については、原審判決 OLG Köln Urteil vom 23. 6. 1994, ZIP 1994, 1257 参照。

(22) これに対して、一九九四年判決の原審判決OLG Köln Urteil vom 23. 6. 1994, a.a.O. (N. (21)) は、原因関係が不存在である場合だけではなく、原因関係が存在するが、しかし依頼人が指示口座とは異なる口座に振り込んだ場合にも、拒絶権を認める。

(23) *W. Hefermehl*, a.a.O. (N. (10)), Anh. zu §365 Anm. 59; *C. W. Canaris*, a.a.O. (N. (10)), Rdn. 416-417; *W. Gößmann*, a.a.O. (N. (11)), Rdn. 16. 同旨、*K. Hopt*, a.a.O. (N. (11)), (7) Bankgeschäfte C/14.

(24) *W. Gößmann*, a.a.O. (N. (11)), Rdn. 101.

(25) 一九九四年判決の原審判決である OLG Köln Urteil vom 23. 6. 1994, a.a.O. (N. (21)) は、拒絶権を、ＢＧ

B三三三条の類推から導くことも、ジーロ契約の解釈から導くことも、いずれも可能であるとする。

(26) OLG Celle Urteil vom 24. 3. 1993, a.a.O. (N. (18))は、後述の学説と同様に、受取人が拒絶権を遅滞なく行使する必要はなく、失効により拒絶権の行使が許されなくなるに止まるとする。

(27) OLG Köln Urteil vom 23. 6. 1994, a.a.O. (N. (21)). これに対して、OLG Celle Urteil vom 24. 3. 1993, a.a.O. (N. (18))は、依頼人が直接に被仕向銀行に対してBGB六六七条に基づく振込金額の返還請求権を有するとする。

三　ドイツ法における学説

イ　学説は、はじめ、原因関係で別の支払方法が合意されたにも関わらず振込取引が行われた場合や、受取人によって指定された口座とは異なる口座に入金された場合を採り上げて、これらの場合に拒絶権を認めるよう主張した。その後に示された一九八九年判決は、原因関係が存在しない場合に拒絶権を認めたが、一九九四年判決は、指定口座とは異なる口座に入金された場合に拒絶権を認めなかった。学説は、一九九四年判決に批判的である。

各学説は、同じような必要性を掲げて拒絶権を認めるが、各学説が強調する必要性は、若干異なるように思われる。まず、拒絶権の基礎を作り、一九八九年判決に影響を与えたとされる学説（以下「第一の学説」という）を概観する。次に、一九八九年判決を踏まえて拒絶権につき詳細に検討を加え、一九九四年判決を批判する学説（以下「第二の学説」という）を簡単に考察する。最後に、近年において拒絶権に関して比較的詳細に述べている学説（以下「第三の学説」という）[28]を概観することにする。

ロ　第一の学説は、原因関係において振込取引による支払につき債権者（受取人）の同意がないにも関わらず振込取引が行われた場合に、受取人に拒絶権を認める。また、結果的に受取人によって指定された口座とは異なる口座に入金が行われた場合全般に、拒絶権を認めるようである。[29] 原因関係が不存在である場合については、考察の対象として直接には採り上げていない。

この学説は、指定口座とは異なる口座への振込取引が行われると、以下のような状況が生じると指摘する。[30] 受取人は、自らは関与していないにも関わらず、依頼人からの不当利得返還請求に対応しなければならないことになる。また、依頼人は、原因債務と不当利得返還請求権とを相殺することによって、原因債務を免れうるから、原因関係上の受取人による支払方法の指定や口座の指定が無意味になる可能性がある。

第一の学説においては、拒絶権の法的根拠は、第三者のためにする契約の第三者の拒絶権（ＢＧＢ三三三条）の類推に見出されている。[31] 振込取引の受取人が入金記帳に基づく請求権を取得するには、受取人の協力行為は必要とされず、この点で受取人の権利取得は第三者のためにする契約の第三者の権利取得と同様であると考えられている。

また、この学説は、拒絶権には遡及効があると解している。[32] 現金交付という支払方法が指定されていたにも関わらず行われた振込取引は、依頼人に対して示された受取人の意思にはじめから合致していないとする。また、依頼人による既存債務の相殺は、遡及によって回避されうるとする。同様のことは、指定口座とは異なる口座への振込取引が行われ場合にも妥当するであろう。

さらに、第一の学説においては、拒絶権の行使には時間的な制限はなく、拒絶権の行使は、信義則（ＢＧＢ二四二条）に基づいて一般に認められている失効（Verwirkung）によって、許されなくなるにすぎないとされる。[33]

第一の学説は、受取人に生じうる不利益を検討するに当たって、具体的な事例の一つとして貸越口座に入金された場合を採り上げる。しかし、受取人が処分可能な資金を取得しえないことよりも、むしろ上述のような不当利得返還債務の負担や相殺の回避に、拒絶権の必要性の重点を置いているように思われる。[34] 他方で、指定口座とは異なる口座に入金が行われても、受取人が処分可能な資金を取得する場合には、受取人は不利益を受けず、また原因関係上の債務は消滅すると解している。[35]

ハ　第二の学説[36]は、依頼人が指定口座とは異なる口座に振り込んだ場合に加えて、原因関係が不存在である場合にも拒絶権を認める。

この学説は、拒絶権が必要とされる状況として、第一の学説とほぼ同様の指摘をする。[37] 原因関係が存在しない振込取引の場合には、受取人は、依頼人からの不当利得返還請求に対応しなければならず、また、指定口座とは異なる口座への振込取引の場合には、依頼人の相殺によって原因債務が消滅することになる。前者の場合には、さらに、貸越口座に入金されたのであれば、受取人は、残高不足のために、依頼人に対する不当利得返還債務を被仕向銀行に振込委託をすることによって履行することができない。

第二の学説からは、原因関係が不存在である場合に拒絶権を認めない一九九四年判決に対して疑問が示されている。[38] 第一に、拒絶権は、被仕向銀行が入金義務に従って入金したことを前提として認められるのであり、拒絶権の範囲が被仕向銀行の入金義務を理由として制限されることには問題がある。第二に、被仕向銀行は、受取人が依頼人に対してどの口座に入金するように指定したかという原因関係上の取決についてだけではなく、原因関係の存否それ自体についても認識を有しない。したがって、被仕向銀行の原因関係に関する認識を理由として、拒絶権の存否を原因関係の否存によって区別することには問題がある。

この学説は、拒絶権の法的根拠を第三者のためにする契約の第三者の拒絶権に見出すことに対して批判的である。[39] 第一に、第三者のためにする契約の第三者とは異なり、振込取引の受取人には、どのような場合であっても拒絶権が認められるわけではない。例えば、正当な原因関係のある振込取引が行われた場合には、受取人には拒絶権は認められない。第二に、振込取引においては、確かに、受取人は、被仕向銀行による形成権の行使に基づいて請求権を取得するが、しかし、被仕向銀行の形成権は、受取人と被仕向銀行との間のジーロ契約に基礎を有する。この点で、受取人は、自己が全く関与していない関係から権利を取得するわけではない。これは、一九九四年判決が挙げる理由と同様である。

その上で、第二の学説は、以下のように拒絶権の法的根拠をジーロ契約の解釈（ＢＧＢ一五七条）に求める。[40] 受取人としては、入金記帳に基づく請求権の取得を回避したいのではなく、依頼人に対する不当利得返還債務の負担を回避したいにすぎない。すなわち、受取人の関心は、入金記帳に基づく請求権の金額が繰り戻され、依頼人に返還されることにある。したがって、入金記帳に基づく請求権それ自体が成立しないと解する必要はなく、入金記帳に基づく請求権が一旦成立することを認めた上で、受取人の拒絶権を認めれば足りる。

また、受取人と被仕向銀行との間のジーロ契約の解釈に当たっては、次の評価が前提とされるとする。すなわち、原因関係において受取人が取得することのできない金額は、受取人の被仕向銀行に対する関係においても、受取人の同意がない限り、受取人が取得しうる金額としては扱われえない、という評価である。なぜならば、受取人に指図権限（ＢＧＢ六七五・六六五条）が認められる場合には、被仕向銀行は、ジーロ契約上その指図に従わなければならないからである。

第二の学説においては、拒絶権に遡及効は認められていない。[41] この学説は、一九九四年判決のように拒絶権の法的根拠を第三者のためにする契約の拒絶権に求めないのであれば、一九八九年判決が前提とするような拒絶権の遡及効を認めることはできないと指摘する。[42]

第二の学説によると、第一の学説と同様に、拒絶権の行使が時間的に制限されることはなく、拒絶権の行使の排除は、失効に基づいて認められるに止まる。[43] 例えば、被仕向銀行が、貸越口座に入金したことにより、受取人に信用供与を追加したり、受取人の債務の担保を解放したりする場合には、拒絶権は失効する。

また、第二の学説は、入金された受取人の口座が貸越口座であったことを拒絶権の要件であると解している。[44] 入金された口座が貸越口座であったか否かによって、次のように状況が異なることを指摘する。[45] 残高が正値である口座に入金が行われた場合には、振込金額が残存しているので、受取人は、被仕向銀行に対して依頼人宛の振込委託をすることによって、依頼人に対する不当利得返還債務を履行することができる。しかし、貸越口座に入金された場合には、入金後の口座残高が振込金額を下回るため、受取人は、必ずしも被仕向銀行に対して振込委託をすることによって、不当利得返還債務を免れうるわけではない。

ニ　第三の学説は[46]、第二の学説と同様に、原因関係が不存在である場合と原因関係が存在するものの依頼人が指定口座とは異なる口座に振り込んだ場合とのいずれの場合にも、拒絶権を認める。

第三の学説は、拒絶権が必要とされる状況につき、第二の学説と同様の状況のほかに、次のような点を指摘する[47]。原因関係が存在しない場合には、貸越口座に入金されたのであれば、受取人は、不当利得返還債務の支払のために、振込取引によって入金された金額以外から資金を調達しなければならない。また、受取人が残高のある口座を指定したにも関わらず、貸越口座に振込が行われた場合には、受取人は、指定通りであれば任意に処分することのできたはず振込金を、結果的には被仕向銀行に対する既存債務との差引計算に充てることを強制されたことになる。いずれの場合についても、第二の学説が受取人による不当利得返還債務の負担を強調するのに対して、第三の学説は、受取人が振込金を任意に処分可能な資金として取得しえない点を強調する。

第三の学説においては、さらに以下の問題につき検討が加えられた上で、拒絶権に関して原因関係の存在しない振込取引の場合と指定口座とは異なる口座への振込取引の場合とを区別する事情は、見出されないと主張される。まず、貸越口座へ振り込まれたのであれば、受取人による不当利得返還債務の支払のための資金調達が問題となる[48]。原因関係が存在する後者の場合には、受取人は、確かに、不当利得返還債務を原因関係上の債権によって相殺することができるが、しかし、このような相殺は、原因関係上の債権を指定口座への振込取引によらずに消滅させる結果を生じさせる。したがって、相殺による資金調達の回避は、後者の場合に拒絶権を否定することを正当化するわけではない、とされる。次に、拒絶権は、受取人の口座残高の確定を妨げるから、入金を行い口座残高を確定する被仕向銀行の拒絶権の発生についての認識、したがって、原因関係についての認識が問題となりうる。[49] しかし、第二の学説と同様に、被仕向銀行は、原因関係における口座の指定だけではなく、原因関係の存否についても認識を有しない、とされる。

このようにして、第三の学説は、拒絶権の要件として、受取人の口座への入金が過誤のある振込取引によって生じたこと、および入金された受取人の口座が貸越であったことを挙げる。[50] 前者の要件は、過誤のない振込取引の場合には拒絶権の発生を正当化しうるだけの受取人の利益が必ずしも存在するわけではない、ということから導かれている。また、後者の要件は、貸越口座に入金されたのでなければ、振込金額の全額が口座に存在するので、受取人は、振込委託をすることによって不当利得返還債務を免れることが可能である、という第二の学説と同様の理由から認められている。

その他の点についても、第三の学説は、第二の学説と同様の結論を採っている。[51] 拒絶権の法的根拠については、ジーロ契約に求める。また、拒絶権に遡及効を認める必要はないとする。さらに、拒絶権の行使の制限については、失効に依拠すれば充分であるとする。

ホ　以上からは、学説は、原因関係が不存在である場合だけではなく、原因関係が存在していても依頼人が指定口座とは異なる口座に振り込んだ場合にも、拒絶権を認める方向にあるといえよう。学説は、強調の度合いが異なるものの、主として以下のような結果を回避する必要性から拒絶権を導いていると考えられる。第一に、受取人は、依頼人に対して不当利得返還債務を負担する、という結果である。[52] 第二に、貸越口座に入金されると、受取人は、被仕向銀行に対する既存債務の消滅に資金を充てることを強制される、という結果である。この結果は、指定口座とは異なる口座への振込取引の場合に限らず、原因関係が不存在である場合にも生じるといえよう。第三に、第一の結果および第二の結果が結びついたものであるが、貸越口座に入金されると、受取人は、振込金に相当する金額の依頼人に対する不当利得返還債務を、残高不足のため、必ずしも被仕向銀行に振込委託することによって履行することができるわけではない、という結果である。

拒絶権の法的基礎については、第三者のためにする契約の第三者の拒絶権の類推に見出す見解もある。[53] しかし、この見解には強い批判があり、近時は一九九四年判決と同様に、ジーロ契約の解釈に求める見解が有力である。[54] 前者の見解からは、拒絶権に遡及効が認められることになるが、後者の見解においては、拒絶権に遡及効は認められていない。また、学説においては、拒絶権は、遅滞なく行使される必要はないとされ、信義則に基づいて一般に認められている失効によって行使されえなくなるに止まると解されている。[55]

その他の点について見ておこう。学説においては、一九八九年判決と同様に、拒絶権が行使されると、振込取引は、以下のようにして繰り戻されると解されている。[56] まず、振込取引が完了していないという結果になるから、被仕向銀行は、費用償還請求権（BGB六七五・六七〇条）を有さず、そのため、受け取った振込金を返還しなければならない（BGB六七五・六六七条）。振込金は、被仕向銀行から仕向銀行に返還され、仕向銀行から依頼人に返還されることになる。

しかし、被仕向銀行が、振込取引を繰り戻す義務を受取人に対して負うか否かについては、必ずしも明らかではない。[57] しかし、被仕向銀行が、受取人に対して受取人の口座への入金を元に戻すという戻し記帳(Rückbuchung)の義務を負うことは、一部の学説によって明示的に認められている。[58]

(28)　C. W. *Canaris*, Die girovertragliche "Fakultativklausel" im Lichte des AGB-Gesetzes, ZIP 1986, 1021 (1025); *ders*., a.a.O. (N. (10)), Rdn. 473.

(29)　C. W. *Canaris*, a.a.O. (N. (28)), S. 1025 参照。

(30)　C. W. *Canaris*, a.a.O. (N. (28)), S. 1025; *ders*., a.a.O. (N. (10)), Rdn. 473.

(31)　C. W. *Canaris*, a.a.O. (N. (28)), S. 1025; *ders*., a.a.O. (N. (10)), Rdn. 473.

(32)　C. W. *Canaris*, a.a.O. (N. (28)), S. 1025.

(33) *C. W. Canaris*, a.a.O. (N. (28)), S. 1025.

(34) *C. W. Canaris*, a.a.O. (N. (28)), S. 1025; *ders.*, a.a.O. (N. (10)), Rdn. 473 参照。

(35) *C. W. Canaris*, a.a.O. (N. (28)), S. 1022. また、*C. W. Canaris*, a.a.O. (N. (10)), Rdn. 470 参照。

(36) *F. Häuser*, Zurückweisungsrecht gegen eine "aufgedrängte" Gutschrift nur bei fehlendem Valutaverhältnis?, ZIP 1995, 89 (93-94).

(37) *F. Häuser*, Das Zurückweisungsrecht des Empfängers einer "aufgedrängten" Gutschrift, WM-Festgabe für Thorwald Hellner 1994, 10 (10, 12).

(38) *F. Häuser*, a.a.O. (N. (36)), S. 93-94. また、以下の第1の問題については、*W. Hadding und F. Häuser*, Zum Anspruch des vormaligen Scheckinhabers auf den Inkassoerlös gegen ein versehentlich beauftragtes Kreditinstitut, WM 1989, 589 (591-592) 参照。

(39) *F. Häuser*, a.a.O. (N. (37)), S. 15; *F. Häuser*, a.a.O. (N. (36)), S. 92. また、以下の第2の理由については、*W. Hadding und F. Häuser*, a.a.O. (N. (38)), S. 591 Fn. 17 参照。

(40) *F. Häuser*, a.a.O. (N. (37)), S. 15-16.

(41) *F. Häuser*, a.a.O. (N. (37)), S. 16.

(42) *F. Häuser*, a.a.O. (N. (37)), S. 92.

(43) *F. Häuser*, a.a.O. (N. (37)), S. 16. また、*F. Häuser*, a.a.O. (N. (36)), S. 94 参照。

(44) *F. Häuser*, a.a.O. (N. (36)), S. 93.

(45) *F. Häuser*, a.a.O. (N. (37)), S. 16; *ders.*, a.a.O. (N. (36)), S. 92-93 参照。

(46) *O. Seiler*, Der Bereicherungsausgleich im Überweisungsverkehr (1998, Duncker & Humblot), S. 69-71.

(47) *O. Seiler*, a.a.O. (N. (46)), S. 63, 64-66, 69.

(48) *O. Seiler*, a.a.O. (N. (46)), S. 69-70.

(49) *O. Seiler*, a.a.O. (N. (46)), S. 70-71.

(50) *O. Seiler*, a.a.O. (N. (46)), S. 71.
(51) *O. Seiler*, a.a.O. (N. (46)), S. 74-76, 77, 72-73.
(52) 同旨の指摘をするものとして、*W. Gößmann*, a.a.O. (N. (11)), Rdn. 103 参照。
(53) 結論同旨、*K. Hopt*, a.a.O. (N. (11)), (7) Bankgeschäfte C/14.
(54) 同旨の批判および結論を述べるものとして、*W. Gößmann*, a.a.O. (N. (11)), Rdn. 102-103.
(55) これに対して、*K. Hopt*, a.a.O. (N. (11)), (7) Bankgeschäfte C/14 は、拒絶権は遅滞なく行使されなければならないとする。
(56) *F. Häuser*, a.a.O. (N. (37)), S. 17; *O. Seiler*, a.a.O. (N. (46)), S. 76. また、*C. W. Canaris*, a.a.O. (N. (28)), S. 1025 も同旨であろう。さらに、結論同旨、*W. Gößmann*, a.a.O. (N. (11)), Rdn. 105. この点について、*F. Häuser*, a.a.O. (N. (37)), S. 11 は、OLG Celle Urteil vom 24. 3. 1993, a.a.O. (N. (18)) を批判する（前掲注(27)参照）。
(57) *F. Häuser*, a.a.O. (N. (37)), S. 16 参照。
(58) *O. Seiler*, a.a.O. (N. (46)), S. 76.

四　検　討

イ　原因関係の存在しない振込取引が行われた場合において、受取人の不当利得返還債務の負担に伴うリスクおよびコストを除去するために、逆過程の振込取引は、どのようにして実行されるのが妥当であろうか。ドイツ法の拒絶権は、受取人の不当利得返還債務の負担だけではなく、被仕向銀行による差引計算をも排除することを目的としているが、結果的には逆過程の振込取引を実現させる。そこで、ドイツ法の拒絶権を参考にして、受取人のリスクおよびコストの除去を目的とする逆過程の振込取引について検討する。

拒絶権は、第一に、受取人による不当利得返還債務の負担の回避を目的とする。この目的のためには、振込金額が依頼人に返還されることが必要であり、かつそれで充分である（前述三ハ参照）。その方法としては、受取人が、被仕向銀行に対して、当初の振込取引を繰り戻して依頼人に振込金を返還することを内容とする振込委託（以下「繰戻振込の委託」という）をすることが考えられる。しかし、振込金額が受取人の被仕向銀行に対する既存債務と差引計算されると、口座残高が返還すべき振込金額に充たないので、繰戻振込の委託は常に可能であるというわけではない。そこで、拒絶権は、第二に、被仕向銀行による差引計算を排除することを目的とする。拒絶権は、預金債権が成立し一旦差引計算されても、事後的に差引計算を否定することになる。さらに、拒絶権は、振込取引の不完了をもたらすから、必ずしも明らかではないが、結果的には事後的に受取人の預金債権の成立を否定すると考えられる。

したがって、被仕向銀行による差引計算を許容するのであれば、受取人のリスクおよびコストの除去には、預金債権の成立を事後的にしろ否定する必要はなく、単に繰戻振込の委託が可能であれば足りると解される。そこで、以下では、繰戻振込の委託が認められる範囲、繰戻振込の委託の手数料、および繰戻振込の委託の実行義務を順次考察する。

ロ　拒絶権の成立には、以下のような三要件が認められる。第一に、原因関係の不存在等から、受取人が依頼人に対して不当利得返還債務を負担し、第二に、貸越口座への入金等から、振込金額が受取人の被仕向銀行に対する既存債務と差引計算されるという要件である。第三に、被仕向銀行が振込金の入金に対する信用に基づいて、信用供与の追加等の行為をしていないという要件である。

拒絶権が許容される場合が第一要件および第二の要件によって制限されるのは、受取人の口座残高の確定という被仕向銀行の利益が拒絶権によって犠牲にされるからであると考えられる（前述二ハおよび三ニ参照）。この理解に従うと、繰戻振込の委託には、拒絶権の第一の要件および第二の要件は必要とされない。なぜならば、繰戻振込の委託は、預金債権の成立を事後的に否定するのではなく、成立した預金債権を処分するにすぎないからである。すなわち、口座残高は、振込金の入金手続によって確定するのであり、繰戻振込の委託の金額は、確定した口座残高から引き落とされるからである。このため、入金手続後の口座残高が差引計算により繰戻振込の委託の金額に不足する場合には、繰戻振込の委託は、資金不足のために認められないと解される。受取人は、繰戻振込の委託をするためには、不足金額を別にあらためて提供しなければならない。

また、同様の理由から、拒絶権の第三の要件は、繰戻振込の委託には必要とされない。被仕向銀行による信用供与を追加等の行為は、振込金の入金手続と差引計算とによる既存債権の消滅を前提とするが、繰戻振込の委託は、拒絶権とは異なり、この前提に影響を及ぼさない。

したがって、繰戻振込の委託は、受取人が依頼人に対して不当利得返還債務を負担した場合に限らず、全ての振込取引において認められると解するのが適切であろう。結論としても、被仕向銀行は、原因関係につき認識を有さず、また認識する必要もないから（前述二ハおよび三ハ・ニ参照）、原因関係の存否や原因関係上の合意違反の存否に関わらず被仕向銀行への繰戻振込の委託を許容するのが妥当である。

ハ　次に、繰戻振込の委託の手数料について考察する。拒絶権が行使されると、振込取引が完了していないことになるので、振込金額の被仕向銀行から仕向銀行への返還および仕向銀行から依頼人への返還は、それぞれ受任者の受取物返還義務（民法六四六条一項参照）に基づいて行われる（前述三ホ参照）。したがって、拒絶権による振込金額の返還の手数料は、問題にならないと解される。これに対して、繰戻振込の委託は、受取人による被仕向銀行への振込委託である。ここからは、振込金額の返還の手数料については、繰戻振込の委託をする受取人が負担することになるであろう。

ところで、繰戻振込の委託は、当初の振込取引を繰り戻すことによって、預金債権を成立させた振込金に相当する金額を依頼人に返還することを内容とする。したがって、繰戻振込の委託は、受取人と被仕向銀行との間においては、振込委託の一形態を意味する。しかし、依頼人や仕向銀行にとっては、受取人（口座）の不存在と同様の結果を意味するのではなかろうか。すなわち、受取人の不存在の場合と繰戻振込の委託の場合とは、結果として振込金額につきいわば預金債権を介して帰属すべき受取人が存在しない点で、同様である。

このような理解に従うと、繰戻振込の委託がなされた場合には、依頼人と仕向銀行との間および仕向銀行と被仕向銀行との間においては、受取人の不存在の場合と同様に、振込金額が返還されることになる。すなわち、被仕向銀行は、入金手続の実行が結果的に不可能である（となった）として振込金額を仕向銀行に返還し（民法六五一条一項・六四六条一項）、仕向銀行は、被仕向銀行から返還された振込金額をさらに依頼人に返還すると解される（民法六四六条一項）。被仕向銀行は、振込金額の返還義務を、繰戻振込の委託の実行義務として受取人に対して負うだけではなく、受取物返還義務として仕向銀行に対しても負う結果となる。[59]

したがって、被仕向銀行と仕向銀行との間の関係においは、被仕向銀行は、振込金額の返還に関して手数料等の費用負担の義務を負わず、また、振込金額は、受取人からの繰戻振込の委託の実行として被仕向銀行から仕向銀行へ返還されているわけではないと解される。それゆえに、被仕向銀行が受取人との関係において報酬や費用として手数料を請求することは、不可能ではないとしても、必ずしも妥当であるとはいえないのではなかろうか。

ニ　最後に、繰戻振込の委託の実行義務について考察する。ドイツ法においては、受取人と被仕向銀行との間には、基本契約としてジーロ契約が存在する。ジーロ契約は、日本法の下での、振込取引の受取人のための基本契約としての預金契約に相当する契約だけではなく、受取人が預金債権を個別的具体的な指図によって処分するための基本契約をも含む包括的な内容を有する。したがって、受取人の拒絶権の基礎は、預金債権の成立後においても、当初の振込取引の関係であるジーロ契約に基礎を求められうる。また、後者の契約には、振込取引の依頼人のための基本契約としての振込委託契約に相当する契約が含まれている。そのため、被仕向銀行に繰戻振込の委託の実行義務を負うと解することも、可能であるといえよう（前述**三**ハ参照）。[60]

これに対して、日本法の下での受取人と被仕向銀行との間には、当初の振込取引に関わる基本契約として、当座預金契約や普通預金契約のような預金契約が存在する。この基本契約は、振込取引による預金債権の成立に向けた内容を有するに止まり(61)、振込委託による預金債権の処分のための内容を有していない。例えば、当座預金契約を含む当座勘定取引契約は、確かに被仕向銀行に証券類の支払を義務付けるが(62)、しかし、振込委託の実行を義務付けてはいない。したがって、被仕向銀行が、受取人から繰戻振込の委託に応じてこれを実行する義務を負うと解することは、困難である。

なお、類似する問題として、いわゆる振込金受領拒否請求の問題がある。すなわち、受取人があらかじめ被仕向銀行対して特定の振込取引における振込金の受領を拒否し、自己の口座に入金しない旨を請求する場合に、被仕向銀行は、この請求に応じる義務を負うか、という問題である。被仕向銀行が受取人に拒否するように指定された振込取引を確認することは事務処理の上で困難であること等から、一般に、被仕向銀行には振込金受領拒否請求に応じる義務はないと解されている(63)。振込金受領拒否請求の問題が振込金の受領（および入金）それ自体を拒否するか否かの問題であるのに対して、繰戻振込の問題は、被仕向銀行が振込金を受領（および入金）したことを前提としたその後の問題である。したがって、振込金受領拒否請求が否定されるからといって、繰戻振込の委託が否定されるわけではない。

(59)　受取人（口座）の不存在の場合における処理については、後藤紀一「振込取引をめぐる最近の判例と問題点」金法一二六九号（一九九〇年）一三頁、松本貞夫「振込取引における仕向銀行と被仕向銀行との関係」金法一二七二号（一九九〇年）一一頁等参照。また、高松高判平成元年一〇月一八日金判八三九号三頁参照。なお、銀行実務における入金不能の場合の具体的な手続については、松本・前掲注(5)一三九―一四一頁、全国銀行データ通信センター編・前掲注(6)六五頁参照。

(60)　なお、ドイツ法においては、振込委託による顧客と銀行との間の個別的具体的な関係は、従来は事務処理契約である基本契約の存在を前提とし、指図（Weisung）を基礎として生じると解されていた（BGB六七五・六六五条参照）。しかし、振込法による改正後のドイツ民法においては、契約に基づいて生じるとされている(改正後BGB六七六a条一項参照)。

(61) 約款については、当座勘定規定四・三条、普通預金規定3等参照。

(62) 当座勘定規定七条。

(63) 後藤・前掲注(7)六六頁。結論同旨、松本貞夫「受取人による振込金受領拒否への対応」金法一三四二号（一九九三年）五頁、同・前掲注(5)一四二頁。

五　結語

受取人の不当利得返還債務の負担に伴うリスクおよびコストを除去するためには、受取人に振込取引の側面で振込金額を依頼人に返還する簡便な方法を用意することが妥当である。その方法としては、拒絶権を認める必要はなく、受取人から被仕向銀行への繰戻振込の委託を認めることで足りる。

繰戻振込の委託は、原因関係が存在しない振込取引だけに限らず、原因関係が存在する振込取引においても許容されると解され、また、被仕向銀行が受取人に対してその手数料を請求することは、必ずしも妥当ではない。しかし、被仕向銀行が繰戻振込の委託に応じてこれを実行する義務を負うと解することは、困難である。

原因関係の存在しない振込取引によっても預金債権が成立すると解し、その上で、受取人のリスクおよびコストを除去することが必要であると解するのであれば、被仕向銀行に繰戻振込の委託の実行義務を負わせることが妥当であると考えられる。そのためには、預金契約に関する約款に、振込取引による預金を繰り戻して返還することができる旨の規定を設けることが適切であろう。

アメリカ統一商法典第三編における流通性概念

今泉邦子

一　はじめに

アメリカ統一商法典（以下、ＵＣＣとする）第三編は、流通証券に関する規定である。ＵＣＣ第三編が適用される流通証券は、当編一〇四条（以下、三―一〇四条とする）の要件が満たされたものに限られる。つまり、その書面が①振出人または作成者の署名がなされており、②一定の金額を支払う旨の無条件の約束または指図であり、③一覧払または確定日払であり、かつ④指図払式または所持人払式でなければならない。代表的なものとして、為替手形、約束手形、小切手、預金証書(certificate of deposit)などがある。

日本手形法において、手形の流通性とは、第三者の保護の意味で使われることが多い(1)。これに対して、ＵＣＣ第三編の適用される流通証券が有するnegotiability（流通性）とは、どのような性質を指しているのであろうか。

（1）　今泉邦子「手形の流通性の限界（一）」三重大学法経論叢一五巻二号二一―三頁（一九九八年）。

二　UCC第三編における証券の流通性

UCC第三編の適用される流通証券が流通性を有することの説明として、正当所持人（holder in due course）を保護する制度（三―三〇二条、三―三〇五条）が同第三編に置かれていることをいうのが一般的である。(2) 正当所持人保護制度には、一定の要件を備えた流通証券の所持人を、三―三〇五条a項二号の規定する人的抗弁、同条同項三号の規定する減額請求および三―三〇六条の規定する証券返還請求権から免れさせる効果がある。(3) 正当所持人に対して切断される抗弁はUCC第三編に明示された抗弁およびコモンロー上の契約原則にもとづく抗弁である。人的抗弁の代表的なものとして、証券発行の欠缺、条件付の発行、特別な目的のための発行（三―一〇五条b項）、(4) 別個の合意による債務の修正（三―一一七条）、対価の欠缺または証券発行と引換になされるべき債務が履行されなかったこと（三―三〇三条b項）などが挙げられている。(5) 正当所持人制度の趣旨は、不実表示（misrepresentation）により、商品または証券を原所有者から誠実かつ善意で有償で取得した害意のない者を保護するということである。(6) ただし、正当所持人であっても、三―三〇五条a項一号の規定する抗弁を対抗されるほか、(7) 同条同項二号の規定する人的抗弁および同条同項三号の規定する減額請求のうち所持人本人に対する抗弁および請求を主張されることになっている。

ここで注意すべきは、三―三〇五条a項一号の規定する抗弁が、総じて、正当所持人にも対抗することが認められると考えてはならないということである。未成年であることの抗弁は、管轄が違えば、無効原因となることはおろか、取消原因にもならない。この種の抗弁の効力は、未成年者保護に関する各州の総合的な政策にゆだねられている。強迫（duress）の抗弁は強迫の程度によって、手形取引の取消原因または無効原因となる。無効原因とされる場合、その抗弁は正当所持人に対抗することが認められるが、取消原因とされる場合は正当所持人に対して切断される。本条本項本号のその他の抗弁事由についても、無効事由と取消事由について同様の効力の違いがある。法的無能力[8]（lack of legal capacity）および取引の違法性についても、州によっては物的抗弁とされていないこともありうる。

それでは、UCCにおいて、正当所持人制度によって切断される抗弁または請求の種類は、増加させるべきだと考えられているのだろうか。

UCC第三編が大幅に改正された一九九〇年をはさんで、正当所持人に対して制限されるべき抗弁や請求の種類について、改正前と改正後を比べると、あまり変化はない。UCC三―三〇二条、三―三〇五条、三―三〇六条の公式注釈によれば、文言の意味を明確にしたり、表現を変えるという変更はあったものの、内容の点では大きな変更ではなかったとしている[9]。むしろUCC第三編の明示の規定以外ところで、流通証券の正当所持人に対する保護を制限する政策があり、その増加傾向を容認しているように思われる。たとえば、三―一〇六条d項および三―三〇二条g項は、特定の消費者取引および企業取引に関して、法により正当所持人の地位を制限することを認めている。これは、流通証券の受取人に対して主張することのできる抗弁および請求を、振出人または証券作成者が転得者に対しても対抗できるという意味である。そのような内容の法律および判例法が現に多数存在し、将来さらに発展することを考慮している[10]。したがって、意外にも、正当所持人に対して抗弁等の切断が認められないとしても、流通証券の本質には影響ないとするのがUCCの立場だといえる[11]。

（2）たとえば、Bryan A. Garner, ed., Black's Law Dictionary 1766 (7th ed. 1999).

（3）三―三〇二条a項は正当所持人となるための要件について定める。以下の五つである。①所持人であること。②その流通証券の取得者であること。③証券取得の対価を支払っていること。④誠実に証券を取得していること。⑤証券に関する特定の問題について善意であること。James J. White & Robert S. Summers, Uniform Commercial Code 539 (4th ed. 1995).

（4） 三―一〇五条b項によれば、条件付きで発行された証券または特別の目的のために発行された証券は、振出人を拘束するが、条件または達成されるべき目的の不成就は抗弁でなる。

（5） The American Law Institute & National Conference of Commissioners on Uniform State Laws, Uniform Commercial Code 337 (2000 ed.)〔hereinafter ALI, UCC〕.

（6） ALI, UCC, *supra* note 5 at 331.

（7） 三―三〇五条a項一号によれば、未成年、強迫、法的無能力または取引の違法性、証券の性質または主要な用語に関して知識もなく知るべき合理的な機会もない債務者に署名をさせる詐欺、倒産手続における債務者の免除である。

（8） ALI, UCC, *supra* note 5 at 336.

（9） ALI, UCC, *supra* note 5 at 328–332, 336–340.

（10） 三―三〇二条g項「本条は特定の種類の取引において正当所持人の地位を制限する法律に従う」。

（11） 三―一〇六条d項の公式注釈は、ＵＣＣ第三編の大部分の規定が正当所持人原則による影響を受けないという理由、および同条同項に基づき、当該証券の転得者に対しても受取人に対する抗弁等を振出人または証券作成者が主張する旨の記載ある証券が、正当所持人の問題となんら関係がない場合にも、ＵＣＣ第三編の規定が適用されないことには根拠がないという理由を示している。なお、一九九〇年改正前の規定の下では、正当所持人の地位獲得を制限する記載があると、場合によっては、証券を条件付きの約束または指図へ変える効果が生じることがあり、そのような証券にＵＣＣ第三編は適用されなかった。連邦取引委員会規則（the Federal Trade Commision Rule. 16C. F.R. Part 433）にもとづき、ＦＴＣという銘がある約束手形がその例である。ALI, UCC, *supra* note 5 at 305–306.

三　正当所持人制度に対する疑問

ＵＣＣ第三編の規定する流通証券法の特徴をなしているものは、正当所持人制度であるとする一般的理解に対して批判的な見解が見受けられる。正当所持人原則をもはや流通証券法の核心と考えるべきではないというのである。それぞれ、紹介していくこととする。

(イ)　流通証券法史を根拠とする説

イ　流通証券法

流通証券法（Negotiable Instruments Law．以下、ＮＩＬとする）およびＵＣＣ第三編の立法史を概観してみれば、流通証券に関する法は金融機関の利益のみを配慮して、社会一般の正義やニーズとは一致しておらず、正当所持人制度が金融機関の利益のために役立ってきたことを指摘するのがSinclair説である。[12]

イギリスおよびアメリカの歴史をさかのぼると、手形または小切手の用いられ方は、支払の手段から信用の手段としての用法へと変化してきた。一七世紀には指図式為替手形にしかコモンロー裁判所が譲渡性を認めていなかったが、その後、流通証券に関する法は、制定法と司法の相互作用によって商人の実務を取り込みながら、約束手形および所持人払式為替手形にも譲渡性および正当所持人制度が認めらるように変わっていった。しかし、支払手段に関する法または法律であった。[13]

一八五〇年以降、商事取引から為替手形が姿を消し、新たな支払手段として小切手が重要な役割を演じることになる。約束手形の用いられ方にも最大の転機が訪れた。アメリカにおいて、銀行が約束手形を使って、貧しい人々に対して金銭の貸付を始めたのだ。当初、銀行はこのような約束手形を流通させず、利子を得る目的で満期まで手元に置いていた。その後、銀行は信用の停滞を避けるために、この種の約束手形を他の銀行へ売るようになっていく。すると正当所持人に対する保護の問題が浮上してきそうにも思われるが、そうはならないはずである。なぜなら、現在の正当所持人を保護している理由にあたるものが存在しなかったからである。ひとつに、融資取引のために約束手形を流通させたいという切実なニーズが銀行側になかったということがある。約束手形が流通するとしても偶然のことであったからだ。またひとつに、譲受人が先行する取引について調査することもさほど難しくなかったであろうということがある。譲受人が自己への譲渡人以上に抗弁を対抗されることはないであろうし、中間取得者の所在を容易に突き止めることができたと考えられるからだ。[14]

銀行が支払人である約束手形つまり歴史的には通貨としての役割を演じた約束手形と、銀行に支払われる約束手形は異なるものであった。[15]しかし、一九世紀後半頃の裁判所は、借り手が振り出した約束手形を、伝統的な支払手段である為替手形および銀行振出の一覧払約束手形と同じ論法で議論をした。それは、判例法においては、訴訟でしばしば争われるコモンロールールのみが変更されることを意味する。融資のための手形取引において、銀行のみが証券譲受人として継続的な利害関係を持っているのであり、その銀行が古いコモンロールールを好むのであれば、たとえ一般社会のニーズに適合しないとしても、古いルールが残存することになるわけである。[16]

イギリスが一八八二年にコモンローを要約して流通証券法を制定したことにつづき、アメリカでも、一八九五年にコモンローの要約である前述のＮＩＬをJohn J. Crawfordが起草する。ＮＩＬは為替手形に照準を合わせつつも、約束手形にも言及し、両者に対して一般的に適用される法であった。銀行振出の約束手形と銀行に支払われる約束手形を区別していなかった。つまり、ＮＩＬもコモンロー同様、銀行の利益にかなうものであった。しかし、裁判の現場で裁判官と陪審が目の当たりにするのは、巨大かつ強力な組織である所持人と貧乏な債務者が原告対被告として対峙し、状況が異なれば有効な抗弁が当該事情のもとにおいて有効であるかという難解な問題についての争いである。このような事件に対して通常人の良心は銀行に有利には働かないであろう。つまり実際の法の適用の場面において、ＮＩＬが銀行に有利に適用されることは少なかったと考える。

一九二〇年代にアメリカでは消費者取引に対する与信が頻繁に行われるようになった[17]。小売業者自身は与信ができなかったであろうから、銀行が消費者へ与信をしたのである。売買の目的物は代金が支払われるまで売り主に所有権が留保され、この条件付売買契約と消費者振出の約束手形が、小売業者から金融機関へ売却されるという方法が最もよく用いられた。この種の約束手形も、債務が成立次第金融機関が買い取っており、それ以上は流通しないのが通常であった。消費者取引にもとづいて振り出された約束手形へ、NILとくに正当所持人制度が適用されることになるが、その結果、消費者にとっては苛酷な事態が生じた。本来、流通証券に関する法は商人間の取引に適用されることを予定していたからである。そこで消費者を保護する理論が考え出された。一九四〇年にアーカンソー州最高裁判所が出した、「消費者に融資した金融機関は、約束手形振出の前提となった取引に密接に関与しており、満期前に手形を有償で誠実に取得した善意の取得者ではない」という判決である[18]。実際、十分な書類を揃えるために、融資者が小売業者用の書類をすべて作成するほどの関与をしていた[19]。さらに、小売業者の無資力や不誠実のリスクを誰が負担するかという問題についても、フロリダ州最高裁判所が、「金融機関は消費者よりも小売業者の支払不能のリスクを負う能力を有する上、不誠実で資力のない小売業者から自己の権利を守ることがはるかに巧みである」という判断を示した[20]。

したがって、NILは、社会で商業信用実務が発達するにつれて、金融機関にとって有利な流通性概念のうち不正と考えられた点を、正義の要請から判例によって修正され、法典化の目的であった商事法の法的安定性および確実性を達成することができなかった[21]。

ロ　一九四〇年にあらゆる観点から商事法を改定することが提案されて以来、National Conference of Commissioners on Uniform State LawsおよびAmerican Law InstituteがUCC編纂作業を始めた。UCC編纂の目的は、商事実務の現実およびニーズに合致した法典を作るということであった。流通証券に関する法の領域においても、NILが成立した一九世紀と二〇世紀では社会事情が変化していた。銀行の取立システムが確立して小切手はもっとも用いられる流通証券となり、約束手形はもはや通貨としては用いられなくなっていた。小切手は銀行取立システムの外で流通することはないから、システム内で銀行は正当所持人としての保護をあてにして小切手を取得するのではなく、前者たる銀行またはその顧客の裏書人としての責任をあてにして小切手を取得していた。二番目によく用いられる流通証券は約束手形となっていた。消費者金融が急成長したからである。この種の約束手形は、いったん金融機関へ売却された後は流通しない傾向にあった。その上、正当所持人としての保護を金融機関へ付与することはすでに攻撃の対象となっていた。なぜなら、銀行は正当所持人の保護を受けられないことにより増加したリスクや前提となる取引を調査する費用を、究極的には消費者へ転嫁できたはずだからである。ただし、正当所持人制度が妥当する、他の流通証券取引もまだ残っていたため、この制度を廃止することは、UCCの編纂過程で真剣に考えられることはなかった。

したがって、UCC編纂の際、議論されたことは、それまでの所持人に関する主観的な誠実性の基準を、客観的な誠実性基準へと変更するか否かという問題である。結局、UCCは誠実性に関する主観的な基準を採用することになるが、この基準は金融機関のニーズには適うが、社会全体のニーズには適していないものである。[22]

これに対して裁判所はどのように反応をしただろうか。消費者信用売買において、売り主が売買の目的物を引き渡さずに、消費者が振り出した約束手形を金融業者へ売却するため、消費者が手形への支払を拒否したが、金融業者は売買の目的物を回収するだけでなく、手形の支払を正当所持人として請求するという事件がしばしば起きていた。[23]手形を詐取された消費者を勝訴させるために、「売り主と金融業者の緊密な関係」理論または故意に売り主の違法行為を知ろうとしなかった手形譲受人に悪意を認定する方法を用いたのは、判例の少数であった。多くの州では、特定の問題を解決するための法律を制定して対処した。たとえば、ミシガン州では、auto lemon billを一九七八年に制定し、自動車売買契約にもとづく流通証券の所持人は買い主の請求および抗弁に服することとした。[24]しかし、さらに一般的な解決が求められるようになり、連邦取引委員会（Federal Trade Commission）が一九七六年五月一四日に規則を施行する（16 C.F.R. Part 433. 以下、この規則をFTC規則とする）[25]。この規則は、消費者が行った売買契約にもとづくすべての約束手形または契約は次のような趣旨の文言を含まなくてはならないとした。すなわち、「所持人は、債務者が消費者信用契約による物もしくはサーヴィスの売り主に対してまたは代金に関して主張することができるすべての請求および抗弁に服する。債務者による原状回復請求は、債務者がその契約にもとづき支払った金額を越えてはならない」という文言である。なお、この連邦取引委員会規則が施行されたのちも、正当所持人原則を攻撃する判例がつづいた[26]。

ハ　このような状況を背景に、UCC第三編の改正が行われることとなった。消費者取引にもとづく非常に多数の流通証券つまり約束手形および長期の消費貸借にもとづく約束手形には、正当所持人原則が適用されない状態であったにも拘わらず、改正案の起草者達は正当所持人制度を修正しようとしなかった。正当所持人制度は、迅速な情報伝達手段やプラスチックのIDカードのない一八世紀および一九世紀初期に、遠隔地での売買を有効に行うために必要であったが、二〇世紀末期でも譲受人の信頼を保護しなくてはならないと考えたのであろう。しかし、商人間の為替手形を使った取引では正当所持人制度をあてしなくてもよい。たとえば買主引受為替手形(trade acceptance)を用いた取引がそうである。製造業者と買い主が売買契約をし、代金は商品受領後三〇日で支払う旨合意をしたとする。製造業者は、一覧後三〇日払の為替手形を振り出し、買い主は船荷証券を取得するためにこの手形を引き受ける(この引受済み為替手形を買主引受為替手形という)。製造業者は引受後にこの為替手形を再び取得し、自己の取引銀行へ売却して現金を得るのである。このような取引においても、正当所持人制度の適用が問題となるのは、銀行である。銀行は何を担保に買主引受為替手形の買い取りができるであろうか。製造業者、買い主および銀行は取引前にすべて事情を了承している。したがって、製造業者の取引銀行が製造業者の信用状態をあてにすることができるのであれば、この取引は成り立つ。これとは逆に、製造業者よりも、買い主の信用をあてにしている場合には、製造業者が契約違反をしたために買い主が支払を拒絶することを製造業者の取引銀行は警戒しなくてはならないから、為替手形を買い主の銀行宛に振り出させ、買い主の銀行に引受をさせるのである。この方法によれば、製造業者の取引銀行は買い主の信用状態を調査する必要がないという利点があるほか、銀行引受手形であれば、銀行間で容易に取引ができ、連邦準備銀行（Federal Reserve Bank）で割引を受けることもできる。また、原因となった取引から生じる抗弁および請求が、金融取引と完全に分離されることも、利点である。(27)

以上を総括すると、正当所持人制度はせいぜい銀行の視点からのみ重視される程度の制度であり、二一世紀になるころには不必要になるであろうということである。

二　なお流通証券法史にもとづく説であるが、Sinclair説と異なる説としてRogers説がある。(28)正当所持人制度は、古代から現代にいたるまで流通証券に関する法において、常に商人に必要とされたわけではなかったと論じる。たとえば古代において、為替手形は遠隔地における売買を、商人が売買の行われる地にいる代理人を使って決済する手段であった。イタリアのヴェニスの胡椒商人がベルギーのブリュージュにいる彼の仲買人に対して胡椒を送り、仲買人がヴェニスの商人のためにその胡椒をブリュージュで売る。仲買人は代金をヴェニスの商人のために保有する。為替手形があれば、仲買人が商人のために保有する資金を使うことができるので発達していた。したがって、このような為替手形の取引においては、支払をなすべき者が支払をしなかった場合のことが大きな問題だったのであり、資力ある者が抗弁または請求を主張できるかという問題は重要ではなかった。(29)では、Rogersはどの時代のどのような取引に正当所持人制度が必要だったと考えるのであろうか。一九世紀中頃から末頃の商取引が正当所持人制度の起源であったという仮説がもっとも信用できるとする。その商取引とは、会社その他の者が、商取引にもとづかない手形を裏書人の担保責任を後ろ盾として仲立人を通して投資家や銀行へ譲渡することにより資金をつくる取引のことである。これらの手形の裏書人は保証にもとづく自己の抗弁または借り手の抗弁から派生する抗弁を主張する可能性があるから、正当所持人制度が必要になったという仮説である。しかし、この仮説にしても、十分な説得力がないと考える。なぜなら、支払の手段として手形が使われた時代に比べて、信用の手段として手形が使われた時代において特に正当所持人制度が必要とされたのかが不明だからである。したがって、正当所持人制度を流通証券に関する法の特徴と考える傾向は、商取引の実務を流通証券に関する法が受容したことだけを原因として生じたものではないと考える。(30)競合する原因として、Rogersは、一九世紀後半の流通証券に関する法の変化の原因として、この法全体に対する専門家の意識が奥底から変化したことを仮説として挙げる。どのように対象を定義し限界を設けるか、という意識の変化である。法には、非法分野を基準として分類される法たとえば銀行取引・売買に関する法と、純粋な法体系のなかで分類される法たとえばエストッペルがあるとすると、専門家の意識が、手形法を前者の分類から後者の分類に属するものとして定義するように変わったのである。一九世紀末までには、流通証券に関する法分野の論文のほとんどの標題が、The Law of Negotiable Instrumentsとなっているが、それ以前では、A Practical Compendium of the Law of Bills of Exchange, Promissory Notes, Bank-Notes, Bankers' Cash-Notes and Checksという長いものが普通であったという。二〇世紀では正当所持人制度を意味するNegotiability概念を基準として、複数の種類の証券が同じ範疇に入れられたと解するのである。そしてまた、専門家の意識が正当所持人制度に向けられた時期に、商取引の実務ではこの制度を特に必要としていなかったのであるから、この制度をいつの時代においても流通証券に関する法の属性であると考えるのは誤りであると解するのである。(31)

(ロ)　現在の正当所持人制度の独自性を批判する説

さらにRogersは、流通証券の流通性の意味として現在考えられている二つの概念が、実際には特別なものでも、不可欠なものでもないことを主張する。その二つの概念とは、①「証券の善意有償取得者が、他の財産権の購入者よりも厚く保護されていることにより、流通証券を特別な財産権にしているということ」と、②「流通証券が用いられる取引にとって、その善意有償取得者に対する特別な保護が不可欠であるということ」である。[32]

Rogersが①の概念を否定する根拠として、まず、エクイティーに関する原則から正当所持人制度と同様の効果が導き出せるとする。流通証券が関係した取引から生じるすべてのエクイティー上の請求を受ける場合、そのような証券を取得したいと思わないのが通常の感覚である。しかし、この問題はすでに解決されている。エクイティーの一般原則として、取り消されるべき取引により譲渡された財産に対するエクイティー上の返還請求または適正に効力を発生していない財産権を強制するエクイティー上の権利は、財産権が善意有償取得者に達すると切断されることになっているからである。次にRogersが①の概念を否定する根拠として、UCC第三編の流通証券法における占有の役割に関する見解を示している。正当所持人制度は、占有にもとづく権利譲渡および権利認証の体系を流通証券法にも採用したことによる当然の結果にすぎないという見解である。ひとたび一定の権利認証方法が体系として採用されると、適切な権利認証方法を履践している者が履践していない者に優越するというのが権利認証制度の普遍的な原則である。さらに、たいていの権利認証制度において、登録・登記・占有その他の方法により保護される者達は善意有償取得者に限られている。したがって、流通証券法の正当所持人制度が、占有という方法で適法に証券に対する権利を証明する当事者に、占有以外の方法で権利を証明する者よりも優越させることを保証する範囲で、正当所持人に与えられる保護は流通証券法の正当所持人制度に独自な保護ではないということになる。[33] Rogersが②の概念を否定する理由とは、証券の占有にもとづく権利認証制度によれば、二人が同時に同一の証券を占有することはできない点が長所であるが、短所が多いことである。最上位の権利を有する者が証券を占有すると、それより下位の権利を完全な権利として認めることができるかという問題が生じるからである。これでは、証券取得者が相容れない権利を発見する機会をあたえられず、単に相容れない権利を排除される機会のみをもつことになる、不完全な制度に過ぎない。この権利認証制度は大量の取引にも適していない。アメリカでは一九六〇年代にペーパークラッシュという、取引の速度に証券の移動が追いつかない現象が株式市場で起きている。さらにこの権利認証制度が、適法に証券の占有を取得し証券に対する権利を立証したがその後盗難などの不正な行為によって占有を喪失した者を、現に占有を有する者に優越させないという原則をともなっている場合、流通証券の権利者は証券の保管に非常な注意を払わなくてはならず不便である。[34]

(12) M.B.W. Sinclair, *Codification of Negotiable Instruments Law: A Tale of Reiterated Anachronism*, 21 U. Tol. L. Rev. 635, 650–684 (1990).
(13) Sinclair, *supra* note 12 at 631–635.
(14) Sinclair, *supra* note 12 at 636–637.
(15) Sinclair, *supra* note 12 at 636. *Cf*. Gilmore, *Formalisim and the law of Negotiable Instruments*, 13 Creighton L. Rev. 441, 453 (1979).
(16) Sinclair, *supra* note 12 at 638–639.
(17) Sinclair, *supra* note 12 at 645–646.
(18) Commercial Credit Co. v. Childs, 199 Ark. 1073, 137 S.W.2d 260(1940).
(19) Sinclair, *supra* note 12 at 647–648.
(20) Sinclair, *supra* note 12 at 638–649. Mutual Fin. Co. v. Martin, 63 So. 2d 649, 653 (Fla. 1953).
(21) Sinclair, *supra* note 12 at 649.
(22) Sinclair, *supra* note 12 at 650–651.
(23) Sinclair, *supra* note 12 at 652–653.
(24) Mich. Comp. Laws §492. 114a (b) (2000).
(25) 16 C.F.R. Part (2000).
(26) Sinclair, *supra* note 12 at 657–663.
(27) Sinclair, *supra* note 12 at 668–674.
(28) James Steven Rogers, *The Myth of Negotiablity*, 31 B.C. L. Rev. 266.

(29) Rogers, *supra* note 28 at 284-291.
(30) Rogers, *supra* note 28 at 315-319.
(31) Rogers, *supra* note 28 at 320-325.
(32) James Steven Rogers, *Negotiability as a System of Title Recognition*, 49 Ohio St. L. J. 201 (1987).
(33) Rogers, *supra* note 32 at 202-209.
(34) Rogers, *supra* note 32 at 209-217, 224.

四　正当所持人制度廃止の効果

(イ)　正当所持人制度廃止の必要性

一九七六年に、買い主である消費者の請求および抗弁を第三取得者に対しても無条件に認める前述のＦＴＣ規則が施行された。これ以降、全国的にもこの方針が是認され、消費者金融を利用した者の請求および抗弁を排除する州法およびモデルアクトが徐々に廃止されていった。ＦＴＣ規則が正当所持人制度と異なる方法でリスクを分散するため、その適用については議論が起きた。しかし、さらに改良の余地があるとはいえ、正当所持人制度をふたたび適用するべきではないとする見解があるので紹介する。(35)

正当所持人制度の廃止を是認するLawrenceおよびMinanは、正当所持人制度が革新的な新興企業の育成に役立っていた時代があることを認める。なぜなら、この原則によると、融資者は売り主の商品やサービスの質および売り主の信用を調査しなくても、買い主の信用が十分であれば、融資をすることができた。売り主企業は、消費者金融契約およびその契約に関連する約束手形の市場を見つけることが容易であった。技術革新が経済の発展繁栄に特に必要であるとすれば、革新的技術をもつ新興企業の不法行為責任を免除または緩和して、企業の経済活動に要する費用を軽減するとともに、被害者にも開発の費用を負担させることを、一九世紀にアメリカの産業が草創期だった頃、裁判所は容認していた。このリスク管理に関する費用の外在化モデル(externalization of costs model)にもとづく法原則の一例が、正当所持人制度なのである。しかし費用の外在化モデルは、後に損失配分モデル(loss distribution model)にとって代わられる。後者のモデルは、費用の配分に影響を与えるすべての要素を関連づける。[36]たとえば、労災補償法の領域では、労働災害の経済的負担を過失の有無に関係なく企業に負わせることによって究極的には消費者に費用を配分している。[37]企業が一九世紀に比べて二〇世紀には自己の経済活動について責任を負担すべきことになってきている。したがって、正当所持人原則が消費者取引に適用された場合には攻撃を受けざるを得ないのである。それも、判決が正当所持人制度の適用を制限することを期待していたのでは、裁判を提起した者しか救済されないから、FTC規則を設ける必要があったことを認める。[38]

(ロ)　FTC規則(16 C.F.R. Part 433)の概要

FTC規則は二つの部分からなる。ひとつは、①売り主が、消費者信用契約または約束手形に次のような趣旨の特定の文句を付すことを要求する。すなわち、この契約の譲受人は、買い主が売り主に対して主張し得る請求もしくは抗弁に服すること、および損害賠償は買い主が支払った金額を限度とすることである。もうひとつは、②買い主と融資者の間の融資契約に売り主が融資契約から生じる利子を受領する旨の条項がないかぎり、売り主による利子の受領を禁止することである。連邦取引委員会(以下、FTCとする)には金融機関を規制する権限がないため、FTC規則は売り主だけを規制する方式をとっている。[39][40]

FTC規則のよって立つ理論的基盤は三つあるとLawrenceおよびMinanは考えている。第一に、すべての費用を商品の価格に反映させるべきだとする理論である。この理論によれば、売り主企業が商品の欠陥および不法行為に関連する費用を負担すべきことになる。消費者と融資者を比べると、後者の方が求償および信用を付与するかしないかを通して、損失を売り主に転嫁しやすい立場であるから、消費者に請求および抗弁を認めるべきだとの結論に至る。第二に、損失をより多くの人に、より長い期間にわたって負担させることにより、損失負担の衝撃を弱めるべきだとする理論である。この理論により、融資者が売り主の倒産等により回収できない損失を、融資契約に対して買い主が支払うべき対価に内在化させることが正当化される。第三に、損失を最も資力のある者に負担させるべきだとする理論である。ＦＴＣはこの理論を採用していないとしているが、実質的には採用している。融資者が競争の激しい市場で活躍しているため、融資取引に全損失を内在化させて将来の消費者へ転嫁することはできそうはない。そうだとすれば、究極の損失を融資者みずからが負担しなくてはならなくなるからである。[41]

(ハ)　ＦＴＣ規則の矛盾

ＦＴＣ規則に対して賞賛と非難が浴びせられたように、長所と短所がある。

長所としては、第一に、売り主が詐欺的な表示をしたために、新開発商品で、その仕組みが理解しづらく、欠陥を見つけるために時間がかかる商品を、欠陥があるにもかかわらず購入した買い主を保護できることである。売り主に対する請求および抗弁を融資者に対しても、買い主が主張できることにより、このような保護が可能となっている。第二に、革新的な商品の市場は、利益が上がる商品であるほど、大資本が参入してくるために競争が激しく、中小企業は倒産するおそれがあるので、この場合の買い主を保護ができることである。売り主が倒産または人的裁判管轄権（personal jurisdiction）に従わない場合には、融資者に対して、買い主が残余代金の支払を拒絶できるのみならず、すでに支払った金銭の範囲内で損害賠償請求をすることができるからである。

しかし、短所も指摘されている。第一に、消費者が不案内な商品について、融資者も不案内であることが多いため、消費者のリスクを単に融資者へ移転させるとすれば、融資者は調査をしなくてはならなくなることである。第二に、技術革新を進める中小の新興企業である売り主が、融資者から融資を受けられなくなったことである。なぜなら、融資者は融資をする際に、①売り主の製品の質、②売り主の業績に対する評価、③売り主の資力を重視するが、新興企業に関してこれらの情報を十分に収集することができないことが多く、情報不十分の場合には融資者が融資を危険であると判断するからである。非良心的な売り主のみを市場から排除することができなかった。(42)

LawrenceおよびMinanの結論は、FTC ruleは消費者取引における消費者保護の機能を果たしているが、革新的な新商品の消費者取引に対しては融資を受けにくくする効果があるとする。したがって、融資者が、融資のリスクを調査する費用の点で、他の取引に比べて革新的な新商品の取引の方が高いことに着目して、その費用を減らせるような別個の政策を提案するのである。(43)

(35) William H. Lawrence & John H. Minan, *The Effect of Abrogating The Holder-in-due-Course Doctrine on the Commercializaion of Innovative Consumer Products*, 64 B. V. L. Rev. 325 (1984). この論文は、当時革新的であった太陽エネルギー関連商品を普及させることが社会全体にとって望ましいことであるという立場を前提として、太陽エネルギー関連商品の消費者取引に対して正当所持人制度が与える影響を分析する内容である。

(36) Lawrence & Minan, *supra* note 35 at 327-330.

(37) Lawrence & Minan, *supra* note 35 at 330, fn. 16.

(38) Lawrence & Minan, *supra* note 35 at 330-333.

(39) なお、UCCにも消費者信用取引に関連する規定がある。九—二〇六条一項によれば、FTC規則の要求する一定の文言が付されていない上に、抗弁および請求の放棄を定める条項のある消費財契約および約束手形の譲受人には、善意かつ誠実で有償で取得をした場合に限って、抗弁等放棄条項の主張を認めている。

(40) Lawrence & Minan, *supra* note 35 at 333-337.

(41) Lawrence & Minan, *supra* note 35 at 337-340.
(42) Lawrence & Minan, *supra* note 35 at 344-359.
(43) Lawrence & Minan, *supra* note 35 at 359-362.

五　結び

アメリカの流通証券法の歴史を概観すると、流通性とは正当所持人制度を意味してきたが、その内実は各時代において、流通証券を取引する者達の間の利益衡量によって決まっていた。南北戦争前の時代においては、約束手形および為替手形が金銭の価値交換機能と同様の役割をになっていた。そうだとすれば、証券取得者ができるだけ主債務者の資力不足および抗弁の危険を免れることができた方が、証券をより金銭に近づけることができる。よって、正当所持人制度が積極的に用いられた。(44) しかし、二〇世紀に入り、流通証券が消費者取引に大量に用いられるようになると、正当所持人制度の適用範囲が判決または立法によって制限されていった。この種の取引にもとづいて振り出される手形の主債務者つまり消費者は、証券を振り出すことにより負担するリスク、たとえば手形の受取人が債務不履行をするが手形を第三者へ譲渡する可能性について、あらかじめ調査することを期待できないと考えられたからである。(45) 正当所持人制度が適用されないという意味で、negotiabilityがない流通証券が現在アメリカでは認められている。

ひるがえって日本を眺めてみると、一部企業間の取引において手形取引をなくす動きが出ている。企業間の取引には、消費者保護政策が働かず、手形が本来の流通性を発揮できるにもかかわらずである。手形にかわって用いられているのは、一括支払システムのほか、ファクタリング、信託、特定目的会社（ＳＰＣ）、現金などである。その理由は、手形の債務不履行率が一％にもならない、決済経費の削減、印紙税の削減、事務手続きの簡素化などさまざまである。(46) 手形取引をする者が一般債権譲渡に比べた場合の手形の利点、たとえば抗弁の切断や善意取得制度を利点と考えなくなってきているのではないか。

(44) Harold R. Weinberg, *Commercial Paper in Economic Theory and Legal History*, 70 Ky. L.J. 568 (1982). 一七八〇年から一八六〇年の商業証券の流通性に関して異説を唱えるのがHorwitzである。その著書のなかで、アメリカの裁判官は、拡大する市場経済から利益を得ることができる少数者である商人および起業家を主に保護するために流通性を発展させたと説く。反対に、労働者、消費者、農夫およびそれほど有力でない人たちはますます不利になったとする。Morton Horwitz, *The Transformation of American Law*, 1780-1860, (1977). Weinberg のこの論文は Horwitz 説に対して批判的な立場をとっている。

(45) Weinberg, *supra* note 44 at 576.

(46) 日経金融新聞一九九九年一二月三〇日一八面、一二月二九日一四面、一二月八日一面、一一月二五日一面、一一月二四日一八面、一一月八日一面、九月二三日七面など。

〔付記〕本研究は、二〇〇〇年度パッヘ研究奨励金I－Aによる助成をうけている。

五　結び

ゴルフ会員の破産と会社の預託金返還の法理

——破産法上の「双方未履行債務」の意義——

宇田一明

一　本稿の目的

第三者と取引関係にあった者の一方の当事者が破産宣告を受けた場合、破産宣告時を基準時点としてその時までに契約上の債務が双方未履行となっている場合の契約関係には何らかの決着をつけなければならない。例えば売買契約、賃貸借契約、リース契約、雇用契約、保険契約、委任契約や有償の寄託契約等はそうした未履行債務が双方に通常は残るいわゆる双務契約の典型例である。ところで、ゴルフに限らず会員契約も双務契約であるが、会員契約については注釈書等でこれに触れた論稿は少ない。(1) 会員契約は確かに日常性に富む契約ではないが、預託金額ないし会員権価格は通常高額であり、また会員を含む利害関係者も多数に上るし、しかも、ゴルフ場会社（以下、会社とする）が預託金の一部を据置期限前に返還しなければならないことになれば、会社の資金を逼迫させ破綻への引き金ともなりかねない。ゴルフ産業とこれを取り巻く利害関係者の利益調整の複雑さを考えると研究が未成熟であるとするだけでは片付けられまい。

双務契約では、双方の債務は対価的関係（拙職は「対価的関係」と表現するが、判例・他説では「対価関係」としている。理由は後述する）にあり、互いに依存し合っており、履行上も牽連性が認められるので、同時履行の抗弁権を有するけれども、当事者の一方が破産すると相手方は破産管財人（以下、管財人とする）に対して債務を履行しなければならないのに、破産者に対する債権については、破産手続における配当による満足しか受けられない。そこで、破産法五九条一項（以下、五九条一項とする）は、双務契約につき破産宣告時に債務が双方未履行の場合には、管財人は、相手方に催告することなく、契約を解除するか債務を履行して相手方に債務の履行を請求することができるとした。

本稿は、預託金制ゴルフ場会社と会員契約を締結した会員が破産した場合に、五九条一項にもとづき管財人は会員契約を解除できるかを解明するものであり、とりわけ解除権行使の可否を決定づける最大の要因である双方未履行の債務とは何かを中心に検討するものである。

学説や判例は次章で分類し紹介する。ただ、最近(平成一二年二月二九日)、この問題に関しては最高裁として初めて、しかも解除権を認めないとする判断を示した。(2) 判旨の当否はともかく(私は、理論構成及び結論ともに判旨に反対である)、論点が凝縮されているので、本稿では検討の中心にこの判旨を据えて論ずる。

（1） 論文等に会員の破産と解除権の行使の問題を取り上げた文献としては、今泉純一「会員契約と会員の倒産処理手続」今中利昭先生還暦記念論文集・現代倒産法・会社法をめぐる諸問題（一九九五年、民事法研究会）三五頁、亀井美智子・ゴルフ場事業・ゴルフ会員権の法律実務（高山総合法律事務所編）（一九九九年、第一法規）四四〇一頁、今中利昭「預託金制ゴルフクラブの会員が破産した場合に会員契約を解除できるか(判研)」金法一四六七号（一九九七年）二九頁、宇田一明「預託金制ゴルフ会員の破産と会員契約の解除（判研）」ジュリ一六一一号（一九九九年）一九三頁、同「預託金制ゴルフ会員の破産と会員契約解除に関する一考察」奥島孝康教授還暦記念・第二巻『近代企業法の形成と展望』（一九九九年・成文堂）八五一頁、服部弘志「『逆転判決！』の意義」ゴルフマネジメント一九〇号（二〇〇〇年）三六頁、同「預託金会員制レジャークラブの会員契約は双務契約であるとして、管財人は会社更生法一〇三条に基づき解除できるとされた事例」ゴルフマネジメント一八五号（二〇〇〇年）九〇頁・一八六号（二〇〇〇年）九六頁及び拙職の右述の論稿を含む複数の論稿（後掲注(3)及び注(13)参照）だけであろう。なお、ゴルフ場会社の破産の場合を取り上げている書物や論稿は複数ある。例えば、須藤正彦・破産者Vs.債権者（商事法務研究会編）（商事法務、一九八四年）一〇五頁、今泉純一「ゴルフ場経営企業の倒産と会員の権利」金法一四四二号（一九九六年）五五頁である。

(2)　最判平成一二年二月二九日ゴルフマネジメント一九〇号（二〇〇〇年）三七頁（鈴鹿の森カントリークラブ事件）。（以下、カントリークラブをC.C.とする）。服部弘志弁護士は同事件のコメントの中で、平成一二年三月九日（ゴルフ場名及び事件名不祥）にも最高裁が同様の結論の判決を行ったことを紹介されている。

二　学説・判例の分類(3)

(イ)　否定説(a)（後掲注(3)の（ア）中の⑧・⑨の鈴鹿の森C.C.事件の敗訴ゴルフ場会社の主張）

会員権の取得と会員の預託金の支払とは対価関係にあるが、いずれも契約締結段階で履行が終わっており、未履行は年会費(4)の納入債務であってこれが会員に片務的に残るだけであるから五九条一項は適用がないとする。五九条一項は会員となるべき者が入会を申し込み、会社が入会の承認をしただけの状態の際に、会員が破産宣告を受けた場合にだけ適用され、会員契約が締結されてから一定の期間が経過している段階では両者には対価関係にある未履行の債務は残っていないとする。

要約すれば、①会社には債務はない、②会員の債務には年会費支払債務がある。

(ロ)　否定説(b)（後掲注(3)の（ア）中の亀井美智子説）

会社は施設を完成させ会員が退会するまでの間、いつでも約定のグレードを維持した施設で会員がプレーできる状態にしておく債務（以下、施設提供債務とする）と会員がそのために預託金を支払う債務とは対価関係にある。しかし、この双方の債務はオープン時までに履行を完了しており、したがってオープン後には会社の預託金返還債務と会員の負担する据置期間内の利息相当分の会社への提供債務、年会費支払債務やプレー代その他プレーをした際に支払う諸料金（以下、プレー代等とする）とは、前者が後者と比べて高額であるため、対価関係に立つとは思えないとされる。

要約すれば、①会社の債務には預託金返還債務、②会員の債務には預託金の措置期間内の利息相当分の会社への提供債務、年会費支払債務及びプレー代支払債務がある。しかし、①は②と比べて高額なため対価関係に立たず、対価関係にある未履行の債務はない。

(ハ)　否定説(c)（後掲注(3)の（ア）中の服部弘志説）

解除権の肯否の検討にあたっては、双方未履行の債務の意義だけの検討では足りず、会員権の譲渡性についても考慮すべきである。理由は、会員は市場価格が預託金額を上回っている場合には市場で処分し、下回っている場合には解除権を行使して預託金の返還請求ができるから、それは管財人の有利に偏している。ゴルフ場の会員契約の特殊性を考えなければならない。すなわち、会員契約は個々の会員と事業者との個別的な契約というよりも、多数の会員が一事業者を通じ共通の施設を利用する継続的な契約関係であり、また、預託金は施設に形を変え、据置期限前の突然の返還請求は事業者の資金を逼迫させ、ゴルフ場を破綻させることもある。会員の施設利用権（以下、プレー権とする）は会員の預託金の支払いにより生ずる権利であり年会費を支払ったからではないから、プレー権と年会費とは対価関係にはない（年会費を徴収しないゴルフ場では一層明瞭である）。プレー権と対価関係にあるのは、会員からグリーンフィーを徴収する場合はそのグリーンフィーであり、徴収しない場合には対価はない。

要約すると、①会社の債務には施設提供債務、その他に付随的債務がある（注(10)の「債務」参照）。②会員の債務には年会費納入債務があるが、納入債務が規定されていない場合もあるし、規定されていても実際には徴収していないゴルフ場もある。その他に付随的債務があるが、これは個々の会員契約によって異なる。

(二) 否定説(d)（後掲注(3)の（ア）中の鈴鹿の森C.C.事件の①〜③の判旨）

ここでは平成一二年二月二九日の最高裁の判旨の骨子を記述する。五九条一項の趣旨は双方の公平を図りつつ、破産手続の迅速な終結を図ることにあり（この立法趣旨は最高裁の独自の見解ではなく、諸説や判例が前提とするものであり、取り立てて述べる必要はない筈であるが）、そうだとすると、破産宣告当時双方未履行の債務が存在しているからといって、即、解除権が認められるわけではなく、解除によって、要するに、相手方に著しく不公平な状況が生じ得るような場合には解除権の行使を容認することはできない。すなわち、解除によって双方が原状回復等の行為としてなすべきことになるがその給付内容が均衡しているか否か、六〇条により相手方の不利益がどの程度回復されるか、会員側の未履行債務が双務契約において本質的・中核的なものかそれとも付随的なものに過ぎないかどうか、その他諸般の事情を総合的に考察して五九条一項の適用の可否を判断すべきであるとする。

この考え方にもとづき、鈴鹿の森C.C.事件に関し、次の理由を述べて解除権の行使を否定した。すなわち、i・会員契約は、主として預託金の支払とプレー権の取得が対価関係を有する双務契約であり、年会費の支払債務がある場合には年会費の支払も対価関係の一部を構成する。年会費の支払債務があるゴルフ場では施設提供債務と年会費支払債務とは双方未履行の債務となる。ii・施設の整備は経済的実態としては預託金に依存している。

iii・会社は解除を求めた会員以外の他の会員には引き続き施設の維持義務があるのに、据置期限に返せばよい金銭を解除を求めた会員にはその前に返さなければならないことになる、しかも当初から施設整備に充てられることが予定されていた預託金全額の即時返還を強いられる結果となる、解除が期限満了に近い時期にされたとしても同様に預託金という多額にのぼる額を予定外の時期に調達しなければならないという負担は会社にとり多大なものである、殊に市場売却が困難なゴルフ場では一人であっても資格を失うことにより会社に発生する負担は一層大きい、他方会員はプレー権を失うだけでことさら解除に伴う財産的出捐を要せず甚だ両者の均衡を失している。iv・年会費は預託金と比べて極めて少額であり、また年会費の支払債務のないゴルフ場もある、支払債務のあるゴルフ場もその債務は会員契約の本質的・中核的債務ではなく付随的債務である。v・価値の低い会員権を失う対価として預託金全額の即時返還を請求し得るとすればそれは著しく不当な事態を肯定することとなるといわざるを得ない、と。

要約すると、①会社の債務には施設提供義務がある。②会員の債務には年会費支払債務のあるゴルフ場では年会費がある。③両債務が存在し対価関係がある場合でも、本条項の「公平」の理念から当該ゴルフ場における会社と会員に関する権利義務関係を総合的に考察・考量し、五九条一項の適用の可否を考えるべきであり、特に、双方の債務につき客観的価値が対等関係にない場合、すなわち本件の場合には適用を否定すべきであるとする。

(ホ) 肯定説(a)（後掲注(3)の(ウ)中の鈴鹿の森C.C.事件の⑧及び⑨の判旨、⑩の富士駿河湾クラブ事件の判旨、後掲注(3)の（イ）中の今泉純一説及び今中利昭説）

入会契約は、会員のプレー権と預託金の預託（したがって、預託金の無利息無条件提供債務）及び年会費納入債務とが対価関係にある双務契約であり、このような会社と会員とのそれぞれの債務が将来も継続することが予定されているから、管財人は五九条一項により、入会契約を解除できる。また、管財人が民法上の解除権を有する場合（民法六二一条・六三一条・六四二条等）であっても、五九条一項による解除が認められる。

要約すると、①会社の債務には施設提供債務、②会員の債務には預託金の預託債務（したがって、預託金の無利息無条件提供債務）と年会費支払債務がある。

(ヘ) 肯定説(b)（後掲注(3)の（イ）中の宇田一明説）

①会社の債務には施設提供債務と預託金返還債務及びその他付随的債務があり、②会員の債務には預託金の無利息無条件提供債務、年会費の納入債務のあるゴルフ場では年会費納入債務、一定回数のプレー債務（したがって、債務不履行の場合には損害賠償債務）及びその他付随的債務がある（注(10)の「債務」参照）。

（私見は後に詳述することになるので、ここでは要点のみを記した）

(3) (ア) 解除権を否定した論稿には、亀井・前掲注(1)四四〇二頁がある。また、服部・前掲注(1)ゴルフマネジメント一九〇号三六頁（後掲③判決の解説。鈴鹿の森C.C.事件）、同・前掲注(1)ゴルフマネジメント一八五号九〇頁・一八六号九六頁がある（会社更生法一〇三条一項に関するものである。右述の富士駿河湾クラブ事件の判例解説）。

解除権を否定した判例には、①大阪地判平成一一年六月二九日（鈴鹿の森C.C.事件。判例集未搭載）、②大阪高判平成一二年二月二五日（鈴鹿の森C.C.事件。②の控訴審判決。判例集未搭載）、③最判平成一二年二月二九日（鈴鹿の森C.C.事件。⑧及び⑨の上告審判決。④最判平成一二年三月九日（ゴルフ場名及び事件名不祥。前掲注(1)ゴルフマネジメント一九〇号三六頁の服部弁護士の解説中に判決年月日のみが紹介されている）がある。なお、［補記］中の「イ」を参照されたい。

最高裁判決の重みを考えると、解除権行使否定説が現在は支配的見解といえようか。

(イ) 解除権を肯定する論稿には、今泉・前掲注(1)四二頁、今中・前掲注(1)二九頁、宇田・前掲注(1)ジュリ一九三頁、同・前掲注(1)近代企業法の形成と展望八五一頁がある。

(ウ)　解除権を肯定した判例には、⑤東京地判平成九年九月一二日金法一五一一号表紙裏「金融判例瓦版No.4」(株)日動事件)、⑥東京地判平成九年一一月二六日金法一五一八号表紙裏「金融判例瓦版No.11」(オワーズ開発(株)事件)、⑦東京地判平成一〇年五月一四日金法一五三四号表紙裏「金融判例瓦版No.26」(株)鷹彦事件)、⑧大阪地判平成七年九月八日判時一五五二号九六頁（鈴鹿の森C.C.事件)、⑨大阪高判平成八・七・四金判一四六八号四一頁・判時一五七七号九四頁（⑧の控訴審判決。鈴鹿の森C.C.事件）がある。なお、会社更生法一〇三条に関するもので解除権を認めた判例には、⑩東京地判平成一一年一月二七日ゴルフマネジメント一八五号九〇頁(二〇〇〇年)（富士駿河湾クラブ事件）がある。また、今中弁護士は、前掲注(1)の論稿の中で、判例集未搭載の事例ではあるがいずれも解除権を肯定するものとして、神戸地裁伊丹支判平成五年一〇月一日及び同支判平成八年九月一二日（いずれもゴルフ場名及び事件名不祥）があることを紹介されている。

(4)　会則では、通常「年会費等諸負担金」、「年会費及び諸雑費」と表現されているように、年会費だけを納入すればよいわけではない。諸説も年会費の用語は年会費等の意味で使用しているものと考えてよかろう。本稿でも同様に年会費を年会費等の意味で使用する。

三　各説の検討

(イ)　会員権の取得と預託金支払との関係の如何

この両者の関係は対比的で対価的関係にあり、確かにいずれも会員契約締結段階で履行が終わっているから、破産宣告時にはこの点に関する双方未履行の債務はない。この点の理解に関しては判例を含む諸説は一致しており、私も同様に考える。(5)

㈺　五九条一項は会員契約締結段階にしか適用されないか

否定説中の鈴鹿の森C.C.事件（前掲注(3)の（ウ）中の⑧・⑨）の会社の主張の中には五九条一項はオープン後一定期間が経過しているような場合には適用されないとの主張がなされた。

果たして妥当か。五九条は、破産宣告時を基準に法律行為の履行行為に関して双方未履行の債務が存在する場合の処理に関する規定である。それ故、会員契約について破産宣告時に双方未履行の債務が存在していれば当然に本条項にもとづきその処理が行われなければならないことになる。そこで現に双方未履行の債務が破産宣告時に存在する場合には、会社のオープン後一定期間が経過している場合には適用なしとする右判例の根拠はないことになるはずである。

会員権を取得する理由は主にメンバーとしてプレー権を行使することにあるのであるから、会員権を取得できたとしても会社が約定にもとづく施設を完成させ、少なくとも預託金の措置期間までの間は、施設提供債務を履行しなければ会員権取得の意義は没却されてしまう。五九条を議論するに際して重要なことは、両者にとっての会員契約の履行行為は何かという点を確定することにある。そこで、破産宣告時にどういった種類・内容の双方未履行の債務が残っているかを精査する必要がある。会員が会員契約締結時に預託した金銭は預託金の据置期限までは当然に会社に預託しておく債務があるし、他方では、会社には少なくとも据置期限までは約定のグレードの施設を現実に利用できる状態に維持しておかなければならない債務がある（会社の預託金据置期限までの施設提供債務である）。また、会員には預託金を無利息無条件で据置期限まで使用させる債務（預託金無利息無条件提供債務である）、プレー債務やその他付随的な債務が履行行為として存在している（両者の債務に関しては後に詳しく述べる）。本稿が課題としている破産宣告時に存在するか否かに関する双方未履行の債務は正にこれらの履行行為の双方未履行行為の問題を検討することであるといってよかろう。

(ハ) 会社の施設提供債務と対価的関係にある債務は何か

施設提供債務は、締結された会員契約の約定のグレードを維持しつつ、会員がいつでもプレーできる状態に施設を維持管理しておくべき必要があるという会社の会員に対する債務である。会社がこの債務を負う相手方は会員資格ないし会員たる地位を有する会員(以下、会員資格とする)である。[6]

ところで、この施設提供債務は会員契約締結時点で発生するがこれはいつまで存続するものか。この債務は会員に対する会社の債務であるから会員契約の締結時に発生し、会員が会員である限りは続くから、預託金の据置期間内に破産宣告にもとづき管財人が解除権の行使を表明すれば残りの据置期間の間は未履行の債務として残ることになる。とすれば、会員の預託金の預託債務は会員契約締結時点で既に完了しているにもかかわらず、会社の施設提供債務は少なくとも据置期限までは存続することになるから、施設提供債務はゴルフ場のオープン時に完了・消滅すると述べることは誤りである。それ故、会社の施設提供債務が会員契約締結時点で消滅するとする見解、すなわち、右に掲げた否定説中の(a)説及び(b)説は採れない。

なお、施設提供債務の存続期間については諸説は取り立てて触れていない。私は、これは会員資格のある会員に負担する会社の債務であるから、預託金が会員に返還されて会員が非会員になれば負担しないわけであるから、その存続期間は会員が会員資格を喪失するに至るまでということになろう。諸説は当然の事理として述べていないものと思われる。

さて、会社の施設提供債務と対価的関係にある会員の債務は何か。プレー権は預託金の支払いにより生ずる権利であり、会社は預託金を支払って会員資格を取得した会員に対して施設提供債務を負う。では、施設提供債務と年会費納入債務とは対価的関係にあるのか。年会費の納入債務があるゴルフ場では会員が年会費を支払わなかった場合、その会員は当該年度は会員としてプレーをすることは認められない。年会費支払債務のあるゴルフ場では（三ヵ月滞納した場合にはというような条件付きである場合が多いが）、プレーを認めないというのが手持ちの会則規定であるからである。(7)

また、手持ちの一五〇強の会則中、年会費を徴収しないとの規定を有する会則は二つしかない。このことからすべてのゴルフ場がそうであるとはいえないにしても、概ね年会費は会則上は徴収されていると考えてよかろう。(8)

そこで、いえることは施設提供債務と年会費の納入債務は対価的関係にはないとは言い切れず、したがってこれを否定する見解（鈴鹿の森C.C.事件の会社側の主張）は採れないことになる。

なお、当然のことながら、年会費を徴収しないゴルフ場では会社の施設提供債務と対比的で対価的債務である債務はこの限りでは存在しないことになる。

㈡　「対価性」はその額の等価値性を前提とするか

双方未履行の債務について、各説は「対価関係」の語を用いるが拙職だけが「対価的関係」の語を用いている。何故か。破産法に関する論文や書物を読んでも「対価」につき、客観的に同一価値を有することは必要ではなく、むしろ当事者の意思として双方の給付内容が双務的関係にあればよいとしているように考えられるからである。(9)

それは、例えば会員契約締結の際の貨幣価値と預託金の据置期限が到来した時期（会則上は一〇年が多いから一〇年後）の貨幣価値とが同じであるとは考えられないように、双方がその履行行為として負った債務の価値も当然にこれを反映して変動するし、しかも、場合によっては据置期限までの間に新しい給付債務（例えば、施設改修費の追加徴収のような場合）が双方に又は一方にだけ付加されることもあり得るからである。

ところで、既に述べたように（「二」の㈠）、最高裁は双方未履行の債務が存在する場合であっても、両債務の価値ないし価格を中核において両債務が対等性を有するか否かを検討し、対等性を有しない場合には五九条一項の適用を回避すべきであるとしている（最高裁は「公平」の用語を使用している）。

しかし、破産法は、もし破産者である会員が会社から預託金分を回収できないものとすれば、元来破産財団を構成するはずだった破産者の真の財産がこれに組み入れられないことになり、この結果真の破産財団が構成できず、したがって破産債権者からすれば債権の公平な分配が受けられないという不当な結果を招来してしまうことになることを回避させるための規定である。法は、管財人に解除権を行使すべきか残存の債務をまず履行して相手方の債務の履行を請求すべきかの選択権を無条件で付与した（破産財団にとり回収額が多いと考えられる方を選択させる趣旨である）のはそのためです。すなわち、五九条は専ら破産者の債権者に対し弁済対象財産を確保させるための規定であり、破産債権者にとり満額をもって破産財団を構成させることを正義と考えた規定である。

ところで、最高裁は、会社の施設提供債務と会員の年会費納入債務の存在するゴルフ場の場合の年会費納入債務とは対価関係に立っており、したがって五九条一項が適用されることを認めた上で、次に、年会費は施設提供債務に比べて極めて少額であり、会社の債務と会員の債務とは対比関係にはあっても対等性はなく、対価的バランスを著しく欠き、こういう場合には「公平」の観点から五九条一項の適用は回避すべきであるとしている。私も、最高裁が述べる「前提」を基礎に考える限りにおいては最高裁の結論は妥当ではないかと考える者である。

ところが、既に述べたとおり、会員の債務は年会費納入債務だけではない（仮にこの年会費納入債務がないゴルフ場が多いとしても）。この債務以外にも、預託金無利息無条件提供債務、プレー債務やその他の付随的債務が存在するから、会社の施設提供債務と対比的で対価的関係にある会員の債務は厳然と存在するといえるし、最高裁がいう対価性もあるから、最高裁がこれらの債務を認知するのならば、判決の結論は変わっていたものと確信する。

なお、年会費の支払債務がないゴルフ場の場合には、会員権の取得と同時的に施設の利用を無条件に保障したことになるから、会社の施設提供債務と会員の預託金無利息無条件提供債務及びプレー債務（次の㈬で述べる）やその他の付随的債務が対比的で対価的な関係を構成することになる。(10)

(ホ)　プレー債務とは何か

これまでプレー債務自体は等閑視されていた。そもそも会員制ゴルフ場は会員のためのゴルフ場であり、ゴルフ場造成資金の拠出者は会員であって、会社は会員のために施設を設けるから、会員が承認しなければビジターは施設を利用できないし、これに違反した場合は会社の会員契約違反となる。それ故、会社は施設を造成しゴルフ場をオープンさせてからは会員に対して施設提供債務を会員契約の履行行為として負うことになるが、他方では、会員専用に造成された施設であるが故に会員にはプレー債務を果たしプレー代等を支払って施設を維持すべき債務がある。会社には施設を会員専用に造成し会員に施設を少なくとも預託金が会員に返還されるまでは約定のグレードを維持した施設を提供する債務があるから、他方で会員も年会費やプレー代等を支払って施設を維持する債務がある。会員からの収入がなければ会社は施設提供債務を履行できないともいえよう。

会員権の取得と預託金の支払は対比的で対価的関係にあったが、預託金の支払はプレー権を確保するための行為であったから、会員契約の履行債務として、会社には施設提供債務があった。ところで、この債務を履行する資金の源泉は預託金であろうか。鈴鹿の森C.C.事件の最高裁判決はオープン後（何年間かは述べていない）の施設の整備は預託金で賄っているのが実態であるとするが、その根拠を示していない。かえって、例えば永野G.C.事件の東京地裁判決（平成一〇年五月二八日金法一五一九号一一一頁）では開業費に預託金の一割程度が充てられたとの認定がなされている。当東京地裁によれば、預託金の合計額は約一一一億円であり、その内、初期投資に約一〇一億円（建物約三六億円、コース約六五億円）を使い、それ以外の開業費に約一二億円を費消したと認定している[11]から、預託金の大半はオープン時に費消されており、預託金がオープン後の施設整備にも使われているとはいえず、もし使われていたとしてもその額は恐らく少額といってよかろう[12]。そこで、会社が預託金の据置期限までの間施設の提供を支える資金は、結局は主に営業収入を中心に賄わざるを得ない。この資金はこれまでに述べてきたとおり、会員が負担しなければならない関係にある。

私は、元来、会員が施設を維持すべき債務があり、それは純粋クラブを前提にしない場合であっても会員制事業における必然の帰結であると考えている。その資金は元来はプレー代を含む会員の拠出金により賄われるべきである。しかし、これまでゴルフ会員制事業においてはプレー義務は認知されていなかった。日本では純粋クラブ的発想が定着してこなかったし、それが故にゴルフ法の正常で正当な法律関係の把握ができなかった。例えば、会員とビジターとの入場比率（収入比率といってもよい）の決定についても、元来、会社と会員との協議により決める必要があるが、現実には会社が自己の責任において経営の維持存続のために、メンバーからの叱正や批判に気を遣いつつ、また、他のゴルフ場のそれとの考量を重ねながら会社が決めている。ところが、会員のプレー債務の存在が認知されることになれば、会員は年会費の他に、会社と会員により決定されたプレー回数分の会社に支払うプレー代等の金額の一部を、ビジターを導入し一定額を賄うことができる。会員との了解があるから会社は権利としてビジターの入場を許可し、しかもビジターからの一定の収入の確保が見込めることになれば、必然的にメンバーのプレー回数したがって会社に支払う拠出金額（年会費を含む）は減額されることになる。[13]

このように考えると、会員のプレー債務は会社の施設提供債務と対比的であり対価的関係にあることが判ろう。プレー債務は表現を変えれば施設の維持債務ということができるから、私見では、結局、施設維持経費は会員からのプレー代等収入と会員からの年会費によって賄うことになる。会員からすれば施設維持費を年会費とプレー代等とに分けて支払うことになるわけである。

プレー債務認知論は第二のいわゆる新理論と言われている。[14]

(5) ただし、会員契約は諾成契約であるから預託金の支払は履行行為ということになる。実際は、預託金を預かった後にクラブ理事会又は会社が会員資格を認めるか否かを審査し、認める場合には預託金を正規に受領したことにするとの方法が採られているから、要物契約化していることになる。

(6)　会員権には基本的には二意義があるが、本稿では会員権を会員資格ないし会員の地位の意味で使用する。会員権（券）の取得者であるとともに、会社との関係でクラブ理事会又は会社が会員としての資格を承認した会員のことである。単に会員権（券）を取得しただけの立場の者をいうわけではない。

(7)　例えば、「年会費、その他の諸支払を三カ月以上滞納し、会社から正式の請求をされても完納しないとき」には「理事会の決議により除名または一定期間会員の資格を停止することができる」とか、「会費、利用料金その他の支払を怠ったとき」には「会社は理事会と協議のうえ、その会員を懲戒することができる。戒告以外の懲戒をするときは、その会員に事前に理由を明示し弁明の機会を与える」等と規定されている。

(8)　一五〇強の手持ちの会則中、年会費に関する定めのない会則は僅かしかなく、大半は未納者に会員としてのプレー権を認めていないから（ただし、本文にも述べたが、滞納一カ月後ではなく、三カ月後からプレーを認めないとする規定が多い）、施設提供債務と年会費支払債務は対価的関係があるといわなければならない。

　ところで、最高裁判決は、会員の年会費納入債務が存在しないゴルフ場があることを指摘している。確かにそういったゴルフ場はある。例えば、「会員より年会費は徴収しない。但し、特別な催しものに要する経費等について理事会に於て、必要と認めた時は経費の負担金を徴収することができる」と規定している。ただし、こういう会則があるゴルフ場は、（アットランダムに全国から収集した）手持ちの会則中には二つあるに過ぎず、圧倒的に年会費の徴収を規定しているゴルフ場が多い（なお、こうした規定はあるけれども実際に滞納している場合の措置について、聞き取り調査の結果、督促はせずに放置してあるとの経営者の回答も複数あった）。私は、この数値から、最高裁は納入債務のないゴルフ場が納入債務のあるゴルフ場と対等に存在するかのような印象を強く与え過ぎており、乱暴で強引な論証を行っていると評されても致し方なかろう。

(9)　一般には、「対価関係」という用語が用いられているが、私は「対価的関係」とする。何故ならば、母法であるドイツ旧破産法の解釈として、双務契約は、当事者の一方の給付債務に対して他方当事者にも給付債務が存在し、しかも当事者の意思として給付が相対していると考えられる場合には、双方未履行の債務があるとされており、客観的な等価値性が要求されているわけではないからである。すなわち、「対価的」はGegenwert又はAequivalentの語を当てられる。②日本の破産法はドイツ旧破産法が母法である。ドイツ旧破産法第二章「法律行為の履行」中、一七条及び二二条が規定している。ドイツ民法三二〇条以下の双務契約と同一内容である。双務契約(Gegenseitiger Vertrag)とは、契約当事者の双方が互いに対価的(Gegenwert, Aequivalent)な債務を負担する契約をいい、対価的とは、必ずしも客観的に同一価値であることを要せず、当事者双方の意思として双方の給付が双務的関係(Synallagmatisches Verhältnis)にあればよいとされている。

そこで、私は、この議論を踏まえ五九条一項の適用に関してそのエキスだけを取り出すと次のようになると考えている。五九条一項は、破産宣告前に成立した双務契約の一方当事者が破産宣告を受け、かつ破産宣告当時、双方ともに契約の履行を完了していない場合に適用される。まず、双方未履行の債務が存在することが必要である。これが存在していればよく、本条項を適用することが両当事者にとり「公平」か否かは問題ではない。すなわち、未履行の双方の債務が客観的に同価値性や価値対等性の観点から判断されるのではなく、双方の給付が双務的関係にある未履行債務であれば足る。それ故に、例えば、斎藤常三郎・獨逸民事訴訟法Ⅳ(破産法・和議法)(有斐閣、一九五六年)八七頁以下は、当事者の意思として(主観的に)、給付が相対していれば双方未履行の債務があるといえるとされている。本文に述べたとおり、同条項の立法趣旨からは客観的で対等の価値が要求されていないからである。私も賛成である。この点は、[補記]中の「ハ」を参照されたい。

なお、破産法上の議論につき、斎藤秀夫＝麻上正信＝林屋礼二編・注解破産法(第三版)・上巻』(青林書院、一九九八年)二八四頁以下、高木新二郎＝山崎潮＝伊藤眞編・倒産法実務事典(ぎょうせい、一九九九年)一七六頁以下及び伊藤眞・破産法(新版)(有斐閣、一九九一年)一八四頁以下を参照されたい。

(10) 会員契約は複数の種類の債権・債務を含む複雑な内容を有する無名契約であり、継続的契約関係を創設しまたその履行行為の内容が双務的関係を創設させる契約であって、この関係は少なくとも約定の期間(預託金の据置期間であって会則上は一〇年が多い)までは継続する。

会社の債務には、①約定のグレードのゴルフ場をオープンさせ、またその施設を少なくとも預託金の返還により会員が会員でなくなるまでの間、約定のグレードを維持しつつ会員のプレーを割引料金にて優先的に保障する債務、

②据置期間経過後に一定の要件の下で預託金を返還する債務、③会員の紹介者・同伴者をプレーさせる債務、④クラブ行事や事業に参加させる債務、⑤公式のハンディーキャップを取得させる債務、⑥会員権証書の発行及び交付の債務、⑦会員権に担保を設定したい会員に対してこれを妨害しない債務等がある。会員の債務には、①預託金の約定期限までの間の預託債務、②預託金を約定期限までの間、無利息無条件で提供する債務、③年会費等諸負担金納入債務のあるゴルフ場においてはそれらの納入債務、④プレーした場合にはプレー代等支払債務、⑤一定回数のプレー債務（年度毎に会社と会員との協議により決定する）及び決定された一定回数のプレー債務を履行できなかった場合の債務不履行にもとづく損害賠償債務、⑥会則等規則遵守債務、⑦紹介者・同伴者の諸規則遵守並びに諸支払保証債務、⑧会員名義不貸与債務、⑨クラブの名誉・秩序等遵守債務、⑩合理的範囲における追加徴収金支払債務等である。

本稿では、会員契約の履行行為として存在している右に述べた双方の債務の内、私が主な債務として本文に取り上げているものは、会社側の施設提供債務及び預託金返還債務であり、会員側の預託金の預託債務、預託金の無利息無条件提供債務、プレー債務（この債務が履行できなかった場合の損害賠償債務）、年会費の納入債務のあるゴルフ場の場合の年会費納入債務である。これら以外の債務は本課題との関係ではその他付随的債務と表現している。なお、債権債務を簡潔にまとめた論稿には、今中利昭「ゴルフ会員権の法的性質」金法一四四二号（一九九六年）六頁がある。ただし、ここでも「プレー債務」については触れられていない。

(11)　三和総合研究所・会員制事業適正化研究会報告書（平成八年度会員制事業適正化調査研究）（一九九七年）四頁には、預託金の使途は造成費を含む土地代に約八二％、建物の建設代金に約八〇％、クラブ運営のための運転資金に六三％、株式・土地等への財テクに約六％、その他は約九％とのアンケート結果がある。この数値は回答ゴルフ場数五四に対する回答者数の割合であり、サンプル数が少ないこと、金額が明示されていないこと等の弱点があり信憑性の点では十分ではないが、一応の数値として示した。

しかし、預託金は全部返済に当てられているのではなく、いわゆるバブル期における使途は一つのゴルフ場で成功すると次の工事にまたその手元キャッシュを転用してしまったり、投資や投機資金に廻したり等しており、必ずしも当該ゴルフ場の経費の支払いに充てられているとはいえず、いずれの時期においても要するに種々雑多な使われ方をしている。この点を指摘する論稿は多いが、最近のものとしては、例えば、今中利昭編「〈座談会〉ゴルフ場の倒産」金判別冊（一九九九年）八頁以下参照。

(12) 統計数字（注(11)参照）はともかく、経済的実態としてはゴルフ場の造成は預託金によって賄われている。これは、一般に「預託金はゴルフ場に固定化している」と表現されている。最高裁は、預託金はオープン後の施設整備にも費消されているというが、このように認識する者は少ないように思われる。

(13) プレー義務論を展開しているのは拙職だけである。これまでに公にしたプレー義務論に関する拙稿や開示された記事等は次のものである。宇田・前掲注(1)ジュリ一九四頁、同・前掲注(1)近代企業法の形成と展開八五四頁以下、同「プレー義務―自立と自律―」北海道日米協会会報・ゴルフ第二号（一九九九年）七頁、同「預託金制ゴルフ場の再生―会員のプレー義務から考える―（特別シンポジュウム〔シンポジスト西村國彦弁護士・高山征治郎弁護士・宇田一明〕）」日本ゴルフ学会第一二回大会大会号（発表抄録号）（一九九九年）一九頁、右特別シンポジウムの報道記事として、「日本ゴルフ学会がゴルフ場再生をテーマにシンポジウム開催」ゴルフマネジメント一八二号（一九九九年）二四頁、同「ゴルフ学会シンポジウム『預託金制と株主制、そして新理論』」ゴルフ場セミナー三二巻一〇号（一九九九年）一五〇頁がある。

(14) 前掲注(13)のゴルフ場セミナー一五〇頁の記事が拙職のプレー義務論を新理論と表現している。従来、ゴルフ法において新理論という用語は預託金据置期間の延長論に関わって用いられていた。その提案者は、日本ゴルフ関連団体協議会会員権問題研究会法律専門部会編『ゴルフ場預託金問題の新理論―会員とゴルフ場を守るための研究・提言―』（一九九八年）である。

四　私見――プレー債務と双方未履行債務論

平成一二年二月二九日最高裁判決はこの問題に関する初の最高裁の判断であり、しかも会社の利益を考慮して原判決を破棄した意義は大きいとされる判決でもある。[15]しかし、既に論じたように、その理論構成には致命的ともいうべき欠陥があり、また結論にも問題があった。以下は、私見をまとめることを中心に本稿を締めくくりたい。

四　私見――プレー債務と双方未履行債務論

イ　最高裁は、年会費の支払債務のあるゴルフ場ではこの債務も破産宣告時にも会員の債務の一部を構成しており、それは会社の施設提供債務と対価関係にあるとしていた。私も同じ見解である。ただし、最高裁は次の点には触れていない。実は、多くの会則には、当該年度の会費（年会費）が未納の場合には、その会員には会社は当該年度の施設提供債務がないと規定している点である。つまり、破産宣告時において年会費が未納であれば施設提供債務も不存在ということになるから、破産宣告時点には双方未履行の債務は残っていないということになろう。

ロ　最高裁は、年会費支払債務は対価関係の一部を構成するものとはいえても、年会費の支払債務のないゴルフ場もあること、またその支払債務も付随的債務に止まること、しかも年会費支払債務額は極めて少額で、客観的な価値として施設提供債務とは跛行の対価関係にあるに過ぎない場合が多いから、ただちに五九条一項を適用せず、「二」の㈡の解除権否定説の項で紹介した諸点を総合して考察し、適用の有無を判断することが本条項の「公平」の理念に適うとしていた。

しかし、すでに明らかにしたように、最高裁の展開で欠落している会員の債務には、預託金の無利息無条件提供債務、プレー債務、大多数のゴルフ場における年会費支払債務、年会費支払債務不履行会員に対しては当該年度の施設提供債務がないこと、その他の付随的債務があった。これらは付随的債務を除き、会社の施設提供債務とは対価的関係にある重要な債務であるが、最高裁はこれらを双方未履行の債務に加えずに理論構成していることに致命的な欠陥があるといわなくてはなるまい。

蛇足かもしれないが、最高裁がいうゴルフ場の存続・存命が至上命題だとすると、年会費の額が当該年度の施設維持費と同額程度のゴルフ場でない限りは、会員からの解除権行使は常に認められないことになり、したがって、預託金会員の破産の場合には管財人は常に解除権の行使を否定されることになってしまい、預託金会員の破産の場合には管財人は五九条一項の選択権の行使ができず、五九条一項の存在意義は没却されることになってしまうものと考えざるを得ない。拙職の手元にある会則や細則には多額の年会費納入義務を課すゴルフ場は一ケ所しかないから、最高裁は会員敗訴を暗に明言したことにもなろう。

ハ　最高裁は、管財人に解除権の行使を認めれば多くの会員からの据置期限前の預託金の返還請求が行われ、それは会社の破産につながるとしていた。私は、預託金の据置期間の満了に伴う会員の預託金返還請求権の行使(通常の預託金返還)については、大方の会員による返還請求権の行使が返還不能を生じさせ、会社は破産への筋書きを辿ることになる必然性があると考える。しかし、会員の破産については大方の会員が破産するという事態は考えにくく、したがって解除権が行使され会社が破産に至るとの図式は考えにくかろう。しかも、解除権は破産債権者の共同の利益を図るために行使されるのであって、返還される預託金は破産者の債権者が受領すること、また破産は不測の異常な事態であり、これを考慮した五九条一項は、破産債権者のために管財人に、相手方への催告を要することなく、解除権の行使か相手方に対する履行を請求すべきかの選択権を付与したことを忘れてはならない。

ニ　プレー債務論に関しては、これまで諸説や判例においてもまったく等閑視されてきていた。私は、会員の債務の中心に、したがって未履行債務の核心にあるのはプレー債務であって、これと会社の施設提供債務が双方未履行の債務の中核をなすと考える者である。すでに、**三**の㈭において詳述したので省略する。

ホ　会員の不作為債務として、預託金据置期限までの預託金の無利息無条件提供債務を双方未履行の債務の一つに掲げるべきであろう(今中説及び前掲注(3)の鈴鹿の森C.C.事件の⑧と⑨の判決も同見解である)。最高裁はこれを含めていない。会員契約が締結されると、少なくとも預託金の据置期限までの施設提供債務が会員契約の履行行為として生じ（ただし、年会費納入義務のあるゴルフ場では年会費未納の場合には当該年度のプレー権は行使できない）、他方で預託金の据置期限までの無利息無条件提供債務がやはり会員契約の履行行為の一つとして発生するから、履行行為期間中（預託金の据置期間中）に破産宣告がなされ管財人が解除権を行使した場合には、この両債務は当然に双方未履行の債務として残るからである。

ヘ　最高裁は、双方未履行の債務があったとしても両債務の対価性が著しくバランスを欠いている場合には公平の理念から五九条一項は適用しないとした。最高裁が会員の未履行債務として取り上げたのは年会費の支払債務だけであるから、「公平」を基準に会社側勝訴をいうしかなかったのかもしれない。苦汁の論理構成から生まれた論理と評価してよいかもしれない。しかし、**ロ**で述べたように、会員の債務には年会費支払債務よりも基本的で重要な債務が複数存在した[(16)]。諸説を吟味すれば問題を残さないで済んだはずである。しかも、その上に、叱正されるべきこととして、会社側勝訴を演出するためか、数値を示さずに年会費支払債務のないゴルフ場が少なくとも半数はあるというように思わせる表現を用いて自己の論理を誇張した。猛省を促したい。

ト　私は、五九条一項の適用の問題に限らず、広くゴルフ法の考察に当たっては、会員はプレー債務を負っていることを根底に据えなければならないと考える。プレー債務を根底に据えてゴルフ問題を考えることが、ゴルフの原点と切り結ぶこととなり、しかもそれがゴルフ法研究の原点となるものと信ずる。

(15)　服部・前掲注(1)ゴルフマネジメント一九〇号三七頁。
(16)　結局、私は、会員の債務として、プレー債務(不履行の場合には不履行分の損害賠償債務)、据置期限までの預託金の無利息無条件提供債務、年会費の支払債務のあるゴルフ場ではその支払債務及び本稿でその他付随的債務と称する債務があると考えていることになる。そして、これらの会員の債務と会社の預託金返還債務、施設提供債務及びその他の付随的債務とが対比的で対価的関係にあるとしているわけである。

［補記］

イ　本稿脱稿後しばらくして、複数の最高裁判決が数種の判例集に搭載された。本稿注(2)及び注(3)に、当時判明していた範囲でこれらを掲載したが、ここに本文中に取り上げた判例をも含め整理する。

①　最判平成一二年二月二九日金判一〇九〇号四頁、判時一七〇五号五八頁（鈴鹿の森C.C.事件）。本書第一〇章で取り上げている判例である。

②　最判平成一二年三月九日金判一〇九〇号九頁、判タ一〇二八号一五五頁（ウイルソンG.C.ジャパン事件）。

③　最判平成一二年三月九日金判一〇九四号一六頁、判タ一〇二八号一五九頁（白山ヴィレッジC.C.事件）。

これらの内、①及び②は年会費徴収の定めのあるゴルフ場の場合に関する事例であり、③は年会費徴収の定めのないゴルフ場に関する事例である。なお、③の事例は、会員が支払うプレー代債務が五九条一項の未履行債務に該当するか否かが争われ、現に施設を利用しない限りは発生しない具体的なプレー代支払債務は同条項にいう未履行債務ではないと判示されたものである。

私は、①及び②の判旨の理論構成及び結論に反対である。①②及び③はともに、管財人の解除権行使を否定する結論である。③については、年会費徴収規定がないゴルフ場の場合には会員の未履行債務はないから五九条一項の解除権行使は認められないとする理論構成及び結論にはやはり反対である。会社の債務と対比的で対価的関係を有すると考えられる会員の未履行債務は他にもあるからである。なお、③に関しては、会社側はプレー代支払債務も五九条一項の未履行債務に入ると主張している。しかし、現に施設を利用した会員が支払わなければならないプレー代金を支払っていないのはただ単に債務不履行にもとづく債務であって、五九条一項がいう未履行債務の範疇には入らない、それ故、この点は判旨に賛成である。

ロ　この問題に関しては最高裁判決は過去には出されていなかった。この三つの判決により裁判所の考え方はこの問題に関しては解除権否定説によることを宣言したことになる。

ハ　私見—解除権行使を肯定する理由

私は本文で述べたように解除権を認めるべきであると考える。そこで、本稿は脱稿後月日が経過していること、また私見に対する批判も公表されている（金判一〇九四号一六頁以下の「コメント」及び判タ一〇二八号一五九頁以下の「解説」等）ことから、これに答えつつ私見の立場を要約し、しめくくりたい。

(i) 双方未履行の債務の意義について　①ゴルフ会員契約における双方の未履行債務とは、諾成契約である会員契約の履行行為として契約当事者が負担する債務の内、破産宣告時に存在する債務をいうから、会員契約締結時以降に発生した債務であり破産宣告時に存在する債務であれば、それは未履行債務といえる債務である（なお、会員契約は諾成契約であるから、現実の預託金の支払は会員契約の履行行為としての一債務であり、会社の施設開設債務もまた会員契約の履行行為としての一債務であるが、本稿ではこの債務は双方が履行済みであるものとの前提に立って論を進めている。この点は右記三つの最高裁判決も同様であろう）。②そこで、会社側の債務には、預託金返還債務、約定のゴルフ場施設の継続的な提供債務及び本稿でいうその他の付随的債務がある。この点は解除権肯定説及び否定説ともに異論はない。会員側が会員契約の履行行為として会社に対し履行を義務づけられている債務には預託金の無利息無条件据置債務（不作為債務）、年会費徴収を規定しているゴルフ場の場合には年会費支払債務、プレー債務ゴルフ場施設利用債務（債務不履行の場合にはその会員に債務不履行にもとづく損害賠償債務）及びその他の付随的債務がある。③双方の債務は少なくとも預託金の据置期限までは継続する債務である（元来、永続的な債務ではあるが、会則上は据置期限までの期間を限ってこの債務が継続するとされているためである。この点は肯定説・否定説とも異論はない）。私は、以上のような債務が双方に未履行で存在していると考えている。にもかかわらず、④最高裁は、会員の債務として年会費徴収規定を有するゴルフ場の場合にはその年会費支払債務だけが会員の未履行債務であるとした。預託金の据置債務及びプレー債務は会員の債務とはいえないのか（プレー債務に関して詳述した論稿は本書第八章の論文、第一〇章の判例研究及び第一二章の随筆である。参照していただきたい）。再考を促したい。

(ii) 双方未履行の債務の対価性・対等性について　母法であるドイツ旧破産法の一七条及び二二条（なお、ドイツ民法三二〇条以下参照）は、必ずしも客観的に同一価値を要求しておらず、むしろ、当事者の一方の給付債務に対して他方の当事者にもし給付債務が存在しており当事者の意思として給付が相対していると考えられる場合には、本条項の適用があると考えられてきたようである（注(9)参照）。それ故、私は、本条項の立法趣旨から、双方未履行の債務が対価性・対等性がない債務の場合であっても双方未履行の債務が存在しさえしていれば原則として本条項が適用されると考える。もちろん、そのまま解除権の行使を認めるのかという議論になろうが、私は、解除権を行使できたと想定し、最高裁が述べるように解除権行使の結果が著しく「公平」を欠くものと想定の中で判断できるような場合には解除権の行使を否定すべきであると考える（なお、破産法五九条の制定経緯については、福永有利「破産法第五九条の目的と破産管財人の選択権」北法三九巻五・六号合併号（上巻）（一九八九年）一三七三頁、同「破産法五九条による契約解除と相手方の保護」法曹四一巻六号（一九八九年）一五二一頁参照）。

(iii)　私は、右に述べた理由に加え、会員の破産を奇貨とする預託金返還請求の場合には通常のそれとは異なる次のような特別な理由があるが故に解除権を認めるべきであると考える。すなわち、①通常の預託金返還請求によって得た返還金の帰属先は会員であるのに対し、管財人が解除権を行使して得た預託金の帰属先は会員ではなく会員の債権者であること、また、②前者の場合には返還請求権の行使はこれまでの事例で明らかなように、複数ないしは多数または大多数の会員が結果的には一斉に行使することになるのに対し、後者のそれは会員の破産を奇貨として行使されるが故に複数にはなり得ても多数または大多数になることは稀であろうこと、③更に、一斉ということにはならないことから、通常の預託金返還問題とは異なり、預託金の返還が会社の破綻に直結するとは考えにくいこと、④五九条一項は管財人が相手方に催告することなく、解除権の行使又は履行請求権の行使を可能にした制度趣旨に鑑み、もう一つの預託金返還問題に関しては、原則として、会員勝訴が筋であると考えるべきこと、以上がその理由である。

なお、私見は解除権を肯定するが、返還額については額面額の全額の返還を要するとは考えてはいない。何故なら、解除権が行使されて預託金額が返還されてしまうと、会社は元来預託金据置期間満了日までは無条件無制約にて預託金の使用ができたのに解除権が行使されるとこれができなくなるから、その間の利息分を控除するか損害賠償として相殺するかしなければ公平が保てないからである（詳細は、今中・前掲注（1）二六頁、宇田・前掲注（1）一九三頁参照）。

(iv)　バブル期募集の会員権の特殊性と五九条一項適用の排除について　実は、三つの最高裁判決の対象となった会員権はいずれもバブル期に購入されている（鈴鹿の森事件では平成二年二月九日、ウイルソン事件では昭和六二年一二月頃、白山ヴィレッジ事件では昭和六三年八月一〇日）。私は、特に本書第六章及び第一一章で述べたが、バブル期募集の場合には預託金返還に関する当事者の契約意思は特殊であり、会社は返還を念頭に返還を約したわけではなく、会員も会社から返還を受けることを前提に返還を約したわけではないというのが当事者の意思である場合が一般的であると推測できる。そこで、私は、バブル期に締結された会員契約の預託金返還請求が問題になる場合には、通常の預託金返還請求の場合にも妥当するが、このような当事者意思の有無を事例毎に確定すべきであり、原則として解除権行使を否定すべきであると考える。約定があったとの立証責任は会員が負う。

この見解が正当であるとすれば、まず、①右に述べた当事者意思を確認し、当事者が返還を約していなかったと認定できた場合には会員からの返還請求自体が認められないことになる。次ぎに、②当事者が返還を約していたと認定できた場合には事例毎に五九条一項の適用の肯否を検討する必要が生じることになる。

（二〇〇〇年一一月一〇日了）

取締役の分割責任と株主代表訴訟運営論

遠藤直哉

一　はじめに

筆者は、一九九六年に日本サンライズ事件を担当した経験の下に「取締役の賠償責任の分割軽減化――株主代表訴訟における和解の活用」を発表した。[1] そこでは、①株主代表訴訟の損害補塡機能より違法行為抑止機能を重視すること、②会社の有する第三者に対する賠償請求債権を取締役の責任額から控除すること、③商法二六六条の取締役の連帯責任は分割責任とするべきこと、④二六六条五項の総株主の同意による責任免除とはその取締役固有の分割責任を免除するものと制限解釈すべきこと等を論じた。右④については、小規模閉鎖会社を除けばほとんどの会社で、総株主の同意を取り得ないことが当然とされていたから、その後の多くの和解事例においても、総株主の同意なしに取締役の固有の分割責任（とみなされるべきもの）に基づく支払が実施されてきたことにより、その考え方の妥当性が実証されたといえる。但し、右③の点については、商法二六六条に明文が存在するため、とりあえず和解（訴訟外及び訴訟上）において、原告が連帯の免除をすることにより取締役責任の分割化を実行すべきことを主張しその根拠を明らかにした。しかし、右論稿は、取締役の賠償責任の分割化に関する初めての論文であったために、右争点についてだけではなく、さらに関連する課題についても新たに掘り下げて検討をする余地があり、より多角的考察を要すると考えた。そこで、本稿では次のとおり取締役の分割責任の理論化を中心に、株主代表訴訟における事実の証明問題及び訴訟運営論をも論ずることとする。

① 商法二六六条の取締役の連帯責任について、明文に反する形で分割責任として判決し得るか。

② 取締役の賠償責任の分割化については、因果関係、過失、損害の金銭的評価のどの面で決定されるのか。

③ 取締役の分割責任の証明方法は、どのようにされるのか。株主代表訴訟における証拠はどのようなものか。訴訟の促進と事案解明は可能か。

④ 事案解明が困難な事案における複数被告の分割責任の特定は可能か。どのような方法があり得るか。

(1) 遠藤直哉「取締役の賠償責任の分割軽減化(上・中・下)」商事法務一四一二号・一四一三号・一四一五号。遠藤直哉・牧野茂・村田英幸「日本サンライズ株主代表訴訟事件の一審判決と和解」商事法務一三六三号五一頁参照。

二　取締役の分割責任

(イ)　米国における複数関与者の責任

日本の取締役の責任は委任に基づく善管注意義務といわれている。しかし、米国では、取締役が会社・株主・債権者らに損害を与える責任は、信認義務違反法理に支えられるものの、基本的には伝統的不法行為法理に基づくものである。(2) たとえば、アメリカ法律協会「コーポレート・ガバナンスの原理：分析と勧告」第七・一八条(b)(i)において、取締役の準則違反が損害発生の重要原因であることを規定した由来は、第二次リステートメント・不法行為四三一条であるといわれている。(3) それ故、本稿では米国・日本の共同不法行為の法理を参考に取締役の分割責任を考察すべきと考える。なぜならば、現代の共同不法行為論においては、古い団体責任の思想を基盤とする法理とは異なり、個人責任・自己責任を中心にしつつ、被害者救済をも追求する機能主義を中心としているからである。すなわち、歴史的にはローマ・中世・ゲルマンの時代からゲマインシャフト的家族共同体、ゲゼルシャフト的共同事業形態に至るまで、強固な共同責任の思想や制度が続いてきた[4]。しかし、資本主義・個人主義の発展と共に、個人責任・分割責任の思想が強まってきたことは必然であった。フランスでは一八世紀以降、連帯債務について、事務管理・委任・代理の法理が登場し[5]、さらに共同不法行為について、当初分割責任を採用し、後に部分的因果関係論が登場したりした[6]。米国においても、当初から複数の者による不法行為(joint tort)は、身代わり・代理の責任(Vicarious liability)と説明されたのであり、個人責任を前提として議論は出発していることに注目すべきである[7]。そして現在までの米国の判例・法理の形成によれば左記のとおり共同不法行為者は連帯責任(joint and several liability)を負う(推定される)が、被告の方で因果関係、責任のないことを証明すれば免責又は減責される(①③)ものであり、さらには分割責任(④⑤)にまで発展していると評価しうる[8]。

これに関して、左記①乃至⑤の法理は新美育文教授の解説に基づくものを紹介する[9]。

① 選択的責任理論(alternative liability)(日本民法第七一九条一項後段)

「複数被告のどちらかが加害者であるが、いずれが加害者であるか特定できない場合には、被告側で、自分が加害者でないことを証明しないかぎり、被告らは全損害について連帯責任(joint and several liability)を負わなければならない。」

② 行為共同理論(concert of action)(日本民法七一九条一項前段及び二項)

「不法行為について共通の実行計画を遂行するにおいて、積極的(暗黙に)に参加したり、協力・教唆あるいは幇助したりした者は、等しく責任を負う。」

③ 企業責任理論(enerprise liability)

「爆発事故の原因となったダイナマイトの欠陥雷管の製造業界のすべてを事実上占める製造会社六社を被告とした事件において、雷管の安全について業界基準に依拠した上、雷管の製造およびデザインについて業界全体の協力が存在しており、危険を共同してコントロールしていたというべきであり、原告が被告のうち、いずれかが事故を起こした雷管を製造していたことを証明したならば、因果関係の証明責任は被告の側に転換させられる。」

④　市場占有率責任理論（market share liability）

「原告は被告全体の製造販売量が当該医薬品の市場の相当割合（substantial percentage）を占めていることを証明すれば足り、被告の側で被害の原因となったＤＥＳを製造していなかったことを証明しないかぎり、各被告は、それぞれの市場占有率に応じた責任を負わなければならない。」

右理論を進め「各社の市場占有率に応じた責任を肯定する市場占有率選択的責任（market-share alternative liability）理論」も重要である。

⑤　危険寄与責任理論（risk contribution liability）

「市場占有率のみならず、被害発生ないし被害防止に関して被告がとった行動を考慮して、被告によってつくり出された危険の大小によって責任割合を決定する。」

以上によれば、最も古い伝統的理論である右②についても、再検討の余地はあり、被告の行為の寄与度に応じて損害額を分割しても、被害者救済に欠けることがなければ紛争の一回的解決からも望ましいといえる。

取締役の賠償責任についても、過去においては、模範事業会社法等の条文において、連帯責任（be jointly and severally liable）とされてきた。[10] しかしながら、近年においては、米国ではこの分野でも右連帯責任の個別化・分割化が進んでいる。

アメリカ法律協会「コーポレート・ガバナンスの原理：分析と勧告」第七・一九条においては、取締役の責任を年報酬額まで制限する基本定款を有効とし[11]、第七・一八条(b)第二文では、当然に連帯責任を負うと定められてはいないのであり[12]、これをどのように解釈できるか、あるいは実際の運用はどのようにされているのか調査する必要がある。これに関連して並木和夫教授は、米国の近時の判例で認められている「取締役の相違責任の原則」(doctrine of directors' differential liability) を紹介され、「この原則は、取締役の注意義務の履行の程度は、当該取締役の会社業務への掛かり合いの程度、および専門的知識の有無によって異なり、その一例は、社内取締役 (inside director) と社外取締役 (outside director) との間において見いだすことができる」と説明された[13]。

以上によれば、日本商法二六六条の連帯責任の規定も柔軟に解釈すべきであろう。

(ロ) 推定規定としての連帯責任（商法二六六条一項）

商法二六六条五項は、取締役の責任は総株主の同意がないときには、これを免除できないと規定している。右取締役の責任とは二六六条一項の責任と規定されているので、素直に読めば、取締役の連帯責任ということになる。しかし、筆者は前記論文で、株主代表訴訟においては、訴訟外の和解であれ、訴訟中の和解であれ、その取締役固有の負担部分としての分割責任を負わせることが、妥当であると主張し、現にその後の多くの和解でもその解決方法は、受け入れられてきた。その結果、二六六条五項の取締役の責任とは、取締役固有の分割責任を意味していると解釈することが正当となる。これに対して、右二六六条五項の解釈ではなく、判決において取締役の責任を決定するときには、二六六条一項の連帯責任と明文で規定されているものを、明文に反して当該取締役固有の責任としての分割責任と扱えるだろうか。

結論としては、二六六条一項の連帯とは、取締役の被告全員（各人）が全損害を発生させたとの推定をする「法律上の事実推定」を意味するものと解釈し、被告取締役が自己の固有の責任（分割責任）を立証して、これを明らかにすれば、判決でも分割責任と決定できるものと解する。その理由は概ね次のとおりである。

① 公害訴訟、製造物責任訴訟、医療過誤訴訟等の被告は企業等が中心であり、相互に求償も可能である。これに対して、代表訴訟の被告は全員が取締役という個人であり、資産を有していない者も存在するので、求償が事実上不可能となり、他人の負担部分まで負う結果となることは公平に反する。

② 株主代表訴訟の損害補塡機能より違法行為是正機能を重視すべきである。

③ 分割責任を採用するならば、取締役被告の内、自己の責任を低いと主張する者は、他の取締役の行為、特に責任の重い取締役の行為を明らかにする必要に迫られ、自ずと事案解明と訴訟促進が計られる。逆に、被告全員の連帯責任にするならば、結果の妥当性が計られないため、被告全員の抵抗が強くなったり、証拠が提出されなかったりするので、裁判所が判決しづらくなり、訴訟が遅延する。

④ 求償関係を生じないので、紛争の一回的解決が計られる。

(ハ) 分割責任の法的根拠

現在までの民法学、裁判例に基づくと、因果関係・過失・損害の金銭的評価・共同不法行為の四つの視点から損害額の減額・分割について根拠づけられる。

(a) 因果関係に基づく分割化

取締役の行為と損害発生との間に、事実的因果関係がなければ、その取締役の責任は、全く存在しなくなり、それ故、責任がそもそも発生しない。取締役在職中の出来事による損害発生でない場合である。たとえば、一億円の損害についてA取締役の在任中に七〇〇〇万円の損害が発生し、B取締役の在任中に三〇〇〇万円の損害が発生したことが明らかとなれば、A、Bは一億円の連帯責任を負うことなく、七〇〇〇万、三〇〇〇万円の(分割)責任を負う。そもそもA事件とB事件は全く別個の事件だからである。これに対して、A取締役とB取締役がいづれも在任中のときに発生した損害については、A、Bが取締役会に出席して議事録に異議を止めない限り、事実的因果関係はあることになる（但し、閉鎖会社において、取締役会は開催されることなく、取締役会議事録のみを作成して、諸事項を登記することがある。このような場合には、事実的因果関係の不存在を理由に免責はされる）。

しかし、取締役の中には、社長・副社長・常務・平取締役などの地位・責任・担当が異なる者がいて、当該損害発生に対して、関与の度合いが大きく異なり、これを一律に扱うことは公平ではない。そこで因果関係の割合又は寄与度に応じた分割責任を認めるべきこととなる[14]。

雫石全日空機・自衛隊機衝突訴訟[15]、カネミ油症訴訟[16]、西淀川大気汚染公害訴訟[17]等において、分割責任が認められた。

(b)　過失の程度に基づく分割化

株主代表訴訟においては、商法二六六条一項五号の法令又は定款に違反する行為の内、善管注意義務違反又は忠実義務違反が問題となる。この場合には、過失責任といわれている（本稿では全員が故意ではなく過失として想定する）。取締役について、自己の固有の損害責任を配分するには、その過失の程度に応じて決定することが妥当である。換言すれば、損害発生の結果回避についての不注意の程度の強弱によるといえる。直接関与した場合、原因行為の担当であった場合、監督する地位にあった場合等には責任は重くなり、間接に関与した場合、取締役会で署名のみをした場合、取締役会で反対の意見を述べたが議事録に異議を止めなかった場合等には責任は軽くなる。

平井宜雄教授は、通説の相当因果関係論を批判し、この概念に変えて、事実的因果関係・保護範囲・損害の金銭的評価という三つの概念を中核とした理論をたてられ、「過失不法行為の賠償範囲の決定基準は、過失の存否を判断する基準である行為義務（損害回避義務とその前提をなす予見可能性に裏付けられた予見義務）の及ぶ範囲（これを行為義務の及ぶ射程距離という意味で「義務射程」と呼ぶ。アメリカ不法行為におけるscope dutyの概念がほぼこれに対応する）によって定められると解すべきである」と言われた[18]。筆者も右説を正当と考えるが、特に取締役の責任を考察するには妥当といえる。

これによると、過失とは作為、不作為についての行為義務の存否という規範的判断の問題であるとする。過失とは行為義務に反する行為が存在することにつきる。取締役の中で、代表取締役と、監視義務しか有しない平取締役ではその義務射程は明確に異なってくる。このような考え方にたつと、取締役責任の分割化の中核は過失の程度ということになる。また取締役の責任を連帯責任にした場合の内部の求償関係は、過失の割合により決定されているので、責任の分割化の場合には、これを中心に判断されるのは当然といえる。

内田貴教授は、右平井説に従いつつ、保護範囲に入るとされる損害についても「加害者の帰責性」の程度に応じてこれを減ずる要素があると賠償額を縮減しうるとし、「過失相殺の法理が実は深いところでより大きな法原理に連なっていて、その原理が援用されている」という[19]。筆者の前記論文において、過去の判例等を引用して、取締役の任務懈怠に対する会社側の過失及び被用者への求償権の信義則による制限等を責任分割化の根拠としてあげたのは、右内田教授の指摘の趣旨と同じといえる[20]。

(c)　損害の金銭的評価（民訴法一九二条）

右のように割合的因果関係及び過失責任に基づく、取締役の責任の分割化がなされると、全損害について、概ね各取締役の負担の割合がどの程度かを決めることが可能となる。しかし、各取締役の行為について厳格な金銭評価はなしえるのかが問題となる。代表権の有無、監視義務違反の程度などの類型化を設けるとしても相当に困難な面がある。

結局厳密な金銭的評価は不可能であるとしても、損害額の裁量的認定を許す民訴法一九二条の適用により決定しうるといえる。平井教授は、右一九二条の制定前から、損害の金銭的評価は、事実の確定でもなく、規範的判断でもなく、裁判官の創造的・裁量的判断であるとされていた。立証責任の観点は容れる余地がない、又は、損害額の証明度は軽減されるべきであるという[21]。このような考え方によれば取締役の責任の分割化に基づく損害の算定が一見厳格なものではなくとも、問題はないのである。

(d) 共同不法行為（推定規定）

民法七一九条一項は「数人が共同の不法行為に因りて他人に損害を加えたるときは各自連帯にて其の賠償の責に任す」（前段）、「共同行為者中のいずれか其の損害を加えたるかを知ること能はさるときまた同じ」（後段）と規定する。これについて、内田貴教授は、七一九条一項はいずれも事実的因果関係のない損害について賠償責任を負わせるものと位置づけ、これをさらに次のように分類する。(22)

㋑ 加害行為一体型（前段） 各人が、別々の不法行為を行っているのではなく、全体としてひとつの加害行為がされていると評価される場合

㋺ 加害者不明型（後段） 誰かが加害者であることは明らかだが、それが誰であるか分からない場合

㋩ 損害一体型（後段類推適用） 加害行為は別々だが、被害に一体性がある場合

取締役の行為の内、平取締役の監視義務違反は不作為による義務違反といえる。それ故、㋑に入れるのは妥当でない。つまり、たとえば数名で傷害したときに、積極的に見張りをしたときは㋑に該当するかもしれないが、傷害の計画に参加したものの、開始するのに気がつかず止める機会を失ったというのは㋑に該当しない。すなわち、取締役の監視義務違反は右三類型に無条件に入るものではなく、どちらかといえば㋩に近いといえる。

㋺㋩は、一項後段が適用されるが、これは推定規定とされているので、因果関係を推定するだけであり、被告の側より覆すことが可能となる。割合的因果関係を肯定すれば、寄与度減額を立証すればよい。また、右推定は事実的因果関係についてなされるにすぎないから、過失における寄与度減責、帰責性の原理による減額を認めてよいこととなる。

結論として、商法二六六条の連帯責任の明文については、法律上の事実推定規定と位置付けることが可能である。すなわち、原告が被告取締役の行為への関与及び過失を主張し、表見証明又は一応の立証をすれば、全員が

全損害発生への責任（連帯責任と同じ）があると推定される。しかし、被告が自己の固有の負担部分を主張立証し、これを明らかにすれば、分割責任が認められる。ちなみに、取締役の責任を部分連帯とすることも可能であるが、最も責任の重い取締役は、全額を負担し、その後極めて多数の他の取締役に求償せざるを得ず、公平性・迅速性の観点から妥当でない。この点右(イ)の場合においての分割化の是非・根拠・要件をさらに具体化する必要性がある。

(二) 取締役の責任を認めた判決及び和解

現在までの主要な代表訴訟の判決及び和解は左記のとおりである。(23)

日本航空電子工業（関税法・外為法違反による五〇億円の損害賠償請求）――部分連帯責任
平成八年六月二〇日　東京地判　一部容認（被告一名は一二億四七五二万円、他二名は四一四〇万円を部分連帯して支払う）
平成九年一〇月二二日　東京高裁　和解成立（一億円）

東京都観光汽船（違法な融資・債務保証による約三億円の損害賠償請求）
平成七年一〇月二六日　東京地判　一部容認（一億七〇七五万円）
平成八年一二月一一日　東京高裁　原判決変更・一部容認（一億一三三七万円）双方が最高裁に上告

大林組（談合による課徴金・指名停止・贈賄に伴う二億二九〇二万円の損害賠償請求）――連帯責任
平成一一年一月二七日　大阪地裁　和解成立（被告一〇名が和解金として連帯して二〇〇〇万円）

コスモ証券（「飛ばし」行為による六九八億六五〇〇万円の損害賠償請求）――連帯責任
平成一二年四月七日　大阪地裁　和解成立（被告二四名［三名は被告一名死亡に伴う訴訟承継人］が連帯して和解金一億三〇〇〇万円を支払うことで和解成立）

高島屋（利益供与による一億六〇〇〇万円の損害賠償請求）——連帯責任
平成九年四月二一日　大阪地裁　和解成立（会社関係者被告九名、一億七〇〇〇万円）
川口組（故代表取締役の退職慰労金名目で違法に支出した二五〇〇万円の損害賠償請求）——連帯責任
平成一〇年九月二九日　名古屋高判　原判決変更（一部容認、一九六〇万円余）
味の素（総会屋対策費として支出した一億二〇〇〇万円の損害賠償請求）——連帯責任
平成一〇年一〇月三〇日　東京地裁　和解成立（被告一〇名が和解金として連帯して一億二〇〇〇万円）
第一勧業銀行（総会社に対する融資等による一二億円の損害賠償請求（直接融資事件［一一億円］と迂回融資事件［一〇億円］に分けて提訴）——分割責任
平成一二年二月二五日　東京地裁　和解成立（直接融資事件）（被告一名が三〇〇〇万円、被告三名が各自二五〇〇万円、被告一名が二二〇〇万円、合計一億二七〇〇万円を支払うことで和解成立。被告一名については訴え取り下げ）
野村證券（総会屋への違法な支出等による四億三八〇〇万円の損害賠償請求）——部分連帯責任
平成一〇年一〇月二七日　東京地裁　和解成立（会社関係者被告三名が利益供与額および損失補塡額を含む損害賠償債務として三億八〇〇〇万円を連帯して他三名は二億円を部分連帯して支払うことで和解）
日立製作所（独禁法違反により納付した課徴金等約二億三二〇〇万円の損害賠償請求）——分割責任
平成一一年一二月二一日　東京地裁　和解成立（被告副社長一名が和解金として一億円・被告会長・社長は社会的責任のみ認める）

以上によれば、連帯・部分連帯・分割責任と分かれているが、連帯については、賠償額が比較的低額なものも見られる。この現象は、訴訟の長期化・証明の困難性を避けるための和解もありうる。原則として、分割責任とすることが妥当であり、多数の被告を相手として、損害額の合計を高額化することが要請される。そのためには次のとおり訴訟運営を迅速・適正にしなければならない。

(2) H.G. Henn & J.R. Alexander, Laws of Corporations, at 583 (3d ed. 1983).

(3) 財団法人日本証券経済研究所「コーポレート・ガバナンス―アメリカ法律協会『コーポレート・ガバナンスの原理：分析と勧告』の研究―」五三頁、二六〇頁。

(4) 淡路剛久・連帯債務の研究（一九七五年、弘文堂）四一頁。

(5) 淡路・前掲注(4)八一頁。

(6) 淡路・前掲注(4)八五頁。

(7) W.L. Prosser, Law of Torts, at 291 (4th ed. 1971).

(8) Prosser, Wada, Bictor, Schwartz, Cases and Marerials on Torts, at 290-295 (7th ed. 1982).

(9) 英米判例百選・新美育文「Sindell V. Abbott Laboratories（因果関係の証明と市場占有率による責任）」別冊ジュリ一三九号・一七四頁～一七五頁。

(10) 並木俊守・アメリカ会社法（一九八一年、東洋経済社）二五七頁～二五八頁・二九六頁～二九七頁。
Supra, note 2, at 584.

(11) 財団法人日本証券経済研究所・前掲注(3)五四～五五頁。

(12) 財団法人日本証券経済研究所・前掲注(3)五三頁・二六二頁。

(13) 並木和夫・会社法・証券取引法の研究（一九九一年、中央経済社）一五二頁。

(14) 塩崎勤・現代損害賠償法の諸問題（一九九九年、判例タイムズ社）五四頁・一四六頁。

(15) 判時九一一号一四頁（東京地裁昭和五三年九月二〇日判決）。

(16) 判時一一〇九号二四頁（福岡高裁昭和五九年三月一六日判決）。

(17) 判時一三八三号二二頁（大阪地裁平成三年三月二九日判決）。

(18) 平井宜雄・債権各論Ⅱ不法行為（一九九四年、弘文堂）一二三頁、平井宜雄・損害賠償法の理論（一九七三年、東京大学出版会)。
(19) 内田貴・民法II―債権各論(一九九八年、東京大学出版会)四一三頁。
(20) 遠藤直哉「取締役の賠償責任の分割軽減化(中)」商事法務(一四一三号二四頁〜二五頁)。但し、フランスでは、使用者と被用者、好意同乗、第三者の行為との競合等の問題は、連帯債務か分割債務かと論じている。淡路前掲注(4)一八二頁〜二二六頁。
(21) 平井・前掲注(18)一三〇頁〜一三三頁。
(22) 内田・前掲注(19)四九〇頁〜四九九頁。
(23) 資料版商事法務一九四号一九四頁〜一九九頁「主要な株主代表訴訟事件一覧」より抜粋して補完した。

三　株主代表訴訟運営論

株主代表訴訟においては取締役の責任を明らかにするため、その立証は膨大なものにわたる。取締役被告が複数にわたること、取締役の業務執行が相当な期間にわたること、取締役の行為が法令または定款に違反するか否かの事実が複雑であること、因果関係・過失・損害の認定は多岐にわたること、証拠書類特に書証が膨大なものになることなどである。[24]

(イ)　文書提出命令の課題

商法三五条によれば「裁判所は申立によりまたは職権をもって訴訟の当事者に商業帳簿またはその一部分の提出を命ずることを得」と規定されているので商業帳簿の文書提出命令は容易に認められるはずである。決算書も同様である。これに対して、取締役会議事録については株主の閲覧権として非訟事件で証拠を取得できるとの判例がある。[25] 当該訴訟継続部ではなく、別訴で閲覧謄写をするのは手続き上、煩瑣といえる。ドイツ法では、情報取得請求権として、当該訴訟継続部で証拠を取得できる。それ故、日本においては文書提出命令を認めるべきである。また稟議書については、東京高裁において、文書提出命令を認める決定と、自己使用文書としてこれを却下する決定に分かれ、最高裁判決では、文書提出命令を却下することとなった。日本において、証拠開示制度(ディスカバリー)が存在しない状況において、文書提出命令を拡大することは必須の手段といえる。文書提出命令の問題点は、右のとおり、自己使用文書の範囲を巡る争いである。しかしさらに、当該訴訟に必要性があるか否かの判断が加わる。以上の点をめぐって、文書提出命令に被告が強く抵抗を示すことが多い。裁判所としても抗告されると訴訟の遅延となるので、これを回避したいと考える。株主代表訴訟において、様々な膨大な書証を提出させるのにいちいち抗告審を待っていては到底審理は進展しない。そこで次のような訴訟運営論が必要となる。

(ロ) 日本の民事訴訟においては、英米法の「証拠優越準則」(Preponderance of Evidence) を採用すべきである。[26] すなわち、刑事事件の犯罪の認定には、理論上「合理的疑いを越えた確信」(九〇%の証明度、無罪の推定、疑わしきは罰せず)によるものとされているが(但し、裁判所では守られていない)、刑事事件においては、その制裁が生命または身体的拘束という重大な侵害であること、捜査当局に強制力が付与されていることによる。これに対して民事訴訟においては当事者は対等であり、かつ双方に捜査の強制力もなく、制裁は財産的なものに限られるので、証拠優越準則を採用すべきこととなる。これに対して日本では、「確信」「高度の証明度」「高度の蓋然性」「通常人の疑いを挟まない程度に真実性の確信を用い得るもの」と解釈され、その証明度は八〇%程度と言われている(以下これを民事確信説という)。公害・医療過誤・製造物責任訴訟などにおいて、原告側に約八〇%の証明度を課して、被害立証を困難にすることは、被害者に極めて苛酷な状況を作り出してきた。被告に対して「疑わしきは罰せず」ということは、真の加害者を逃がしてもやむを得ないといえることになる。しかし、分かりやすくいえば悪徳企業には「疑わしきは罰する」という姿勢を持っても良いはずである。

今までの民事確信説は、日本の産業政策を進めるための、明治以来あるいは戦後復興のためのイデオロギーであった。もともとローゼンブルグは一九〇〇年に「証明責任論」を出版し、規範説を民事確信説とともに主張してきた。いわばドイツ一九世紀のイデオロギーといえる。規制緩和の時代に入り、会社と市民との訴訟ばかりでなく、会社同士の訴訟も増大することが予想される。このような状況の中で、筆者は証拠優越準則を採用することが、事案解明と訴訟の促進に決定的な作用を持つことを強く主張している。そして、そのためには証拠優越準則を民事訴訟法に明文化することが、最も効率的なやり方である。株主代表訴訟においても、原告株主が、取締役の法令定款違反あるいは善管注意義務違反を主張し、新聞などの報道あるいは関連する裁判記録などで立証すると証拠優越となる、これはいわば表見証明又は一応の証明といわれてきたものといえる。これにより原告が優勢となると証拠提出責任は被告取締役に移転する。なぜならば、主張責任と立証責任を分離させることが重要であり、立証責任は証拠保持者に課するべきである。株主原告が、主張責任として法令定款違反の一定の具体的内容まで特定することは必要である。そして、株主原告は被告取締役の具体的行為(間接事実)について求釈明を行い、被告に釈明させることが重要である。また、取締役の行為に関する書類が存在するか否かを求釈明することが重要である。被告はこれに対し、釈明をする義務そして証拠の提出義務が生じる。釈明に応じなかったり証拠を提出しないときには、原告の立証が認められることになるので、被告は証拠不提出の危険を負うこととなる。このように訴訟運営を行う場合には、もはや文書提出命令の手続きすら必要となくなる。すなわち従前の旧法の文書提出命令の基礎はいわば文書提出側に立証責任が課せられているものと同視できるような状態にあった。しかるに、新法で文書の一般義務化が生じた場合には、なぜ一般的に文書を提出する義務があるかということに改めて考えてみる必要がある。すなわち、民事訴訟法二二四条は「当事者が文書提出命令に従わないときは裁判所は当該文書の記載に関する相手方の主張を真実とみることができる」二項「当事者が相手方の使用を妨げる目的で提出の義務がある文書を滅失させ、その他これを使用することが出来ないようにしたときにも前項と同様とする」と規定する。右規定は、証明妨害に対して制裁を課しているのである。すなわち原告の求釈明に対して回答拒否し、また、文書を滅失させた場合には、結局原告の表見証明（証拠優越の状態）が証明として成立したということに等しい。それ故、この文書提出命令の二二四条自体に、証拠優越準則の運用の効果が採用されていると見なければならない。

以上によれば、裁判所は原告の求釈明を尊重し、被告に文書提出を釈明権で命令する等の訴訟運営が重要である。

(ハ) 現在係争中事件

左記のとおり、多数の代表訴訟が係属しており[27]、右のような訴訟運営をしないと、適正を守りつつ迅速化し得ないといえる。

蛇の目ミシン工業	提訴日	平成五年八月二日・平成五年八月九日
野村證券	提訴日	平成五年一〇月一九日・平成六年一月一二日・平成九年七月三一日
鹿島建設	提訴日	平成六年七月二〇日
伊予銀行	提訴日	平成六年一〇月六日
東京商銀信用組合	提訴日	平成七年五月一〇日
四国総合開発	提訴日	平成七年九月七日
大日本土木	提訴日	平成七年一一月九日
大和銀行	提訴日	平成七年一一月二七日・平成八年五月八日
熊取町農業協同組合	提訴日	平成八年七月一二日

ミドリ十字　提訴日　平成八年七月二三日・平成八年八月九日
八王子信用金庫　提訴日　平成八年一一月一日
日本電気　提訴日　平成九年三月二八日
住友商事　提訴日　平成九年四月八日
和賀中央農協協同組合　提訴日　平成九年四月一四日
山一証券　提訴日　平成一〇年三月五日・平成一〇年一〇月五日
京浜急行電鉄　提訴日　平成一〇年六月二三日
ヤクルト本社　提訴日　平成一〇年八月六日
三菱石油　提訴日　平成一一年二月二四日
日本興業銀行　提訴日　平成一一年四月一九日
住友信託銀行　提訴日　平成一一年五月七日
東海銀行　提訴日　平成一一年六月二八日
南日本銀行　提訴日　平成一一年七月
ヤクルト本社　提訴日　平成一一年一〇月
横浜松坂屋　提訴日　平成一一年一一月一五日
日本航空　提訴日　平成一一年一二月一七日
神戸製鋼所　提訴日　平成一二年一月二一日
住友生命保険　提訴日　平成一二年五月九日
日本生命保険　提訴日　平成一二年五月九日

(24)　株主代表訴訟に限らず、一般の民事訴訟運営論に及ぶ課題であり、その詳細は筆者が法社会学会二〇〇〇年五月一三日ミニシンポにおいて発表した「証拠優越準則に基づく『訴訟と司法』の改革の指針——司法研修所教育から法科大学院教育への改革の必要性」及びその改訂版「ロースクールの教育論——新しい弁護技術と訴訟運営」(二〇〇〇年、信山社)を参照されたい。

(25) 「非訟事件手続法による裁判所の許可を得ないで提起された取締役会議事録閲覧謄写請求の訴えを不適法として却下した事例」(大阪高裁昭和五九年三月二九日判決)判時一一一七号一六八頁。

(26) 太田勝造・裁判における証明論の基礎(一九八二年、弘文堂)。

(27) 前掲注(23)より抜粋。

英国私会社における強制清算制度の考察

——正当かつ衡平を理由とする強制清算について——

大野正道

一　強制清算制度の必要性

(イ)　会社運営の行き詰りと強制清算

本稿においては英国の私会社における「正当かつ衡平（just and equitable）を理由とする強制清算（compalsory winding up）の制度について説明を試みる。

株式会社（有限会社も）の運営は、株主の意向に従ってスムーズに行われるべきことは論をまたない。しかし、あらゆる会社について、とりわけ閉鎖的な同族会社においては、このような理想的な会社運営が実現されているとは限らない。そもそも、同族会社では、株主相互間に強い親密な関係が存在しており、このような内部関係を反映して大規模な公開会社と異なる会社運営が行われていると推測でき、かなり柔軟な会社運営が実現しているであろう。しかし、親密な人的関係の存在がかえって仇になり、会社の運営が行き詰る事態もしばしば生ずるようである。

我が国の株式会社については、商法第四〇四条以下において会社の解散について規定しているが、ここでは小規模な閉鎖会社にとって有用と思われる強制解散（強制清算）制度について簡単に言及しておきたい。会社において解散をしたいと株主や取締役が考える事由は様々である。例えば、会社の業績が不振で借金ばかりが増えるので、解散してしまおうとする場合も考えられる。この場合には、まさに商法第四〇四条二号の定めに従って、株主総会の特別決議があれば解散できる（商四〇五・三四三）のであり、商法は会社の継続が財務上困難な場合を想定して本規定を設けたと考えられる。

しかし、本稿では、商法がおそらく予想していなかったか、あるいは無視しているような場合における強制解散について説明したいと思う。それは会社の運営がデッド・ロック（dead lock）に陥った場合である。すなわち、船が暗礁に乗り上げてしまって操船が不可能になった場合と同様に、どのようにして事態を打開して会社の運営を新たな軌道に乗せるかが問題となるような状況である。

(ロ) 閉鎖会社（同族会社）とデッド・ロック

このような会社運営におけるデッド・ロックは、閉鎖会社では、頻繁に起こり易いと想像される。その理由として、第一に、閉鎖会社では株主数が少ないので、株主間で意見の対立が生じ易いことが挙げられる。株主の数だけ意見の相違があると仮定すると、大規模な公開会社の方が意見の対立が激しいことになるかとも思われるが、多数決原則が厳格に機能する場合には、少数の株主しか賛同しない意見は最終的には無視されても仕方がないと考えられる。

これに対して、少数の株主しか存在しない閉鎖会社（同族会社）では、各株主または株主群を代表する意見は、株式保有の分散が少ないので、大規模な公開会社の場合に比して、相対的に有力な意見となりうる。極端な場合として株主数が二名であると仮定すると、この二人の間で意見の食い違いが生ずるときには、持株数の差により多数派株主と少数派株主の間で激烈な主導権争いが生ずることになる。この場合において、単純多数決の原則で一方の意見を会社の意思として採用すると、将来の会社運営に禍根を残すことになりかねないであろう。

そこで、反対に、少数派の意見を最大限に参考にして会社運営をしようとすると慎重にならざるを得ないことになり、時には意思決定が不可能となってしまう。究極的な場合として、二人の株主の持株比率がそれぞれ五〇％であったときには一体どちらの意見を会社の意思として採用すべきか、決定が困難になる。このような状態をもって、会社運営がデッド・ロック（暗礁）に乗り上げた、と一般的に表現されている。

第二に、このような株主間の対立を防ぐために、株主総会での意思決定が可能なように株主間の持株比率を調整した場合においても、取締役（または取締役会）の段階で、会社運営をめぐって紛争が生ずるのを防ぐことはできない、ということである。会社経営は将来の経営環境を考慮しながら決断することが必要であるが、個々の取締役の将来予想には差異があることもあり、経営陣の間で対立が生ずる余地もある。この経営陣における対立が株主の段階にまで至ると、会社の運営をめぐる紛争が全社的なものに拡大し、まさにデッド・ロックに乗り上げたということになってしまう。

このようにデッド・ロックに乗り上げてしまうと、会社の意思決定が不可能になり、会社の運営に支障をきたす状態に陥いってしまう。そこで、このような場合には、会社を強制的に（株主の意思によらず）解散してしまうことが考えられる。実際上は、強制解散といっても現実に会社資産を解体換価してしまうのではなく、強制解散の判決が下されると、両当事者の合意で、多数派株主に「妥当な価額で」少数派株主の株式を買い取らせることによって、紛争を解決しようと図るものである。

(ハ) 強制解散制度について

我が国では、少数株主（発行済株式の総数の十分の一以上に当たる株式を有する株主）により強制解散が求められた場合において、裁判所が解散判決（商四〇六ノ二）を下すためには、「已むことを得ざる事由」が存在することが必要である。同様に、民法第六八三条では、已むことを得ざる事由あるときは各組合員は組合の解散を請求することができると規定している。また、その内部関係が組合に準ずると商法第六八条に規定されている合名会社についても、商法第一一二条一項は、已むことを得ざる事由あるときは各社員は会社の解散を裁判所に請求することができる、と規定している。

この「已むことを得ざる事由」という要件については、学説および判例によって様々に解釈されているが、一般的には、会社の運営が暗礁に乗り上げて継続することができない状態に陥った場合と表現することが可能であろう。会社に不測の損害を与えるおそれがあることは、必ずしも要求されないと解する。[(1)] 何故ならば、本稿で展開する英国私会社における準組合法理を参酌すると、会社経営がデッド・ロックに乗り上げて打開の余地がないこと自体を「已むことを得ざる事由」とすることは、準組合である閉鎖的な株式会社の場合には、妥当であると考えるからである。株主間の紛争の解決は、必ずしも会社経営をめぐる紛争の解決と同一視することはできず、その意味から、この「已むことを得ざる事由」の存在は、柔軟に解釈すべきであると思われる。[(2)]

この点について明確に定めているのがイギリス一九八六年支払不能法（Insolvency Act）第一二二条㈠項(g)号である。この規定は、裁判所が会社を清算することが正当かつ衡平（just and equitable）であると判断する場合には、強制清算を銘ずることができる、と定めている。この「正当かつ衡平」の意味については、一九七二年の最高裁（貴族院）判決で明確になり、裁判所が冷静に判断して、衡平法（Equity）上会社を清算することが妥当とした場合に、清算命令を下すことができるものとしている。

（1）　解散判決は人的会社（商一一二条）にも物的会社（商四〇六条ノ二）にも認められている制度であり、ともに「已むことを得ざる事由」がある場合に限られている。さらに、物的会社の場合には、明文で定める二つの要件を満たすことが定められている（商四〇六条ノ二第一項一号・二号）。通説は、商法第四〇六条ノ二の解釈として、会社の存在そのものに影響する場合でない限り、いかに少数株主の保護の必要がある場合であっても、解散請求は認められないし、その理由として、人的会社の組合的性格と社員の無限責任に対する物的会社の社団性の強さおよび社員の有限責任等をあげる（青竹・小規模閉鎖会社の法規整一四九頁・二七五頁など）。これに対して、物的会社においては、多数派株主の帰責事由や行為の影響の程度などより高度なものを条文上要求しているにすぎないのではないか、という反対説もある（宍戸・百選〈第六版〉一八二頁）。

近時の判例として、東京地判平成元年七月一八日判時一三四九号一四八頁は、業務執行上の著しい難局に逢着しているとして株式会社の解散請求を認容したが、本件の事案は、二つの家族が株式を五〇％ずつ保有しているというデッド・ロックの典型的な事例であり、商法第四〇六条ノ二第一項一号の要件を満たしているか否かは判決の結論にとって決定的なものではなかったと考える。

(2)　商法第一一二条一項に基づく解散請求を認めた最判昭和六一年三月一三日民集四〇巻二号二二九頁は、「会社の業務が一応困難なく行われているとしても、社員間に多数派と少数派の対立があり、右の業務の執行が多数派社員によって不公正かつ利己的に行われ、その結果少数派社員がいわれのない恒常的な不利益を被っているような場合にも、また、これを打開する手段のない限り、解散事由があるものというべきである」、と判示している。

二　正当かつ衡平を理由とする強制清算

(イ)　本規定の立法趣旨

閉鎖的な株式会社においては、株主（社員）相互間に密接な人的関係が存在しているのが通常であり、会社の存続もこの株主相互間の信頼関係に基礎を置いている。しかし、その反面で、この信頼関係が破綻した場合には、多数派株主によって不当に抑圧された少数派株主は困難な状況に陥いってしまう。株式の公開会社であるならば、株主は、自己の所有する株式を売却し会社から離脱することが可能であるが、閉鎖的な株式会社である私会社(private company)では、通常、株式譲渡制限の規定が定められているから、自己の持株を換価して会社に投下した資本を回収することが困難であり、少数派の株主は、不当に抑圧されたまま退社もできず会社に封じ込められてしまう結果となる。

そこで、このような事態に対処する手段として、イギリス会社法は、一九四八年法第二二二条(f)で、会社を清算することが正当かつ衡平である(just and equitable)と認めた場合に、裁判所が会社の強制清算(compulsory winding up or winding up by the court)を命ずることができる旨を定めていた。(3) この規定は、一九八五年の会社法改正で、一九八五年統括法第五一七条(g)号として引き継がれ、現在では、一九八六年支払不能法(Insolvency Act)第一二二条(一)項(g)号となっている。会社法の枠組から移行したのであるが、実体法上の面については従来と変わりがない。(4)

第一二二条(一)項(g)号は、強制清算の事由として「正当かつ衡平」を一般的に規定しているのであるが、事実上、もっぱら少数派株主の救済手段として利用されている。(5)「正当かつ衡平」を理由とする清算が、少数派株主の救済手段として重要性を有するのは、その手続が会社を文字通り現実に清算に追い込むからではない。何故ならば、会社を現実に清算した場合、会社財産の解体価格は時価よりは遙かに低くなるのが通例であり、また、その会社財産を買い取ることができる者が、少数派株主を圧迫し裁判所に救済を求めるに至らしめた当の多数派株主であるかもしれないのであり、(6) 強制清算は、申立人にとって自殺行為としてかえって少数派株主の救済手段とならない場合が生じうるのである。(7)

したがって、本条項が真に少数派株主の救済手段となり得るのは、会社を清算に追い込むという脅威を多数派株主に加えることにより、少数派株主がその持株の価額に見合う妥当な金銭を多数派株主から支払ってもらうことが可能となる場合である。(8) それ故に、裁判所が清算命令を発した後に、申立人を含む全当事者の合意が成立し、裁判所に清算命令の撤回を求めた事例がある。[9] また、裁判所が会社を清算することが正当かつ衡平であると認定したが、当事者の合意で清算を回避し得る余地を残して清算命令の宣告を一時猶予した例もある。[10] 結局、この事例では、申立人の持株を支配株主が買い取る旨の合意が成立し、強制清算の申立が棄却されることになった。[11]

このように一九八六年支払不能法第一二二条(一)項(g)号の定める「正当かつ衡平（just and equitable)」を理由とする強制清算（compulsory winding up）の制度は、会社において少数派株主に対する抑圧（oppression）とか業務運営の行き詰まり（deadlock）が生じた場合に、少数派株主を救済するための重要な手段となっているのである。

なお、一九四八年会社法の制定以前までは、裁判所は、清算命令は最後の手段であり、申立人に他の救済手段がない場合に限り清算を命ずることができる、という立場をとっていた。[12] しかし、コーエン委員会(Cohen Committee)の勧告に従い、[13] 申立人に他の救済手段があることが、必ずしも強制清算を拒絶する理由とならないことが立法的に明確にされた。すなわち、一九四八年会社法第二二五条二項は、申立人が他の救済手段を利用できること、およびその救済手段を追求せずに会社の清算を求めることが不合理であると裁判所が認める場合でない限り、清算命令は拒絶されるべきでない旨を定めた。更に、ジェンキンス委員会（Jenkins Committee）では、裁判所の裁量権に関する制限を取り除くように、第二二五条の規定が変更されるべき旨が勧告された。[14] 一九八五年会社法第五二〇条を経て、現行の一九八六年支払不能法第一二五条二項は、申立人が他の救済手段を利用できるのにかかわらず、不合理に会社の清算を追求する場合には、裁量をもって清算命令を発することを拒むことができる旨を定めている。

(ロ) 判例法における準組合法理の展開

閉鎖的な株式会社においては、一般に、所有と経営の分離という現象が存在せず、組合におけるが如く、各社員が同時に取締役として株式会社の経営に参加している場合が多いという事実を指摘することができる。[15] また、

「法人格を有する会社の背後ないしその内部に、必ずしも会社組織の中に埋没することのない相互に権利、期待、義務を保有する個人が存在するという事実」[16]も認めることができる。このように法律的には会社形態を採用しているが、実質的には組合と異ならない準組合（quasi-partnership）会社にあっては、公開会社とは異なって、正当かつ衡平を理由とする強制清算が弾力的に認められ、組合法に従えば組合の清算事由となる事実が存在すれば、裁判所は、会社を清算することができる、という準組合法理（quasi-partnership doctrine）が二〇世紀の初頭以降判例法として形成された。[18]

正当かつ衡平を理由とする強制清算の規定は、沿革的には、一八四八年のJoint stock companies winding up Act第五条八号で初めて規定された。この規定の意味は、当初、裁判所が強制清算を命ずることができる一つの独立の事由ではなく、一号から七号までの事由と同種（*ejusdem generis*）のものであると解釈された。[19]この規定は、一八六二年会社法第七九条五号で会社法の規定として再編成されたが、裁判所は、長らく*ejusdem generis*の原則に影響され、本規定を非常に狭く解釈して、会社の基礎が失なわれたり、あるいは泡沫会社（bubble company）として始めから全く適正な基礎を欠いていた場合にのみ、清算命令を出していたのである。[20]もっとも、一九世紀末には、*ejusdem generis*の原則が次第に緩和されることになったのではあるが、裁判所は、いまだ長年にわたる制限的解釈の影響から脱することはできなかった。[21]

しかし、二〇世紀に入り、正当かつ衡平を理由とする強制清算の申立ては、一般に、私会社における相対立する株主または株主集団間における紛争に関連して提起されるようになった。[22]このような会社にあっては、紛争の当事者である株主は、組合員に類似した関係に立つのであり、会社の存続も株主相互間の信頼関係に依存している。しかも一八九〇年の組合法（Partnership Act）第三五条(f)号は、組合の清算事由として、会社法と同様に「正当かつ衡平」という事由を定めているのであり、この規定が、正当かつ衡平を理由とする会社の強制清算に、組合法で発展した衡平法上の原則が適用される橋頭堡となった。[23]かくして、株主間に意見の対立があり会社業務に行き詰まり（deadlock）が生じた場合、[24] 多数派株主が少数派株主の立場を堪え難いものとしてその持株を多数派株主の有利な条件で買い取ろうと策謀する場合、[25] 自己に委ねられた決裁権（casting vote）を不当に利用して会社の支配権を握り他の株主を会社経営から締め出す場合、[26] 他の取締役からその株式を低い価額で買い取ることを意図して定款の規定により与えられた取締役を解任する権限を濫用する場合、[27] または支配株主が会社の事業を私的財産の如く取り扱う場合[28]には、正当かつ衡平として会社の清算が命じられた。[29]

このような強制清算における準組合法理は、組合法のアナロジーとして発展したのであるが、一般に、会社が準組合であり、申立人がその準組合内に属する構成員であることが、当事者間で承認されるかまたはそのことが当然の前提とされていた。[30] 特に注意すべき点は、裁判所は、組合の清算に関する組合法理そのものを探究したのではなく、[31] 現実には、組合関係の基礎であり、その欠如が組合の清算の根拠となる株主相互間における誠実（good faith）または信頼（trust or confidence）という概念を組合法理から借用したに過ぎないことである。[32] 裁判所が組合の清算に関する全般的な考察を回避した主要な原因の一つには、会社の構造と組合の構造に差異があるから、組合法理の多くは、会社に適用することが不適当であったことが指摘される。[33] 結局、どのような会社であれば組合法を適用できるのか明確でないので、その会社に適用される法は厳密な意味における組合法ではなく、組合法理を基礎として発展した独自の法理であったといえるのであり、[34] 準組合法理と称される所以である。

(ハ)　準組合の二類型と判例法

準組合法理が形成される初期において、裁判所がその裁量権を行使する場合の指標として、次の二つの原則が存在した。

第一に、申立人が会社を支配している者に信頼（confidence）を失い、かつその信頼の喪失が、支配者が会社経営の遂行の過程で誠実さを欠如した（lack of probity）という事実から生じ、正当視しうるものであれば、裁判所は会社を清算することが正当かつ衡平であるという判断を下すことができるとする。[35]

第二に、前者よりは緩やかに解して、株主相互間に将来和解が成立し親密に協調して会社経営を続ける可能性が存在しない場合には、清算命令を出すことができるという立場である。[36]

一般には、会社の存続の基礎をなしている株主相互間の人的信頼関係が破綻した場合に、正当かつ衡平を理由として会社の清算を認めるべきであり、清算命令に反対する者の行為が誠実を欠如しており、不当かつ不衡平(unjust and inequitable)であることが必ずしも清算命令を出す前提条件であると考えられていない。[37]

そこで、会社支配者の誠実の欠如(lack of probity)を理由に会社の清算を命じた第一類型の判決は、通常の準組合に係わるものではなく、創業者の相続財団(estate)が会社組織に再編成された会社に関するものであった点[38]に注意を向けるべきであろう。株主の全員が会社の経営に参加することを前提に設立された会社と、相続財団の受託者が会社の経営に従事し、受益者は単にその利益を受け取るに過ぎないという会社を、その閉鎖性の故に単純に同一に取り扱うことはできない。後者の類型の会社にあっては、その実態を重視し、信託関係の終了事由に類似して、その清算原因を構成することも可能であろう。特に、受託者がその忠実義務に違反する場合に類似して、会社支配者(受託者)がその誠実を疑わしめる行為をなす場合に、会社の清算を認めることは決して無理ではないであろう。[39]

本事案では、会社の経営から生ずる利益を受益者に分配することが会社設立の主たる動機であり、また、その約束の履行が会社の存続の前提となっていたといえる。しかし、会社の支配者は、この取決めを無視して、会社をあたかも自分のものの如く取り扱い、受益者には利益配当を一切行わなかったのである。[40]これに対して、株主全員が取締役として経営に参加する組合型の閉鎖会社では、取締役の報酬として利益の大半を分配し、利益配当をまったく行わない場合でも、そのことのみでは会社を清算する根拠とはならないとされている。[41]結局、本事案で利益配当がないことを理由に会社の清算を認めたこと[42]は、信託型の閉鎖会社の実態に応じて解決を図ったものであり、準組合法理は、この種の会社をも対象とするものであることが理解される。この場合に、受託者である会社の支配者がその地位を失うのは、自己の負担する忠実義務に背くからであり、誠実の欠如（lack of probity）とは、このような意味において理解されていると考えられる。

以上の考察から明らかなように、第一の原則は信託型の準組合に、第二の原則は組合型の準組合に適用されたのであり、その適用される対象である準組合類型が異なるので、両者は、決して矛盾したり対立したりするものではないと解する。

（3）　第二二二条(f)号は、私会社における少数派株主の保護のためだけに利用されていたわけではない。公開会社にも適用されるのであり、正当かつ衡平とされる理由も、会社の目的達成不能の場合や設立行為に詐欺的行為があった場合なども含まれていた。詳しくは、小町谷「イギリス会社法概説」五二〇頁―五二七頁、Mcpherson, winding up on the “just and equitable” ground, [1964] 27 M.L.R. 282。もっとも、近時の判例は、会社の目的達成不能や設立行為に詐欺的行為があった場合等については殆どふれることはない、と指摘されている、Chesterman, the “just and equitable” winding up of the small private companies, [1973] 36 M.L.R. 192, at p. 130。なお、本稿の取扱う対象は、私会社ないし準組合（quasi-partnership）における少数派株主の救済に関する場合に限定する。

（4）　詳しくは、S.A. Frieze, Compulsory Winding Up Procedure, 3rd ed.（1991）を参照。

（5）　ここでの少数派株主とは、必ずしも多数派株主に比して相対的に少数の株式を所有する株主(あるいは株主群)に限られない。例えば、株式総数の半数を所有する株主であっても、他の半数の株式を所有する株主が株主総会の議長の資格で決裁権（castng vote）を自己の有利に行使する場合がある（Re Davis and Collett, Ltd., [1935] ch. 693)し、また、半数の株式を所有していたが、取締役会では少数派であったため、会社の経営から完全に締め出されるという事態も生じうる（Re Lundie Bros. Ltd., [1965] 1 W.L.R. 1051)。

（6）　Cohen report, cmnd. 6659, para. 60.

(7) Gower, Principles of Modern Company Law, 6th ed. p. 750.

(8) イギリスの判例で初めてこの脅威効に言及したのは、後に説明するEbrahimi v. Westbourne Galleries Ltd. [1972] 2 W.L.R. 1289, at p. 1303である。Cf. Chesterman, op. cit. (3) p. 130 n. 7; OLACK, [1972A] C.L.J. 225, at p. 226.

(9) Re Lundie Bros. Ltd., [1965] 1 W.L.R. 1051.

(10) Re Wondoflex textiles pty. Ltd., [1951] V.L.R. 458. 裁判所は、一〇日間の猶予期間を与えており、合意が成立しない場合には、強制清算を命ずることになっていた。

(11) Ibid. at p. 469. 判例集編集者のNoteによる。

(12) Mcpherson, op. cit. (3) pp. 300-301.

(13) Cmnd 6659, paras 60 and 152.

(14) Cmnd 1749, para 503 (i).

(15) Hadden, Company Law and Capitalism, 2nd ed. at pp. 155-161.

(16) Per Lord Wilberforce in Ebrahimi v. Westbourne Galleries Ltd., [1972] 2 W.L.R. 1289, at p. 1297.

(17) 準組合(会社)と同様な意味を持つ語として文献では以下の用語も使用されている。(i) small private company; Chesterman, [1973] 36 M.L.R. 129, (ii) private company; Prentice, Current legal problems 1972, 124, (iii) partnership company; Morse & Tedd, [1971] J.B.L. 261, (iv) domestic company; Mcpherson [1964] 27 M.L.R. 282.

(18) Lord Wilberforce in [1972] 2 W.L.R. 1289, at pp. 1293-1294; Lord M'Laren in Symington v. Symington's Quarries, Ltd. 8F. 121, 130; Lord Cozens-Hardy M.R. in re Yenidje Tobacco Co. Ltd., [1916] 2 ch. 426, 431-432; Crossman J in re Davis & Collett, Ltd., [1935] 1 ch. 693, 701.

(19) Re Agriculturist Cattle Inssurance Co., ex P. Spackman (1849) 1 Mac. & G. 170.

(20) Per Lord Cross in [1972] 2 W.L.R. 1289, at p. 1301; Mcpherson, op. cit. (3) 282.

(21) Per Lord Cross, ibid. 株主には株主総会の特別決議によって会社を任意に清算する方法が認められているのであるから（現行の一九八六年支払不能法では第八四条㈠項）、株主総会の特別決議によらないで、換言すると、特別決議を成立せしめることができる多数派株主が会社の解散を望んでいないのにもかかわらず、少数派株主の申立てにもとずき会社を解散させることを正当化する特別の事情が必要であると解釈されていた。

(22) Per Lord Cross, ibid.

(23) Per Lord Wilberforce in [1972] 2 W.L.R. 1289, at p. 1293.

(24) Re Yenidje Tabacco Co. [1916] 2 ch. 426, C.A.

(25) Loch v. John Blackwood Ltd. [1924] A.C. 783. P.C

(26) Re Davis & Collet [1935] ch. 693.

(27) Re Wondoflex Textiles Pty. Ltd. [1951] V.L.R. 458.

(28) Thomson v. Drysdale, 1925 S.C. 311.

(29) その他の判例については、L.S. Sealy, Cases and Materials in Company Law, 6th ed. (1996) pp. 613-632を参照されたい。なお、Ebrahimi v. Westbourne Galleries Ltd. [1972] 2 W.L.R.では、Lord Wilberforceにより、一九〇五年のSymington v. Symington's Quarries Ltd. (1905) 8f. 121 判決から一九七一年のRe Leadenhall General Hardware Stores Ltd. (1971) 115 S.J. 202判決に至るまでの簡単なコメントが付されている。

(30) Chesterman, op. cit. (3) at p. 132. 例えば、Re Cuthbert Cooper & Soms. Ltd. [1937] ch. 392では、申立人は会社の従業員であり、死亡した株主の遺言に従って遺産管理人（本件では同時に受益者でもある）として株式を保有するに過ぎない。遺産管理人は株主名簿に登録されない限り、株主ではないのであるから、結局、会社という準組合にとって外部者であったといえる事案である。

(31) Pennycuick J. は、特に一八九〇年組合法第三三条㈠項（組合員の破産による組合の解散の規定）に言及しているが、これは例外にしか過ぎない、in re k/9 Meat Supplies (Guildford) Ltd. [1966] 1 W.L.R. 112, 118, 119.

(32) 通常、Lindley on Partnershipの次の部分が引用ないし参照された。「裁判所は、組合員が互いに相手に対して正当に期待できるはずの信頼を抱くことができず、その事態が解散を欲する者により引き起こされたものでないことを認識する必要があり、かつそれで充分である。」see Re Yenidie Tabacco Co. Ltd. supra (24) at p. 430; Re Lundie Bros. Ltd. supra (9) at p. 1056; Re Davis & Collett Ltd. supra (26) at p. 701.

(33)「会社は、如何に小さくとも、また如何に家内的(domestic)であろうとも、会社であって組合ではない。組合関係と同様の権利義務関係が会社に認められるのは、『正当かつ衡平』という規定を通してである」per Wilberforce in [1972] 2 W.L.R. 1289, 1298.

(34) Cheeterman, op. cit. (3) at p. 134.

(35) Loch v. John Blackwood Ltd., [1924] A.C. 783, (P.C.). 信頼の喪失は、取締役の私的生活または私的事柄に関連するものでなく、会社の業務の運営に関連するものでなければならない。また、会社の経営方針について投票で負けたことの不満から生じたものであってはならないとする (at p. 788)。

(36) Re Yenidje Tabacco Co. Ltd. [1916] 2 ch. 426, C.A. なお、この原則は、行き詰まり(deadlock)の事案にのみ適用されるという見解が存在した。Warrington L.J. は、株主が二名でその所有する株式が平等であり、両者間にどうしようもない行き詰まりが存在する場合に限ると判示していた (at p. 435)。しかし、後に検討する貴族院判決は、この判例がdeadlock caseの場合に制限されないことを確認した、in [1972] 2 W.L.R. 1294-1295, 1301.

(37) Mcpherson, op. cit. (3) at pp. 296-297; Hadden, op. cit. (15) at pp. 157-158; Per Lord Cross in [1972] 2 W.L.R. 1301-1302.

(38) Loch v. John Blackwood Ltd. [1924] A.C. 783 (P.C.). 遺言の内容は、事業から生ずる利益は三人の受益者に分配されること、および、その事業は相続財団の受託者により経営されるべきことを定めていた。受託者は、この遺言の授権に従って、事業を会社形態に変更した。

(39) Hadden, op. cit. (15) at p. 231 は、一人会社または閉鎖会社が、相続を契機に株式保有が分散する結果として、所有と経営が分離した会社に変容する現象を指摘し、株式が公開されていない会社を非公開会社 (unquoted

company）と呼んでそのような会社に生ずる法律関係を論じている。Haddenの指摘する非公開会社の一部に信託関係またはそれに類似する関係を基礎とする会社が存在することは疑いない。また、このような会社において、株主相互間の関係を信託に類似して取り扱うことはあながち誤まりではなく、信託型閉鎖会社と呼ぶことも可能ではないかと考える。なお、アメリカ法では、例えば、会社の経営を後継者である息子に引き継がせるが、会社の経営から生ずる利益は妻や娘達にも分け与える旨の遺言がなされることがある。この遺言の実行は、通常、会社を支配できる株式について信託を設定し、息子を受託者とし、妻や娘達を受益者に指定する方法を採っている（但し妻や娘達は生涯権のみを取得し、息子が残余権を留保することが多い）。一般に、会社を支配できる株式に信託が設定され、その受託者が会社の経営の任にあたる会社を"estate corporation"と称している。アメリカ法では、この種の会社の場合にも信託法理が厳格に適用され、受託者としての忠実義務に違反するときは、受託者の地位からの解任、ひいては会社の取締役としての地位から解任されることになる。しかし、近時は、会社の取締役としての忠実義務（fiduciary duty）と信託の受託者としての忠実義務が衝突する受託者＝取締役の立場を考慮して、信託法理より会社法理を優先的に適用し、その忠実義務を会社法のレベルに緩和する方向にある。see Notes, the Trust Corporation: dual fiduciary duties and the conflict of institutions, [1961] U. Pa. L. Rev. 713; Notes, Estate Planning for the close corporation, [1967] 51 Minn. L. Rev. 725.

（40）　[1924] A.C. 783, at p. 794.

（41）　Re Lundie Bros. Ltd., [1965] 1 W.L.R. 1051; Re Westbourne Galleries Ltd., [1971] 1 A.E.R. 561. 会計処理上、利益配当による方法が不利益であることを根拠とする。

（42）　なお、Jenkins Committeeは、取締役として過度の報酬を受け取り、株主に対して全くまたは適正な利益配当を行わない場合には、当時の一九四八年会社法第二一〇条（現行は一九八五年会社法第四五九条）の救済手段が使用されるべきことを示唆している、Cmnd. 1749, para. 205.

三　貴族院判決による準組合法理の確立

(イ)　判例における準組合法理の動揺

正当かつ衡平を理由とする強制清算について判例の立場が定着したとも思われたが、準組合法理を発展させる過程で、不幸にも裁判所は当時次第に確立しつつあった会社法理の影響を受けることになった。すなわち、定款の規定である種の権限が認められている場合、支配株主がその権限を利用して少数派株主を抑圧したり会社経営から排除しても、その行為が悪意（mala fide）でなされたことが立証されない限り、原則とて、正当かつ衡平を理由とする強制清算の根拠とはならない、とする一連の判例が現われてきた。[43] このような一連の判例は、控訴裁判所（Court of Appeal）の次の判決に集約されたのである。[44] 控訴裁判所は、「我々の判断では、本件の如き準組合会社の事案では、定款または法律により株主総会における多数派株主に与えられた権限を行使して、取締役を解任し、その結果として会社の業務執行ないし経営から除外することは、その権限が会社の利益のために善意に（bona fide in the interests of the company）行使されなかったこと、すなわち、その権限行使の根拠が、相当の判断力のある人（reasonable man）であれば、取締役の解任が会社の利益になるとは考えなかったであろうことが証明されない限り、会社を清算することが正当かつ衡平であると判断する理由とはならない」、と判示した。[45]

この会社の利益のために善意で（bona fide in the interests of the company）という法律概念は、元来、定款変更の際における株主の義務に関連して、判例法で形成されてきたものである。その内容は、「株主は自己の忠実な意見（honest opinion）に従って会社全体の利益であると信ずるものに基づいて行動しなければならない」[46] とするものであり、定款変更に賛成する株主の主観的判断で善意であれば足りる。[47]

このように善意か否かの判断基準が株主の主観的な意思に置かれている背後には、会社の経営方針が裁判所の干渉により侵害されることがないようにとする配慮が働いている。[48] この判例原則のもとでは、定款の変更が無効であると主張する少数派株主は、定款の変更が相当な判断力のある人であれば会社のためになると考えることができなかったものであった旨を証明しなければならない。[49] しかし、通常、株主は相当の判断力のある人であり、かつ何が会社および株主全体の利益であるかを判断することができる最適任者であるという強い推定が働くので、この証明を満たすことは極めて困難であるとされている。[50]

したがって、控訴裁判所の判決文を文字通りに受け取り、「会社の利益のために善意で」という概念の意味が定款変更決議について判例法で示された内容と全く同一であるとすると、正当かつ衡平を理由とする会社の強制清算の場合にも、定款の規定から生ずる契約上の権利のみが強調され、準組合について、組合法のアナロジーで発展した株主相互間の誠実ないし信頼を基礎に形成された衡平法上の救済が顧慮される余地がなくなり、準組合法理の適用は実質的に否定される結果となる。[51]

他方で、正当かつ衡平を理由に準組合を清算する場合には、組合員相互間の義務に類似する株主相互間の義務が、会社の定款または法律の規定から生ずる権利に優先するとして、依然として準組合法理を堅持する判例も存在した。[52] 例えば、Plowman J. は、「疑いもなく申立人は法律的には (lawfully)、すなわち法律上 (in law) 取締役であることを止めたという意味では解任されたのであるが、それが直ちに解任に際して被申立人らが何らの害を加えなかったことにはならない。私の判断では、株主全員が経営に参加するということを基礎に開始された事業の経営から一人の株主を排除することは、権限の濫用であり、また組合員(株主)相互が負う誠実義務に反したという意味では、申立人に害を加えたことになる」、と判示している。[53]

また、対立する両者の見解を融合させようと試みる立場の判例も存在した。例えば、Smith J. は、「原則として、定款で与えられた解任権限を有効に行使することは、清算の事由とはならないが、重要な制約に服する。定款で与えられた権限を法律上有効に行使する場合でも、会社の社員となった時点で当事者が意図していたとみな

三　貴族院判決による準組合法理の確立

すことが不当ではない事項から完全に免れることは不可能である。このような場合、その行使は権限の枠内を越えていないという事実は、必ずしも会社の清算の申立を妨げるものとはならない」、と判示した。[54] 同様な見解がFildes Bros.事件判決[55]で、Megarry J.により表明された。同判事は、準組合に関する事案では、当事者間の契約を顧慮することが必要であるが、この契約とは定款の規定だけではなくその他の方法で合意したものを含み、さらには契約という形でなされたか否かを問わず、当事者間で確立し認容された一連の行為の経過（a settled and accepted course of conduct）をも考慮する必要があるとした。[56] このような折衷的な見解が、貴族院によって認容されることになるのである。

(ロ) Ebrahimi v. Westbourne Galleries 事件判決

一九七二年、貴族院（House of Lords）は、正当かつ衡平を理由とする強制清算について、少数派株主を救済する見地から重要な判決を下した。Ebrahimi v. Westbourne Galleries事件判決[57]で、裁判所は、会社の定款による契約上の効力を厳格に適用していた態度を改め、正当かつ衡平を理由とする清算の申立ての場合には、衡平法上の考慮が加えられるべきであることを明らかにした。

事実関係は以下の如くである。被告会社（W）は、N（被告）のカーペット販売業を引き継ぎ一九五八年私会社として設立された。その事業では、一九四五年頃から、NとE（原告）が平等に経営に参加し利益を配分することになっていた。そこで、両者は会社の設立に際して株式を引き受け最初の取締役に任命された。しかし、設立の後すぐにG（Nの息子であり被告でもある）が会社の取締役となり、EとNは、Gにその持株の一部を譲渡した。その結果、NとGの親子は株式の過半数を制することになった。会社の業績は順調であり、その利益はすべて取締役報酬として分配され、利益配当は一切行われなかった。不幸にも、両派の間に対立が生じ、Eを取締役から解任する旨の株主総会決議が可決されることになった。この決議は、当時の一九四八年会社法第一八四条によって法律上では（in law）有効である。Eは、まず一九四八年法第二一〇条（現行では一九八〇年法第七五条を経て一九八五年統括法第四五九条）の救済を申請し、予備的に会社の清算を申し立てた。第二一〇条の救済に関しては、Eは取締役として害を加えられたのであり、株主の資格において害を加えられたものでないとして却下され、(58)結局、正当かつ衡平を理由とする清算が問題となった。

貴族院（最高裁）では、Eの申立てが認容されたのであるが、判決の理由で、Lord Wilberforceは、一般的な理論として、以下のような見解を述べている。(59)すなわち、多くの判例の如く、準組合または実質的な組合という用語を使用することは、便宜であるかもしれないが、混同を招くことにもなる。組合法が誠実(probity)、善意(good faith)ないし相互の信頼（mutual confidence）という概念およびこれらが欠如した場合の救済手段を発展させ、また一九四八年法第二二二条(f)号（現行は一九八六年支払不能法第一二二条(一)項(g)号）に関する多くの事案は、組合が会社形態に移行し、その会社の基礎的構造が元の組合の権利義務関係により支配されている小規模会社に関するものであるという意味では、便宜である。しかし、当事者（おそらくは元の組合員）が今や会社の社員であり、新しい権利義務を受け入れたという事実を曖昧にし否定するものであるならば、その表現は混同を招くことになる。

このようにLord Wilberforceは、準組合概念が前提となって、準組合法理の適用の有無が決定されるのではないとしながらも、同時に、正当かつ衡平を理由とする会社の清算に関して建設的なアプローチを示唆している。(60)すなわち一九四八年法第二二二条(f)号の機能は、普通法上で認められる権利（legal right）の行使に対して、裁判所が衡平法上の考慮（equitable consideration）を加え、その権利の主張または特定の場合における権利の行使を許さないものとすることを可能にさせる。ここでいう普通法上の権利（legal right）とは、特に定款の規定から生ずる権利を指している。

三　貴族院判決による準組合法理の確立

このLord Wilberforceのアプローチは、準組合法理に伴う多くの問題を回避するとともに、その法理が発展させた概念をより処理し易いものに整理したと評価されている。(61)また、この法分野が、組合という母法からその紐帯を裁ち切り、会社法の一分野として意識的に発展させられるべきことを強調している、と評価することができる。準組合法理がややもすると「組合法理をそのまま準組合に適用する」という趣きがあったのに対して、Lord Wilberforceの見解は、組合法の原則にある程度パラレルな会社法の特別な原則を、その原則を適用することを適切とする特徴を備えた会社に、適用するものであると表現できる。(62)

ここでイギリス法特有のcommon law（普通法）とequity（衡平法）の関係を簡単に説明すると、法の根底に存在する法秩序は普通法によって形成されるが、そのままでは不都合である場合に、裁判所は、衡平法を援用して妥当な解決を図るということができる。会社における法律関係は、会社の定款によって規定されるが、その定款の規定を杓子定規に適用すると、当事者にとって不都合な結果となる場合に、これに衡平法上の考慮を加え、妥当な結果に導くということが考えられるわけである。

このような衡平法上の考慮が働く場合のすべてをあらかじめ予定することは不可能であり、また望ましくもないが、典型的には、小規模会社（殆ど私会社であろう）において、以下の要素が一つ以上認められる場合であるとされている。(63)

第一に、相互の信頼を含む人的関係を基礎に形成され、かつ継続する団体。この要素は、組合が会社形態に移行した場合に、しばしば認められる。

第二に、株主の全員またはその一部（匿名社員が存在するとき）が事業の経営に参加するという合意または取決めの存在。

第三に、株式の譲渡制限規定の存在。その定めがあるために、信頼を喪失したり会社の経営から除外された場合に、株主が自己の分け前を回収して、会社から離脱することができなくなる。

取締役からの解任という本件事案について、Lord Wilberforceは、一般に、悪意（mala fide）が立証されない限り、取締役は不満を述べることができないが、事業の継続する限り会社の経営に参加できるように、他の株主が善意に（in good faith）または相手方の信頼（confidence）に答えて行為する義務—もし破られるならばその結果として必ず団体の解散を招く程に基礎的な義務—を負っていたことを証明できる場合には、正当かつ衡平を理由に会社の清算を求めることができる、と判示した。[64] また、本件のような状況で、「会社の利益のために善意で」(bona fide in the interests of the company）という概念を適用することは、「多数派株主の利益のため」（in the interests of the Majority）と言うのと殆ど異ならないのであり、[65] 事件の審理を拒絶するアリバイ（alibi）以外の何物でもない。[66] 元の組合関係ではEとNが平等に経営に参加していたのであり、このEとNが平等に経営するという関係が会社の設立後も引き継がれたと推定して、結局、Eの申立てを認容してW会社の清算を命じたのである。[67]

この貴族院判決の確立により、私会社の株主は、正当かつ衡平を理由とする強制清算制度を通じて、会社と株主間および株主相互間で締結された権利や義務を実現することができ、強制清算制度は、少数派株主の救済手段として、イギリス会社法において重要な地位を占めるに至っている。[68]

(43) Re Cuthbert Cooper & Soms. Ltd., [1937] ch. 392; Charles Forte Investments Ltd. v. Amenda [1964] ch. 240, C.A.; Re Expanded Plugs Ltd. [1966] 1 W.L.R. 514; Re K/9 Meat Supplies (Guildford) Ltd. [1966] 1 W.L.R. 1112; Re Fildes Bros. Ltd. [1970] 1 W.L.R. 592.

(44) Re Westbourne Galleries Ltd. [1971] ch. 799, [1971] 1 A.E.R. 561. 本判決は、後に説明する Ebrahimi v. Westbourne Galleries Ltd. [1973] A.C. 360, H.L., [1972] 2 W.L.R. 1289の原審であって、これら一連の判例は否定され結果となった。

(45) [1971] ch. at P. 811, [1971] 1 A.E.R. at p. 565.

(46) Per Evershed M.R. in Greenhalgh v. Arderne Cinemas Ltd. [1951] 1 ch. 286, at p. 291.

(47) 主観的解釈をとる判例として、Shutteworth v. Cox Bros. & Co. (Maidenhead) Ltd. [1927] 2 K.B. 9, C.A.; Rights & Investment Trust Ltd. v. Stylo Shoes Ltd. [1965] ch. 250等を挙げることができる。しかし、定款の変更が会社および株主全体の利益において公正かつ正当（fair and just）であるか、それとも少数派株主に対

して抑圧的（oppresive）なものであるか、客観的に判断する立場の判例も存在した。Brown v. British Abrasive Wheel Co. Ltd. [1919] 1 ch. 290; Dafen Tinplate Co. Ltd. v. Llanelly Steel Co. Ltd. [1920] 2 ch. 124.

(48) Pennycuick J. in Rights and Issues Investment Trust Ltd. v. Stylo Shoes Ltd. [1965] ch. 250, at p. 256.

(49) Bankes L.J. in Schuttleworth v. Cox Bros. & Co. (Maidenhead) Ltd. [1927] 2 K.B. 9, C.A., at p. 18.

(50) 定款変更決議における会社の利益のために善意で（bona fide in the interests of the company）の議論については、Gower, Modern Company law, 6th ed. (7), pp. 712-717を参照のこと。

(51) Lord Wilberforce in [1972] 2 W.L.R. at p. 1295; Chesterman, op. cit. (3) at p. 138.

(52) Re Lundie Bros. Ltd. [1965] 1 W.L.R. 1051; Re Westbourne Galleries Ltd. [1970] 1 W.L.R. 1378（Westbourne Galleries事件の第1審判決である）。

(53) [1970] 1 W.L.R. at p. 1389.

(54) In re Wondoflex Textiles Pty. Ltd. [1951] V.L.R. 458, at p. 467.

(55) Re Fildes Bros. Ltd. [1970] 1 W.L.R. 592.

(56) Ibid. at p. 596.

(57) [1973] A.C. 360, H.L., [1972] 2 W.L.R. 1289.

(58) [1972] 2 W.L.R. at pp. 1293, 1301.

(59) Ibid. at p. 1298.

(60) Ibid. at pp. 1297-1298.

(61) Chesterman. op. cit. (3) at p. 141.

(62) Chesterman. op. cit. (3) at p. 141.

(63) [1972] 2 W.L.R. at pp. 1297-1298.

(64) [1972] 2 W.L.R. at p. 1298.

(65) N（多数派株主）は、E（少数派株主）がいない方が会社は繁栄すると自分で真底納得すれば足りるのであり、もしEがこれを争ったり、逆にNがいない方が会社は繁栄すると考えた場合には、多数派であるNの意見の方が勝つことになる。[1972] 2 W.L.R. at p. 1300.

(66) Per Lord Wilberforce, ibid at p. 1299–1300.

(67) もっとも、Chestermanは、Lord Wilberforceの指摘した一般原則には賛成するが、本件事案の処理には以下の点で疑念を表明している。第一に、NとGに事業が続く限りEを会社の経営に参加させるという義務を課す合意または取決めは事実関係から認めることができないこと、第二に、その引用した組合法の判例はLord Wilberforceの立場に沿うものではないことを指摘して、清算命令に有利な要素と不利な要素を比較衡量した後に、本件では清算命令が出されるべきでなかったとしている。op. cit. (3) at pp. 143–149.

(68) 本判決は一九四八年法第二一〇条（一九八〇年法第七五条を経て現在は一九八五年法第四五九条）の発展についても強い影響を及ぼしたが、この点の検討は後日別稿で論じたいと思う。参考文献としては、Gower, op. cit. (7). pp. 735–752; L.S. Sealy, op. cit. (29) pp. 542–564; S.H. Goo, Minority Shareholders' Protection: a study of section 459 of the companies Act 1985 (1994); 川島「イギリス会社法における少数派株主保護の理論的系譜」公開会社と閉鎖会社の法理・酒巻還暦（二三四頁―二五八頁）。

四　判例法理の評価

(イ) Clemens事件判決の出現

Ebrahimi v. Westbourne Galleries事件判例の後、興味ある判決が下された。それはClemens事件判決(69)であって、事案は次のようなものである。被告会社の株主は二名であって、原告が発行済株式の四五%、その伯母が五五%を所有しており、また、定款には株式の先買権が規定されていたので、原告は、伯母の死後における会社の完全な支配という期待と、伯母の生前における特別決議の成立を阻止しうる地位を保有していた。ところが取締役会（伯母と非株主四名で構成）は、原告の期待とその地位を奪うため、増資の提案を行い、臨時株主総会における伯母の投票によって、増資決議が可決された。増資の名目は、取締役および従業員に会社の利益の分配に参加させるということであり、これらの者に新株が割り当てられたが、その結果として、原告の持株比率は二五％を下回り、特別決議を阻止することもできなくなる。

裁判所は、増資決議の真の目的は原告から会社支配権を奪うことにあるとして、決議を取消した。この判決の中で、株主が株主総会において自らの権限を行使する際に制約が課せられるか否かを問題とし、Foster J. は次のように判示した。「本件では、伯母（支配株主）は、通常の株主であれば自ら欲するいかなる方法においても議決権を行使することができるのと異なって、そのように議決権を行使する権限はない、と言うに止めよう。Lord Wilberforce の言葉を使用すると、『権利の行使は衡平法上の考慮に服するものであり、この考慮によって、特定の方法によって権利を行使することは、不当とされうるであろう』と」[70]。この判示部分は明らかに「正当かつ衡平」を理由として強制清算を認めた Ebrahimi v. Westbourne Galleries 事件判決の強い影響を受けているのであり、原告が一九四八年法第二一〇条に定める救済命令や第二二二条(f)号による会社の清算を求めていないのにかかわらず衡平法上の考慮を適用している。本判決は、イギリスの私会社における一群の判例、すなわち、裁判所が組合に準じた会社における普通法上の権利（legal right）の行使に対して衡平法上の考慮（equitable consideration）を加えることを是認する判例法の形成・存在を認め、それに立脚していると言うことができるのであり[71]、準組合法理の適用という点で重要な展望を切り拓いたものと評価することができる。

(ロ) 株式の買取りによる究極的な解決

裁判所により清算命令が下されると、通常、会社が現実に解散されてしまう事態を回避するために、原告の株式を買い取る交渉が開始され、株式の買取りが成立すると会社の清算が回避されるのであって、事実上、少数派株主の持株の買取命令が一九八五年法第四五九条で多数派株主に出されたのと同様の効果を収めている。このような処理は妥当なものであると思われ、英国における「正当かつ衡平」を理由とする強制清算制度は、我国の会社法においても継受するに値いする制度と考える。(72)

(69) Clemens v. Clemens Bros. Ltd., [1976] 2 A.E.R. 268.
(70) Ibid. at p. 282.
(71) Rider, Partnership Law and its Impact on "Domestic Companies", [1979] C.L.J. 148, at p. 153.
(72) 詳しくは、拙稿「少数派株主の救済制度と会社法改正試案」中小会社法の研究（一九九七年）九九頁―一一三頁を参照のこと。

手形署名名義と手形行為者・手形債務者の確定について

尾崎安央

はしがき

手形の文言性を、手形上の記載をもって手形行為者の意思表示の内容とし、かつ、それは手形行為時の手形面上の記載のみによって決せられるという意味に解するならば、[1] すべての手形行為（振出・裏書・保証・引受・参加引受）に共通する必要的記載事項である手形署名（手形行為者名義の記載）についても（手一条八号、七五条七号、一三条一項、二五条一項、三一条二項、五七条、七七条一項一号・三項）、そのような文言性が妥当するはずである。一般に、「署名なければ責任なし」と言われ、また、手形署名の解釈については手形外の事情によって決することを許さないとされるのは、[2] この手形署名に関する文言性のことを表現していると考えられる。しかし、従来の手形法学においては、手形署名者名義とこの文言性との関係について様々な議論がなされてきたのも事実である。本稿は、この従来からの手形法学の基本問題に関して、手形面上に自己の名義が記載されていない者の手形責任（非文言的な手形債務者）を中心に、若干の検討を行おうとするものである。[3]

（1）　手形の文言性については、上柳克郎「手形の文言性」手形法・小切手法講座一巻（一九六四年）六〇頁以下に詳しい。そこにも述べられるように、手形行為の文言性を人的抗弁制限則との関連でどのように捉えるかは重要な問題であるといえよう（川村正幸・手形小切手法（一九九六年）二二頁）。しかし、通常の手形法の教科書においては、手形の文言性について、手形行為の内容はもっぱら手形証券上の記載によって決定されること、手形外の事情によって記載の補完・補正等をすることができないことなどと説かれており、本稿の目的における「文言性」の一応の理解としても、これで足りると考える。前田庸・手形法小切手法（一九九九年）七八頁、福瀧博之・手形法綱要（一九九八年）五八頁、後藤紀一・要論手形法小切手法（第三版）（一九九八年）六五頁、関俊彦・金融手形小切手法（一九九六年）一九八頁、坂井芳雄・手形法小切手法の理解（一九九六年）四二頁、田邊光政・最新手形法小切手法（四訂版）（二〇〇〇年）三二頁、小橋一郎・手形法小切手法（一九九五年）一四頁、鈴木竹雄＝前田庸・手形法小切手法（新版）（一九九二年）一一九頁、浜田惟道・手形法小切手法（一九九二年）二四頁など。この中で、前田教授が、「手形行為の文言性」の意義を「手形の署名者が、自己の責任の免れるために手形上にそのような内容の記載がなされていないと主張をすることを認めない」ことに置かれている点に注目しなければならないであろう（前掲書八三頁）。かりにこのような理解に従うならば、何らかの理論（後に詳しく検討する）によって手形債務者が実質的に確定されるならば、文言上の抗弁として（これは証券上の抗弁なので、一般には物的抗弁になるのであろうが）「手形債務者名義が記載されていない」という抗弁主張を排除または制限できることとなるからである。

（2）　ここでは、手形行為者名義と手形行為者または手形債務者の同定（identifying）の意味で用いている。

（3）　この問題に関しては、既にすぐれた先行研究が数多く存在する。とりわけ木内宜彦・特別講義手形法小切手法（一九八二年。以下、木内『特別講義』として引用）七〇頁以下、およびそれをベースに書き直された論文である同「手形署名と手形当事者の決定」新報八四巻一〇・一一・一二合併号（一九七八年）一九頁（『手形抗弁の理論』木内宜彦論文集1（一九九五年）三三三頁以下所収。以下では、木内『手形抗弁』として同書より引用）は多くの示唆に富む論説である。また、高窪教授は、銀行信用を背景にしたわが国の手形実務においては「手形債務者が誰かを署名によって文言的に確定して流通におく必要」がうすくなっている現状を指摘されている（高窪利一・現代手形小切手法三訂版（一九九七年）二九頁）。さらに、木内宜彦・倉沢康一郎・庄子良男・高窪利一・田辺光政・シンポジューム手形・小切手法（一九七九年）三八頁以下、七六頁以下などにおいて手形の文言性に関する大変興味深い議論がなされている。本稿は、これら先行業績からの貴重なご示唆に啓発されて、若干の手形解釈論・制度理解に関する試論を展開しようとする試みにすぎない。

一　他人名義による手形行為

自然人Aから見て他の自然人である「甲」の名義で手形行為をした場合、当該署名実行行為者[4]Aに手形責任が認められるであろうか。この問いに対して手形行為の文言性に従い券面上の記載通りに手形債務者を確定しなければならないとの解釈を採るならば、Aの名義は券面上存在しないことから、Aには手形責任がないという帰結になるであろう。甲がAに手形行為の代行をなさしめた場合、すなわち有権代行（機関による手形行為）の場合がまさにその通りの結論となる。法的にも、署名実行行為者Aではなく名義人甲が「手形行為者」であると評価され、他人を道具として利用した手形行為者たる甲が当然に手形債務者となる。[5]では、それ以外の場合はどうか。わが国の従来の学説・判例はともに、Aが自ら手形証券を作成し流通させた実質に着目して、Aが自ら債務負担の意思を有する場合（狭義の「他人名義による手形行為」）のみならず、自らは債務負担の意思を有しないで無権限でそのような行為をした場合についても（無権代行、すなわち偽造）、結論としてAの手形責任を肯定しようとする方向にあるといえよう。もっとも、その場合のAの帰責の条件または理論構成には周知のように争いがある。[6]そこで、以下では、このような場合の署名行為実行行為者Aについて、その手形債務負担意思の有無に従って場合を分けて検討を加えたいと思う。

(イ) 自ら債務負担の意思を有する場合

Aが自ら手形債務を負担する意思を有しつつ、「自己を表示する名称」として他人の名義である「甲」を使用した場合について、そのAに手形責任を負担させるための条件として、従来の判例はその事実の周知性、慣用性または多数回使用という事実を重視するアプローチを採ってきた。[7] 学説においても、その名称がその実行行為者を表示するものと取引界において客観的に認められていることを条件とするものが多数説であるとされてきた。[8] ところが、このような学説・判例に対しては、一回限りの名義使用の場合にもAの手形責任を認めることができるとする有力説がある。[9] 近時ではむしろこのような学説の方が優勢であるようにも見えるが、この説によれば、「甲」という名称を「自己を表示する名称」として使用して署名を行った署名実行行為者（A）自身が原則として手形責任を負担すべきであるとの前提から、名義使用の慣用等の事実は手形行為当事者間においては手形債務者をAとすることを予定していたとの事実を推認する有力な証拠になると解されている。[10] 手形金支払の段階を想定すると、その手形の支払請求を受ける可能性の高いのは名義人である甲であろうが、手形の振出など身に覚えのない甲は請求を受けた際に自らの手形責任を否認（「抗弁」）するであろう。[11] 甲はさらに、その実際の手形署名実行行為者がAであると主張するかもしれない。その際に、Aが甲名義を慣用していた等の事実は、甲の債務を免れさせる有力な証拠となると同時に、当該手形についての手形債務者をAとするための有力な証拠としても機能するということである。

もっとも、この有力説では、本稿の関心事である、手形行為の文言性（「A」という記載がないこと）と手形債務者の確定の関係が問題となる。現にこの学説の主唱者の一人である鈴木教授自身も、そのような解釈には「手形行為の文言性に反するとの批判があるいはありうるかと思う」とされている。しかし、その点に対する回答として鈴木教授は、「手形債務の内容を決定する問題と違って、誰が手形行為者かを決定するための記載に関するので、手形行為の文言性というような一般原則で割り切らねばならぬ問題ではないのではないか」と説かれ[12]、手形債務者の確定には文言性は考えなくてもよいとされている。この説明で理論的に十分かどうかはなお検討を要すると思われるが、結局のところ、この問題の理論上の対立軸は、手形行為の文言性と手形債務者の確定との関係理解に存すると考えてよいであろう。

(ロ)　手形行為に対する商法二三条の適用・類推適用の問題

自然人甲が自然人Aに対して、自らの名義をA自身が手形行為を行う際または銀行との間で当座勘定契約を締結する際にA自身を表示するものとして使用することを許諾していた場合の責任関係も、従来からの手形法学の争点の一つであった。近時の判例は、銀行取引に限った名称使用許諾について商法二三条の類推適用を認めるところまで至っているが[13]、従前のリーディングケースとされる最高裁判例はむしろ商法二三条の適用または類推適用に対して否定的立場を採っていた[14]。もっとも、この判決が論拠としたことの一つが、Aが「甲」名義で手形行為をしてもA自身の手形行為が成立する余地がなく、名義被用者甲が連帯して手形責任を負担することはありえないとした点にはつとに批判がなされていた点である。もし他人名義による手形行為についても手形署名実行行為者の手形責任を認めることができるのであれば、この最高裁判決が言うように、名板貸人たる甲の手形責任(連帯責任)を認める余地が全くない、との立場は維持しえないであろう。この問題もまた、他人名義による手形行為について、券面上に記載のない署名実行行為者A自身の手形責任が成立しうるかが重要な理論上の対立軸となる例と考えられる。

(ハ)　債務負担の意思がない場合——手形偽造——

一般に手形行為の無権限代行行為を偽造という。手形偽造の場合における偽造者Aの手形責任について、最高裁はいわゆる手形法八条類推説に与している。[15] しかし、このような理論構成に対しては、つとに、手形行為の文言性を理由にした批判がある。[16] 手形責任を負わせるにはAの名義の記載が手形面上になければならないというのである。もとより、このような批判には反批判があり、偽造者を利するような解釈は手形の文言性の予定するところではないとも言われる。[17] しかし、手形署名の文言性にこだわればもっともな疑問であり、この批判が重要な問題提起をしていることは否定できない。手形の文言性を前提にして偽造者自身の手形行為が存在すると解するいわゆる偽造者行為説が主張されるに至ったのは周知のことである。[18][19] ただ、この場合、偽造者は「自己を表示する名称」として他人名義を使用してはおらず、従来の狭義の「他人名義による自己の手形行為」とは異質の要素を含んでいる。署名実行行為者の主観的要素、すなわち債務負担に関する内心的効果意思が欠けている点は決定的な違いと言わなければならない。その意味では、偽造者行為説が「自己を表示する名称」と表現してAの手形責任を理論構成したのは実態にそぐわない理論構成であると批判されたのは当然のことと言えよう。[20] ともあれ、手形行為の偽造者の責任問題もまた、手形署名の文言性が問題となった一例であると見ることができるであろう。

㈡ 本人名義を記載しない代理行為の場合

近時、一九九〇年改正のアメリカ統一商事法典（UCC）の規定を参考にして、[21] 本人名義「甲」（および代理関係）を表示しない代理人Aによる手形代理行為（非顕名手形代理行為）について、本人甲の手形責任を肯定すべきであるとする有力な主張が存在する。[22] この学説は結果として、わが国の商法五〇四条に従った解釈と同様の理論構成になるものであるが、わが国の従来からの通説的理解は、同条が商行為における非顕名代理について本人の責任を原則的に認める規定であり、かつ、商法が手形行為を絶対的商行為である規定しているにもかかわらず（商五〇一条四号）、手形代理行為の方式について顕名主義に拠ってきた。[23] その理由として一般に、手形署名の文言性・書面性が挙げられてきたが、[24] 前掲の有力学説は、本人甲が代理人Aに対して有効な授権（自ら債務を負担する意思）

をしているならば、甲名義が手形面上に記載されていないとしても手形責任を認めてよいのではないかと述べられるのである。[25] 手形偽造の場合に、文言上は存在しない手形署名実行行為者の責任を認めることとのバランスが考慮されての主張である。いずれに従うべきかは、ここでも、手形署名名義と文言性の関係をめぐる理解が前提となるであろう。

（4）署名名義者、手形行為者、そして手形署名を実際に行った者の氏名とが完全に一致しているときは特に問題がないが、それらに不一致があったときにはこれらの者を概念上区別することに意味があると考える。そして、いわゆる機関方式（代行方式）の署名の場合を想定すると、「甲」名義の手形署名を実際にはAが行ったというとき、本文で述べるように、法的には本人甲自身の手形行為であると評価される点に注意が要る。この場合のAを表現するものとして、本稿では手形署名「実行行為者」という語を用いている。

（5）自署の代行の可能性につき、学説上議論がある。通説的理解は自署の代行を認めないとするようであるが（鴻常夫「署名と記名捺印」手形法・小切手法講座一巻一二五頁（一九六四年）、一四三頁）、手形行為の実行行為者の同一性確認という面からは筆跡が残る点で自署代行も署名の客観的理由を満たしていると考えられ、また代理・代行行為においては手形債務者の自覚などという署名の主観的要素は代理人・代行者の自覚・認識に代わっていることからすると、自署の代行においてもそれは十分に満たされていると考えられる。とすれば、自署の代行を直ちに無効署名と解することは妥当でない。この点に関して、木内・前掲『特別講義』注(3)七二―七五頁参照。

（6）この具体的内容については後述するが、ここでは一応、手形債務を負担するという具体的な内心的効果意思を指すものとして用いている。

（7）大判明治三九年一〇月四日民録一二輯一二〇三頁（通称「前田林造」の「慣用」）、大判大正一〇年七月一三日民録二七輯一三一八頁（営業上の名称として「平常」妻名義「牧野幹」を使用してきた事実）、最判昭和三九年四月一七日民集一八巻四号五四三頁（商業登記簿上の名称とは違う「三ツ輪林業株式会社」名義を用いることを「常としていた」）、最判昭和四三年一二月一二日民集二二巻一三号二九六三頁（兄名義「浅沼定雄」による当座取引口座の開設）など。

(8) 鴻・前掲書注(5)一三七頁。
(9) 鈴木竹雄「手形行為の解釈」商法研究Ⅰ(一九八一年。初出は法学協会雑誌八〇巻二号(一九六三年))三〇三頁、三〇八頁、高窪・前掲書注(1)一五四頁、永井和之「手形行為と表見代理・表見代表・名板貸」特別講義商法Ⅱ(一九九五年)一三六頁、田中誠二・手形法小切手法詳論(上)(一九六八年)一三二頁など。
(10) 鈴木・前掲書注(9)三〇八―〇九頁、高窪・前掲書注(1)一五四頁など。
(11) 平出教授は、「手形の記載を総合的にみればAのみが手形行為者本人であることが客観的に明らかである場合」などでは、「手形所持人から請求を受けたB(本文の設例では甲…筆者注)は、本人がAであってB(甲…筆者注)でないことを手形債務負担行為についての物的抗弁となしうる」とされる(平出慶道・手形法小切手法(一九九〇年)二一〇頁)。ちなみに、平出教授はこの場合の手形所持人の保護を手形法八条の類推適用によって実現されるとも述べられ、基本的には偽造者行為説を妥当とされつつも、この問題については八条類推説を「補充的に用いる」との立場を採られている。なお、悪意の第三取得者との関係では無権利の抗弁を主張できるともされている点が注目される。
(12) 鈴木・前掲書注(9)三〇八頁。
(13) 最判昭和五五年七月一五日判時九八二号一四四頁。
(14) 最判昭和四二年六月六日判時四八七号五六頁。拙稿「本件判例解説」手形小切手判例百選(五版)(一九九七年)二八頁。
(15) 最判昭和四九年六月二八日民集二八巻五号六五五頁。なお、最判昭和五五年九月五日民集三四巻五号六六七頁。それ以前の学説として、竹田省・手形法小切手法(一九五六年)三三頁、伊澤孝平・手形法小切手法(一九四九年)一七一頁、山尾時三・手形法研究(一九三五年)七三頁など参照。
(16) 田中(誠)・前掲書注(9)一九五頁など。
(17) たとえば、前田庸・手形法小切手法入門(一九八三年)九二頁。
(18) 大隅健一郎「手形行為者の名称:偽造者の手形上の責任」商法の諸問題(一九七一年)三五六頁以下、三六〇一六一頁、鈴木・前掲書注(8)三三八頁、蓮井良憲「手形の偽造」手形法・小切手法講座一巻（一九六四年）二三二頁、二四九頁など。

(19)　別名使用説とも言われる（前掲シンポジューム注(3)八四頁（田辺コメント））。

(20)　前田・前掲書注(1)八二頁など。かりに手形署名の文言性を意識しつつ手形偽造者の手形責任を肯定しようとするのであれば、むしろ、少なくとも手形振出偽造者については、その者は「ともかくも振出人名義で署名行為を行っている」との事実認識の主観だけで足りるとまで、つまり、「自己を表示する名称」として使用するとの意思や自ら債務負担するとの内心的効果意思までは要らないとまで、署名実行行為者の内心的効果意思を客観化・抽象化しなければならないのではなかろうか。たとえば、高窪・前掲書注(1)一三九頁以下では、「ひとたび適法に要件を記載し、手形に署名することを認識して適法に署名した以上は、具体的な効果意思がいかなるものであったかにかかわらず、記載文言どおりの債務負担を生ずる」とされ（なお、前掲シンポジューム注(3)九一頁（高窪コメント）参照）、また升本喜兵衛・有價證券法（一九五二年）一二一―一三頁では、「外観上存する手形行為に対して、その効力に影響ある行為者の意思内容は、行為名義人が果してその手形行為をなす意思があったどうか、究極においては、その手形署名が真正になされたものかどうかの一點に歸着するのであって、手形上の記載通りの手形行為をなす意思があったかどうかを省みるの要はない」とされている。この「形式行為説」は、手形理論としてなお検討を要する部分が残されているとも考えられるが、手形行為者の内心的効果意思をかなりの程度まで抽象化した学説の例として傾聴に値するものであるように思われる。なお、高窪・前掲書注(1)一四八頁注14参照。

(21)　一九九〇年改正三・四〇二条は、旧三・四〇一条一項が「何人といえども、その署名が手形券面上にあらわれていない限りは、手形上の責任を負うことはない」と規定していたものを改めて、「何人といえども、……(i)代理人または代表者によって代理または代表されている者であって、当該代理人または代表者が手形に署名し、かつ、その署名が三・四〇二条によって本人を拘束する場合を除き、手形上の責任を負うことはない」とし（同条a項）、その三・四〇二条は、「代理人として行動している者または代理人として行動しようとしている者が本人の名称または自己の名称で手形に署名したときは、本人は、署名が通常の契約においてなされた場合に本人が拘束される程度において拘束されるものとする」(傍線は引用者)として(同条a項)、本人名義が記載されない場合にも本人が拘束されることを明記している。

(22) 前田・前掲書注(1)八三―八五頁、一三八頁以下、同「手形の文言性」特別講義商法II(一九九五年)九三―九四頁。前田教授は、「代理人名義方式」と呼ばれる。なお、稲田俊信・手形取引と民事責任(一九九六年)五九頁以下参照。

(23) 「手形代理の絶対顕名主義」とも言われる(大隅健一郎＝河本一郎・注釈手形法小切手法(一九七七年)七六頁)。なお、手形法制定前の商法四三六条は、代理人が本人のためにすることを記載しないで手形に署名したときは、本人は手形上の責任を負うことはない旨の規定を置いていたが、そのような規定がない現行手形法でも同様に解すべきであるというのが通説の理解である。

(24) 服部栄三「手形行為の代理」手形法・小切手法講座一巻(一九六四年)一五五頁、一五七頁。

(25) 前田・前掲論文『特別講義II』注(22)九一―九二頁。

二 手形行為に手形署名が必要とされる理由について

従来から、手形行為に署名が必要とされる理由として、多数説は客観的理由と主観的理由の二つを挙げてきた。すなわち、①筆跡などによって「行為者」(実行行為者なのか、法的な意味での手形行為者・手形債務者なのかは必ずしも明確でない)の同一性を確認できるようにし、併せて手形偽造を防止するためと、②署名という慎重な認証行為(事実行為)をなさしめることによって厳格な手形責任を負担することを自覚させるために、署名が絶対的に要求されると説かれてきたのである。(26) しかし、今日のわが国の銀行・手形交換所を媒介とした手形実務では、署名鑑あるいは届出印制度を前提とした上で、(27) 記名捺印による署名がほとんどであるといわれるが、そのような実務を前提として考えるならば、少なくともわが国の手形法解釈または手形商慣習法上の理解としては、手形署名の客観的理由を過度に意識することは妥当でないように思われる。[28] 特に、手形行為者・手形債務者の確定にとって署名の意義、すなわち、「名称」「名義」（捺印の名義・印影にも妥当する）の意義は、後述するように、限りなく抽象化・記号化していると言わざるをえないのであって、手形行為に署名が要求される理由は、手形であることを認識して手形を作成しようという内心的効果意思に基礎を置く主観的理由にこそあると考えなければならないのではなかろうかと考える。[29] その意味では、手形署名実行行為者の主観が重要な場合が少なくないということであろう。

(26)　鴻・前掲書注(9)一二七―二八頁、高窪・前掲書注(1)六〇頁、田中・前掲書注(1)一二七頁、伊澤・前掲書注(15)六五頁、鈴木＝前田・前掲書注(1)一三三頁など。これに対して、主観的理由を強調する学説として、薬師寺志光＝本間喜一「新手形法註釋」志林三七巻三号（一九三五年）一〇一頁、一〇七―〇八頁、稲田・前掲書注(22)四―五頁などがあり、これに対して客観的理由を強調する学説としては鈴木・前掲書注(1)一三〇頁などがある。

(27)　法人の場合も振出名義人が銀行取引上「固定する」関係で、たとえば共同代表の定めがある場合であっても、手形行為に関しては名義は共同代表取締役の一部のものの単独名義となるのが通常である。この点で、最判昭和五四年三月八日民集三三巻二号二四五頁が共同代表の場合にその振出権限を一部の共同代表取締役に委任することを肯定したのは結果としては妥当である。

(28)　高窪・前掲書注(1)六〇頁、稲田・前掲書注(22)四頁。

(29)　なお、平出・前掲書注(11)一三一頁。

三　手形債務者としての文言的記載がない者の手形責任

これまで見てきたように、①手形署名において「甲」と記載したA（自らの名称Aは記載されていない）の手形責任を認めうるか（前掲二(イ)～(ハ)）、②手形債務負担の意思でAに代理権を授権した場合に、「甲」名義が記載されなかったときにも甲の手形責任を認めうるのか（前掲二(三)）などという問題は、いずれも、手形債務者としての文言的記載がない者（署名実行行為者Aまたは本人甲）に手形責任を認めうるのかという点で共通する。[30] 前述したように、一般に「署名なければ責任なし」ともいわれるが、名義が手形面上表示されていない者には絶対的に手形責任がないと言いきってよいのかどうかは、なお慎重に検討を要する問題であろう。以下において、さらに検討を加えてみたいと思う。

(イ) 手形署名行為における「名義」について

(a) 名義選択の自由

わが国の手形法学上の通説的理解によれば、手形署名に用いるべき名義は本名（法人の場合は登記簿上の名称）に限らず、同一性が確認できる限りで、通称、商号（屋号）、雅号、芸名等でもよく、さらに他人（他の法人）の名前または架空人（仮説人）の名前でも構わないとされている。[31] 換言すると、自らがその名義による手形行為の結果として当該手形債務を負担するという内心的効果意思を有するのであれば、その手形署名における名称は相当程度に自由に選択できるということである。手形面上の名称が真実でなくともよいということは、ともかく何らかの自然人あるいは団体等の「名称」があればよいということである。もっとも、前掲した慣用性・周知性説によれば、その名称使用が署名実行行為者の自己（あるいは代表する法人等）を表示するものとして慣用・周知でない場合は、手形署名としては無効ということになるのであろう。しかし、手形要件が完全に記入された統一手形用紙が存在し、それを通常の手形流通過程で、すなわち裏書譲渡により譲り受けた者がいる場合を想定すると、手形行為の原則的無効を前提とする（手形署名実行行為者についても手形債務不存在という絶対的抗弁の対抗を認める）理論構成は妥当でない。手形法には手形行為の無権代理人の手形責任を当然に認める規定（八条）が存在することや、偽造行為者の手形責任を肯定しようとする最近の判例・学説傾向からすればなおさら、ともかくも手形要件を充足した、しかも統一手形用紙を使用した手形証券を作成し流通させた者の手形責任を肯定する解釈の方が合理性を有するように思われるのである。手形を有効とすれば手形法的な保護が相当広範に可能となるからである。その意味では、他人名義の手形行為の問題を「自己の名称」として使用したか否かの証明問題として捉え、その立証責任を手形署名実行行為者側に分配すると考える解釈態度が基本的に正しいと考える。

さらに付言するならば、無権代理人や手形偽造者らの「無権限署名者」[32]の手形責任にまで思いを致せば、理論的一貫性という点で、「自己を表示する名称」として使用する場合（自ら債務負担をする意思を有する場合）に限定する必要もないとさえ言えるように思われる。手形所持人の利益保護という点では証券の外観が全く同じであるにもかかわらず、手形署名実行行為者の主観の違いだけで結果に違いが生じることは基本的に妥当でないからである。ただ、このように考える場合の問題点は、手形署名実行行為者が手形であることを認識し、「何らかの名称」を用いて手形署名行為を行った場合に、原則的に手形責任が負わされるとする理論上の根拠の解明、あるいは理論構成のあり方にあるとも考えられる。さらに慎重な検討を要する問題である。

(b)　「人の名称」であることの必要性

手形署名に用いられる「名義」について、アメリカのUCCは「記号またはシンボル」によっても可能であるとの立場をとっている。[33]これに対してはわが国では、署名の真正性を判断する前提として「誰が署名者であるか」を確認しなければならないとして、「署名者の名称」、つまり自然人の手形署名の場合は「人の名称」でなければならないとしてきた。[34]自然人の手形署名名義については、何らかの「人の名称」であればよいというレベルの抽象化は許容されても、記号・シンボルまでの抽象化は許容されていないということである。[35]たしかに、署名は記号やシンボルのようなものでもよいとすると、その「名義」は手形実行行為者が誰かあるいは手形債務者が誰であるかを探知するための「人の名称」としての意味すらを持たなくなり、単に「記号」とその使用者の同一性を確認するだけのことになるであろう。しかし、外国人のなす手書きのサインはときに図案に等しく、他人が真似ることができないようにするためにアルファベットの原型をとどめないようなサインも珍しくないようである。わが国にも個人名称の図案化または個性の象徴とも言える花押の歴史がある。また、手形署名の意義を前述したように手形行為確認行為という主観的理由にこそ求めるならば、「人の名称」的要素を含まない記号のようなものであっても有効な署名とすることは可能である。さらに、手形署名の客観的理由から見ても、行為者と名義者の同一性を客観的に確認するという点では、記号等であっても、何人も真似ることができないものであるならばかえって、手形行為に署名を要求した理由にも適合すると言えるように思われる。

以上の議論はわが国では記名捺印の印影についてなされてきたものに類似する。わが国の実務上の中心的署名方式である記名捺印においては、印影に署名の客観的意義を求めるのが通例であるが[36]、その印鑑の書体も、実印を想定すればわかるように複雑化しあるいは図案に近づく。複雑な図案で記名名義との一致が容易に確認できない印影をもつ印鑑についても、それが印鑑である限りは実務上許容される。一方、手形行為者確認のための「名称」としては、記名捺印方式では「記名」が要求されているが、記名捺印自体が手形署名の「実行行為者の特定」という点ではほとんど意味を持たないことは既に指摘されているところであるし[37]、また手形偽造等の場合には典型的であろうが、手形債務者・手形行為者・手形署名実行行為者の特定においてはその名称自体も「一応の意味」を持つにすぎない[38]。その点でも、わが国の記名捺印署名において、名義の抽象化または記号化がある程度進んでいると言えなくもないのである。

もとより、署名名義を人称に限定するかどうかの問題については、わが国の商慣習を無視することはできないであろう。わが国の手形署名実務の中心である記名捺印を前提にするならば、もっぱら記名名義の銀行への届出・受理に関連する問題となるであろう。その銀行取引を媒介とした手形実務を前提にする限り、少なくとも個人署名については、その振出署名において「人の名称」以外の記号等が記名名義として銀行に届出られ、これが受け容れられる可能性はほとんどないと言ってよいように思われる。また、現実的にも、そのような「人の名称」以外の記名による手形が流通する可能性も現実的にはきわめて低いと考えられる。手形の受取人や譲受人は当該手形の記号による署名名義を見て、通常はその受取りを拒否するであろうと想像される。要するに、現在のわが国の商慣習からは、かかる「人の名称」以外の名義署名は許容されていないと言わざるをえないのである。一方、印影についても、従来から拇印の許容性をめぐって議論されてきたところであるが、理論的には拇印は署名の意義を完全に満たすとしても実務上は届出印として銀行が受け入れるとは考えられないからこそ、捺印としては不適切と考えるべきものであろう[39]。要するに、記名における記号にせよ、押捺における拇印にせよ、理論的には妥当であるとしても実務的に否定されるがゆえに認められないと解されるという点で、理解を同じくすると考えるのである[40]。

(ロ)　手形行為の有権代理・無権代理

甲から適法に授権された代理人Aが行った「甲代理人A」と記載した手形署名行為について、その法律効果は甲に帰属するとしても（民九九条）、当該法律行為（手形行為）の成否は代理人Aについて判断される[41]。行為能力の有無、意思表示の瑕疵・欠缺などはAを基準とするわけである。そしてまた、Aの内心的効果意思（法律効果を本人甲に帰属させること）は、手形行為においてはいわゆる「代理方式」を採用することで文言的にも表示されることになるが、その場合でも、その代理権授与の有無あるいは有効性を甲が争ったときは[42]、その有効な授権についてはは代理人たるAが立証しなければならず、その証明ができないとき（民法一一七条一項「其代理権ヲ証明スルコト能ハス」）はA自身が無権代理人としての責任を負担しなければならないと解されている。そのような無権代理の場合について、民法では、無権代理人の責任は相手方の選択に従い履行責任または損害賠償責任となるが（民一一七条）、手形法は無権代理人が当然に手形責任を負う旨を規定している（手八条）点で違いがある。もっとも、民法も手形法も、無権代理人の責任はそのような無権限行為を実行した無権代理人（「自称代理人」という方が正確かもしれない）に対するある種の制裁であると解し、その責任は法定責任であると解するのが一般のようである。[43] 自称代理人には自ら債務負担をするという内心的効果意思がないので、その法律行為の効果が帰属することはないと解されているからである。[44] ただ、手形法八条責任については、周知のように、無権代理人の「行為責任」と捉える手形法上の学説もある点に注意が要る。[45] いずれが妥当かは、代理という法制度の理解にかかわる問題である。

有権代理の場合には直接本人に法効果が帰属するが、これに加えて民法では、本人甲が無権代理行為について遡及的追認するときも、法効果はもっぱら本人甲について生じ、代理人Aは責任を免れると解されている。[46] 私見もこの結論には全く異論はないが、手形行為に関する理論上の問題として考えるとき、かりに手形行為者の責任の根拠を手形であることを認識して署名した事実に求めるとすれば、つまり、手形行為の代理人については権限の有無を問わず自身の有効な手形行為が成立するが、有権限のときはその効果だけが本人に帰属するという理解が可能かどうかという問題提起が可能であるように思われるのである。要するに、手形行為の有権代理の場合であっても、一旦は手形署名実行行為者について手形債務は成立し、代理権の証明によってその効果だけが本人のみに帰属するようになると構成することはできないか、ということである。

この点で、木内教授の指摘は傾聴すべきものである。すなわち、代理人Zが自ら意思決定し、かつ、本人Yの名をもって署名した場合（いわゆる代理的代行の場合）に、「この手形行為をもって有効な手形行為であるとするならば、むしろ実質的に存在するのはZの手形行為のみであり、かつその効果はYに帰属してYが手形責任を負うことを肯定するならば、その形式の如何にかかわらず、それはYのためにするZの手形行為すなわち代理行為であったと考えるほうがより素直であろう」（傍線は引用者）と述べられ、そのような解釈を採るための前提たる仮説として、「手形行為は署名を要件とするが、行為者は自己の名をもってそれを行なわなくてもよい」ということを承認する必要があることを述べられているのである。[47] そして、このように手形行為の存否の問題と手形行為の効果帰属の問題とを分離した上で、前者については実際に手形行為をした者（権限の有無を問わない）について判断し、後者については手形の文言証券性から所持人は名義人Yを一応の手形債務者として手形金を請求することができるともされている。もっとも、Y自らが手形行為をしたことまたは代理権を授与して代理人Zにより手形行為をしたことなどの主張立証責任は手形所持人の側にあるとされ、名義人Yはそのような事実を「否認」することで請求を拒めるとされている。しかし、手形の文言性の理解に関しては、Yは「自分が手形上の効果の帰属者ではない、すなわち手形署名者として表示された者ではないということを争うことはできない」とされている。[49] 一方、署名を実際に行った者（手形署名実行行為者）Zに請求した場合には（木内説では偽造も無権代理の一種と解されている）、Zは実際に行為を行っていない等の事実を争うこともできるほかに、手形面上のYの記載は「自分を示すものでない」という事実も争えるとされている。ただし、その主張立証責任はもとよりZの側にあるとされ、その理由として「ある名称がある者を表示するか否かは、その名称を使用するもののみが決定できるのであって、そのことを別の者（手形所持人）に主張・立証させようとすることは所詮無理である」とされている。きわめて説得力のある主張である。手形行為など身に覚えのない名義人がその手形責任を否認するのは当然であるとしても、そのときに手形所持人は、このような手形行為の実行行為者を探すリスク・コスト負担が余儀なくされる。その意味では、手形署名における「名義の意義」は一応の行為者を推認させる程度のものにすぎないわけである。

(ハ)　表見代理・被偽造者の表見責任

手形行為に表見代理（民一〇九条、一一〇条、一一二条）が成立するときには、本人甲は手形責任を免れえない。[50] 手形について表見代理が成立すると解されるが、その場合に無権代理人の責任はどうなるか。手形法上、解釈の争いがある。従来の判例は、無権代理人の責任は表見代理の成立によって当然に消滅するものではなく、いずれの責任を追及するかにつき所持人に選択権があると解してきた。[51] また学説も概ね、無権代理人が表見代理の成立を抗弁として主張することはできないと解しており、[52] 手形所持人のみが表見代理を主張して本人責任を追及しうるとしている。いずれにしても、手形法においては、無権限署名行為をした者（無権代理人または偽造者）は、原則として手形責任を免れえないのである。これはある種の担保責任と解すべきものかもしれないが、手形行為実行行為者としての行為責任と解する学説によるならば、これは当然の帰結である。

㈡　非顕名代理行為

有権代理の場合に法的効果が本人に帰属するのは（民九九条）、署名実行行為者が「Yのためにする旨」の内心的効果意思を有し、手形行為においては加えて、そのことを文言的に表示したからであると解されてきた。その旨の表示をしないとき（つまり、非顕名の場合）は自称代理人に手形行為が帰属するのが原則となる（民一〇〇条参照）。もっとも、前述したように、手形債務者の確定は文言上の記載ではなく実質に従うとの立場からすれば、有効な代理権授与と「本人のためにする」との代理人の内心的効果意思が存在する限りで、その手形行為の法的効果を直接本人に帰属させるべきではないかとの主張もありえよう。もとより、文言的に表示されていない内心的効果意思の内容を証明することには困難が伴うであろうが、かりにその立証が可能であるならば、その旨が文言的に表現されていないという一事をもって債務者からの免責の抗弁主張を認めるべきではないであろう。前田教授が言われるように、手形の文言性はもっぱら債務者を利するかたちでは用いられてはならないからである。

㈭　手形署名実行行為者の内心的効果意思

私法上、自ら債務を負担する意思を有しない者に対して債務負担を強いることは原則としてできない（私的自治の原則）。意思表示の構成要素としては、一般に、①内心的効果意思（一定の効果の発生を意欲する意思）、②表示意思（それを外部に表示しようとする意思）、③表示行為（外部に発表する行為）が挙げられるが[53]、かつては①と③のいずれを優先的に考えるかにより、意思主義と表示主義の対立があったことは周知のところである。手形法学においては、伝統的に、手形の流通証券的性格から、表示主義的解釈が優越してきたと考えられてきた。そのために、①の内心的効果意思については、その抽象化・客観化または極端な場合には軽視・無視すらされてきた[54]。そのために、①の内心的効果意思については、その抽象化・客観化または極端な場合には軽視・無視すらされてきたように感じられる。しかし、手形行為者の内心的効果意思としては「手形債務負担の意思」が必要とする点では共通の理解があった。もっとも、具体的にどの程度の「手形債務負担の意思」が必要かについては、学説は対立していた。とくに手形の無権代理行為や手形偽造の場合を想定すると、少なくとも無権代理人や偽造者は自ら債務を負担する意思を持たないにもかかわらず、手形責任を負担するとされることとその実行行為者の具体的内心的効果意思の関係（ズレ）が問題とならざるをえないのである。

従来の判例や学説の多数説は、この点で、まず手形法八条を政策規定と解し、署名者の効果意思の効果とは別の根拠を説いてきた。これに対しては、行為責任とする有力学説もあることは前述した通りである。思うに、金銭債権を表象する一回型有価証券である手形・小切手については、内心的効果意思の抽象化・客観化が徹底されるべきものではなかろうかと考える。手形署名実行行為者は、手形であることを認識しまたは認識すべくして自ら署名行為を行ったという事実を根拠に、自らが責任を負担すべき根拠を持つと解される（行為責任説）。そして、自らは債務負担をする意思を有していなくても手形責任を負わせるには、手形作成および署名行為を自らした点に最低限の手形債務負担の基礎を求めてよいとまで、その内心的効果意思の抽象化・形式化を認めるほかはないのではなかろうか。

前述したように、民法の規定に従い、有効な代理権の授与と「本人のためにする」との内心的効果意思があれば、その法律効果は他人（本人）に帰属し代理人自身の責任は全くなくなる。しかし、このことも、法律行為の成立と効果の帰属については、理論的にはまず代理人自身について成立に加えて帰属をも考えた上で、有権代理（無権代理の遡及的追認の場合も）の場合にはその法律効果だけが本人に帰属することになり（「本人のためにする」という行為者の意思の効果とそのような効果を欲した本人の意思の効果）、その反射効として代理人自身の責任がなくなるにすぎないとの理論構成が可能ではないであろうか。もとより、手形行為においては、その内心的効果意思（「本人のためにする」という意思も含む）がさらに文言的に手形面上に表示される必要があるか否かについて争いがある点は前述した通りであるが、この点で私見は、実体的に、有効な授権があり、かつ、有効な意思表示（内心的効果意思の表示）がなされたならば、有効な法律行為が成立し、その帰属についても決定される。法律行為の代理・代行の場合では、もとより当事者間では「本人のためにすること」が黙示的にでも「示される」必要があるが、文言的に表示することは必ずしも必要ではないと考える。要は、立証の問題に帰着する。

(30) これ以外にも、民法上の組合名義の署名が券面上記載されていない各組合員を表示するものとされるのか（最判昭和三六年七月三一日民集一五巻七号一九八二頁、最判昭和五〇年七月一四日金商四七二号二頁参照）、署名名義の変造（手六九条）などの問題があるであろう。

(31) 鴻・前掲書注(5)一三四頁参照。

(32) 高窪・前掲書注(1)一六二頁。高窪教授は、UCCのunauthorized signature（無権限署名）にならったとされる。

(33) 三・四〇一条(b)「署名（signature）は、(i)手書きによりまたは機械その他の装置を利用して、(ii)商号もしくは仮設人の名称を含む何らかの名称を用いてまたは書面を認証する意図を持ってその者が作成もしくは認容する文言（word）、記号（mark）もしくはシンボル（symbol）をもって、することができる。」

(34) 坂井・前掲書注(1)五五頁。なお、坂井教授は、誰が債務者かを知るためだけならば、「手形債務者の名称の記載」を要求するだけで足りるとされる（同前・五四頁）。また、木内・前掲『手形抗弁』三五五頁は、手形署名を実際に行う者にとって「自己の名をもって署名することの必要性が喪失している」とされるが、「手形署名に代えて単なるマークを記せばよい」とすることには反対されている。私見は本文に述べたとおり、これを商慣習法の問題であると捉えるが、結論は通説と同じである。

(35) 田中耕太郎・手形小切手法概論（一九三五年）一三八頁など。なお、稲田・前掲書注(22)は、アメリカ法を参考にして、名称の抽象化問題を将来の課題と位置付けられている。また、木内・前掲『特別講義』注(1)八一頁は、英米のそのような取扱いは「慣習の創造物であり」、手形について類推することは慎重でなければならないとされる。この点に言及される例はさほど多くはないが、言及がある場合であっても、その多くは記号・シンボル署名の許容には慎重であるように思われる。
(36) 高窪・前掲書注(1)六七頁参照（常に第三者が代行できる方式）。
(37) 名義人が一応の債務者であるとしても、手形所持人には名義人の所在探知・発見等のリスクやコストの負担があるであろうし（同姓同名者が多数存在するような名称のケースでは、所持人は同姓同名者のうちの誰かを特定する必要もある）、その者を発見し特定できたとしても、その者が被偽造者であり帰責性が全くないときなどには、手形債務者ですらない。真の責任者は「名義」とは全く関係ない名称を持つ人である可能性があるのである。
(38) 記名名義との不一致の許容、古来の成句でもよい、などに至っては、印影の「人の名称」的要素は完全に意味を失っている。
(39) 高窪教授は、銀行は拇印を届出印として受理すべきではないとまでされる（高窪・前掲書注(1)六七頁）。
(40) 木内・前掲『手形抗弁』三四二頁注7参照。
(41) 四宮和夫・能見善久・民法総則（五版）（一九九九年）二七九頁。
(42) 無権代理の抗弁は物的抗弁であると解されており、代理権の欠缺を本人と称される者は立証する必要はない。高窪・前掲書注(1)一六一頁。
(43) 民法については、四宮・能見・前掲書注(41)二九二―九三頁。手形法では法定担保責任といわれる。
(44) 四宮・能見・前掲書注(41)二六一頁。
(45) 高窪・前掲書注(1)一六三頁。
(46) この点で、無権代理の代理が有権代理となることの効果を、停止条件と解するか解除条件と解するかで見解の対立がある。高窪・前掲書注(1)一六二頁参照。

(47) 木内・前掲『手形抗弁』注(3)三四〇頁。
(48) 木内・前掲『特別講義』注(3)七八頁。
(49) 木内・前掲『手形抗弁』注(3)三五七頁。
(50) 証明責任は手形所持人にある。その他の表見責任の場合も基本的に同様である。
(51) 最判昭和三三年六月一七日民集一二巻一〇号一五三二頁。
(52) 鈴木・前掲書注(1)一五九頁、平出・前掲書注(11)一九二頁。
(53) 四宮・能見・前掲書注(41)一七一頁。
(54) 意思表示の瑕疵・欠缺につき、拙稿「統一手形用紙制度のもとにおける手形債務の成立と手形債務者」早法七四巻一号(一九九八年)一頁。

四　手形責任根拠について

手形責任は、原則的には、内心的効果意思を、署名行為を含む手形行為という表示行為によって、「自ら」客観化させたことによる、手形行為者自身の意思表示の効果であると考えられてきた。この点には特に異論はないものと思われる。しかし、手形責任の発生根拠はそれには限られない。たとえば、解釈上認められてきた偽造行為者の手形責任や名義使用許諾者の手形責任などは、「自ら」その内心的効果意思を表示したから責任を負うのではない。後者については、名義使用許諾に伴うリスクの範囲内の事柄である点で意思の効果と言えなくはないが、前者については、自らは債務負担の意思がないのに責任を負うことは明らかである。[55] 以下では、署名行為を実際に行った者(署名実行行為者)、そのような署名行為を授権した者とがいる場合、それぞれが手形責任を負担する根拠について、署名名義の文言性との関連を意識しつつ、若干の検討を加えたいと思う。

(イ)　名義を使用された者の手形責任

約束手形の振出人「甲」として記載された者（甲自身）が手形債務を負担するかどうかは、まず、その者（甲）が法律上手形行為をしたと評価されるかどうかにより決せられる。

振出人名義（甲）と実際の実行行為者（A）とが異なっているとき、そのような行為をする権限が甲からAに与えている場合（代理や代行のケース）では、甲が手形責任を負うのは当然である（有権代理・有権代行）。それはそのような行為の効果を自ら欲し、その意思通りの効果を発生させる法律行為を、そのような行為をする権限が与えられたAが実行した結果にほかならない。したがって、その手形責任は、他人の法律行為または事実行為を利用してなした自らの内心的効果意思の結果であるということができるであろう。もっとも、無権代理や偽造の場合も考慮に入れて考えると、署名名義である「甲」が示すものは、あくまでも甲が実際に行為した（と法的評価される）との「蓋然性が高い」というレベルにとどまるものである。[56] 約束手形の振出偽造の場合、「甲」名義の手形証券が流通することとなるが、甲が手形債務者となるわけではない。甲には債務負担の内心的効果意思がないからである。しかし、そのような手形が流通することについて帰責性があるときは別であるとするのが判例である。[57] この場合の手形責任については、かかる手形を取得した第三者を保護するためという政策的配慮が強く作用する。[58] わが国の手形実務を前提にするならば、統一手形用紙と印鑑とを含む名義者の管理責任が問われていると見ることもできるように思われる。[59]

(ロ)　手形行為の実行行為者の手形責任

手形署名行為を実際に実行した者の手形責任について改めて検討してみたい。前述したように、代理方式にせよ、代行方式（機関方式）にせよ、手形署名の実行行為者は手形であることを認識して当該署名行為を行っている。その際、他人名義を「自己を表示するもの」として使用している場合は、自己の本名を用いた通常の手形債務負担行為と何ら異なるところはない。その手形責任は、自ら債務を負担しようとした内心的効果意思の当然の帰結であり、手形債務を負わせることに何ら問題はないであろう。これに対して、名義人に法的効果を帰せしめる意図で署名行為を行った場合は問題である。自らは債務負担をする意義がないことは、文言的にも明示されている。この点をどのように考えればよいのか。以下、場合を分けて検討してみよう。

(i) 手形行為について名義人（甲）から実行行為者（A）に甲名義で手形行為をすることの法的に有効な授権があった場合

この場合に「代理方式」により署名するときは、文言上も本人に効果が帰属するような表示になっており、とくに問題となるところはないであろう。直接「甲」名義のみを記載する「代行方式」の場合でも同様である。ただ、前述したように、自署の代行についてはその有効性について学説上議論があるが、私見によれば、有効な授権がある以上は甲に法的効果を帰属させても甲を特に不利益を課すものではなく、有効な署名と解してよいと考える。

(ii) 無権代理・無権代行の場合

前述したように、権限の有無や行為者の内心的効果意思、さらには名義いかんを問わず、手形であることを認識してまたはすべくして[60]手形の必要的記載事項（手形要件）を満たした手形用紙に署名行為を実行した者について有効な手形行為が成立する。ただ、法律行為として有効に成立したときでも、この法律行為の効果の帰属は別途考えることが可能であり、またその必要があるであろう。先に述べたように、名義人からの適法な授権のもとで右の行為がなされたときまたはそうでなくても名義人から遡及的追認があるときは、名義人に当該手形行為の法律効果は帰属し、原則として手形行為の実際の実行行為者には法的効果は帰属しないこととなるのである。しかし、そのような実行行為者は有効な代理権・代行権の証明ができないときは、その効果を名義人に「転嫁」させることができない(民一一七条一項)[61]。無権限署名行為であって、しかも遡及的追認がないときは、まさに無権代理人または偽造者として当該法律行為にかかる法的責任を負わなければならないのである。手形の場合は当然の責任とされている点にも注意が要る(手八条参照)。そして、今述べたように、その責任の性質は、手形であることを認識して署名した自身の事実行為自体に求められるべきものであろう。

(55) 手形行為を民法の法律行為論と可能な限り統一的に理解しようとする学説からは、手形偽造者の手形責任を否定する者も少なくない。
(56) 福瀧・前掲書注(1)五九頁。
(57) 最判昭和四三年一二月二四日民集二二巻一三号三三八二頁(民法一一〇条の類推適用)。
(58) 高窪・前掲書注(1)一七一頁参照(「経済的強者である被偽造者の手形責任を肯定するのが合理的」)。
(59) 理論構成としては、最高裁判例の採る民法の類推適用のほか、偽造は代理人名が券面上あらわれず代理権への信頼ではなく署名名義への信頼である点から、たとえば、自己の名称の冒用を黙認したと捉えて商法二三条の類推適用によるとする説(高窪・前掲書注(1)一七二頁)や、権利外観論または禁反言則による説(田邊・前掲書注(1)九九頁以下など)がある。権利外観論による場合に検討される帰責性に関連して、記名捺印の場合における印鑑の保管態様が問題とされる。加えて、統一手形用紙制度のもとでは、手形的流通は、実際上、その用紙によるほかはありえないと考えられるので、その用紙管理も重要な要素となるのではなかろうかと考える。田邊・前掲書注(1)一〇〇—一〇一頁は、帰責性の根拠を印鑑の保管等だけに着目することの危険性を指摘されているが、手形用紙の保管にも問題がある場合にはその帰責性は相当に高いと言わざるをえないであろう。
(60) わが国の手形実務上、このような認識が可能な用紙は統一手形用紙以外ありえないのではなかろうか。
(61) この点で、前掲シンポジューム注(3)八二—八三頁(庄子良男教授、高窪利一教授コメント)参照。

おわりに

要するに、手形行為の文言性（「甲」という表示）は手形債務者の確定においては適用がないということである。[62]学説上、銀行信用のもとで署名者信用が崩壊しているとの実態認識から、手形署名の文言的確定の必要性を否定し、手形署名の解釈から文言性の法理を排除することを主張する立場があるが、[63]この主張は、わが国の手形商慣習法をベースにした解釈論としてきわめて示唆に富むものである。手形債務も法律上の債務である以上、債務者が誰かが重要な要素でないわけではない。ただ、それを文言的に確定しなければならないとし、券面上に記載のない者は全く責任がないというのは行き過ぎである。その法的責任は自ら債務を負担するとの内心効果意思に基づくものであったり、さまざまな帰責原因に基づく責任である場合があったりすると解されるが、要するに、そのような債務者を実体的に決定することが重要なのであり、署名名義という文言はそのような者を探知する資料にとどまると解すべきものである。したがって、手形所持人はまずは名義人に請求し、否認されたときは自ら「真の手形債務者」を探す必要がある。その名義人と債務者とが一致しない場合に発生する手形所持人の資金回収リスクと真の債務者探知コストとは、実務上完全には避けられないものといわざるをえない。そのコストやリスクを他に転嫁する方法として、直接の裏書人が負担すべき担保責任（ワランティー）の重要性はいっそう高いと考える。[64]その責任の性質等の具体的検討は将来の課題である。幸いにも真の債務者を発見できたときは、その真の債務者は文言上自らの名義が存在しないことをもって抗弁とすることはできないとしなければならない。手形行為の文言性は、手形の記載を手形外の事情によって「変更して解釈すること」を許さない趣旨に解すべきであり、手形の記載の意味が文言のみでは明確にしえないときに手形外の証拠によってその意味を明確にすることまでは禁止していないと理解すべきであろう。[65]誰が債務者かという問題に限って言えば、少なくともそれは手形金支払段階における原告側の立証問題であり、真の債務者が文言性を理由に免責されることを禁じることこそ重要なのである。

(62) 永井・前掲論文注(8)一三六頁（手形の文言証券性は手形債務の内容に関して妥当し、手形債務者の確定には妥当しない）。なお、前田教授はこの説明では十分でないとされ、前述したように、手形行為の文言性の意義を自己の責任を免れるために手形上にそのような内容の記載がなされていないと主張することを許さないことと捉えて、そのような理解から手形債務者の確定について文言性が妥当しない場合があることを説明される（前田・前掲書注(1)八三頁）。きわめて正当な指摘であると考える。なお、法人か個人かの判定が難しい署名について、判例は法人署名も個人署名もいずれも有効に成立するとの前提から、所持人はいずれにも請求することができるとする（最判昭和四七年二月一〇日民集二六巻一号一七頁）。鈴木・前掲書注(1)一五一頁。しかし、理論的には、署名した個人についての手形行為がまず成立し、その者に法律効果が帰属するとの「推定」が働くと解すべきではなかろうか。

(63) 高窪・前掲書注(1)七一頁。

(64) その点の証明責任分配の問題もあるが、詳細な検討は、これも将来の課題としたい。

(65) 上柳克郎「手形所持人に有利な解釈」手形百選（第四版）（一九九〇年）一七頁。なお、前掲シンポジューム注(3)三四頁（倉澤康一郎教授コメント）参照。

ローン・カードの無権限使用と責任

川田悦男

はじめに

現代はカード社会といわれるように多種多様なカードが存在する。銀行が関与するカードだけでも、キャッシュカード、ローンカード、クレジットカード、デビットカード、ICカードなど各種の呼称、機能を有するものがある。そして、これらのカードに見られる多機能化の流れは顕著なものがあり、さらに他業態を含む発行主体相互間の共用化も急速に進んでいる。

一方、カードの普及に伴ってカードを媒体として行う取引については、従来型の取引概念では必ずしも括りきれない新しい法律問題が生じてきていることも否定できず、各種カードにより程度の違いはあるものの裁判例も集積され始めている。その典型的な事例として、カードの盗難、紛失に伴う無権限の第三者による不正利用の問題が挙げられる。利用者は銀行のATMを相手とするために非対面取引となることから、その責任分担のあり方や根拠規定等について議論があり、解決策もそれぞれのカードの種類や利用形態に応じて異なっている。

本稿では、これら各種のカードのうちローン用カードの無権限の第三者による不正利用に伴う問題について検討しようとするものである。[1] 具体的には、最近、二枚の発行銀行の異なるローン用カードが同じ状況下で窃取されて現金が引き出されるという、同一の事実関係下において異なった結論を示した下級審判決が現れて、俄かに注目されるところとなったので、この事案を素材に検討を行うことにしたい。

一　各種カードの概要

(イ)　各種カードの概要

はじめに金融機関の関与する各種カードについて、その概要をみておくことにする。

カードを機能や用途の面から分類すると、大きくは①預金引落しを主目的とするキャッシュカード、②借入を主目的とするローンカード、③商品・サービス購入を主目的とするクレジットカードの三つに分けることができる。しかし、これらのカードは必ずしも単能ではなく、例えばキャッシュカードは商品・サービス購入代金の即時支払用に、またクレジットカードはキャッシングと称する借入による現金引出し用にといったように、それぞれ多機能化が図られている。

また、カードの共用化も進められており、同一発行体のキャッシュカードとローンカードを一枚のカードにして、カードのＭ／Ｓ（magnetic stripe＝磁気ストライプ）をダブル・ストライプとしたカード、キャッシュカードとクレジットカードを一枚にして共用化したカードなどがある。

このほかカードは、記憶媒体によって分けることもでき、右①～③のカードに一般に使用されているＭ／Ｓを利用した磁気カードと、最近、実用化に向けて実験が進められている④ＩＣカード（電子マネー）の二つが代表的である。

①　キャッシュカード　銀行の預金者が、銀行のATM（automated teller machine＝現金自動預金支払機）などの自動機を使って、預金口座からの現金払出し取引、振込取引、預金口座への預入取引等を行う場合に用いられるカード。総合口座の普通預金残高不足時における貸越を利用した借入の方法による現金払出しにも、本カードが使用される。支払機としてATMが一般化する前は、CD（cash dispenser＝現金自動支払機）によっていたことから、CDカードとも称される。また最近は、「デビット・カード」と称して、特定の加盟店での商品サービス購入時における支払代金の決済（預金口座からの即時引落し）用としての利用が始まっており(2)、その場合については外部環境に晒されることに伴うセキュリティ対策の問題を指摘する見解もみられている(3)。

キャッシュカードの普及状況はカード発行枚数とATM台数によって概ね把握できるが、平成一一年三月末現在のキャッシュカード発行枚数は、民間金融機関合計で三億〇二四九万枚、ATM・CD設置台数は一一万八一六六台である。また郵便局のカード発行枚数は六九五八万枚、ATM・CD設置台数は二万四四三八台である(4)。

②　ローンカード　銀行のカードローン顧客が、銀行のATMなどの自動機からカードと暗証番号により、予め契約した一定極度内の必要額の現金を、カードローンによる借入として引出す場合に用いられるカード。本稿でとりあげるカードであり、その利用形態については後記(ロ)で述べる。

③　クレジットカード　クレジットカード会員が、デパートなどで買物等の代金支払いを行う場合に用いられるカード。ATMなど所定の支払機を使って、カード会社等からの一定限度内の借入用としても利用される。

平成一〇年三月末現在のカード発行枚数は二億四四九一万枚で、その業態別の内訳は銀行系九八二一万枚、信販系六五三九万枚、流通系六三七一万枚、メーカー系六八五万枚、中小小売商団体系五六四万枚、石油系二九七万枚、その他二一四万枚である(5)。

④　ICカード（電子マネー）　ICカードの呼称は、右①～③とは異なり、カード記憶媒体としてカードにIC（集積回路）チップを埋め込んだカードについて用いられる呼称である。カードのIC内に一定額の通貨情報

が記録保存され、買物代金支払い時に減額されて現金の代りに使うものが各種実験開始されており、電子マネーとも称されている[6]。これに対し、一般に右①〜③に使用されるカードは磁気カードと称されるもので、カードに貼付したM／Sにデータを記録する方式のものである。磁気カードに比べICカードの方がセキュリティ面で優れることなどカード犯罪対策の面からもICカードの採用に向けて動きが急となっている。

(ロ) カード・ローンの利用形態

カード・ローンは、銀行の交付するカードを使用してATM等の自動機器から所定の極度額までは自由に借入できるという商品で、一般に次のように取り扱われる。

融資対象となる条件（年齢、取引状況など）は、借入極度額に応じて定型化されているのが通例で、無担保かつ包括的提携保証会社の保証付を原則形態とする点に特長がある。借入限度額は、スコアリング等定型化された融資審査を経て決定され、カード・ローン契約において、その他の取引約定と共に極度額が契約される。その際、借主は借入時に使用する暗証番号（四桁）を届出る必要があり、引き換えに銀行から専用のカード（ローン用カード）が交付（貸与）される。

借入は、当座勘定取引を伴わない専用の当座貸越勘定により処理され、借主はカードローン専用の当座貸越口座を開設する。

借入時には、借り主は、極度額内の必要額を必要な時に、銀行所定のATMにカードを挿入し、届出の暗証番号と必要金額を入力して現金を引き出す。なお、この現金引出し方法は、キャッシュカードによる預金払戻しの場合と基本的には同様である。

返済は、融資が極度額一杯に張り付くことの回避や不良貸付の早期発見などの見地から、毎月の定例返済を義務づけて借主の指定した返済用預金口座（普通預金口座）からの自動引落しの方法により行うほか[7]、カード契約者の自由な時期、金額による随時返済を併用するのが主流である。定例返済には、例えば前月所定日の融資残高が三〇万円以下であれば当月の定額返済額は一万円というように残高に対して都度決定されるものや、元金定額とか、利息額を含め元利定額といったように予め定額で決定されているものがある。

(1) 筆者は、高窪先生の還暦記念論文集に機会を与えられ、当時の判例を素材に「キャッシュ・カードによる預金の無権限払戻と銀行の免責」(現代企業法の理論と実務四五九頁)をテーマとした。今回、折しも、ATMからの現金引出しの方式はこの預金払戻しに同じであるが、取引内容が貸付取引となるカード・ローンについて、同様に無権限取引が行われた場合の注目すべき判決が登場したことから、本問をテーマとして採上げさせて頂いた。

(2) 預金者が加盟店で買物代金の支払いをする際に、売場に設置の専用端末にキャッシュカードを通し暗証番号を入力すると、即座に預貯金口座から代金が引落とされる仕組み。「J—debit」と称して、一九九九年一月に郵便局を含む八金融機関と百貨店などの加盟店でスタート、二〇〇〇年三月には六一七金融機関、約一〇万店舗が参加しているとされる(六川浩明「J—debit(ジェイ・デビット)の概要」金法一五七六号六頁)。

(3) 従来の銀行内のATMという遮断管理されたシステム内での使用から、加盟店における端末とPINパッドという一般の外部環境のもとでの使用となることから、カード情報や暗証番号が漏洩し易くなってカードの偽造、盗用リスクが各段に高まるというもので、銀行のセキュリティコストの増大をもたらし、また責任分担内容についても影響を及ぼしかねないと指摘する(金融財政事情二〇〇〇年五月二二日号二四頁参照)。なお、これらの不正利用を含む法律問題については、本書で後藤紀一教授が「J—debitの法律構成と問題点」と題して論じられる。

(4) 金融情報システム白書(平成一二年版)五〇〇頁以下。

(5) 金融情報システム白書(平成一二年版)五一一頁。月刊消費者信用一九九九年九月号八頁。なお、銀行系カード枚数は、銀行系クレジットカード会社各グループおよび地銀バンクカード、協同カードの合計である。

(6) 電子マネーの定義について、「電子マネー及び電子決済の環境整備に向けた懇談会報告書」(一九九八年六月金融制度調査会)は、「電子マネーとは、利用者から受け入れられる資金に応じて発行される電磁的記録を利用者間で授受し、あるいは更新することによって決済が行われる仕組み、またはその電磁的記録自体をいう」ものとしている。電子マネーは、その外形的特徴から、ＩＣカードに通貨情報を記録する形態を一般にＩＣカード型と称しており、インターネット上の仮想店舗への支払のようにネットワーク上での利用を想定するいわゆるネットワーク型のものと区別される。

(7) ローンカードやクレジットカードについても、借入金返済や代金引落しが指定の預金口座から行われるが、その引落しがカードによる取引日より後日になる点でキャッシュカードと異なる。その点、キャッシュカードは預金口座残高からの即時引落しタイプであり、カード自体にはローンカード、クレジットカードのような信用供与機能はない。もっとも総合口座として利用される場合には与信が行われるが、これは口座自体が有する貸越機能によるもので、貸付金は預金払戻しの形で引出される。

二　ローンカード不正使用事件判決

二つの銀行から借入のために同一人に発行された二枚のローン用カードが、同じ状況下で窃取され不正に現金が引き出されるという同一の事実関係の下で、異なる結論を示した福岡地裁平成一〇年一〇月二一日判決(以下Ⅰ**事件**という)[8]と、福岡地裁平成一一年一月二五日判決(以下Ⅱ**事件**という)[9]の二つの下級審判決が相次いで現れて注目を浴びた。[10]いずれも銀行に代位弁済したそれぞれ別の保証会社がカード契約者に求償を求めたもので、過失の有無に関する判断の違いが第一審の結論を左右することになっている。

(イ)　福岡地裁平成一〇年一〇月二一日判決

(a)　事　実

平成三年六月二五日、Ｙ(カード契約者)は、Ｎ銀行(原告補助参加人)との間で、カードローン契約(貸越極度額一〇〇万円）を締結、借入に使用する暗証番号はＹの生年月日に一致する番号（四桁）を届け出た。本件カードローン所定の保証会社であるＸは、Ｙの委託を受けてＹの債務を連帯保証した。

Ｙの差入れたカードローン契約には次の特約が定められていた（以下、特約Ⅰという）。

［特約Ⅰ］「貴行に提出した書類の印影（または暗証）を、届出の印鑑（または暗証）に、相当の注意をもって照合し、相違ないものと認めて取引したときは、書類、印章等について偽造、変造、盗用等があってもそのために生じた損害については私の負担とします。」

平成八年八月八日、Ｙは、午後五時から六時五〇分まで、パチンコ店の駐車場に自家用車を施錠して駐車していたところ、車内（助手席側後部座席の足下で、外から見える位置）に置いていたセカンドバッグを盗取され、警察署、Ｎ銀行に盗難の旨を届け出たが、既に同日の午後六時七〜八分頃に、カードによりＮ銀行の支払機から九九九、二〇六円が引き出されたあとであった。運転免許証はサンバイザー裏側に挟んであり、また盗取されたバッグには、ほかに他行のキャッシュ・カード四通、クレジットカード二通、預金通帳六冊、実印等が入っていた。保証会社Ｘは、Ｎ銀行に対しローン元利金残高一〇四万二八五七円を代位弁済し、Ｙに対してその支払を求めて訴訟提起した。

(b)　争　点

①　銀行とカード契約者との間に金銭消費貸借契約は成立するか。

②　免責特約により負担する債務は保証会社の保証債務に含まれるか。

③　カード契約者はカードの保管についてどのような注意義務を負うか。本件カード契約者に注意義務違反はあったか。

④　生年月日を暗証番号とするときは銀行は変更させるべき義務を負うか。本件銀行に過失はあったか。

(c)　裁判所の判断

本判決は右争点につき次のように判断して、Yの責任を認めXの請求を認容した。

① 成立しない。

② 特約Ⅰが不合理であるとはいえず、特約に基づき負担する損害賠償債務は保証契約に基づき保証会社が弁済すべき債務に含まれる。

③ カードは銀行より貸与されているものであること、カードの盗用によって銀行、保証会社に多大の損害を与えるものであることから、カード契約者はカードの使用管理について(自己の財産におけると同一の注意義務ではなく)善管注意義務を負う。カード契約者Yには善管注意義務違反があった。

④ 銀行に過失はない。

Y控訴。福岡高裁平成一一年二月二六日判決[11]は、一審の判断を支持し、次のように述べてYの控訴を棄却した。

① 消費貸借契約は無効(不成立)。

② 特約Ⅰに基づき、ローン契約者は、カードが盗用されたことによる銀行の損害につき、少なくともローン契約者にローン契約の債務不履行がある場合には、右損害を填補する契約上の債務を負っているものと解するのが相当であり、保証会社の保証の範囲には、特約に基づき銀行の損失を填補する債務も含まれる(なお、本特約は単純な損失負担契約であると解することもできるから、カード契約者はその債務不履行の有無にかかわらず右損害の填補責任を負うと解する余地もある)。

③ ローン契約者は、銀行から貸与を受けたカードを適正に保管する債務を負っており、その保管の態様は、委任契約の受任者や有償寄託の受寄者の保管に類するものというべきであるから、カードの保管につき善管注意義務を負うと解するのが相当である。不特定の者が出入りするパチンコ店の駐車場に、施錠はしたものの、通常貴重品類を入れるのに用いられるセカンドバッグを外から見える場所に置いた上、カードの暗証番号を自己の生年月日にしているのに右番号を確知しうる運転免許証も容易に発見できる場所に置いた状態で、

車を駐車し立ち去っている等の本件事情の下では、本件ローン契約者には善管注意義務違反がある。

④　銀行がカードの暗証番号を生年月日以外の番号に変更を求めなかったり、暗証番号のみを照合して取引に応じたとしても、銀行に過失はない。仮に過失があっても、Yの債務は契約上の債務であって、債務不履行による損害賠償責任とは異なるから、過失相殺の規定は適用ない。

Y上告。最二小決平成一一年九月一七日[12]は、上告棄却・不受理の決定をした。

(ロ)　福岡地裁平成一一年一月二五日判決

(a)　事　実

平成二年一二月二七日、Y（カード契約者）は、F銀行（原告補助参加人）との間で、カードローン契約（貸越極度額二〇〇万円）を締結した。暗証番号はYの生年月日に一致する番号を届け出、X（九州カード㈱）が連帯保証した。

Yの差入れたカード・ローン契約には次の特約が定められていた（以下、特約IIという）。

［特約II］「当行の支払機により、カードを確認し、支払機操作の際、使用された暗証と届出の暗証との一致を確認して、カードローンの借入をしたうえは、カードまたは暗証につき偽造、変造、盗用その他の事故があっても、そのために生じた損害については、当行は責任を負いません。」

Yは、I事件同様の経緯で、本件カードを盗取され、警察署、F銀行に届け出たが、既に、カードにより銀行の支払機から、普通預金残高全額四万七七八九円および当座貸越一九七万〇二四一円が引き出されていた。これにより当座貸越は前残高二万八一三三円を加え計一九九万八三七四円となった。

保証会社Xは、F銀行に対しローン元利金残高二一〇万三六五九円を代位弁済し、Yに対して支払を求めて訴訟提起した。

(b) 争点

① ローン用カードによる現金引出しに民法四七八条の類推適用は認められるか。
② 特約による債務はどのような場合に成立するか。
③ 本件カード契約者の帰責性は認められるか。

(c) 裁判所の判断

本判決は右争点につき次のように判断して、本件当座貸越についてYには支払義務はなく、その代位弁済による請求は許されないとしてXの請求を棄却した。

① カードローンは金銭の貸付にほかならず、民法四七八条は類推適用されない。

② カードローン契約における右特約IIは、カード契約者以外の者が当座貸越に係る払戻を受けたとしても、真正なカードが使用され、正しい暗証番号が入力されていた場合には、銀行は、当座貸越をカード契約者に対する正当な貸付として取扱うことができるとする趣旨であるが、カード契約者に払戻について責に帰すべき事由がなかったときは、当座貸越をカード契約者に対する正当な貸付として取扱うことはできないと解するのが相当である。

③ パチンコ店の駐車場内の鍵のかかった自動者内部のセカンドバッグ中にカードを保管していたカード契約者には落度はなく、カード契約者の不注意によりカードの盗難に気付くのが遅れたという事実も認められず、また、銀行の担当者が生年月日を暗証番号として届けないよう勧めた事情は認められないから、生年月日を暗証番号としたことが落度とまではいえない等の本件事情のもとでは、本件カード契約者に帰責事由はない。

X控訴。福岡高裁平成一一年九月二二日判決[13]は、特約の趣旨およびその適用について、原審の②と同様に、カード契約者に帰責事由がなければ特約の適用ができないとする原審判断を支持したが、カード契約者YおよびF銀行の責任についてはI事件控訴審判決③④と同様の判断をして、原判決を取消してXの請求を認容した。

なお、上告してもI事件と同様に扱われることになると考えられるから、第一審の判断の分れたI・II事件は本判決により同一の結論が得られたことになる。

(8) 金法一五四六号一〇七頁、金判一〇六三号一〇頁。

(9) 金法一五四六号九八頁、金判一〇六三号三頁。

(10) 本事件に関する判決評釈・解説として次がある。塩月秀平「ローンカードの不正使用と保証会社の代位弁済の範囲」銀法五六四号七頁。塩崎勤「カードローンと民法四七八条の類推適用の可否」銀法五六四号一二頁。野村豊弘「カードローン約款の解釈」銀法五六四号一七頁。安部智也「カード契約者及び銀行の注意義務の程度と範囲」銀法五六四号二一頁。吉田光碩「盗難カードによるカードローン支払の問題点」金法一五五一号四頁。菅野佳夫「カード・ローン免責約款と、カード盗用による銀行等の損害」判タ一〇一一号六〇頁。西尾信一「カード・ローン用カードが盗難に遭い暗証番号が見破られてATMで現金が支払われたことにつきカード契約者にカードの保管につき帰責事由を否定できないとされた事例」銀法五七〇号八四頁。三上徹「カード・ローン契約とカード契約者の責任」銀法五七〇号一八頁。植松功「カードローン判決と約款の限界」金法一五六五号一頁。

(11) 金法一五四六号九七頁、金判一〇六三号三頁。

(12) 金法一五六二号九八頁。

(13) 金法一五六二号九三頁、金判一〇七七号三頁。

三 検討

同一の事実関係のもとで第一審の判断が分かれて注目を浴びた右I・II事件は、結局はカードローン契約者の帰責性が認められる形で決着し結論も帰一したが、その過程ではカードローンにおける無権限取引に関するいくつかの問題点が提起されることになった。次に、(イ)金銭消費貸借の成立、(ロ)民法四七八条の類推適用、(ハ)免責特約の効力の三つに分けて、それぞれ関連する問題を検討することにする。

(イ) 金銭消費貸借の成立

ローン用のカードを窃取した第三者が、無権限でカード・暗証を使用してATMから金銭を引出したことによって、カード契約者と銀行との間での消費貸借契約の有効な成立を認め得るかという問題である。

(a) 本事件判決の検討

I事件における保証会社は、主位的請求として、金銭消費貸借契約に基づくカード契約者の借入金債務を、保証人として弁済したとして求償金請求しているが、一・二審とも、消費貸借は不成立と判断し、特約Iは、カード盗用等により銀行に生じた損害をカード契約者が塡補する契約上の債務を負担することを認めた規定と解することで一致している。もっとも、二審は、訴訟物について、保証債務の履行対象が消費貸借契約上の債務（主位的請求）か損害賠償債務（予備的請求）かは攻撃防御方法の違いにすぎないとして、訴訟物は同一との判断をして、借入時に適用される利息、遅延損害金を含めてカード契約者は償還すべきものとしている。成立する債務がいずれであるかについては事件の本質的な問題と捉えていないことが窺える。なお、損害賠償であれば遅延損害金は民法所定の割合によるべきものと解すると、代位弁済する債務がいずれであるかは、保証会社の負担すべき利息等の範囲に影響する問題となろう。[14]

II事件では、直接の争点とはなってはいないが、一・二審とも、特約IIの趣旨は、当該払戻しを当該カード契約者に対する正当な貸付として取り扱うという趣旨のものである旨を判断している。

このようにI・II**事件**判決は、消費貸借の成立について異なった判断を示しているが、これは特約Iと特約IIの規定ぶりの違いが影響しているものと考えられ、その成立を否定したI事件においても、右の処理からすれば、特約IIのような内容であればII事件と同様の判断が示されていたものとみられる。経済的にはいずれであっても大きな問題ではないのかもしれないが、銀行としては元利金の勘定処理ひとつをみても、本来の趣旨として消費貸借の成立を第一義に考えるべきは当然のことで、これを契機に、例えば、本特約は不正使用によるカード借入が本人に帰属する場合についての定めであることを明らかにして、予備的に銀行の損害を塡補する旨の特約を設けておくなどカードローンに適する内容のものとして行くことが本筋といえよう（後述）。

(b) カードローンによる当座貸越の法的性質

カードローンによる当座貸越の法的性質をどのように解するかは、本件の本質的問題からやや離れるが、後述するように無権限使用における責任分担の理論構成にも影響することがあるので概観しておく。

金銭消費貸借は要物契約であるが、カードローンによる当座貸越では極度額を定めてその範囲内で反復継続して貸付を行う旨の契約がまず成立し、後からカード契約者の必要な時に必要額の貸付金の交付が行われる。これはATMの利用による融資として行われるが、このほかに予めセットされた預金口座が公共料金自動支払いやクレジットカード決済等で預金残高不足となるときに、極度額の範囲内で貸付を行う自動融資も行われる。

一般の当座勘定に付随する当座貸越の法的性質については、委任契約説、消費貸借予約説、停止条件付準消費貸借説、諾成的消費貸借説、無名契約説の各説があるが[15]、これらのうちカードローンによる当座貸越の仕組みに相応するものとしては、消費貸借予約説、諾成的消費貸借説、無名契約説の三つがあげられよう。

① 消費貸借予約説では、カード契約者との間で当初に締結される契約は金銭消費貸借の予約（民法五八九条）であり、銀行所定のATMにカード・暗証が提出される都度、借入の予約完結の意思表示があったものとして融資を実行すると解することになる。しかし、預金残高不足時の貸越による自動支払いの場合には、個々にはカード契約者の意思表示がなくて予約完結の意思表示とみるには不十分な点のあることが否めない。

② 諾成的消費貸借説は、カード契約者との間であらかじめ諾成的に消費貸借が締結されており、カード・暗証が提出される都度、銀行が義務の履行として融資を実行すると解する。当事者の合意のみで消費貸借の成立を

認め、金銭の授受に先だって契約書が作られる場合は一般に諾成的消費貸借契約が成立するとみる見解[16]によるものである。吉原省三弁護士は、「貸越契約の本質はなにかというと、それは極度取引の形をとった諾成的消費貸借であると考えられる。」とし、「融資契約が成立しているが貸付条件の中に未定の部分があり貸付実行にあたり合意を必要とするときは予約であり、貸付条件のすべてが決っていて貸付金の交付のみが残されているときは意思表示のみによる消費貸借契約そのものが成立していると解される。」と述べている。

諾成的金銭消費貸借において、貸主は金銭を交付する債務を負い、借主は返還債務を負う。貸主の一定限度までの資金交付義務は、民法(五八九条)の規定により借主の破産があったときには義務を免れるほか、契約条項により借主の信用悪化等借主に帰責する一定事由が発生したときは中止、解約特約に基づいて義務を免れる。

カードローンの融資実行方式は、貸付の諸条件が予め契約で定められており、一定の手続要件を生じたときに極度額までの資金交付義務が具体化するという特質を有することから、その法的性格の説明としては諾成的金銭消費貸借と解するのが、最も実際を反映するものと考える。この立場の場合には、貸付実行前から借主が返還義務を負う点をどう解するかが問題となろうが、借主が返還義務を負うとはいっても、貸主は先履行義務を負うから、貸主が資金交付義務を履行しないうちに返還請求すれば、借主から交付を受けていない旨の抗弁を受ける関係になる。[17]これによれば、カードの盗難紛失の場合には、無権限の第三者が所定の手続を履践することによって資金交付を受ければ、カード契約者は金銭消費貸借上の返還債務を負担することになり、免責特約によって抗弁権は成立しないものと構成することになろう。

③ 無名契約説は、民法上の消費貸借や委任といった典型契約のいずれにも属さない特有の契約と考えるものである。[18]小沢征行弁護士は、このカードローンに類似したクレジット会社の行う極度貸付制度について、「当座貸越契約に類似した一種の無名契約、つまり、極度額の範囲内では何回も借入の申込ができ、それに対しては会社が融資義務を負っていること、貸付金は数回にわたっていても基本契約に基づく貸付金残高になり、それに対し

て利息の計算や返済がなされること、また毎月元金のうち一定額につき弁済を義務付けられていることを特徴とする無名契約である」と述べている。諾成的消費貸借説の考え方では、「融資される前から返還義務を負っているとすることは実情に反しているし、また反対に融資を受けてから返済を開始する、と約定している」ことから、無理があると解するものである。

三 検 討

(ロ) 民法四七八条の類推適用

カード、暗証が無権限の第三者に不正使用され未利用の極度額内で現金が引出された場合に、民法四七八条の(類推)適用を認め得るかという問題がある。右II事件の一審でこの当否が争点とされたが、カードローンは金銭の貸付であることを理由に否定されている。

(a) 判例の検討

類似した取引について民法四七八条の類推適用の是非が問題とされた主要な判例をみてみることにする。カードローンと同様に、極度貸付による当座貸越などの貸付形態をとるものについて民法四七八条の類推適用を認めたものとして、①総合口座の当座貸越による払戻しの場合、②貸付信託の受益権担保貸付の場合 ③生命保険会社の契約者貸付の場合があり、また、利用方法が同じでカード・暗証によるATMからの現金引出しの形態をとるものについて同条の適用有無が問題となったものとして、④キャッシュカードによる預金払戻しの場合がある。

① 総合口座の当座貸越による払戻しの場合

最高裁は、昭和六三年一〇月一三日判決[19]において、銀行の総合口座通帳と印章を盗取した無権限者が、総合口座取引に組込まれた当座貸越により預金払戻しを受けた場合について、「普通預金、定期預金および定期預金を担保とする当座貸越の各取引を組み合わせ、一定額までは定期預金の払戻請求債権と当然に相殺する予定のもとに普通預金の払戻の方法により貸越をすることを内容とするいわゆる総合口座取引において、銀行が権限を有すると称する者からの普通預金の払戻しの請求に応じて貸越をし、これによって生じた貸金債権を自動債権として定期預金の払戻請求債権と相殺した場合において、銀行が右普通預金の払戻しの方法により貸越をするにつき、銀行として尽くすべき相当の注意を用いたときは、民法四七八条の類推適用によって、右相殺の効力をもって真実の預金者に対抗することができると解するのが相当である」と述べて、銀行に過失なしとした原審[20]の認定判断を正当として是認している。

右判決においては、最高裁昭和五九年二月二三日判決[21]が引用されているが、同判決は、銀行が定期預金担保貸付を行い、その後にこれを相殺した場合についてのもので、この場合は実質的に定期預金の期限前解約と同視できるとしたうえ、銀行が、貸付実行時に相当の注意義務を尽くして第三者を預金者本人と認定したものであるときは、民法四七八条を類推適用することにより、相殺をもって真実の預金者に対抗できるとしたものである。同判決に先だって、既に最高裁は昭和四一年一〇月四日判決[22]において、定期預金の期限前解約に民法四七八条の適用を認めており、次いで預金担保貸付とその相殺につき、昭和四八年三月二七日判決[23]において、預金者と誤認した者に対して無記名定期預金を担保とする貸付を行い、その後、右貸金債権と定期預金債務とを相殺するに至った場合について、民法四七八条の類推適用を認めている。そこで定期預金の担保取得と貸付が同時ではない当座貸越の場合が応用問題として残されていたが、右最高裁昭和六三年判決は、総合口座取引における当座貸越について貸付実行時に過失がなかったときは、民法四七八条の類推適用により真の預金者に対抗することができることを明らかにしたものである。

定期預金担保貸付の形で行われる融資と、その担保権実行としての相殺の行われることが、実質的に定期預金の中途解約と同視できることを重視するものであり、これらの判例理論は是認されよう。

② 貸付信託の受益権担保貸付の場合

下級審判例ではあるが、東京地裁昭和五六年一月二九日判決[24]は、貸付信託の受益権担保貸付における受益権の買取代金と貸付金との差引計算についても、銀行が善意無過失であることを前提に民法四七八条の類推適用を認める。

さらに東京高裁平成八年一一月二八日判決[25]は、貸付信託が定期預金に類似していること、信託総合口座では普通預金の不足相当額につき貸付信託受益証券を担保に自動的に貸付（貸越）をするなど預金と貸付信託が密接に連動して運用されていること、受益者が貸付信託により融資を受ける場合には受益証券に質権を設定して一定期間後に受益証券を買取りその代金を相殺する予定で貸付が行われているなど預金担保貸付と同様に取り扱われていること、を具体的にあげて民法四七八条の類推適用を認めている。

③　生命保険会社の契約者貸付の場合

生命保険契約者が、解約返戻金の九割の範囲内で保険会社から貸付を受けることができ、保険金等支払いの際に貸付元利金を差引くという、いわゆる契約者貸付制度に基づいて、契約者の代理人と称する者に貸付を実行した場合について、最高裁平成九年四月二四日判決[26]は、右の者を代理人と認定にするにつき相当の注意義務を尽くしたときは、保険会社は、民法四七八条の類推適用により、契約者に対し右貸付の効力を主張できる旨を自判した。原審[27]は、第三者に対する貸金債権と契約者の有する保険金請求権または解約返戻金との相殺をもって契約者に対抗することができると判示したが、最高裁は、相殺の場面ではなく、契約者貸付の貸付行為自体を弁済類似の行為と捉えて民法四七八条の類推適用を肯定している。

④　キャッシュカードによる預金払戻し等の場合

カードローンと同様に、カードにより現金引出しの行われるキャッシュカードによる預金払戻しの場合に、無権限取引が行われた事案として、最高裁平成五年七月一九日判決[28]がある。

事案は、預金者が自分の普通預金口座から一九五万円余が何者かによって払戻されていることを知り、この払戻しはカード・暗証によって銀行のＣＤ機から行われているが、真正カードと届出暗証番号使用の立証がなく、またシステムの安全性を欠くから、民法四七八条の適用がなく免責約款も効力がないと主張して、銀行に対し預金返還請求訴訟を提起したものである。

最高裁は次のように述べて、民法四七八条の適用有無について判断をすることなく、免責約款によって銀行の免責を認めて預金者の上告を棄却している。なお、免責特約により取扱う点は、一審[29]、二審[30]も同様である。

「銀行の設置した現金自動支払機を利用して預金者以外の者が預金の払戻しを受けたとしても、銀行が預金者に交付していた真正なキャッシュカードが使用され、正しい暗証番号が入力されていた場合には、銀行による暗証番号の管理が不十分であったなど特段の事情がない限り、銀行は、現金自動支払機によりキャッシュカードと暗証番号を確認して預金の払戻しをした場合には責任を負わない旨の免責約款により免責されるものと解するのが相当である。」

最高裁は右の通りキャッシュカードによる預金の無権限払戻しの場合について、民法四七八条の適用有無につき判断をしていない。学説は、同条の適用を認めるものが多いようであるが、同条は人対人が対面する場合が前提になるなどを理由に、キャッシュカードによる場合には適用を否定する見解もある[31]。右最高裁判決の述べるような要件のもとで免責約款の効力が判例上も安定して行くものと考えられるから、いずれによっても結論に大差はなく、実際上の支障もないといえる。しかし、非対面取引であることを理由に民法四七八条の適用を躊躇する必要はなく、対面取引との違いを生じるとすれば、銀行側の無過失の判断を構成する内容としてその有するシステムの特性からくるものが加味されることで足りるものと考える。本事案における民法四七八条の適用有無の論点はこの点にあるのであり、前記(1)~(3)の場合とは問題の場面が異なっている。

なお、右最高裁判決は免責特約の適用に関して預金者の帰責性を要件としていない。民法四七八条の解釈にあたっては、債権者側の帰責事由を考慮しないのが判例・通説であるが、学説は帰責性必要説も有力であり[32]、キャッシュカードによる預金払戻しについても両説がみられている[33]。

(b) カードローンへの類推適用

右①〜③にみられるように判例は一貫して民法四七八条の適用範囲の拡張を認めてきているが、その類推適用にあたっては、定期預金の期限前解約に類する前払いであることを基礎におく立場であり、いずれも対立することになる債権との相殺（差引計算）予定のもとに行われる貸付であるという点で共通する。

三 検討

(1) 判例の射程範囲

その類推適用に際しての要件や拡張の限界については、現在の判例の集積でもなお明らかでない点がある。しかし、右②が下級審ながら受益証券担保の貸付につきその買取代金との相殺が予定されることに着目して類推適用を認めた点、および右③の生命保険会社の契約者貸付制度による貸付について、最高裁が、貸付が約款上の義務の履行として行われること、貸付金額が解約返戻金の範囲内に限定され保険金等支払いの際に元利金が差引計算されることから、その経済的実質が保険金または解約返戻金の前払いと同視できることを理由として、貸付後の相殺を要件とすることなく民法四七八条の類推適用を認めた点は、従来の預金担保貸付の場合より一歩進んだ判断を示したものとして評価されよう[34]。

したがって、民法四七八条の類推適用についての判例の拡張ラインは、その実質が預金担保貸付と同視できることから、さらに一歩進めて、対立する債権自体を担保としておらず直接には相殺予定とし得ないものであっても、その特約により処分代金による回収（清算）が予定されたうえで、銀行の義務として行われる貸付については、これを弁済と同視して類推適用を認めるところにあるものといえよう。

そこで、この判例理論の実際取引における射程範囲が重要な問題となるが、一般に取扱われる商品のなかで考えてみると、最も近似した商品として国債等公共債を担保とする総合口座貸越の場合があげられよう。これは右①の判例が総合口座の定期預金担保であるのと異なって、自行の窓口で販売した国債等を担保にその処分代金等との差引計算を予定して貸付を行うものであり、右②に属するパターンのものと考える。また、その延長線上にあるものとしては、例えば担保物が自行以外の預金債権であるときや一般の債権、有価証券等のときで、同様の処分充当特約を付して行われる定型化された極度貸付の場合をあげることができよう。

問題は、本問のカードローンが射程範囲内といえるか否かであるが、右にみた判例理論をもってみるかぎりでは、類推適用の認容は困難と解しておかざるを得ないようである。すなわち、通常の場合は、預金担保の要件を欠くうえに無担保が原則であって充当の見返りとなるべき財産の提供がなく、本来的に清算を予定する債権関係が生じていないのが一般であるからである。

(2) 別の観点からのアプローチ

そこで別の観点からのアプローチとして、ひとつには、カードローンによる当座貸越の法的性質を諾成的消費貸借と解する立場から、貸越における銀行の資金交付義務の履行を債務の消滅行為と捉えて、民法四七八条の類推適用を認める考え方がある。[35] 塩崎勤判事は、このような解釈を前提に「カード使用による貸越は、銀行とカード使用者間の消費貸借の締結という法律行為ではなく、予め銀行と顧客間のカード契約に基づく融資の実行（カード使用による停止条件の成就と銀行の義務の履行）にすぎないということになるし、その融資の実行は、銀行の顧客の普通預金口座への資金の入金、顧客の普通預金の払戻しという手続により行われるものであるから、右貸越という一連の手続自体を民法四七八条の「弁済」と同旨ないし類似する行為であると捉え、民法四七八条の類推適用を肯定する余地があろう」と述べている。カードと暗証番号を確認して迅速に融資を実行するといったカードローンの取引実態を直視することによって、カード不正使用による顧客・銀行間の紛争を民法四七八条の類推適用によって解決を図ろうとするものである。

この考え方に対しては、当座貸越による貸付を銀行の義務の履行とみることは適当ではないとの立場からの批判が予想される。この点は、貸越契約に定められる銀行による貸越の中止や極度額の減額条項がどのようなもので、いかなる要件のもとに認められるのかによって、解釈が分かれてくることになろう。現に、II事件一審判決は、別の争点についての銀行の貸越義務の存否にかかる判断において本件のカードローン取引約定書を検討しており、同約定書四条二項には、銀行はあらかじめ新借越極度額および変更日を通知して借越極度額を変更できる旨が定められていること、同条三項には、保証会社が債権保全のために必要であると認めて銀行に通知したときおよび銀行が債権保全上必要と認めたときには、あらかじめ通知を要せず、借越極度額の減額または借越の中止をすることができる旨が定められていることなどを認定して、銀行は借越極度額の当座貸越をする義務は負っていないものとの判断を示している。右のような約定が無条件で適用できるのであれば右判断は是認されようが、そもそも一般的なカードローンの約定自体が右のような規定内容によっていることを前提に本問を議論することは危険である。いくつかの他の金融機関の例をみたかぎりでも、既に貸付けた当座貸越金についての即時支払条項(期限の利益喪失条項に類した当座貸越専用のもの)を引用するなどして、そこに定められる破産申立、取引停止処分、相続開始などの借主に帰責する一定事由が発生したときに貸越の中止等を認める約定として構成されており、このような相当事由の発生がその適用の前提にあるものといえよう。さらに言えば、一般に貸越義務の存在が認められるとされる総合口座の場合にも、同旨の貸越の中止・解約条項が設けられていることに留意されなければならない(総合口座取引規定全銀協ひな型一三条二項参照)。貸越の中止等が銀行側によって自由に行えるかのごとくに読める右II事件のローン約定を前提に、一般論としてのカードローンの貸越義務の不存在を導くことは躊躇されるべきなのである。

三　検　討

もうひとつのアプローチとして、カードローンによる借入取引とキャッシュカードによる預金払戻し取引のATMからの現金引出しの取扱いが同じであることから、その外形に着目して民法四七八条の類推適用を認める考え方がある(36)。野村豊弘教授は、「磁気カードによってATM機から現金を引き出すという外形的行為において、普通預金の払戻しとカードローンの利用とではほとんど異ならないといってよい。そこで、預金担保貸付や総合口座の貸越について預金払戻しと実質的に異ならないとして、民法四七八条を類推適用することが認められるとすれば、カードローン契約についても、キャッシュカードによる預金払戻しと同じに扱ってもよいとする余地があるように思われる。」と述べて、その類推適用を示唆している。

実際にも、一枚のカードに二本の磁気ストライプが入ってローンカードとキャッシュカード機能が共用化されているものや、カードには一本のストライプがあって、引出し請求額のうち預金残高の範囲内までは預金払戻しが行われ、預金残高を越える部分は極度貸付が行われるというタイプのものもあり、各種のカードの共用化の進むなかで、このような視点からの理論的アプローチは今後の法律関係の整序の検討のうえからも意義のあることと思われる。

なお、カードの共用化はクレジットカードとの間でも行われるが、クレジットカードの不正利用に関しては、これまで比較的多くの判例が公刊されている。(37) 一般には使用限度額の定めがあって、付保によるカバーを前提としていること、また会員規約により、所定の届出のあることを要件に不正使用による損害についての会員の免責を定め、例外として会員の故意、重過失や、家族等関係者の不正使用など会員が責任を免除されない場合が定められているなど、右二つのカードとは取扱いに相違する点があり、裁判例もこれらを争点とするものが多い。このような共用化の傾向は、共用される各種のカード相互間の不正利用時における取扱いの相違をより顕在化させて、その法律関係や責任分担の整合といったことが問題となることも予測されなくはないが、クレジットカードは、その主たる利用目的・形態や右取扱いの相違等を考慮すれば、現状では別異に解しておくべきが妥当と考える。提供側としては、カード利用者に対して予めそれぞれ異なる規定による取扱いとなることを了知させておくなどの配慮が必要と思われる。

(ハ) 免責特約の効力

(a) 特約の内容と趣旨

三 検討

本判決の事案における特約Iについては、一・二審ともカードが盗まれたことによる銀行の損害について、カード契約者に損害賠償責任の生じる趣旨の特約であると解し、そのうえで右損害賠償債務が保証会社の弁済すべき債務に含まれるとした。また二審は、その成立にはカード契約者に契約上の債務不履行のあることが要件となることを述べたうえ、傍論で、債務不履行の有無にかかわらず成立する単純な損失負担契約と解する余地のあることも述べている。特約IIについては、一・二審とも、無権限者に対する正当なカード・暗証による払戻しによる当座貸越を、カード契約者に対する正当な貸付として取り扱うことができる趣旨の特約であると解し、そのためには、カード契約者に帰責事由のあることが必要としている。右判決の事案における特約Iは損害賠償債務の成立を認めやすくする特約であるのに対し、特約IIは、その成立の説明しにくい、むしろ貸付の成立を認めやすい特約といえよう。このような約款を採用した銀行側でどのような検討がなされたのか明らかではないが、全国銀行協会の類似規定のひな型と比較すると次のことが分かる。すなわち、特約Iは、一般に使われる普通預金規定(全銀協ひな型八条)とほぼ同文であり、末尾の「損害については、当行は責任を負いません」を「損害については、私の負担とします」と修正したものである。また、特約IIは、一般にATMによる預金払戻しや振込に使われる(キャッシュ)カード規定(全銀協試案一〇条)に当時定められていた規定の「当行の支払機または振込機によりカードを確認し、支払機または振込機操作の際使用された暗証と届出の暗証との一致を確認して預金を払戻したうえは、カードまたは暗証につき偽造、変造、盗用その他の事故があっても、そのために生じた損害につき当行は責任を負いません」とほぼ同文のもので、右傍線箇所のうち振込にかかる部分を削除し、また「預金を払戻したうえは」を「カードローンの借入をしたうえは」と修正したものである。このようによく似た全銀協ひな型の規定を一部修正して使用する例は、本事案の銀行に限ったことではないようであるが、本判決の出現は、既に

(イ)(a)で述べたような形で免責特約の見直しを促すものと受けとめて行くべきであろう。これにも関連することであるが、右カード規定ひな型の免責条項については、預金者に帰責事由のない完全な

第三者による偽造カードによって預金が払戻された場合には、預金者の責任を問うべきではないとの指摘がなされていたが、[38]その後、平成六年四月に全銀協において、その旨を規定に明定する改正が実現されている。したがって、カードローン規定についても、その後は、この改正内容を踏まえた金融機関であれば、契約者側の帰責性に一歩踏み込んだものとして、次の通り右改正後の新規定の傍線ただし書き部分を盛り込んだものが使用されているはずで、このような銀行側の姿勢は免責特約の効力をより確実なものとする方向で働くものと考える。[39]

「当行が、カードの電磁的記録によって、支払機または振込機の操作の際に使用されたカードを当行が交付したものとして処理し、入力された暗証と届出の暗証との一致を確認して預金の払戻しをしたうえは、カードまたは暗証につき偽造、変造、盗用その他の事故があっても、そのために生じた損害については、当行および提携先は責任を負いません。ただし、この払戻しが偽造カードによるものであり、カードおよび暗証の管理について預金者の責に帰すべき事由がなかったことを当行が確認できた場合の当行の責任については、このかぎりではありません。」

(b)　カード契約者の帰責性

II事件判決は、カード契約者に帰責事由がなければ右約款の適用ができないものと解しているが、カード契約者に「帰責事由あるとき」の趣旨が表見法理におけるものをいうのか、特約IIの効力として無権限利用においても消費貸借の成立を認めようとするものかは明らかではない。前者であるなら、本件は基本代理権の点で問題のある事案であるから、後者の消費貸借の成立を認めるうえで、特約IIの適用要件としてカードの使用・管理における帰責性、善管注意義務違反の有無を考慮しようとする趣旨のものと解される。そのような立場からは、本判決は、前掲最判平成五年七月一九日が、キャッシュカードによる預金払戻しの場合の免責特約の適用についてした判断内容を、顧客保護の方向にさらに一歩進めて、カードローンについてはカード契約者に帰責事由のあることを要件とすることを初めて明言した判決として評価されることになる。[40]

その点、I事件判決は、帰責性の有無を問わずに特約の適用を認めるもののようでもあり、一審が、カード契約者がカードの使用管理について負担する善管注意義務違反のあったことを認めて判決し、また二審が、少なくともカード契約者にローン契約の債務不履行がある場合には、免責特約に基づき銀行の損害を塡補する契約上の債務を負う旨を述べたうえ、傍論で、その債務不履行の有無にかかわらず損害塡補責任を負う趣旨と解する余地のあることも述べており、両判決の判断は微妙に異なっている。

本事案のほかにカードローンの不正使用が問題となった事案として、東京地裁平成八年七月八日判決[41]がある。同居の実姉による不正使用の場合のもので、契約者側のカード管理上の過失と無断使用阻止措置の懈怠を認めて、カード契約者に帰責性があったとして免責特約により貸付の責任は免れないものとの判断を示しており、カード契約者のカード・暗証の管理義務等違反の有無を検討する点では共通している。

これらの判決の態度は、民法四七八条の(類推)適用または免責特約の適用に際して右(イ)(a)にみた各判例が、債務者側の善意・無過失のみをもって判断し、債権者側の帰責事由の有無を考慮に加えていないことと対比して、最も大きな相違点となる。実際の紛議処理にあたってその帰責内容を考慮に加えることによって公平な解決を図るということは、めずらしいことではないが、II事件判決のように、カード契約者に帰責性のあることを特約適用の要件と解すると、カード契約者の負担すべき注意義務、帰責性の程度(紛失・盗難の状況)に影響されることになって、免責特約の効力を不安定なものとする。菅野教授は[42]、貸与されたカード紛失における帰責性の問題に関して、「明白なシステム欠陥やデータ漏洩があれば、当然銀行の責任であるが、その時点の最高レベルの技術で安全システムを構築、運用しているか否かを問うべきで、銀行の手を離れた利用者の不注意による損害の責任まで、銀行に負えという主張は、(略)モラル・ハザードに直結しかねず、容易には納得し難い」と主張されている。

三　検　討

既述したように、カード契約者無責ないし双方無責の典型であるカードの完全偽造については銀行の責任分担とすることが打ち出され明記されている約定のもとでは、そうでない無権限使用は、程度の差こそあれ、盗用等されたカードと暗証についてのカード契約者の寄与過失が潜在しているものといえよう。カード契約者はカード・暗証番号の保管管理について善管注意義務を負うことを前提に、免責特約の効力をそのまま認めてよいように考える。カード契約者の帰責性については、特約適用に際しての検討要素として事案に応じて機能させることまで否定するものではないが、これを要件として位置づけることには、現状では俄かには賛同し難い[43]。なお、銀行側は、その点からも免責特約には、本人は貸与を受けたカードおよび暗証番号を（厳正に）保管管理する善管注意義務を負う趣旨を明定しておくことが望ましかろう（カード規定一〇条一項参照）。

もっとも、I・II事件判決は、最終的には本件カード契約者の責任を認めており、異論もないようであることから、この程度の事情のものは今後は争う実益自体が問題となろうから、そのような意味では、キャッシュカードによる預金の無権限払戻しの場合の最高裁平成五年七月一九日判決の事案がそうであったように、本件もカードローン・システムが法的にも位置付けられて行く過程での過渡的、段階的な事案として捉えることもできよう。一方で、I・II事件判決は明言していないが、銀行側の無過失の内容も問題となろう。免責特約の適用に際しては、右最高裁平成五年判決が述べている「銀行における暗証番号の管理が不十分であったなど特段の事情のないこと」および「使用されたカード・暗証の確認につき銀行側には過失のないこと」が内在されているものと考えておくべきであろう。

カード契約者の帰責性をどのように取扱うべきかは、既に述べたようにカードの多機能化、すなわちデビットカードとしての外部環境での利用、クレジットカードなどカード相互間の共用化の進展[44]、ICカードの導入といった技術革新を背景とした最近の顕著な動き、また消費者契約法や金融商品販売法の成立などの消費者保護の流れと相俟って、引続き重要な検討課題となろう。全銀協では、これまでカード取引の安全対策として、キャッシュコーナーへのビデオの設置など事故防止のための環境整備はもちろん、「カードゼロ暗証方式」や「暗証ホスト照合方式」等の採用によるシステム面のレベルアップ、また規定面での「完全偽造カードの銀行負担」や「カード喪失の電話受付時以降の銀行負担」の明記といった銀行責任の明確化等が実施されてきたが、引続き提供側として、これらの対策に投資を分配し、また傾注する姿勢を貫徹していくことが、法的にもその社会的合理性を維持し、具体的事案における保護を確保していくうえで重要になるものと考える。

(14) 塩月・前掲注(10)一一頁。
(15) 拙稿・新銀行実務総合講座2・第4章当座貸越一九五頁。
(16) 我妻栄・債権各論（中巻Ⅰ）三五四頁、吉原省三「融資契約と融資義務」銀行取引法の諸問題〈第二集〉一八〇頁。
(17) 我妻・前掲注(16)三五五頁。
(18) 鈴木竹雄「当座預金」五九頁、小沢征行「クレジット会社の極度貸付制度の法的性格について」金法一〇二一号六頁。
(19) 裁判集民事一五五号五頁、金法一二〇五号八七頁、金商判八〇八号三頁。
(20) 東京高判昭和六〇年七月一九日金法一〇九八号四七頁、金商判八〇八号九頁。
(21) 民集三八巻三号四四五頁、金法一〇五四号六頁。
(22) 民集二〇巻八号一五六五頁、金法四六二号六頁。
(23) 民集二七巻二号三七六頁、金法六八一号二六頁。
(24) 金法九八二号三七頁。
(25) 金法一五〇五号五五頁。
(26) 民集五一巻四号一九九一頁、金法一四九〇号五六頁。
(27) 東京高判平成五年七月二〇日金商判九三八号三八頁。
(28) 金法一三六九号六頁、判時一四八九号一一一頁、判タ八四二号一一七頁。
(29) 東京地判平成元年一月三一日判時一三一〇号一〇五頁、金判九四四号三八頁。

三　検　討

(30) 東京高判平成元年七月一九日判時一三二一号一二九頁、金判九四四号三七頁。
(31) 拙稿・前掲注(1)四八〇頁参照。
(32) 星野英一「民法概論Ⅲ」二四〇頁、沢井裕「注釈民法12債権(3)」八七頁、篠塚昭次「条解民法Ⅱ債権法」一六三頁。
(33) 拙稿・前掲注(1)四八四頁参照。また、その免責約款の適用について帰責性の有無を基準とした処理を分析した、その後のものとして、山本豊「預金者以外の者による現金自動支払機からの現金引出しと銀行の免責」金法一三九六号七頁がある。
(34) 本判決に関するものとして、高橋眞「生命保険会社が行った契約者貸付制度に基づく貸付への民法四七八条の類推適用」金法一五二四号七六頁、影浦直人「生命保険会社がいわゆる契約者貸付制度に基づいて保険契約者の代理人と称する者の申込により行った貸付と民法四七八条の類推適用」平成九年度主要民事判例解説・判タ九七八号六四頁、千葉恵美子「生命保険会社による保険契約者の詐称代理人への貸付と民法四七八条の類推適用」平成九年度重要判例解説七一頁)。
(35) 塩崎・前掲注(10)一六頁。
(36) 野村・前掲注(10)二〇頁。
(37) クレジットカードの不正使用に関する裁判例として、①鹿児島簡判昭和五八年一一月一五日判例先例信用供与取引法二八四頁、②大阪地判昭和六一年七月一五日金法一一七四号三七頁、③大阪高判平成元年一月二六日金法一二二三号二八頁、④東京地判平成元年一一月一六日判タ七三二号二四六頁、⑤東京地判平成三年八月二九日判時一四一一号一二〇頁、⑥大阪地判平成五年一〇月一八日金法一三八四号四〇頁、⑦東京地判平成七年九月二六日金法一四六三号四二頁、⑧東京地判平成一〇年九月二五日金商判一〇七〇号四九頁、⑨東京地判平成一一年二月二六日金法一五六六号五二頁などがある。
(38) 例えば、拙稿・前掲注(1)四八七頁。大蔵省金融制度調査会エレクトロバンキング専門委員会法制懇談会報告『法制懇談会における議論の取りまとめ――電子取引に関する法制整備について――』(平成六年一二月)。

(39) 拙稿「カード規定試案改正条項の逐条解説」金法一四一〇号三三頁。
(40) 野村・前掲注(10)二〇頁。
(41) 金商判一〇二五号三六頁。
(42) 菅野・前掲注(10)六八頁。なお、最高レベルの技術か否かを問うべきとする点は意見の分れるところであろう。
(43) 三上・前掲注(10)二二頁。
(44) クレジットカードとの共用等による責任分担ルールの整序の問題については、前記三(ロ)(b)で述べた。

〔追記〕 脱稿後に本事件判決の評釈として、渡辺博己「カードローンの不正使用とカード契約者の責任」金法一五七七号一七頁、岩原紳作「無権限者へのカードローンの損失分担」ジュリ一一八三号一七五頁、安永正昭「カードローン契約を締結した顧客から盗まれたカードが利用されて行なわれた貸付の効果帰属」金法一五八八号一七頁に接した。

商品市場における取引の委託の取次ぎと当業者主義

河内隆史

一 はじめに

平成一〇年改正前の商品取引所法(以下、商品取引所法を単に法という)においては、「何人も、業として、商品市場における取引の委託の媒介、取次ぎ又は代理をしてはならない」と規定されており(旧法一四五条の二)、商品市場における取引の委託の取次ぎは、その媒介及び代理とともに、これを営業とすることが禁止されていた。しかし、同改正により、同条が「何人も、業として、商品市場における取引の委託の媒介又は代理をしてはならない」と改められたために(現行法一四五条の二)、商品市場における取引の委託の取次ぎは、禁止の対象から除外されることになった。その結果、商品取引員は、商品市場における取引の委託の取次ぎの引受を業として営むことが可能となったが、ここで「商品市場における取引の委託の取次ぎ」とはどのようなことを意味するのであろうか。

取次ぎとは、法律的には自己が権利義務の主体となるが、経済的には他人(委託者)の計算で法律行為をすることを引受ける行為をいい、取次業者のうち、自己の名をもって他人のために物品の販売又は買入をすることを営業とする者が問屋である（商法五五一条）。すなわち、問屋とは、不特定多数の委託者との間で、有価証券を含む物品の販売又は買入の取次ぎを引受ける契約を締結し、その実行行為をすることによって委託者から手数料を取得することを営業とする独立の商人である。

元来、商品取引員は、自己の名において他人の計算のもとで、商品取引所の開設する商品市場における取引を行うことを営業とする商人であるから、取次業者であり、通説は、問屋と解している。(1) そして、商品取引員の従来からの業務である受託業務では、商品取引員は、委託者の委託を受け、自己の名において委託者の計算のもとで、商品市場において自ら取引を行うので、当該商品市場における取引資格が当然に必要であり、したがって、商品取引所の会員であることも前提とされていた。それに対して、平成一〇年の法改正により、新たに認められることになった商品市場における取引の委託の取次ぎの引受の場合、商品取引員は、商品市場において自ら取引をするわけではなく、商品取引員自身の名において委託者の計算で、当該商品市場の取引資格を有する受託会員に対して、受託した取引を委託することを引受けるものと解される。したがって、商品市場における取引の委託の取次ぎを引受ける商品取引員の場合、(2) 商品市場における取引資格は必ずしも必要ではないことになる。

それでは、商品市場における取引の委託の媒介及び代理は、従来と変わらず禁止されているにもかかわらず、その取次ぎだけが解禁されたのはいかなる理由に基づくものであろうか。この点を検討するには、商品取引所法制定以来のいわゆる当業者主義との関係を考える必要があると考えられる。そこで以下においてはまず、戦前及び戦後の商品先物取引法制における当業者主義のあり方について、取引所会員資格及び商品取引員（昭和四二年改正前は商品仲買人）資格の変遷を見ることによって検討したい。そのうえで、平成一〇年改正で商品市場における取引の委託の取次ぎが解禁されたことにより、商品取引所の会員資格や商品取引員の資格はどのようになるのか、当業者主義にどのような影響があったか、また受託商品取引員と取次商品取引員とで法規制にどのような差異があるのか、を検討する。これらの点は、規制緩和と自己責任原則という文脈のなかで把握されるべきかもしれないが、他方では、特に委託者保護の面で何を配慮すべきかが当然考察されなければならないであろう。

（1）　商品取引員と同様に、一般に問屋と解されている証券会社につき、取次業務は証券業の一部にすぎないこと、証券会社は公的装置である取引所の担い手という性格が強いので、契約自由の余地が少ないこと、取引客体がオプションや指数などに及んでいるので、物品の販売・買入という概念に当てはまらないこと、問屋法理が証券取引法の論理から見て有害な場合が多いことなどを理由に、証券取引法上の免許会社として位置づけるべきであるとする見解がある（上村達男「証券会社の法的地位（上）」商事法務一三一三号四頁）。確かに、商品取引員には商品取引所法が適用されるので、問屋の介入権（商法五五五条）は呑み行為の禁止（法一三六条の一六）によって排除されるし、問屋の通知義務（商法五五七条・四七条）よりも詳細な通知義務が商品取引員に課され（法一三六条の二一）、さらにクリアリングハウス制度の下では問屋の履行担保責任（商法五五三条）は問題にならないなど、商法の問屋に関する規定が適用されることはほとんどない。したがって、商品取引員を問屋であると解するとしても、その実質的意味はほとんどない（河内隆史＝尾崎安央・三訂版商品取引所法（二〇〇〇年、商事法務研究会）一二四頁）。

（2）　本稿では、平成一〇年の商品取引所法改正によって新たに認められた、商品市場における取引の委託の取次ぎを引受ける商品取引員を取次商品取引員といい、従来から存在する、商品市場における取引の委託を受ける商品取引員を受託商品取引員という。

二　商品取引所法における当業者主義

(イ)　戦前の取引所法における部類営業商人主義

戦前の取引所法（明治二六年法律五号）のもとでは、株券・債券の取引をする株式取引所（又は有価証券取引所）

と米穀・砂糖・綿糸等の取引をする商品取引所があり、いずれの取引所も法人組織でなければならない点は現在と同様であったが（同法七条）、その法人には株式会社組織と会員組織の二種類が認められていた（同法五条）。そのほとんどは株式会社組織のようであったが、[3] 大正一一年の取引所法改正後、取引所の会員組織化がはかられて、次第に会員組織の取引所が創設されていったようである。[4]

取引資格については、会員組織の取引所においては、当初はその取引所の仲買人及び会員に限って売買取引が認められていたが（同法六条一項）、会員は自己の計算による売買（自己売買）に限って認められ、他人の計算による売買（委託売買）は禁止されており、会員のほかに仲買人を置いて、これに委託売買を取り扱わせていた（明治二六年同法二二条）。会員ではない仲買人が自己売買も委託売買もできるものとされ、市場の実権を握ることとなったため、大正一一年の同法改正に際して、会員の委託売買を認めるとともに、仲買人を廃止した（大正一一年同法一二条二項）。[5] 他方、株式会社組織の取引所においては、その取引所の仲買人に限って売買取引をすることができると規定されていたが（明治二六年同法六条二項）、大正一一年の同法改正において、仲買人という名称は取引員という名称に変更された（大正一一年同法六条二項）。これにより、取引員の人格の向上を期したといわれている。[6] なお取引員は株主を兼ねることはできたが、法律上は両者は別個の地位であった。[7]

会員又は取引員の資格についても変遷があり、大正一一年改正の取引所法によれば、帝国法令により設立された会社であること、無能力者・破産者でないことなど、法律に定める資格要件を具備しなければならないとするとともに（同法一一条）、取引所の定款をもって会員又は取引員となるのに必要な条件を定めることを認めていた（同法一五条ノ二第一項）。

そして、当業者主義に関して、取引所法制定当初は、一年以上取引所の営業部類に属する商業に従事した商人は、定款の規定に従って、その取引所の会員となることができると規定し（明治二六年同法一〇条一項）、また二年以上その取引所の営業部類に属する商業に従事した商人にして年齢二五歳以上の者は、政府の免許を受け、その取引所の仲買人となることができると規定して、いわゆる部類営業商人主義を採用していた（同条二項）。これは当業者主義に等しいものと理解してよいであろう。その後、大正三年の法改正において、取引所の仲買人となろうとする者は政府の免許を受けるべきものと改めて（大正三年同法一〇条二項）、少なくとも法文上は、仲買人については当業者主義を廃止したが、会員資格に関しては、一年以上という年限は撤廃しつつも（同条一項）、依然として当業者主義を採用していたことは法文上明らかであった。

その後、大正一一年の法改正において同条一項が全面的に削除された結果、当業者主義は廃止されたように見える。しかしながら、同条改正に対する政府の立法理由及び釈義によれば、会員組織という辞義自体からして、会員がその営業部類に属する商業に従事する商人でなければならないことは「不文自明の原理」であること、及び旧規定の文言があるときは、例えば、銀行・保険業者が証券取引所の会員資格を得られるか否かに関して疑問を生ずるおそれがあるから、同項を削除したに止まり、その営業の部類に属する商業に従事する商人であることを要しないことに改正した趣旨ではなく、その具体的条件は各取引所の定款で規定させることにしたとのことである。しかし、改正後も依然として当業者主義を維持するというのであれば、従来の明文規定を削除して、各取引所の定款に委譲するような措置が妥当なものといえないことは明白である。(8) いずれにせよ、同改正後においても依然として、会員組織の取引所では定款で当業者主義を採用していたようである。(9)

(ロ)　戦後の商品取引所法における当業者主義

昭和二五年に制定された商品取引所法（昭和二五年法律二三九号）のもとでは、商品取引所はすべて会員組織の非営利法人とされたが（法三条）、公共機関的性質を帯びる取引所には協同組合的企業形態である会員組織が適当であり、株式会社組織の取引所は株主の利益中心主義となりやすく、いたずらに不健全な投機取引をあおる等の欠点があるというのがその趣旨であった。(10) そして、商品市場における売買取引は、その市場を開設する取引所の会員であって、主務省に備える商品取引所登録簿に、当該商品市場に上場する商品を売買取引する旨の登録がしてあるものでなければできないとされた（昭和二五年法七七条・一四条一項）。

会員資格については、「取引所の会員たる資格を有する者は、この法律の施行地において、当該取引所の上場商品（当該商品の主たる原料となっている物又は当該商品を主たる原料とする物で政令で定めるものを含む。以下第二項において同じ。）の売買等（証券業者がする売買等を含む。以下第二項において同じ。）を業として営んでいる者に限る」（同法二三条一項）と、取引所会員になるための営業上の要件を規定して、当業者主義に立つことを宣明していた。それとともに、取引所の会員となるための欠格条件（同法二四条）と資産上の要件（同法二五条）を規定していた。この点については、取引所は公共的施設であるから、何人にも自由にかつ開放的に公開されるべき性質のものであるが、商品市場においては大量の取引が敏速かつ確実に行われる必要があるので、ここで売買取引に従事する者は資産信用が十分な者でなければならない。したがって、商品取引所法はこれらの会員要件を定め、これに合致するかぎり、何人も自由に取引所に加入し、又は脱退しうることとしたと説明されていた[11]。確かに、取引従事者の信用が重要であることは、欠格条件と資産上の要件について、その存在理由を十分に納得させるが、営業上の要件すなわち当業者主義については、必ずしも十分な説得力をもつとはいえないのではなかろうか。最終的に商品の受渡しが必要とされるなら、当該商品の手当てが容易な当業者でなければ、履行の担保が困難だということになろうが、限月までに差金決済によって手仕舞いができる先物取引の場合、資金力は必要であっても、商品を手当てできる必要はないからである。本来、商品先物取引は、商品の価格変動リスクに対する保険作用（ヘッジング）を営むものとして、取引仲間の間で慣行的に行われてきたのであり[12]、商品取引所制度の社会的有用性の一つがヘッジング機能であるから、ヘッジングを必要とする当業者に会員資格が限定されたと解される。だからこそ上場商品そのものを扱っている営業者だけでなく、例えば、綿糸を上場商品とする商品取引所の会員となるには、棉花又は綿布の営業者でもよいし、上場商品の売買、売買の媒介、生産又は加工を兼業として営んでいれば、証券業者、倉庫業者、運送業者などでも会員となる資格があると解しうることになるのである。[13]

前述したように、旧取引所法においては、会員組織の取引所の場合、仲買人制度が廃止されて、会員が自己売買も委託売買も行うことになっていたが、商品取引所法は、委託者保護の見地から、特に商品仲買人という制度を設け、主務大臣が直接監督の任に当たることとした。[14] 商品仲買人以外の者が商品市場における売買取引の委託を受けることを禁止して（同法四三条）、商品仲買人に特権を付与するとともに、「商品市場において売買取引をすることができる商品仲買人は、当該商品市場において売買取引をすることができる会員であって、取引所別に主務省に備える商品仲買人登録簿に登録を受けたものに限る」と定めて（同法四一条）、商品仲買人資格と会員資格を関連づけた。しかも一般会員が自己の計算による売買取引しか行えないのに対して、商品仲買人は、自己の計算による売買取引と委託者の計算による売買取引の両方を行えるので、資産上の要件が一般会員よりも厳格に定められた。

昭和二九年の法改正においては、商品取引所につき登録制から許可制に移行したことに伴い、商品取引所登録簿は廃止され（旧一四条削除）、商品市場における売買取引は、その市場を開設する取引所の会員であって、当該商品市場に上場する商品又は当該商品を主たる原料となっている物もしくは当該商品を主たる原料とする物で政令で定めるものの売買、売買の媒介、取次ぎもしくは代理、生産又は加工を業として営んでいる者でなければできないと改められた（昭和二九年法七七条）。また戦前は取引所法の下に一括して規制されていた証券取引と商品取引が、昭和二五年以降、別個の法規制に服してきたことに対応して、昭和二九年の法改正では、会員資格に関する法二三条一項中の「証券業者がする売買等を含む。以下第二項において同じ」というかっこ書きが削除された。

二　商品取引所法における当業者主義

(ハ)　昭和四二年商品取引所法改正と当業者主義の変容

商品取引所法が登録制をとっていたのは、昭和二五年の同法制定当時の他の産業警察立法と同様に、業者の参入の自由を保障するためであったが、一定額の純資産額の保有という形式的要件を充足すれば、商品仲買人としての登録を受けることができ、その適格性について行政機関による実質的な審査はほとんどできない状態であった。また昭和二七年の法改正において、委託者の便宜と商品仲買人の営業上の必要から外務員制度が導入され、営業所以外の場所での使用人による委託の勧誘が認められた。その後、商品取引に対する大衆参加の急増に伴って、商品仲買人と一般委託者の間の紛争が多発したため、商品仲買人の資質の向上と委託者保護を図る必要に迫られ、昭和四二年に大規模な法改正が行われた。戦前及び昭和三〇年代前半までは、当業者以外の委託者も相場師として専門的な知識と豊富な資金をもったセミプロ的な存在であり、昭和二五年の立法当時は、一般大衆が大量に参加するという事態を想定していなかったため、商品仲買人と委託者との関係についても、商人間の慣行と信義則によって円滑に処理されるとの前提で、強い規制が導入されなかったことが指摘されている(15)。

まず会員資格について、従来、必ずしも明確ではなかった「当業者」の範囲を明確にするために、「取引所の会員たる資格を有する者は、この法律の施行地において、当該取引所の上場商品(当該商品の主たる原料となっている物又は当該商品を主たる原料とする物で政令で定めるものを含む。次項において同じ。)の売買、売買の媒介、取次ぎ若しくは代理(商品市場における売買取引の取次ぎを含む。)、生産又は加工(以下「売買等」という。)を業として営んでいる者に限る」と改められた(昭和四二年法一三条一項)。当業者とは、商品取引所外で売買等を営んでいる者(現物営業者)に限るのか、あるいは商品取引所の開設する商品市場における売買取引又はその受託のみを営業としている者も含まれるかが問題とされ、特に現物営業者が商品取引所の会員になった後に、商品市場における売買取引又はその受託のみを営業とするようになった場合(専業化した場合)に、当業者を狭く解すると、会員の資格要件を喪失し、商品取引所を脱退しなければならないのかについて、疑義が生じた。特に多数の商品取引所に加入して多数の商品を取り扱い、大衆委託者を中心に取引するいわゆるデパート式の商品仲買人をめぐっては、委託者との紛議や倒産等の問題が生じていた。そこで「媒介、取次ぎ若しくは代理」のつぎに(商品市場における売買取引の取次ぎを含む。）というかっこ書きを置くことにより、受託業務専業者にも会員資格が認められることを明らかにすることにより、当業者の一員としての自覚を喚起することを意図したと説明されている[16]。いずれの取引所の会員でもない者が新たに取引所の会員になるには、上場商品の現物営業を営んでいる必要があったのであるから、受託業務専業者は従来から解釈上会員資格が認められていたわけではなく、この改正の結果、新たに認められることになったと解すべきであろう。特定の商品の現物営業者と異なり、受託業務専業者は特定の上場商品と必然的な結びつきがあるわけではなく、自らは価格変動リスクをヘッジする必要もないので、このような者も当業者とされたことにより、「当業者主義」は変容したというべきであろう[17]。

さらにこの改正では、商品仲買人を商品取引員と改めるとともに、商品取引受託業につき登録制を改めて許可制を導入し、会員が商品市場における取引の委託を受けるには、主務大臣の許可を受けなければならないと規定した（昭和四二年法四一条一項）。営業姿勢や財務基盤に問題のある業者が商品取引員となった場合には、一般投資者が大きな損害を被るおそれがある。そこで一定の基準を充たした者に限って主務大臣の許可を付与することによって、適格性を欠く者が商品取引員となるのを防止する趣旨である。それとともに、「商品市場における上場商品について第一項の許可を受けた会員（以下「商品取引員」という。）でなければ、当該商品市場における売買取引の委託を受けてはならない」として、取引所の会員であることを商品取引員の資格要件とした（同条三項）。

なおこの改正で採用された商品取引受託業務の許可には期限の制限はなかったが、昭和五〇年の法改正において、商品取引員の許可が四年の期限付きに改められ、四年ごとの更新を受けないと、その期間の経過により失効するものとされた（昭和五〇年法四一条四項）。これは、当初の許可の際の適格要件が具備されていることを再確認するとともに、不適当な商品取引員を定期的に排除することによって、委託者保護を徹底する趣旨である[18]。

平成二年の法改正では、従来、商品取引所の会員資格が日本で当業者としての業務に従事する者に限定されていたのに対して、日本の商品市場を国際的に通用する先物市場として整備するため、外国法人等が日本の商品先物市場に直接参入できるように、商品取引所の会員資格を拡大した。すなわち、①当該取引所の上場商品構成物品等（当該商品の主たる原料となっている物又は当該商品を主たる原料とする物で政令で定めるものを含む）の売買、売買の媒介、取次ぎもしくは代理（商品市場における取引の取次ぎを含む）、生産又は加工を営業としている者に加えて、②上場商品構成物品等の公正な価格形成に資するものとして政令で定める要件に該当する者が追加された（平成二年法二三条一項）。①に関しては、「この法律の施行地において」と限定していた文言を削除することによって、外国当業者にも会員資格を解放することとし、また②によって、上場商品構成物品等の公正な価格形成に資する者であれば、内外の当業者を問わず、会員資格を広く認めることにした。[19] そして、②を受けて、外国商品市場で上場商品構成物品等について先物類似取引受託業を営む許可を当該外国で受けている者（外国先物業者など）を指定した（平成二年商品取引所法施行令三条）。これにともなって、商品市場における取引資格も拡大された結果、外国で上場商品又は上場商品指数対象物品の売買等の業務を営む者も日本の商品取引所の会員となり、さらには日本の商品先物市場における取引の受託業務を営む商品取引員になることが可能になった。依然として当業者主義が採用されていると解するにしても、大幅に緩和されたといわざるを得ない。

（3） 岸信介・取引所法（一九二八年、現代法学全集二三巻取引所法の部）四一頁。一般の株式会社の設立が準則主義によるのに対し、株式会社組織の取引所の設立には、政府の免許を要し、政府の特別の監督に服する点で差異があった（同書・五〇頁）。
（4） 桑田勇三・我が国取引所の理論と実際（一九四〇年、有斐閣）二四頁。
（5） 岸・前掲四八頁。
（6） 桑田・前掲五五頁。
（7） 岸・前掲五一頁。なお桑田・前掲五九頁によれば、東京株式取引所の沿革上は、大正元年に株主たることの規定が削除されるまでは、取引員は株主でなければならなかったようである。
（8） 小谷勝重・日本取引所法制史論（一九五三年、法経出版社）六〇一〜六〇二頁。

(9) 小谷・前掲三九六頁。
(10) 吉田信邦・逐条詳解新商品取引所法（一九五〇年、日本経済新聞社）二九頁。最近、取引所の株式会社化が論議されており、株式会社組織の取引所には資本の吸収が容易であり、短期間で利益をあげうるというメリットがあるが、戦前から戦後にかけての取引所法制をめぐる議論には傾聴すべきものがある。営利主義の取引所を認めるにしても、取引所の公共的性質や委託者保護についても十分に配慮すべきである。
(11) 吉田・前掲九七頁。
(12) 龍田節編著・逐条商品取引所法（一九九五年、商事法務研究会）一九六頁〔石田喜久夫〕。
(13) 吉田・前掲九八頁、倉八正＝高原基・商品取引所要論（一九五〇年、時事通信社）九六頁。
(14) 吉田・前掲一三七頁。
(15) 全国商品取引所連合会・改正商品取引所法の解説（一九六八年）六頁。
(16) 全国商品取引所連合会・前掲(15)五頁、龍田編・前掲一九七頁〔石田〕。
(17) 龍田編・前掲一九八頁〔石田〕は、平成一〇年改正前の商品取引所法二三条一項において「当業者主義」が採られているとすることはいささか強弁のように思われないでもないと批評する。
(18) 全国商品取引所連合会・改正商品取引所法の解説（一九七六年）三一頁。
(19) 農林水産省食品流通局・通商産業省産業政策局内商品取引所法令研究会編・新商品取引所法（一九九一年、時事通信社）六四頁。

三　商品市場における取引の委託の取次ぎの解禁

平成一〇年改正前は「何人も、業として、商品市場における取引の委託の媒介、取次ぎ又は代理をしてはならない」と規定されており（昭和四二年法一四五条の二）、商品市場における取引の委託の取次ぎは、その媒介及び代理とともに、これを営業とすることが禁止されていたが、平成一〇年法改正により、同規定が「何人も、業として、商品市場における取引の委託の媒介又は代理をしてはならない」と改められたために(法一四五条の二)、商品市場における取引の委託の取次ぎは、禁止の対象から除外され、商品取引員は、商品市場における取引の委託の取次ぎの引受を業として営むことが可能となった。この取次商品取引員は、アメリカにおける取次ブローカー(Introducing Broker、IB)の制度に範をとったものと一応考えられるが[20]、以下においては、この改正の意味するところについて若干の考察を加えたい。

ところで平成一〇年改正前の法一四五条の二は、昭和四二年の法改正により新設された規定である。しかし、実質的には、昭和二五年の商品取引所法制定当初の「商品市場における売買取引の委託の媒介、取次及び代理は、商品仲買人でなければすることができない」という規定を承継したものといえる(昭和二五年法九三条)。つまり、商品取引所法制定当時、少なくとも法文上は、商品市場における売買取引の受託業務の規制に服する商品仲買人は、自己が受託業をすることができる商品市場であるか、それ以外の商品市場であるかを問わず、商品市場における売買取引の委託の媒介、取次ぎ及び代理をすることができたのである。しかし、実際には、商品市場における取引の公正確保及び委託者保護の趣旨から、委託の媒介等の業務を抑止するように指導されており、委託の媒介等を業とする実益は乏しかったようである[21]。また委託の媒介等は、顧客側から商品仲買人に接近していくルートとなるが、商品取引の場合には、商品仲買人がすべて商品市場において売買取引をする会員であり、必要な地に必要な数の営業所が確保されるならば、委託の媒介等の役割は大きくないといわれていた。

昭和四二年改正において委託の媒介等が禁止された趣旨については、昭和四二年改正で商品取引員について許可制を採用し、営業所の開設の許可等の業務規制を導入しながら、委託の媒介等について受託業務と同様の規制をせずにそのまま放置しておくと、これを業とする商品取引員が生じ、許可制の潜脱されるおそれがあることや[22]、委託者保護のためには、受託の媒介、取次ぎ又は代理についても許可制をとるか、あるいはこのような行為は禁止すべきであるが、商品取引所法は会員以外の者の商品先物取引業者を予定していないので、受託の媒介等を認めなかったものであると説明されていた。[23] ここでの媒介・委託・代理は通常の意味であり、委託の媒介とは、独立人が委託者と商品取引員の間に立って、商品市場における売買取引の委託契約の周旋をすることをいい、いわゆる客外交である。委託の取次ぎとは、自己の名をもって他人の計算において、商品取引員に商品市場における取引の委託をすることをいう。そして、委託の代理とは、他人の計算においてかつその他人の名をもって、商品取引員に商品市場における取引の委託をすることをいう。[24]

平成一〇年の法改正において、商品市場における取引の委託の取次ぎの引受業務を解禁した理由については、委託の取次ぎは委託者との間で責任関係が完全に明確になるので、受託業務と同様の規制のもとでこれを解禁して業務の多様化を可能としたが、委託の媒介及び代理については、委託者との責任関係が不明確になる可能性が高く、委託者とのトラブルの原因となるおそれがあることから、引き続き禁止することとしたと説明されている。[25] 取次ぎの場合に責任関係が明確になるというのは、受託商品取引員が委託者たる取次商品取引員を認識しているので、取次商品取引員に対して責任を追及できるという意味であろうか。しかし、顧客から取次いだ注文は、取次商品取引員の名において受託商品取引員に再委託されて商品市場で実行されることになろうが、それでは注文を商品市場で実行した受託商品取引員には本来の顧客が誰であるのかはわからない。それではたして委託者保護となるのであろうか。またそのような取次ぎが可能であるとすると、なぜ媒介・代理は業としてなお禁止されるのであろうか。委託の取次ぎ、媒介又は代理をする業者が名義上表面に現れるか否かで責任関係を区別するということであるならば、形式論理にすぎるであろう。[26] 例えば、取次商品取引員の破産などの場合に、顧客が直接に受託商品取引員に対して益金の弁済を請求するには、どのような根拠によるのであろうか。あるいは取次商品取引員が顧客の財産を一時的にせよ管理することはないのであろうか。委託者保護が十分図られる否かは、取次商品取引員の業務内容や権限義務、商品取引所法上の規制などを検討することによって、判断すべきである。

三　商品市場における取引の委託の取次ぎの解禁

(20) 取次ブローカー(Introducing Broker：IB)は、先物取引契約又は商品オプションの売買注文の勧誘又は受託を行うが、当該注文の履行として委託者から金銭又はその他の資産を受領することはできない業者をいう。一九八二年の先物取引法(Futures Trading Act)改正によって新たに導入された。取次ブローカーは個人でも法人でもよいが、商品取引員(Futures Commission Merchant：FCM)、商品ファンド業者(Commodity Pool Operator：CPO)、商品取引顧問業者(Commodity Trading Adviser：CTA)、商品取引関係者(Associated Person：AP)、場内仲立人(Floor Broker：FB)、場内自己取引会員(Floor Trader：FT)と同様に、商品先物取引委員会(Commodity Futures Trading Commission：CFTC)に登録しなければならない。実際の登録業務は全米先物協会(National Futures Association：NFA)に委任されている。

(21) 全国商品取引所連合会・前掲(15)九三頁、龍田編・前掲一〇二六頁〔神崎克郎〕。

(22) 全国商品取引所連合会・前掲(15)九四頁。

(23) 龍田編・前掲一〇二八頁〔神崎〕。

(24) 全国商品取引所連合会・前掲(15)九四頁以下。龍田編・前掲一〇二九頁〔神崎〕。

(25) 波積大樹「商品取引所法の一部を改正する法律について」ジュリ一一三八号五八頁。

(26) 河内＝尾崎・前掲一二五頁。

四　商品取引所の会員と商品取引員

(イ)　商品取引所会員資格と商品取引員資格の分離

まず商品取引所の会員の資格として、平成一〇年の法改正により、①当該取引所の上場商品構成物品等(当該商品の主たる原料となっている物又は当該商品を主たる原料とする物で政令で定めるものを含む。)の売買、売買の媒介、取次ぎもしくは代理、生産又は加工を営業としている者、②当該商品取引所の商品市場における取引の委託を受け、又はその委託の取次ぎを引き受けることについて主務大臣の許可を受けた者、③前二号に掲げる者のほか、上場商品構成物品等の公正な価格形成に資するものとして政令で定める要件に該当する者が規定されることになった（現行法二三条一項）。改正前の①には、「代理」の次に「（商品市場における取引の取次ぎを含む。）」というかっこ書きがあったが、これが削除されて、新たに二号が追加され（②）、③は三号とされて「前号」が「前二号」に改められた。

旧法のかっこ書きは、商品市場における取引の受託のみを営業とする者にも会員資格があることを明確にしたものと解されていたが、[27] ②が定められたことにより、受託業務専業の商品取引員にも会員資格があることが明確になったため、①中のかっこ書きが削除されたと考えられる。また②の後半部分は、商品市場における取引の委託の取次ぎが禁止の対象から除外されたことを受けて、商品市場における取引の委託の取次ぎを引き受ける業者すなわち取次商品取引員を新たに会員資格に加えたものである（現行法一四五条の二）。この改正において、②が追加されたことにより、実際に現物の営業を行っていることを求める当業者主義は廃止されたと評価するか、あるいは、①が依然として存在することを重視して、当業者主義はいっそう緩和されたが、なお維持されていると評価するかは、[28] ほとんど言葉の問題である。

四　商品取引所の会員と商品取引員

次に商品取引員の概念について、平成一〇年改正法は、「許可の種類に係る商品市場における取引の委託又はその委託の取次ぎは、当該商品市場について第一項の許可を受けた者（以下「商品取引員」という。）でなければ、受け、又は引き受けてはならない」と規定している（法一二六条三項）。

第一に、商品取引員は、商品取引所の開設する商品市場における取引の委託を受け又はその委託の取次ぎを引き受けることを業とする者であり、商品市場における取引の受託業務とその委託の取次ぎの引受業務をあわせて「受託等業務」という。商品市場における取引を委託を受ける受託商品取引員は、自己の名において取引をするので、取引所の会員でなければならない。それに対して、取次商品取引員は、商品市場における取引の委託を自ら受けるのではなく、委託者からの委託をさらに受託商品取引員に委託することを引き受けるものである。したがって、取次商品取引員は、商品市場において自ら取引するわけではないから、商品取引所の会員である必然性はないので、法は、「商品市場における取引の委託を受け、又はその委託の取次ぎを引き受けようとする者は、主務大臣の許可を受けなければならない」と規定して(法一二六条一項)、申請者が会員であることを要求せず、商品取引員資格と会員資格を切り離している。商品取引員資格と会員資格の分離に伴って、商品取引員の許可の基準から「当該商品市場において取引することができる会員であること」が削除され(法一二九条一項、平成一〇年改正前法四四条一項一号参照)、さらに取引所の脱退が許可の失効事由から除外されている(法一三六条)[29]。

第二に、商品取引員は主務大臣の許可を受けなければならない。受託商品取引員については、昭和四二年の法改正以来、許可制が採られてきたが、商品市場における取引の委託の取次ぎの引受も、それについて主務大臣の許可を受けた取次商品取引員でなければすることができず、商品取引員は主務大臣の許可を得ることにより、商品市場における取引の受託等について独占的な特権が与えられる。商品取引員についての主務大臣の許可は、従来、取引所ごと・商品市場ごとに必要とされていたが、平成一〇年の法改正により、取引所会員資格と商品取引員資格が分離されたことに伴って、「一又は二以上の商品市場によって構成される許可の種類であって主務省令で定めるもの」ごとに許可を行うものと改められた(法一二六条二項、施行規則二三条)[30]。なお昭和五〇年改正で許可更新制が導入されたが、平成一〇年改正で許可更新期間が四年から六年に延長されている(法一二六条四項)。

(ロ) 受託商品取引員と取次商品取引員の規制上の差異

受託商品取引員であるか、取次商品取引員であるかによって、資本額などの許可基準について特にちがいはないが(法一二九条、商品取引所法施行令八条)、純資産額の基準額は、受託商品取引員が取次商品取引員の二倍とされている（法一三五条、商品取引所法施行規則三三条・別表第三）。商品取引員は、商品市場における取引の委託を受けたときは、あらかじめ顧客に対し、自己がその委託に係る商品市場における当該委託に係る申し込みを行うか、又はその委託の取次ぎを行うかの別を明らかにしなければならない（法一三六条の二〇）。受託業務か取次業務かという取引方法の別は委託者の利害に大きく影響するので、事前の明示を要求するものである。

受託会員は、委託者債権の優先弁済に充てるため、一定額の受託業務保証金を商品取引所に預託することを義務づけられているが（法九七条の二第一項）、取次商品取引員にはこのような義務が課されない。なぜなら、受託業務保証金制度は、受託会員の倒産等によって委託者債権の支払を受けられないときに、委託者がその委託により生じた債権の弁済を受けるため、委託した取引が行われている商品取引所に対して、その払渡しを請求できるという制度であるが（法九七条の三第一項）、取次商品取引員は必ずしも商品取引所の会員ではないうえに、受託会員に対する商品市場における取引の委託者であり、当該取引の当事者ではないので、商品市場における取引から直接債務を負担することにはならないからである。そこで商品市場における取引から生じた債権については、取引の取次ぎを依頼した顧客が商品取引所に対する受託業務保証金の払渡しを請求できるか否かが問題となるが、法文上は明確ではない。問屋の破産に関して議論されたように、取次ぎの法形式よりもその経済的実質に即した解釈をすれば、取次商品取引員及び取次商品取引員の債権者に対する関係では、取次商品取引員が取得した所有権や債権は同時に委託者に帰属すると解され、顧客の払渡請求を認めることも可能であろう(31)。これを否定しても、取次商品取引員との関係で、顧客は受託等に係る財産の分離保管（法一三六条の一五）による保護を受けられるが、この制度は顧客が商品取引員に預託した財産の価額について、弁済が確保されるだけである。

商品取引所法令上は受託商品取引員か取次商品取引員かで規制を異にする場面はそれほど多くはないが、商品取引所の定款、業務規程、受託契約準則などでは両者で異なる規定も少なくない。なお商品取引所の会員は、商品市場における取引の受託については、商品取引所の定める受託契約準則によらなければならないが（法九六条一項）、取次商品取引員も、許可申請に際して受託契約準則の遵守を誓約する書面の提出が求められる（商品取引所法施行規則二四条一項七号）。商品取引所によっては、取次商品取引員と委託者間の契約については、別に取次契約約款を定めているが、その内容は実質的に受託契約準則と共通する部分が多い[32]。

(27) 龍田編・前掲一九七頁〔石田〕。
(28) 波積・前掲五八頁。
(29) 河内＝尾崎・前掲一二三頁。商品取引員資格と会員資格の分離に伴って、商品取引所の定款や受託契約準則などでは、商品市場における取引の委託を受けることについて許可を受けた会員につき、「受託会員」という語が用いられている（例えば、東京工業品取引所定款五四条以下、受託契約準則一条二項）。
(30) 商品市場は上場商品ごとに開設されるが（法二条七項）、従来は、商品取引所の開設する商品市場ごとに主務大臣の許可が要求されていたので（旧法四一条二項）、商品取引所が複数の上場商品について商品市場を開設している場合には、許可を受けた上場商品に限って取引の受託ができるにすぎなかった。しかし、平成一〇年の法改正によって、農産物市場・ゴム市場などのように、取引所を横断的に一又は二以上の商品市場ごとに許可が行われることになったので、従来は最大の場合には、取引所の商品市場の数だけ必要だった許可申請書の数が大幅に減少することになった（波積・前掲五八頁）。主務省令で定める許可の種類には、①農産物市場における受託等の許可、②畜産物市場における受託等の許可、③砂糖市場における受託等の許可、④ゴム市場における受託等の許可、⑤綿糸市場における受託等の許可、⑥繭糸市場における受託等の許可、⑦毛糸市場における受託等の許可、⑧貴金属市場における受託等の許可、⑨石油市場における受託等の許可、⑩アルミニウム市場における受託等の許可、⑪農産物・飼料指数市場における受託等の許可、⑫天然ゴム指数市場における受託等の許可がある（商品取引所法施行規則二三条）。
(31) 河内隆史「問屋と委託者の関係」酒巻俊雄＝柿崎栄治編・基本問題セミナー商法3総則・商行為法三五五頁。
(32) 河内＝尾崎・前掲一五五頁、一七一頁。

五　結　語

元来、商品取引所は、先行経済指標を提供するという価格発見機能、複数市場間の価格差や価格の変動を少なくする価格平準化機能などとともに、当業者にとって価格変動リスクをカバーするヘッジング機能を提供する場として把握され、そのために当業者主義が採用されてきた。しかし、外務員制度の導入と商品仲買人による積極営業が大衆参加の急増をもたらし、投機を目的とするスペキュレーターがヘッジ目的の当業者に代わって次第に商品市場の主役となってきた。それとともに委託者保護の必要性が高まり、商品取引員（従来の商品仲買人）に対する規制強化と商品取引員の資質の向上が図られ、商品取引員が商品先物業界の中心を占めるようになってきた。しかもこれは他の産業界にもいえることであるが、商品先物取引の国際化が避けられず、新規参入の容易化すなわち規制緩和が強く求められるなかで、伝統的な当業者主義は見直さざるを得なくなってきた。現行商品取引所法が今なお当業者主義に立っているかどうかは評価の分かれるところであるが、昭和四二年改正で受託業務専業の商品取引員を取引所会員として認め、平成一〇年改正で商品市場における取引の委託の取次ぎを解禁したことにより、当業者主義の実質は失われたと考えることができる。ヘッジング機能よりも資金運用手段の提供機能が重視されるようになったともいえよう。しかし、このような変化は、商品市場への大衆参加を増加させ、その結果、一般委託者と商品取引員のトラブルをいっそう誘発することになりかねない。特に取次商品取引員と委託者、受託会員の関係はまだ十分に明確なものとはいえない。行政による事前規制から規制緩和と自己責任原則の強調という環境の変化は、事後的に司法判断が求められるケースが激増する事態も予想される。それだけに自主規制団体である商品先物取引協会（法一三六条の三六以下）の役割がいっそう重要になってくるわけであり、とりわけ平成一〇年改正で新たに規定されたあっせん・調停委員会（法一三六条の五五）が公正・迅速でコストの安い紛争解決の場として社会的信頼を確立することが求められる。

取締役会における代表取締役の解任

黒田清彦

一　はじめに

我が国の会社経営の意思決定においては、トップマネージメントの頂点にある代表取締役（社長・頭取等）が実務上絶大な権力を行使してきており、権力構造上その下位にある取締役たちの合意によってトップの地位を解かれるということは、かつては考えられないことであった。近年の企業不祥事の責任をとって、世論の批判を背景に他の取締役の圧力により不本意ながらも退任する例は珍しくないけれども、取締役会において解任決議が採択されることは、極めて稀であったと言えよう。その稀有な例として、一九八二年九月二二日開催の定例取締役会における三越の社長解任事件が想起されるが、最近では、メイテック（一九九六年七月三一日開催の定例取締役会）において創業社長が解任され、松竹（一九九八年一月一九日開催の定例取締役会）においては社長と専務（社長の次男）が同時に解任され、さらにホテルナゴヤキャッスル（一九九八年二月二一日開催の臨時取締役会）でも社長（創業者たる名誉会長の長男）の解任が決議され、世間の注目を浴びた。

経済の先行き不透明な今日、取締役の責任に関する法的規制の強化と相まって、会社経営の頂点にある者が解任決議を突きつけられる場面が今後も出てくるように思われてならない。取締役会における代表取締役の解任につき法的側面からの再検討を試みようと思い立った所以である。

二　問題の所在

松竹およびホテルナゴヤキャッスルの場合には、取締役会における代表取締役解任決議につき訴訟は提起されなかった。しかし、三越事件およびメイテック事件においては、取締役会における代表取締役社長の解任決議につき、社長本人がその無効を主張して訴訟を提起し、いずれも敗訴している（東京地判平成二年四月二〇日・金判八六四号二〇頁、名古屋地判平成九年六月一八日・金判一〇二七号二一頁・商事一六二二号二七四頁、名古屋高判平成一〇年七月八日・商事一七三号二〇三頁、最高決平成一〇年一一月二四日・資料版商事一七八号七八頁）。

三越事件の場合には、解任決議の効力の他に、原告社長の取締役報酬を減額する旨の決議についても争われたが、本稿では、この点には特に触れず、取締役会における代表取締役の解任決議に限定し、以下の論点につき考察していきたい。すなわち、①事前に通知されなかった代表取締役解任案を議題とすることができるか、②代表取締役解任決議において当該の代表取締役は特別利害関係人に当たるか、および③特別利害関係人は取締役会の議長となれるか、の三点である。

三　取締役会議題の通知

(イ)　議題通知の要否

取締役会の議題通知に関しては、法律上特に規定はなく、商法は、取締役会の招集通知を会日の一週間前に各取締役および監査役に対して発することを要求しているだけであり、定款でこれを短縮することも認められている(商二五九条ノ二)。(1) この点、株主総会の会日より二週間前までに発せられる招集通知には会議の目的たる事項を記載することが要求され、延期・続行の決議の場合を除き通知のない事項を議題とすることができないとされる株主総会の場合(商二三二条二項・二四三条)と対照的である。つまり、取締役会の招集通知は、書面によるか否か手段の如何を問わないのであって、また、必ずしも会議の目的たる事項を示す必要はない。議題表示の義務が法定されていない理由は、次のように説明される。すなわち、会社の業務執行決定機関である取締役会は、必要な事項について臨機に適切な決定を行う任務を負うものであり、業務執行に関する諸般の事項が付議されることは当然予想されるべきことだからである。(2)

ただ、ここで検討を要するのは、定款または取締役会決議によって、招集通知に議題を示すべきことを定めた場合である。そのような内規に違反して取締役会が招集されたときは、取締役会決議は無効となるとされている(3)が、果たしてそうであろうか。他方、かかる内規の有無とは別に、事前に特定の議題が示されたにも拘らず、その他の議題が審議された場合における当該決議の効力はどうなるのであろうか。

事前に議題の通知があれば、取締役全員が出席した場合を除き、通知された議題しか審議できないとするのが多数説である(4)けれども、筆者は、これに疑問を覚える。前述の如く、取締役会が必要な事項について臨機に適切な決定を行う任務を負うものであり、業務執行に関する諸般の事項が付議されることは当然予想されるべきことであるとすれば、通知のなかった議題を取り上げることも許されるのではなかろうか。[5] そうでなければ、この前提との論理的整合性を欠くことになると言わざるを得ない。すなわち、取締役会において業務執行に関する諸般の事項が審議されることが当然予想されるのに、議題を表示した招集通知であるがために、議事に付されるかも知れない諸般の事項、換言すれば議題として表示されなかった事項について審議することができないというのは、矛盾であろう。

(ロ) 「その他」という議題について

次に、内規に従って議題を通知した場合であっても、具体的に明示された事項に加えて、たとえば「その他」という項目の下に、具体的に明示されなかった業務執行に関する諸般の事項が付議されることは認められるのか、という問題が生ずる。この点に関して、学説は、全員出席の場合と同様に、問題はないとして肯定的に捉えている[6]が、厳密には「その他」などという議題はあり得ないし、取締役がこれに対して事前に検討・熟考を加える余地すらない。その意味では、かかる表示は具体的に明示されなかった業務執行に関する諸般の事項を付議することの免罪符にはならないとするのが、少なくとも多数説の論法からは論理的であろう。

「その他」に関しては、これは明示された「議題より軽い事項」あるいは「雑件」であり、大事なことは「その他」に入らないとしつつも、緊急事態なら「その他」という記載がなくても決議することができるとの見解がある。[7] 言葉の一般的用法としては首肯できるが、通知した事項以外に決議し得る場合を緊急事態が生じた場合のみに限ることは、適当でない。[8] 必ずしも緊急でなくても、議題を明示しない方が望ましい場合が考えられるからである。たとえば近い将来における新株発行や他社との業務提携など株価に影響を及ぼし得る重大事項、あるいは営業所や工場の閉鎖など労働組合との関係を配慮しなければならないデリケートな問題については、漏洩防止の観点から議題を明示することが憚れる場合もあろう。[9] そのような場合に、緊急事態でないからといって決議できないのでは、不都合である。

㈧ 小 括

いずれにせよ、筆者は、招集通知に議題を示すべきことを定めた内規があるのにこれを示さなかった場合であれ、そのような内規が存在しないけれども議題を通知した上で、通知に含まれない議題につき決議が行われた場合であれ、また「その他」という議題（?）が表示されたか否かを問わず、問題は同じことであると考える。もちろん、会議の目的たる事項を予め具体性を以て明示することは、各取締役が事前に検討・熟考を加えた上で審議に臨めるという利点があるのであって、好ましいことであるし、逆に言えば、明示しなかった議題を取締役会の場で抜き打ち的に提案することは、場合によってはフェアでないと見えることがあるかも知れない。しかしながら、前述の取締役の任務に鑑みれば、判例において示された如く、会社の業務事項に関し決定する取締役会において、「いつ、いかなる提案、動議がなされたとしても、各取締役は必要な討議、議決を行い得るし、またこれを行うべき義務がある」（前掲東京地判・名古屋地判）一方、通知された議題を見て取締役会に「出席するか否かを決する自由を有するわけではな」い（同名古屋地判）。その意味では、議題の通知は、「取締役会における決議内容を拘束する効力まで有するものではない」（同名古屋地判）し、特定の議題が事前に通知されなかったとしても、そのことが直ちに不公正であるとは言えない。重要なのは、取締役会における議事が公正に行われることであり、たとえば実力で反対意見を封ずるようなことがあれば、議事手続の不公正を理由に決議無効を主張すればよい。

三越事件の場合にもメイテック事件の場合にも、いずれも「代表取締役解任」あるいは「社長解任」は記載されていなかった。前者では、取締役会の議題を予め取締役に通知すべきことを定めた内規は存在せず、会議の当日に書面が配布され、報告事項三件と並んで議題が六件示され、そのうちの第六件目が「その他」と記載されていた。後者では、「取締役会に関する事項については、取締役会で定める取締役会規程による。」と定める定款規定(二〇条二項)に基づき、取締役会規程第八条がその第一項において、「取締役会の招集通知は、会日より三日前までに各取締役および各監査役に対し発するものとする。ただし、緊急の必要あるときはこれを短縮することができる。」と規定し[10]、同条第二項において、「前項の通知は、開催日時、場所および会議の目的事項を記載した書面をもってこれを行う。」と規定されていたが[11]、当該の取締役会招集通知には、前者のように審議事項として「その他」は記載されていなかった。

三越事件に対する東京地方裁判所の判決は、代表取締役解任の議題が事前に通知されていなかったことを以て解任決議に瑕疵があるとは言えないとする結論の傍論として、「なお、被告において、取締役会の議題を予め各取締役に通知すべきことを定めた内規が存在するなどの事情も見当たらない」と述べているが、これは、かかる内規が存在すれば当該決議に瑕疵ありとする可能性を予測させる論旨であり、筆者は不当と解する。私見によれば、この傍論から生ずる予測、さらには招集通知に三越事件におけるような「その他」という議題の記載がなかったことが、メイテック事件の原告を訴訟に踏み切らせたのではないかと推測される。しかし、前述の理由により、筆者は、議題の通知を定める内規の有無に拘らず、また「その他」という記載の有無に拘らず、代表取締役の解任を会議の当日に議題として提出し、これを決議することは、決議無効とはならないと解する[12]。

(1) 実務では、二〜三日前の招集という例が多い(竹内昭夫ほか「取締役会の運営をめぐる諸問題——その実際と法的解明——[上]」商事一〇五〇号一三頁[成毛文之氏発言])。
(2) 堀口亘・新版注釈会社法(6)(一九八七年、有斐閣)九七頁、鈴木竹雄＝竹内昭夫・会社法[第三版](法律学全集28、一九九四年、有斐閣)二七九頁ほか。
(3) 堀口・前掲注(2)九七頁ほか。
(4) 堀口・前掲注(2)九七頁ほか。
(5) 大浜信泉「取締役と取締役会」田中耕太郎編・株式会社法講座第三巻(一九五六年、有斐閣)一〇五八頁、大限健一郎＝今井宏・会社法論中巻〔第三版〕（一九九二年、有斐閣）一九三頁、上村達男「取締役会の招集・運営をめぐる諸問題」商事一〇四〇号一六頁、河内（判批）金判八七五号四五頁。

(6) 堀口・前掲注(2)九七頁、田中誠二・会社法詳論〔三全訂版〕上巻（一九九三年、勁草書房）六〇〇頁。

(7) 竹内ほか・前掲注(1)二一頁〔竹内教授発言〕。

(8) 大隅＝今井・前掲注(5)一九四頁注3では、「何が緊急事態であるかは明確でなく、決議の効力に関し無用な紛争をもたらすおそれがある」と批判される。

(9) 竹内ほか・前掲注(1)二〇頁〔河村貢氏・成毛氏各発言〕。

(10) 商法第二五九条ノ二の但し書きは、会日の一週間前という法定期間を定款で短縮することを認めているのであって、取締役会規程のような内規で短縮することは、厳密には問題であろう。しかし、定款規定により授権された取締役会規程であるから、許容されると解する。

(11) 三越事件の場合、当該取締役会会場の各取締役の着席位置に配布されていた書面には、議題として、⑴取締役会規程改正の件、⑵株式取扱規程改正の件、⑶買掛代金支払に伴う銀行借入の件、⑷福岡三越エレガンス出店の件、⑸昭和五七年度上半期社員賞与金支給の件、⑹その他、報告事項として、⑴建物新築工事竣工の件、⑵業務報告（辞令・許可指令事項）、⑶各店売上高及びレジスター回数表、が記載されていた。他方、メイテック事件における当該取締役会招集通知には、審議事項として、1平成八年八月一日付人事異動の件…N取締役、2海外出張に関する稟議関連規程改訂の件…S取締役、報告事項として、1平成八年六月度営業状況及び経営概況…S取締役、F取締役、2その他、が記載されていた。

(12) 並木俊守氏によれば、定款規定に根拠を置いた取締役会規則に以下のような規定を設ければ、社長（代表取締役）は突然解任されない、とする。すなわち、「取締役会の招集には、会議の目的事項（議題）を記載することとし、取締役は社長に対して会日の一週間前までに議題を提案できることとする」という規定を置けば、一部の取締役が解任しようとしても、突如として取締役会に解任案を提出できなくなる。一週間前までに社長に通知して「社長解任の件」が審議されることを取締役および監査役の全員に通知してもらわなければならないから、クーデター的解任は起こらなくなるという主張である（並木『続・商法の知恵・事典』（一九九五年、中央経済社）一一四〜一一五頁）が、筆者の見解によれば、そのような場合でも解任決議は可能である。

四　解任対象の代表取締役と特別利害関係

(イ)　特別利害関係

取締役会の決議は、取締役の過半数が出席し、出席取締役の過半数を以てこれを決する（商二六〇条ノ二第一項）が、当該決議につき特別利害関係を有する取締役は、「決議ニ参加スルコトヲ得ズ」（同条二項）、決議要件の算定にあたり、その数は取締役の総数にも出席取締役の数にも算入されない（同条三項）。株主総会の場合には、株主は、「企業の共同所有権の持分に基づいて議決権を有する」のであり、したがって「その議決権を自己の利益のために行使することができるのがむしろ当然」であるのに対して[13]、取締役は、株主と異なり、会社のために議決権を行使すべき者であるから、特別利害関係を有する取締役が決議に際して排除されるのである。換言すれば、これは、特別の利害関係を有する取締役には決議における公正な行動を期待することはできないという考えによるものである[14]。

ところで、「特別の利害関係」とはどのようなものなのか。この点につき、商法に具体的な規定はない。ただ、周知の如く、かつて昭和五三年一二月二五日に法務省から公表された「株式会社の機関に関する改正試案」（以下、機関改正試案という）第二の四3では、特別利害関係のある取締役の範囲をはっきりさせるため、競業行為および会社との取引の承認を受ける取締役（商二六四条・二六五条）と代表取締役の解任決議における当該代表取締役に限定した上で、これらの取締役は取締役会において議決権を行使できない旨を定めようとした。しかし、特別利害関係とされる場合はこれ以外にないかについても、また解任が問題となっている代表取締役は特別利害関係人に当たると解すべきかについても、後述の如く見解が分かれることに鑑み、このような限定を設けることの当否が問題とされ、結局、昭和五六年改正法では、取締役会決議につき特別利害関係を有する取締役は議決権を有しない旨を一般的・抽象的に定めるにとどめた。すなわち、特別利害関係の範囲は、解釈に委ねられることになったのである。(15)

四　解任対象の代表取締役と特別利害関係

取締役の競業行為の承認（商二六四条）、取締役・会社間の取引の承認（同二六五条）、および商法特例法上の小会社における取締役・会社間の訴えにおける会社代表者を選任する場合（商特二四条一項）の当該取締役が特別利害関係人に当たることは明らかであり、異論はない。それでは、代表取締役の解任決議において、当該の代表取締役は特別利害関係人に該当するか否か。判例（最判昭和四四年三月二八日・民集二三巻三号六四五頁）は、「当該代表取締役に対し、一切の私心を去って、会社に対して負担する忠実義務（商二五四条三項・二五四条ノ二参照）に従い公正に議決権を行使することは必ずしも期待しがたく、かえって、自己個人の利益を図って行動することすらあり得る」ので、「かかる忠実義務違反を予防し、取締役会決議の公正を担保するため、個人として重大な利害関係を有する者として、当該取締役の議決権の行使を禁止するのが相当」としている。多数説もこれを肯定する。(16) これに対して、反対説は、特別利害関係を取締役の忠実義務と矛盾するような会社と取締役との個人的利害衝突関係と解した上で、代表取締役の地位の争奪は、会社支配権争奪という取締役間の利害衝突関係であり、個人的利害衝突関係ではないとして、代表取締役の解任決議における当該代表取締役の特別利害関係を否定する。(17)

肯定説・否定説ともに、特別利害関係の根底に忠実義務を据えている点で共通するが、(18) 問題は、代表取締役の解任を個人的利害関係と捉えるのか否かである。この点に関して、肯定説の一部は、代表取締役の選任・解任自体は社団的関係であるとした上で、「選任の場合と異なり解任の場合は法律上も実質上も会議の特定の構成員だけが決議の対象であり、その地位を奪われようとする当該代表取締役が純粋に会社の利益だけを考えて議決権を行使することを期待するのは困難」である、と主張する。[19] 筆者は、概ねこの見解に賛同する。ただ、代表取締役の解任の場合のみならず、選任の場合においても、利害関係の内容に程度の差こそあれ、代表権を与えられようとする取締役が純粋に会社の利益だけを考えて議決権を行使することを期待できるものであろうか。通説は、代表取締役の選任の場合における候補者たる取締役が、ここでいう特別利害関係人に含まれないとしているが、[20] 右のような疑問を抱く筆者には、選任の場合にも、当該の取締役は特別利害関係人に当たると解する余地があると思われる。[21]

(ロ)「決議ニ参加スルコトヲ得ズ」の意義

前述の如く、商法第二六二条ノ二第二項は、取締役会において特別利害関係人は決議に参加することができないのであるが、特別利害関係とは何かという問題と並んで、同項にいう「決議ニ参加スルコトヲ得ズ」の意味・内容についても問題が生じている。すなわち、特別利害関係を有する取締役も、会議に出席し、必要ならば意見を述べることもできるとする見解と、出席権も意見陳述権も認められないとする見解とが対立している。肯定説は、同項の規定を文言通り解釈して、決議への参加を禁止しているのみで、それを超えて出席権や意見陳述権まで否定しているのではないと解する。[22] あるいは、定足数算定の基礎としての取締役数に特別利害関係取締役の員数を算入しないのは、当該取締役の欠席戦術によって決議の成立が妨げられるのを防ぐためであるから、このことから通説・判例（最判昭和五四年二月二三日民集三三巻一号一二五頁）により従来認められていた出席権・意見陳述権が否定されるとは解されない、としている。[23] [24] これに対して、否定説は、昭和五六年の改正前の商法では、特別利害関係人が、決議に必要な多数の算定では、その基礎となる出席取締役の数に算入されなかった（同改正前商法二六〇条ノ二第二項・二三九条五項・二四〇条二項）けれども、通説・判例（最判昭和四一年八月二六日民集二〇巻六号一二八九頁）によれば、定足数の算定では、その基礎となる現存取締役の数に算入されると解されたのに対して、同改正法（商二六〇条ノ二第三項）が、出席取締役の数はもとより定足数にも算入しないと規定したのは、特別利害関係人に、議決権を行使することばかりでなく、従来認められていた出席権・意見陳述権をも禁止した趣旨である、と主張する。[25]特別利害関係取締役の員数が定足数算定の基礎（分母）から除外されるという同じことを根拠としながら、正反対の立論をしている。

この問題について、筆者は次のように考える。すなわち、商法第二六〇条ノ二第二項は、利害関係を有する取締役が決議に参加することができないことを定めているのであって、それ以上のことを要求しているのではない。このことは、同規定の文理上明らかである。したがって、特別利害関係を有する取締役は、当該決議案の審議および決議の際に必ずしも退席する法的必然性はないと解する。もちろん、審議に先立って、当該の取締役が退席を申し出たり、議長が退席を求めることは、決して不自然ではない。道義的にはそれが望ましい場合も多いと思われる。しかし、場合によっては、当該取締役に質問することを欲する取締役もあろうし、当該取締役自身が弁明や反論を望むこともあろう。そのような機会を奪うことは、決議の公正さを疑わしめることになる危険をはらむのではなかろうか。さらに、たとえば取締役の競業取引（商二六四条）や会社との利益相反取引（商二六五条）の承認が議題となった場合、当該の取締役は、特別利害関係を有するからといって、審議および決議の場から退席しなければならないのであろうか。否である。なぜなら、当該の取引を承認すべきかどうかを他の取締役が判断するためには資料や情報が必要なのであって、これを提供し説明するのは、当該の利害関係取締役の義務であると解されるからである。特に競業取引の場合には、当該取締役の開示義務が法定さえされている。解任対象となっている代表取締役についても、解任案に賛成するかどうかを判断しようとする他の取締役の質問に備えて、当該代表取締役が退席しない実益はあり得る。確かに、株主総会における取締役や監査役の説明義務が法定されている（商二三七条ノ三）のと異なり、取締役会における説明義務は明定されていないけれども、慎重な協議・意見の交換により適正かつ妥当に業務執行にかかる意思決定をなし、効果的に業務執行の監督をすることが取締役会の制度趣旨であるとすれば、提案者はもとより、関係取締役から説明（情報開示）がなされるべきことは、当然である。[26]

(ハ) 小　括

代表取締役の解任決議において当該の代表取締役が特別利害関係人に当たるか否かについて、筆者は肯定説を採る。否定説が主張するように、代表取締役の解任が会社支配権の争奪という取締役間の利害衝突関係とされる場合は珍しくないと考えられるけれども、そのような局面を離れて、違法・不当な業務執行を理由として解任決議案が提出されることも充分あり得る。[27] さらに、そのような案件が会社の支配権争奪という局面で捉えられる場合であっても、会社に対する当該代表取締役の個人的利害関係を完全に否定し切れるものであろうか。過去の解任事例を見るとき、筆者は、この点につき疑問を抱かざるを得ない。もし純粋に「会社支配権の争奪という取締役間の利害衝突関係」以外の何ものでもないと截然区別できる場合であれば、否定説を考慮する余地もあろうが、そのような場合は極めて稀であり現実的な議論とは言えない、と考える。

特別利害関係を有する取締役が決議に参加できないことについては、前述の如く、法はそれ以上のことを要求しているのでないから、当該取締役の出席や意見陳述を否定するのは妥当でないと考える。この点において、前述の三越事件判決の判旨には問題がある。同判決は、後述の取締役会議長の適格性に関して、次のように述べている。すなわち、「原則として、会議体の議長は議決権を有する当該構成員が務めるべきであるし、取締役会の議事を主宰して、その進行、整理にあたる議長の権限行使は、審議の過程全体に影響を及ぼしかねず、その態様いかんによっては、不公正な議事を導き出す可能性も否定できないのであるから、特別利害関係人として議決権を失い取締役会から排除される当該代表取締役は、当該決議に関し、議長としての権限も当然に喪失するものとみるべきである。」と。これは、本件における被告会社の主張、すなわち「代表取締役解任に関する議案について当該代表取締役は特別利害関係人に該るから、その決議（討論、議決の全過程）に参加することができず…」という主張を全面的に認めたかのように思われる。もちろん、筆者は、一般論として利害関係人たる取締役の当該取締役会における出席権・意見陳述権を保障することを主張するものではない。しかし、決議（討論、議決の全過程）から排除するのは行き過ぎであると考える。

(13)　鈴木＝竹内・前掲注(2)二三四頁。
(14)　鈴木＝竹内・前掲注(2)二七九頁、北沢正啓・会社法〔第四版〕（現代法律学全集18、一九九四年、青林書院）三七九頁。
(15)　竹内・改正会社法解説（一九八一年、有斐閣）一五二頁。
(16)　堀口・前掲注(2)一一五頁。
(17)　北沢・前掲注(14)三八〇頁、河本一郎・現代会社法〔新訂第六版〕（一九九四年、商事法務研究会）三六一頁、龍田節〔判批〕民商六二巻一号一二一頁、同・会社法〔第六版〕（一九九八年、有斐閣）一一三頁。
(18)　忠実義務（商二五三条ノ三）は、取締役の議決権の会社指向性を最も端的に表現しているためか、忠実義務は善管注意義務（商二五四条↓民六四四条）を敷衍したものに過ぎないとの立場を採る通説も、ここでは忠実義務を引き合いに出すことが多い（上村・前掲注(5)五三四頁）。
(19)　河内・前掲注(5)四七頁。
(20)　北沢・前掲注(14)三七九頁、堀口・前掲注(2)一一五頁、正亀慶介「取締役会における特別利害関係人の範囲と取扱い」北沢正啓＝浜田道代編・商法の争点I（一九九三年、有斐閣）一四二頁ほか。
(21)　この点につき、龍田教授は、代表取締役の解任決議に当該代表取締役が参加できないのであれば、同じく選任決議においても候補者は議決権を行使できないとの結論が論理的であることを指摘し、しかしながら、「代表取締役を誰にするかの争いに、取締役間の利害対立はあっても、会社と取締役の間に利害対立があるとはいえない」のであり、「代表取締役の選任決議において、候補者を特定しなければ、事実上の候補者を排除できないこととの釣合からいっても、選任・解任とも特別の利害関係にはあたらない」と主張する（龍田・前掲注(17)会社法一一三頁）。筆者は、論理的整合性の点については龍田説に賛成した上で、選任・解任のいずれの場合においても、本文で述べた理由により、対象者が特定した時点でその者が特別利害関係人となる、と考える。

(22) 立花宣男「特別利害関係人である代表取締役が取締役会議長を務めることの可否」商事九七〇号五〇八〜五〇九頁。同「特別利害関係人である代表取締役社長が取締役会の議長を務めることの可否」稲葉威雄ほか編・実務相談株式会社法中巻（一九八七年、商事法務研究会）一一一五頁。

(23) この昭和五四年二月二三日の最高裁判決は、協同組合の理事会に関するものである。旧法上の議論（解釈論および立法論）については、前掲の昭和四一年八月二六日最高裁判決に対する矢沢淳〔判批〕法協八四巻六号八七二〜八七三頁参照。

(24) 河本一郎「取締役会の運営（その三）——特別利害関係取締役の取扱い」法セ三六九号一二三頁。

(25) 北沢・前掲注(14)三八一頁。同様の文脈において、渋谷光子教授は、商法第二六〇条ノ二第二項が「決議ニ参加スルコトヲ得ズ」とした趣旨につき、「決議に参加できない取締役が会議に出席すると、他の取締役の決定に影響を与えるので、これを排するため、当該取締役は取締役会に出席し意見を述べることもできない」とする旧法上の立法論を援用している（渋谷「利益相反行為の規制」民商八五巻五号四〇頁）。

(26) 同旨：森本滋・会社法〔第二版〕（一九九五年、有信堂）二二九頁。

(27) 森本・前掲注(26)二三一頁。

五　特別利害関係人の議長適格性如何

(イ)　三越事件の場合

三越事件の場合には、当該の取締役会（原告を含む取締役一七名および監査役四名の全員出席）において、原告が議長として報告事項(三件)および議題(1)ないし(5)について説明を加え、報告事項の詳細を記載した書面および議題を記載した書面を順次回覧させて、列席する取締役らから承認印を得た後、議題(6)「その他」につき発言を促されたS専務取締役が、原告の社長および代表取締役からの解任を提案した。原告を除く取締役らのうちに、これに対して質疑を求めたり、反対の意見を表明する者はなく、口々に「賛成」などと声を上げながら全員が起立したため、S専務は、解任決議が可決されたとして、取締役会の閉会を宣言した。しかし、原告は、社長である自分に取締役会の議長の権限があり、S専務に対して解任の提案や議決を求めた覚えはないから、議長の指示に従わずになされた右決議は無効であると主張した。これに対し、K取締役は、原告は特別利害関係人に該当するから、議決権はないし、議長としての権限も失うものであり、右議決が有効であると主張し、疑義を払拭するために再度採決するよう提案した。これを受けて、S専務が、原告の社長および代表取締役からの解任について賛成者の起立を求めたところ、原告を除く全取締役が起立した。そこで、S専務は、取締役会を閉会してよいか原告に意見を求めたところ、原告がこれを承諾しなかったため、他の取締役に異論のないことを確認した上で、閉会を宣言した。

一方、メイテック事件の場合には、当該の取締役会(原告を含む一三名の取締役全員および監査役四名中三名出席)の開会直後に、N取締役が、緊急動議として原告の代表取締役社長解任およびこれに付随する議案(後任人事および原告の処遇)を提出するとともに、右の議題については、原告は議長としての適格を欠くとしてO専務取締役を議長として推薦する議を諮ったところ、原告他二名の取締役を除く九名の取締役が賛同したので、O専務が議長に就任した。そして、O議長主宰の下で、N取締役が右動議提案理由を述べ、本件議案に右九名の取締役が賛成した(二名の取締役が反対の意思を表明：原告は無言)ため、右議案は可決承認された。

このように、三越事件では、当該の代表取締役が議長職を務めた取締役会の終了直前に解任決議案が提出されたのに対して、メイテック事件では、そもそも冒頭から緊急動議として解任決議案が提出された。そのためであろう、後者では、議長の適格性は直接の争点にはならなかったが、前者では、代表取締役解任決議の無効を主張する原告の論拠として、前述の議題事前通知の欠如とともに、解任決議が議長である原告の指示によらず、またその指示に反してなされたことが理由とされ、これに対して、被告会社は、前に述べたように、「代表取締役解任に関する議案について当該代表取締役は特別利害関係人に該るから、その決議（討論、議決の全過程）に参加することができず、同時に議長たる資格も失う」として、「本件解任決議においても、原告は特別利害関係人であるから、議長としての権限を行使できず、その指示に従う要のないものである。」と主張した。

(ロ) 取締役会の議長と特別利害関係

取締役会の議長に関しては、商法上何らの規定も存在しない。取締役会は、原則的には対等な構成員にして、各々の個性が重視される小人数から成る会議体であり、しかも各人が会社に対して善管注意義務・忠実義務を負い、目的意識もある程度共通している。かかる会議体にあっては、議事運営は、原則として自治に委ねれば足り、却ってその方が本来的機能を発揮しやすいからである。[28] ただ、会議体の一般原則により、議長は構成員の中から選任すべきであって、取締役会においても構成員たる取締役でない者が議長になることは許されない。実際上は、定款または取締役会規則によって、取締役会長または社長が議長になる旨を定め、あるいは議長になるべき取締役の順序が定められているのが通常である。

それでは、前述のような特別利害関係を有する取締役は取締役会の議長になれるのであろうか。この点についても、商法は何ら規定を置いていない。特別利害関係を有する取締役は当該議案について議決権を行使できないだけでなく、その審議にも参加できないとする前述の否定説に従えば、特別利害関係人たる取締役が取締役会の議長であるときは、当該の議案について議長としての地位を離れなければならないことは当然である。[29] これに対して、審議に参加できるとする前述の肯定説においては、見解が分かれる。議長としての資格を認める説は、「モラル（妥当性）の問題は別として法的には利害関係取締役も議長となりえ、取締役会規則などに別段の定めのないかぎり、議長は議事を進行しうる」と解する。[30] あるいは、特別利害関係人たる議長自らが交替を申し出ることが望ましいが、そのまま務めても違法ではないものの、議事進行において不公正な操作をすればその時点で議長交替の決議をとればよい、との見解もある。[31] 特別利害関係人たる取締役が当該審議に参加できるとの前提に立ちながら、その者の議長資格を否認する見解は、議事の進行を司る議長が特別利害関係人であれば、自己に有利な議事進行をはかり、他の出席取締役に心理的な圧力をかけることで決議の公正が保たれないおそれがあるから、特別利害関係人は当該議事に係る取締役会の議長になれない、と解する。[32] 筆者は、この見解に賛成する。議決権を有しない点では同じであっても、単なる一構成員として取締役会の審議に参加するのと、会議主宰者として議事をリードするのとでは、議事の公正さの点で同日の談ではない、と考えるからである。

なお、三越事件における判決では、「原則として、会議体の議長は議決権を有する当該構成員が務めるべきであるし、取締役会の議事を主宰して、その進行、整理にあたる議長の権限行使は、審議の過程全体に影響を及ぼしかねず、その態様いかんによっては、不公正な議事を導き出す可能性も否定できないのであるから、特別利害関係人として議決権を失い取締役会から排除される当該代表取締役は、当該決議に関し、議長としての権限も当然に喪失するものとみるべきである」と述べている。特別利害関係人たる取締役が「取締役会から排除される」とする部分について賛成できないことは、前述した通りであるが、当該の取締役が取締役会の議長としての適格性を欠くとする結論部分に関する限り妥当な判決である。

(ハ) 小　括

筆者は、特別利害関係を有する取締役が当該議事につき議長を務めることは、議事進行および決議の公正さの観点から疑問を覚えるので、認められないと解するが、以下の問題提起を指摘しておきたい。

これは、取締役会の議長に関してではなく、会議体の一般原則を前提とした、株主総会の議長資格に関する議論であるが、鈴木博士は、昭和五六年改正前の商法第二三九条第五項につき、特別利害関係がある株主が議決権を行使できないとするこの規定の類推により特別利害関係人が議長になれないのではなく、「会議体の一般原則から考えて特別利害関係があったら議長をしりぞくのが当然であろう」とした自説を省みて、次のように説く。[33] すなわち、昭和五六年の改正によって右規定が削除され、その代わり「決議ニ付特別ノ利害関係ヲ有スル株主ガ議決権ヲ行使シタルコトニ因リテ著シク不当ナル決議ガ為サレタルトキ」が決議取消事由とされた（商二四七条一項三号）のは、「株主が決議につき特別の利害関係を有する場合でも、必ずしも不当の決議をするとは限らないから、この段階で決議に参加することを排除してしまうのは行きすぎであって、やはり議決権の行使を認めるが、もしその結果著しく不当な決議がなされたならば、そのときにその決議を取り消して事後に救済をはかるほうがより妥当と考えられた」。そこで、「このような解決が下された以上、それは、特別利害関係のある者が議長になれるのかどうかということで問題としているところにも当然影響してくるのではないか」と問題提起する。「特別利害関係のある場合について商法が新たな態度を明らかにした以上、会議の一般原則なるものもこの商法の新しい態度に当然譲らなければならないと考えるべきではなかろうか」との博士の問いかけは、筆者にとっては、重い響きを持っている。

それでもなお、筆者は、鈴木博士の指摘する一般原則を支持したい。そして、その上で、株主総会における特別利害関係人の議長適格は、この原則に対する例外的扱いであると解したい。さらに、株主総会における特別利害関係人たる株主は議決権を認められているのに対し、取締役会における特別利害関係人たる取締役は議決権を認められていないこと、取締役会は小人数の会議体であり、かつ通常議長となる代表取締役の影響力が極めて強大であること等を勘案すれば、取締役会における特別利害関係取締役は議長適格を有しないと解するのが妥当である、と考える。

(28) 上村・前掲注(5)一七頁。
(29) 竹内ほか・前掲注(1)「取締役会の運営をめぐる諸問題――その実際と法的解明――[下]」商事一〇五一号六頁[河村氏発言]。この点につき、取締役会規則において「社長に事故があるとき」または「社長に差し支えがあるとき」次順位の取締役が議長となる旨の規定の合理的解釈として、特別利害関係はこれ(事故または差し支え)に該当することを示唆する見解がある(上村・前掲注(5)一八頁)。
(30) 森本「取締役会の運営をめぐる基本問題――株主総会の運営との比較において――[下]」商事一一一〇号三九頁。他に、大隅＝今井・前掲注(5)一九六頁、稲葉威雄ほか「取締役会規則の改正と運用(別冊商事61)」二九頁[稲葉氏発言]。森本説は、利害関係取締役である議長の権限行使が著しく不公正な場合に決議の効力が事後的に問題とされる余地を認める。
(31) 立花・前掲注(22)商事九七〇号五〇九頁、同・前掲注(22)実務相談株式会社法中巻一一一五頁。ここでは、議長には実質的な決定権がないことを理由としている。
(32) 河内・前掲注(2)四七頁。
(33) 鈴木「株主総会の議長」上柳克郎ほか編・会社法演習II(一九八三年、有斐閣)四〇頁。

六 結語

以上、紙幅の関係上必ずしも充分な検討ができたとは言い難いが、私見の要点を代表取締役の解任に集約してまとめたい。

まず、取締役会議題の通知については、取締役会が臨機応変に業務執行上の決定をなし得る機関である以上、通知がなかったから決定できないとか、「その他」と記載されていたからできるとか、緊急事態なら事前の通知がなされなくともよいという議論は、法的には無意味である。[34] それは、道義的な当・不当の問題であって、法的な違法性を問題とする余地はない。両者を混同してはならないと考える。したがって、代表取締役の解任が議題として予め通知されていなくても、取締役会がこれを審議し決議することは違法ではない。

次に、解任対象の代表取締役は、先に述べたように、会社に対する個人的利害関係を完全に否定し切れるものではないと考えるから、特別利害関係人に当たると解すべきである。ただ、筆者は、一般論として、特別利害関係を有する取締役が当該審議に参加することは認められると解するが、筆者の見解は、出席権や意見陳述権の保障を含むものではない。「決議ニ参加スルコトヲ得ズ」というのは、特別利害関係取締役が議決権行使の局面において排除されることを意味するに過ぎないと解するから、禁止された議決権を除く権利は、禁止も保障もされないと考える。したがって、たとえば解任対象の代表取締役の当該取締役会における出席や発言を、取締役会内規または取締役会決議によって禁止することは直ちに違法とならないが、当該代表取締役の出席や発言を不当に認めない場合には、不公正な決議方法として決議無効の原因となる。(35)

最後に、解任対象となる代表取締役が特別利害関係人であるとする筆者の見解によれば、当該代表取締役は議長となれない。会議体の一般原則として特別利害関係を有する者は議長適格を失う、と考えるからである(株主総会の場合は例外的扱いであることは前述した)。もっとも、会議体の一般原則を強調するのであれば、解任対象という特別利害関係を有する代表取締役は、議長になれないのみならず、当該の審議にも参加できないと解すべきではないか、との反論も予想される。しかし、筆者は、業務執行の意思決定機関たる取締役会の機能に鑑みて、議決権を有する取締役の判断・決定に資するため、当該取締役の発言の機会を容認して出席を認めるのが妥当と解するのであって、言わば消極的に出席や意見陳述の可能性を認めるに過ぎない(前述の如く権利として保障するのではない)。したがって、解釈としては、特別利害関係取締役の出席・発言の許容を会議体の一般原則の例外として捉えるか、あるいは同原則の許容範囲内と捉えるかのいずれかであろう。いずれにせよ、解任対象の代表取締役が議長在席のまま解任決議が否決されれば、決議無効の原因となる。

なお、鈴木博士が提起する会議体の一般原則の問題は、今後の検討課題として留保しておく。

(34) 森本・前掲注(29)三九頁。

(35) 竹内ほか・前掲注(1)「取締役会の運営をめぐる諸問題――その実際と法的解明――〔上〕」二二頁〔宇佐美隆男氏発言〕。

〔付記〕 メイテック事件においては、その後原告が被告会社の株主として新たな訴訟を起こしている。すなわち、本稿で触れた取締役会において選任された代表取締役により招集された株主総会(一九九七年六月二七日開催)の決議取消請求である。原告は、当該株主総会決議の瑕疵として、①招集権のない者による招集、②議長としての適格性を欠く者が議長として議事を行ったこと、③取締役選任に関する決議方法の瑕疵、および④動議等の採決方法の瑕疵を挙げ、このうち①および②の根拠として、右取締役会決議の無効を主張した。第一審(名古屋地判平成一一年四月二三日・金判一〇六九号四七頁)も第二審(名古屋高判平成一二年一月一九日・金判一〇八七号一八頁)も原告の請求を棄却したが、原告は上告中である。なお、右控訴審判決については、周劍龍氏の判批(金判一〇九二号四九頁)がある。

J-Debitの法律構成と問題点
――ドイツのデビットカードを参考に――

後藤紀一

一　はじめに

デビットカードは、一言でいうと、カードを加盟店の専用端末に挿入して暗証番号を入力すると、自動的に自己の金融機関（以下、たんに銀行という）の口座から売買代金等の金額が引き落とされて、加盟店の口座に入金記帳されることによって支払が行われるシステムである。このようなシステムは、欧米ではすでに一〇年以上前から実施されており、わが国でも一九九九一月四日より「J-Debit」という名称で実施されることになった。ただ、当時はまだこれに参加する銀行は少数であり、加盟店の数も八つの企業群と一つの証券会社にすぎなかった。しかし、いよいよ二〇〇〇年三月からは、全国の大多数の銀行が参加し、加盟店も飛躍的に増加して文字通り全国展開されることになった[1]。J-Debitは、始まったばかりでまだ事故が起こっていないと聞いているが、これから一般に浸透していくにつれて、当然事故も発生し、法律上の争いも生じるであろう。

本稿は、日本デビットカード推進協議会から約款も公表され、J-Debitの全容が明らかになったこと、二〇〇〇年の五月に広島でこれをテーマに金融法学会が開催されて、参加者から各種の意見、問題点の指摘があったことを背景に、ドイツのデビットカードと比較しながらわが国のJ-Debitの法律上の問題点を検討するものである。[2]

（1）「デビット本格始動開始一ヶ月」（日経新聞平成一二年四月一二日）

（2）ドイツのデビットカードについては、拙稿「ドイツのデビットカード・システムと法律構成」金法一五七六号八頁以下参照されたい。ドイツの文献は、Christof Harbeke, Die POS-System der deutschen Kreditwirtschaft -Eine Darstellung unter rechtlichen Aspekten-WM1994, Sonderbeil. S.3 以下が詳しい。

二　J-Debit の導入

J-DebitのJは、JapanのJ、デビットは、会計用語で借方を表すDebitから採用した商標とされるが、キャッシュカードを利用して口座から直接引き落として買物等ができるシステムは、J-Debitが始めてではない。すでに、昭和五九年から「BANK-POS」という名称で類似のサービスが行われており、特に福島で行われていた「福島共同バンクPOS」が有名である。しかし、この「BANK-POS」は、全国展開されなかった。それは、「BANK-POS」の場合には、カード所持人がこのシステムを利用するには、銀行に出向いて行って「口座振替依頼書」を提出し、利用可能な加盟店は、利用者自身の銀行が開拓した加盟店に限定されるため、どうしても利用が地域に限定されることになったからである。このような、面倒な手続きを必要としたのは、当時大蔵省の「機械化通達」の規制による。[3] しかし、金融ビックバンの進展に伴い、一九九七年に同通達が廃止されたため、カード所持人が銀行にで向いて手続をする手間をかけることなく、サービス提供ができる素地が整った。

そこで、わが国の銀行界でも欧米ですでに実施されているように、「いつでも・どこでも・だれでも」利用することができるコンセプトとして、デビットカードを導入することになったが、時を同じくして郵政省も同様のシステムである「郵貯POS」の立ち上げを計画していた。デビットカードを全国的に普及促進し、カード所持人の利便性を向上させるには、統一的システムで行うに越したことはない。このような判断の下に、新たなデビットカード・システムを構築することになり、一九九八年六月に日本デビットカード推進協議会（以下、たんに「推進協議会」という）が設立された。(4)

ドイツでは、一九八一年に右協議会に相当する「金融経済界の首脳協会」が業界横断的なデビットカードの実施のための基本協定を締結したのが一九八一年であり(5)。それから主要都市で実験を重ねて全国的に実施したのは、一九九〇年である。この間九年の準備期間を要しているのに対して、わが国では一部の金融機関の参加にとどまったとはいえ、全国的にJ-Debitが開始されたのが一九九九年一月四日であるから、「推進協議会」が設立されてわずか六ヶ月しか経過していないので、かなり急いで実施に踏み切ったことになる。

ところで、わが国では、従来から民間金融機関と郵便局の間に協力関係になかったため、これまで新しい支払システムを構築する際にはじめから郵便局が参画することはなかった。しかし、J-Debitについては、初めから郵便局（郵政省）がこれに参画しており、郵便局も同時並行的にデビットカードの導入を検討していたという偶然の事実が重なったとはいえ、民間金融機関のシステムに参画するのは画期的なことである。ドイツでは、以前から郵便局を含めて支払システムはすべての金融機関が参加している。これは、ドイツ連邦銀行に支払システムについてとりまとめる権限が付与されているからであるが、利用する一般国民にとっては、すべての金融機関で共通であることが望ましく、わが国でも支払取引システムにつき、このような協調方式が定着する可能性がある。

（3）林光一「銀行POSシステムの標準化について」金法一〇八九号二六頁、鈴木敏道「バンクPOSの仕組みと実務」同一〇七九号一九頁、都銀懇話会「標準化された銀行POSシステムの概要」金融財政事情一〇八五号二八頁、新谷文夫「図解・デビットカード」（二〇〇〇年）二六頁、大蔵省がこのような手続きを要求したのは、銀行POSを口座振替と構成し、口座振替によるクレディット・カードの利用と同様に、当事者三者の契約が必要であると考えたことによる（拙著「振込・振替の法理と支払取引」一八頁）。

（4） 日本デビットカード推進協議会「デビットカードの仕組みおよびその法的枠組みの概要(1)」金法一五七六号四九頁。
（5） ドイツの各業態別金融機関の団体と連邦郵便局銀行（POST-BANK）が締結したVereibarung über ein institutsübergreifendes System zur bargeldlosen Zahlung an autorisierten Kassen(electronic-cash-System)がそれである。

三 J-Debitのシステムの概要

J-Debitにおいて、カード所持人は、改めて銀行に「口座振替依頼書」を提出しなくとも、今持っているキャッシュカードがそのままJ-Debitとして利用でき、一方、加盟店もどこか一つの銀行と加盟店契約を締結していれば、すべての銀行のキャッシュカードをデビットカードとして受け入れることができるため、急速な利用拡大が期待できる。カード所持人がJ-Debitの加盟店で買物をする場合には、デビットカードで買物をする旨を告げると、端末にカードが挿入され、購入金額が表示される。カード所持人がこれを確認した後、暗証番号入力用のパッドに暗証番号を入力すると、カード発行銀行に「口座引落依頼電文」のデータが送信され、利用者の預金口座に十分な残高があれば、口座から即時に購入代金が引き落とされる。口座引落が完了すると、即時に加盟店の端末に「引落確認電文（「収納済」もしくは「引落し済」）」が送信され、加盟店がこれを確認すると、代金の弁済がなされたものとして、カード所持人に商品を引き渡す。口座残高が不足していると、「引落不能電文」が送信されるが、カード所持人は、口座残高の範囲内でしか購入ができないので、クレディットカードのようなカード破産は生じない。

加盟店とカード発行銀行間のデータ交換は、NTTデータ㈱のネットワークサービスのひとつであるCAFIS

J-Debitの仕組み

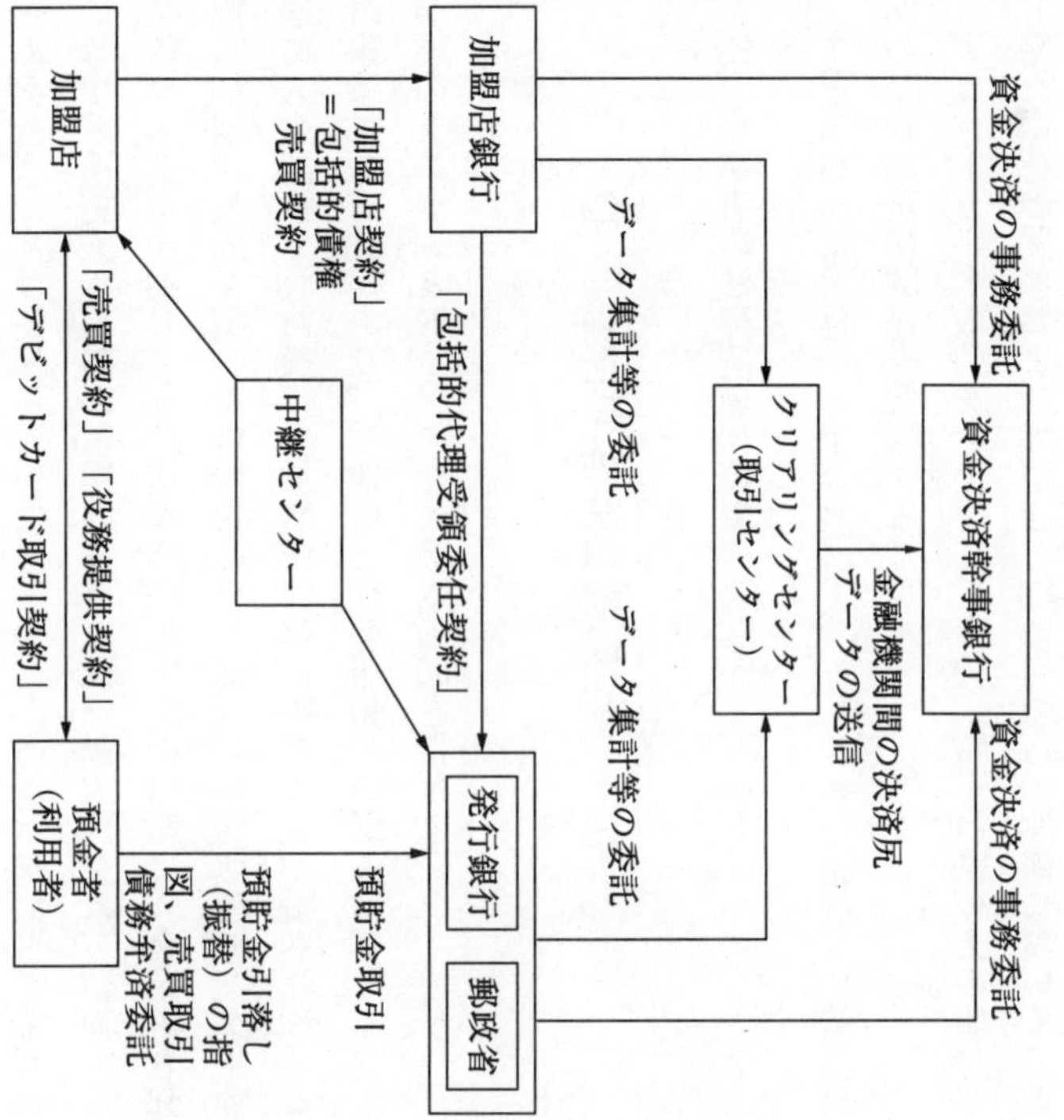

日本デビットカード推進協議会法務委員会「デビットカードの仕組みおよびその法的枠組みの概要（1）」金融法務事情1573号13頁参照

ドイツのデビットカードの仕組み

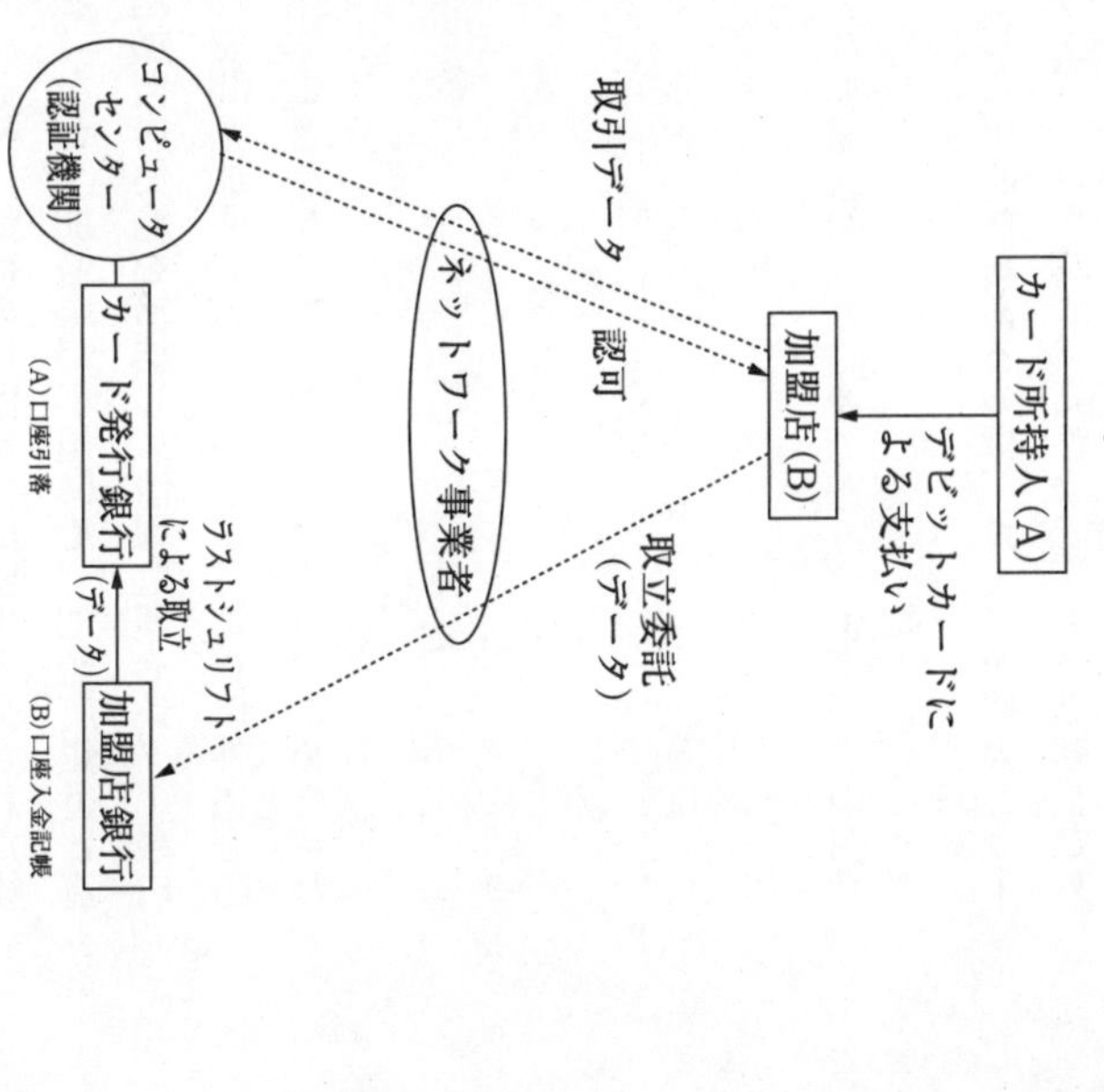

(Christof Harbeke, Die POS-Systeme der deutschen Kreditwirtschaft, WM SonderbeilI, S.5参照)

(Credit and Finance Information System)センターを経由して行われる。大規模加盟店の場合には、自前のコンピュータ・センターと直接接続できるが、これを持たない小規模加盟店は、さらに「情報処理センター」を介在させてデータ交換を行う。ドイツでは、このデータ交換は、ネットワーク事業者(Netzbetreiber)である支払システム会社(Gesellschaft für Zahlungssytem, GZS)が担当する。

カード所持人の口座から引き落とされた購入代金は、いったんカード発行銀行の別段預金口座に入金された後、全銀システムを通じて加盟店銀行の加盟店の口座に入金記帳される。なお、加盟店が小規模で、加盟店銀行と直接に加盟店契約を結べない場合には、前記「情報処理センター」が加盟店契約を締結し、情報処理センターの口座に入金記帳された後、各加盟店口座に再び入金記帳される。これを間接加盟店方式というが、これ以外にも組合事業加盟方式があり、加盟店と加盟店銀行の関係は、ドイツと比べるとかなり複雑である。参考のために、わが国のシステムとドイツのシステムの図を掲げる。

四　J-Debitの法律構成

(イ)　当事者の法律関係の概要

J-Debitの当事者は、カード所持人、カード発行銀行、加盟店および加盟店銀行の四者である。まず、この四者間の基礎的法律関係を概観する。

デビットカード取引をめぐって、今後、特有の法律上の紛争が生じる可能性があるのは、カード所持人とカード発行銀行の関係および加盟店と加盟店銀行の関係においてであろう。というのは、前者は、ドイツでそうであるように、カードが不正利用された場合の責任分担関係とか、原因取引のトラブルの場合の処理等について、紛争が生じることは目に見えているからであり、また、後者の場合には、J-Debitの法律構成を債権譲渡と構成したため、加盟店と加盟店銀行の間に直接これに伴う法律関係が生じるので、新たな問題が生じる可能性があるからである。ドイツのデビットカード取引では、債権譲渡構成をとらないので、加盟店と加盟店銀行の関係は、従来から行われているラストシュリフト（わが国の口座振替類似の取立方式）による単なる取立委任関係である。したがって、両者の間には、デビットカード特有の問題は起こらないのと比べると、大きな違いがある。

カード発行銀行と加盟店銀行の関係は、従来の為替取引契約によって処理され、加盟店とカード所持人の関係は、売買契約を中心とする通常の契約関係であるから、結局、J-Debitの法律関係において重要なのは、カード所持人とカード発行銀行の関係および加盟店と加盟店銀行の関係である。これらの契約関係は、約款によって決められるが、前者については、「デビットカード取引規定」が個別銀行によって作成されており、後者については、「J-Debit（ジェイ・デビット）加盟店規約」（以後、たんに「加盟店規約」という）が「推進協議会」によって作成されている。(6)

ドイツの場合に、前者に相当するものがecカード約款（Bedingungen für den ec-Service）、後者に相当するものが加盟店約款（Händlerbedingungen）である。もっとも、ドイツのデビットカードの法律構成がわが国のJ-Debitと異なるために、加盟店約款の内容は全く異なることに注意すべきである。

(ロ)　カード所持人とカード発行銀行の法律関係

右に述べたように、カード所持人とカード発行銀行の関係は、「デビットカード取引規定」によって定まるが、この約款は、J-Debitに参加する銀行が個別に作成する建前になっている。今日では、銀行協会は、約款の雛形の作成をしないことになったので、私の入手した「デビットカード取引規定」が他の個別銀行のそれと同じであるかどうかは確認のしようがないが、複数の銀行の「デビットカード取引規定」を比べてみると、全く同じであった。そこで、本稿では一応各銀行の「デビットカード取引規定」を同じのものと考えて、以下たんに「デビットカード取引規定」として引用する。

「デビットカード取引規定」の条文数は、わずか五条しかなく、その主な内容は、概略以下のようなものである。①カード所持人が購入金額を確認して暗証番号を入力するときには、第三者に見られないように注意すべきこと（二条一項）、②いわゆるキャッシュバックを目的にカードを利用できないこと（二条二項）、③カード発行銀行は一日あたりの利用金額を制限できること（二条四項）、④「口座引落確認電文」が表示されるとカード発行銀行に対して、購入代金相当額の「預金引落指図」と引き落とされた預金による「代金債務の弁済の委託」がなされたものとみなすこと（三条）、⑤原則として加盟店との原因契約上の抗弁（金額の誤入力を含む）をカード発行銀行に主張して預金の復元を請求できないこと、ただし、例外的に、カード所持人が加盟店との話し合いにより、加盟店から契約当日中に「取消電文」が発行銀行に到達した場合には、引き落とされた口座を復元できること（四条一項、二項）、⑥デビットカードの不正使用の場合の責任関係は、読替規定によりキャッシュカードの不正使用に関するルールによること（五条）、である。

右の条項のうち、①と③は、ドイツでも行われていることであり、特に問題はない。また②のキャッシュバックを認めるかどうかは金融政策上の問題であるが、[7] キャッシュバック・サービスを加盟店の端末で行うことは、事実上、銀行のATM以外で預金の引き出しを認めることになるから、銀行の店舗以外の場所で銀行業を行ってよいかどうかという銀行法上の問題がある。これが銀行法の違反になれば、銀行法を改正しなければできないが、解釈上認められている範囲であって、行政上の裁量の範囲であれば、政府が認めさえすれば可能である。[8] なお、欧米ではこのサービスを認める国が多い。しかし、④、⑤、⑥は、まさにわが国のデビットカード取引の特徴とでもいうべき事項で、あとで詳しく検討するが、今後各方面からその当否が検討されることになろう。

㈧　加盟店と加盟店銀行の法律関係

つぎに、加盟店と加盟店銀行の関係であるが、加盟店銀行は、加盟店がデビットカード取引契約をした場合に、購入代金を加盟店の口座に入金記帳すること、入金記帳するための要件、手数料、デビットカード取引のトラブルの場合の処理等についてあらかじめ合意しておかねばならない。これについては、「推進協議会」により新たに全二〇条と附則からなる「加盟店規約」が作成され、加盟店に交付されている。

それでは、「加盟店規約」は、具体的にどのような内容であろうか。その主な条項は、次のようである。①加盟店には、直接加盟店、間接加盟店、任意組合、組合事業加盟店の四種類があること（一条）、②加盟店は、顧客からデビットカードが提示された場合には、本規約に従いデビットカード取引契約を締結すること（二条一項）、③デビットカード取引契約は、端末機に口座引落確認を表す電文が表示されないことを解除条件として、暗証番号が入力されたときに成立すること（二条二項）、④加盟店は、口座引落確認電文が端末機に表示されたときには、売買取引債務の弁済がなされたものとして取り扱うこと（三条三項）、⑤加盟店は、カード利用の一回あたりの最高または最低金額を定めることができること（四条一項）、⑥加盟店は、端末機に「口座引落確認電文」が表示されないことを解除条件として売買取引債権を加盟店銀行に対し指名債権譲渡の方式により売却すること（八条一項）、⑦売買取引債権の売却代金は、加盟店の支払手数料を差し引いて所定の日に入金されること（一〇条一項）、⑧加盟店は、一三条一項各号に定めるカードの不正利用の明らかな徴表のある場合を除き、デビットカード取引契約の締結を拒絶することはできないこと、同条一項所定の事由がある場合に、故意または重過失によって拒絶しなかった場合には、カード名義人、発行銀行、加盟店銀行等に生じた損害につき、カード不正利用者等と連帯して負担すること（一三条二項）、⑨デビットカード取引（原因取引）のトラブルにより、契約が取消・解除された場合に、取引日当日であれば、加盟店が発行銀行に預金の引落の「取消電文」を送信するが（この場合には、カード所持人の口座は復元される)、取引翌日以後のトラブルについては、加盟店と顧客の話し合いで処理し、場合により加盟店が現金を支払って清算をすること(一四条一項二項)、⑩加盟店が「取消電文」を誤発信をしても、これを訂正することはできないこと(一四条四項)、である。

右の条項のうちで②と③と⑤と⑦は、ドイツでも同様に行われており、問題はないであろう。⑧もまず問題はないであろう。しかし、それ以外については、カード所持人とカード発行銀行の法律関係の場合と同様、検討の余地がある。まず、①について、加盟店を四種類にも分けねばならなかったのか。ドイツでは、大規模店も小規模店も同じ仕組みで運営されている。技術的な問題であるにしても、システムが複雑になって容易に理解することが困難になる。

最も問題なのは、端末機に「口座引落確認電文」が表示されないことを解除条件として、包括的に売買取引債権を譲渡する条項である。しかし、なぜ債権譲渡なのか。また、原因取引にトラブルがあった場合、取引日当日にかぎり、引き落とされた口座を復元することができるが、それ以後はできないとする取扱いは、技術的制約があるといっても、債権譲渡構成の関係で整合性を保つことができるのか。これについては、後でまとめて具体的に問題提起したい。

(二) カード発行銀行と加盟店の法律関係

つぎに、加盟店とカード発行銀行の関係であるが、加盟店は、デビットカード取引において、「引落確認済電文」を受け取ることにより、カード所持人の関係では弁済されたものとして取扱い、加盟店銀行の関係では、包括的債権譲渡契約に基づき、当然に債権譲渡されたものとして取り扱われる。これによって、売買関係は終了し、取引日から三日以後の指定された日に債権譲渡の対価として入金記帳を受けるだけであるから、加盟店とカード発行銀行の間には格別の法律関係は生じない。要するに、あとは銀行間決済が残るだけで、加盟店には関係がないということである。ドイツでは、カード発行銀行が「引落確認済電文」に相当する「positive Autorisierung（認可）」を発信すると、当該金額につきカード発行銀行が加盟店に対して支払保証債務（ギャランティー）を負担し、両者の間に重要な法律関係が生じるのと比べると対照的である。

(ホ)　カード発行銀行と加盟店銀行の法律関係

つぎに、カード発行銀行と加盟店銀行の関係であるが、デビットカードの場合も、カード発行銀行から加盟店銀行への資金の流れは、全銀システムを通じて行われるので、従来の為替取引契約の法律関係が基礎に横たわっている。しかし、これとは別にJ-Debitでは、債権譲渡構成をとるので、加盟店銀行が加盟店から売買取引債権を譲り受けたときには、当該債権について両銀行間で弁済受領権限を包括的に授与する契約をする。この契約は、全銀システムと同様の方式で銀行相互で網の目のように結ばれる。カード発行銀行は、弁済行為という準法律行為の受任者としての立場と、代理受領権限に基づく弁済受領者としての立場を兼併する（民一〇八条但書）。

わが国では、カード発行銀行がデビットカード取引に基づいてカード所持人より引落委託を受けると、直ちに別段預金口座に入金する。これは、カード発行銀行が加盟店銀行に代わって代金を受領（代理受領）すると構成する結果である。カード発行銀行は、あとで加盟店銀行に全銀システム使って資金移動するが、これは代理受領した金額をたんに送金することを意味する。この場合においても銀行間で法的問題は生じる可能性はあるが、それは、業界内の処理になるから、表面に現れることはまずないと思われ、本稿ではこれ以上言及しない。

ドイツのデビットカードの場合には、従来の債権取立方式であるラストシュリフトを使うので、改めて銀行間で特別の契約をする必要がない。また、カード発行銀行が「認可」電文を発信してもすぐにカード所持人の口座から引き落とすわけではない。あとで取立のためにラストシュリフトが回ってきたときに、引き落とされる。事前に引き落とされるのは、ラストシュリフトが回ってきたときに、口座の資金不足が予測されるような例外的な場合に限られる。

(ヘ) 加盟店とカード所持人の法律関係

最後に、カード所持人と加盟店の関係であるが、これは、デビットカードによる支払の原因関係になる契約であって、特別の限定はない。ワイヤレス端末を使えば、どこでも何にでも支払をすることができる。しかし、通常は、売買契約、サービス提供契約、請負契約などがその主なものであろう。本稿では、便宜上、売買契約を念頭に置いて検討してきた。カード所持人が加盟店で買物をするときに、現金と同じ条件で支払をすることができるためには、あらかじめその旨の合意がないかぎり、商店は、これを受け入れる義務を負わない。加盟店があらかじめこのような契約をカード所持人と結んでいるわけでないので、そのための法的根拠が必要になる。そこで「加盟店規約」によりカードの不正利用が明らかな場合を除き、加盟店は、デビットカード取引契約の締結を拒絶することができない旨定めた（一三条一項）。

ドイツでは、加盟店約款（Händlerbedingungen）二条の冒頭に「金融機関（カード発行機関）によって発行されたecカード……は、加盟店の電子キャッシュ端末で現金払いと同じ価格と条件で受け入れなければならない。」と定めている。

（6） 加盟店規約の解説は、日本デビットカード推進協議会法務委員会「デビットカードの仕組みおよびその法的枠組み(3)(4)」金法一五七九号三九頁、同一五八〇号三六頁以下参照。

（7） 金融庁は、消費者保護のために、関係企業で偽造カードによる不正使用の損失分担のルールをまとめることを条件に、近い将来キャッシュバック・サービスを容認する方向である（「デビットカード使い『おつり方式』――小売店で現金引き出し」日経新聞平成一二年三月三〇日）。

（8） 詳しくは、吉原省三「デビットカードの法律構成」金法一五七七号一五頁以下。

五　J-Debit の法律上の問題点

(イ)　デビットカード取引規定の拘束力

デビットカード取引も一般大衆を対象にする取引であるから、顧客と銀行の契約関係は約款によって決めるほかないであろうが、各銀行の作成した約款は、果たして拘束力があるのかどうかをまず検討しなければならない。少なくとも私は、自分のキャッシュカード発行銀行から「デビットカード取引規定」なる約款をもらっていないので、たぶん多くのキャッシュカードの所持人ももらっていないであろう。そうすると、いったんカード発行銀行とカード所持人の間で問題が生じた場合に、こういう約款があるので、これで処理しますといわれた場合、果たして顧客に納得してもらえるか疑問がある。

デビットカードは、新たに行われるサービスであって、確かに便利ではあるが、従来のキャッシュカードとは異なるリスクもある。たとえば、キャッシュカードであれば、銀行が設定した特別のコーナーまたはボックスで防犯カメラの監視のもとで、ほとんど他人に見られることなく利用する形式であるので、安全性はかなり高いといえようが、デビットカードの場合には、混雑する店頭のレジでカードを使用し暗証番号を入力するわけであるから、偽造等の不正使用のリスクが格段に高まる。たしかに、「推進協議会」の方も偽造カードが使用された場合には、即座に判別できるようなシステムを考え、加盟店がぐるになって不正使用に加担するリスクをさけるために、加盟店の審査もしているとのことであるが、キャッシュカードよりリスクが高いことには変わりないであろう。

このようなことを考慮すると、キャッシュカードにデビットカードの機能を付与するかどうかは、本来は当事者の合意に基づくべきで、銀行側が一方的にデビットカードの機能を付与しておきながら、いざ事故が起こると銀行所定の「デビットカード取引規定」によって顧客に責任を負担させるというのは、法的にみて問題がある。この方式は、以前の銀行ＰＯＳが使い勝手が悪くて普及しなかったことを反省し、顧客側が特に異論を唱えない限り、デビットカードの機能も付与することによって、急速にデビットカードを普及させることに成功したといえようが、これから起こるであろうデビットカードの事故を考えると、急速な普及に重点を置きすぎた感がある。(9)

「推進協議会」は、デビットカードについては、広くマスコミ等を通じて国民に周知をはかっており、「デビットカード取引規定」を顧客に交付して合意をとるかどうかは個別銀行に任せているというが、顧客は、デビットカードのリスクを知らないまま使用する状態におかれている。「推進協議会」は、個別銀行にこの合意をとることを任せるのでなく、必ずとるよう指導すべきでなかったか。

二〇〇一年四月に施行される「消費者契約法」によると、事業者は、消費者契約の条項を定めるに当たっては、消費者の権利義務その他の消費者契約の内容が消費者にとって明確かつ平易なものになるよう配慮し、消費者の権利義務その他の消費者契約の内容について必要な情報を提供するようつとめるべき旨定めている（同法三条一項）。この立法趣旨からみるかぎり、右のような取扱いは疑問である。

ドイツでは、ecカードにデビットカード機能をつけるかどうかは、銀行と顧客の合意の下に行っており、合意が得られた場合には、ecカード約款を交付してこれが適用されることを指摘しているが、このような取扱いはドイツの約款規制法の要求するところでもある。(10)

(ロ) 債権譲渡構成の問題点

前述のように、「口座引落確認電文」が加盟店の端末に表示されると、カード発行銀行は、直ちにカード所持人の口座から引き落とし、この資金を代金債務の弁済として代理受領する。なぜこのように取り扱うかというと、加盟店は、端末機に「口座引落確認電文」が表示されないことを解除条件として売買取引債権を加盟店銀行に指名債権譲渡方式で売却し、加盟店銀行がカード発行銀行を通じて代金の弁済を受けると構成しているからである。

そこで、このようなJ-Debitの基本的法律構造に問題はないかどうかを検討する。

「推進協議会」によると、デビットカードの「即時決済性」と「利用者の保護」を両立させるために、限られた法的構成の選択肢の中から総合的に判断した結果、債権譲渡構成を採用したとのことである。それにより、顧客は、売買と同時に代金債務の支払をしたものとすることができ、カード発行銀行、加盟店銀行、加盟店の倒産等による代金未払のリスクから解放される。加盟店にとっては、自己の取引銀行である加盟店銀行に即時に売買取引債権を売却するので、カード発行銀行の倒産リスクを負わず、このリスクはもっぱら銀行間の問題に移すことができるという。(11) J-Debitを急速に普及させるという政策目的からすると、このような構成も理解できる面はあるが、以下のようにいくつかの問題がある。

五　J-Debitの法律上の問題点

まず、債権譲渡というスキームは、カード所持人と加盟店の意識とマッチするかどうか疑問がある。カード所持人がカードを利用し、端末に「口座引落確認電文」が表示された場合には、これによって即時に支払われたという感覚をもつが、それはいったい誰に対して支払ったと考えるであろうか。カード所持人は、売買の相手方である加盟店に対して支払ったという意識はあっても、加盟店銀行に対して支払ったという意識はないというのが常識的感覚であろう。また、加盟店も自己の口座に入金記帳されたときには、買主であるカード所持人から支払を受けたと考えるのが通常であろう。加盟店の意識として、クレディットカードの場合と比べても、売買取引債権の譲渡の対価として受け取ったという感覚があるとも思えない。ところが、右スキームによると、カード発行銀行が弁済を代理受領するので、カード所持人は、加盟店銀行に対して支払ったことになり、加盟店は、債権譲渡の対価として支払を受けたことになる。しかし、一般消費者にどこまでこのことが周知されているのか、疑問が残る。

つぎに、譲渡される債権の中身は何なのかという疑問がある。加盟店規約八条一項「債権譲渡」によると「……

売買取引債権を加盟店銀行に対し指名債権譲渡の方式により売却するものとします」と規定し、これに関する「推進協議会」の解説をみると、加盟店の顧客に対する売買取引債権を加盟店が加盟店銀行または直接加盟店(情報処理センター)に債権譲渡するスキームを採用したとあるので[12]、譲渡される債権は、売買代金債権そのものと解する他ないように思える。しかし、それだと「口座引落確認電文」の表示によって売買取引債務が弁済されたとする「加盟店規約」三条三項の表現が問題になる。というのは、この条項によると、「加盟店は、……のときには、売買取引債務の弁済がなされたものとして取り扱うものとします」と表現しているので、加盟店自身が弁済を受けたと読むこともできるが、それだと、すでに消滅した売買代金債権を譲渡することはあり得ないからである。吉原省三弁護士も、もはや存在しない代金債権の譲渡という構成は、技巧的にすぎ、事実を無視しているとされ、この難点を克服するには、加盟店が加盟店銀行に譲渡するのは、売買代金債権ではなく、これとは別の発行銀行に対する「デビットカード取引上の支払請求権」と解すれば問題は片づくといわれる[13]。たしかに、このように解すれば、右の問題は解決されるし、つぎに述べる抗弁切断の問題も回避することができる。

別の問題として、売買取引債権の譲渡であれば、対抗要件はこれでよいのかという問題もある。ケースとしてはほとんど起こらないとしても、加盟店が第三者に将来債権を譲渡したような場合に問題になるが、これについては割愛する。

(ハ) 抗弁の切断と消費者契約法

「デビットカード取引規定」四条一項によると、デビットカード取引により預金口座の引落がなされたときは、デビットカード取引が解除、取消等により適法に解消された場合であっても、カード発行銀行に対して預金の復元を請求することはできない旨定めている。カード発行銀行は、引き落とされた金額を加盟店銀行の代理人として弁済受領するわけであるから、カード所持人は、加盟店との間に発生した契約上の抗弁をすべて主張できるはずである。しかるに右規定によって抗弁の主張ができないことになっている（取引日当日であれば、口座の復元の可能性があるが）。はたして、このような条項は、「消費者契約法」の関係で効力を有するかどうか検討しなければならない。

デビットカード取引は、主に一般消費者と事業者の間の契約上の債務の支払に利用されるであろう。この場合には、周知のように、二〇〇一年四月から施行される「消費者契約法」を考慮しなければならない。契約の交渉力に格差のある場合には、今後は消費者保護が強調されてくることは時代の流れで、消費者相手のシステムを構築する際には、特に考慮しなければならなくなる。同法八条によると、事業者の債務不履行により消費者に生じた損害を賠償する責任の全部を免除する条項（同条一号）、その一部を免除する条項（同条二号）、目的物の瑕疵により消費者に生じた損害を賠償する事業者の責任の全部を免除する条項（同条五号）は、無効であると定めており、また、同法一〇条（一般条項）は、民法、商法その他の法律の公の秩序に関しない規定の適用による場合に比し、消費者の権利を制限し、又は消費者の義務を加重する消費者契約の条項であって、民法第一条二項（信義誠実の原則）に規定する基本原則に反して消費者の利益を一方的に害するものは無効である旨、定めている。

右諸規定に照らしてみると、カード所持人と加盟店の間の契約上の抗弁を銀行との関係では切断するという「デビットカード取引規定」四条一項の効力を認めるのはかなり疑問である。ことに同法一〇条は、「その他の法律」の規定に比べて一方的に不利な条項は無効といっているが、すでに割賦販売法における割賦購入あっせん業者に対する抗弁の切断が禁止されているので（割賦販売法三〇条の四）、「その他の法律」の規定より一方的に不利であると評価されるおそれが多分にある。抗弁の切断がシステムの技術的問題上やむを得ないという銀行側の主張がはたしてどこまで通るか疑問がある。今後とも強調されるであろう企業のコンプライアンスを考えると、各方面から異論が出ることを覚悟しなければならないであろう。

ドイツのようにカード発行銀行から加盟店銀行への資金の流れを口座振替（わが国のもの同じではないが）とすれ

ば、最高裁も銀行間の資金移動は原因取引に影響されないといっているので[14]、契約関係の瑕疵は、当該原因契約の当事者で解決すべきとしても問題はなかった。ここにも債権譲渡構成の問題点がある。

(二) 銀行の倒産とリスク配分

「推進協議会」がJ-Debitの法律構成につき、債権譲渡構成を採用した大きな理由は、カード発行銀行の倒産によるリスクから加盟店を解放することにあった。たしかに、この構成だと、加盟店は、自己の取引銀行(加盟店銀行)に売買取引債権を譲渡することによって、当該契約関係から離脱することができるので、カード発行銀行が倒産しても、後は銀行間の問題であるとすることができ、そのリスクを負わない。その結果、カード発行銀行の倒産のリスクは、加盟店銀行が負担することになるから、銀行側が加盟店を募集するための説得材料になるであろう。ただ、カード発行銀行が倒産して加盟店銀行が売買取引債権が回収できなくなった場合、加盟店銀行が最終的にもリスクを負担するつもりなのか、それとも売買取引債権に基づいて、不足分をカード所持人に請求することを予定しているのか、そのあたりのところは約款上は明確でない。おそらくそれは考えていないのであろうが、そうすると、現実にカード発行銀行が倒産した場合、加盟店銀行の有する債権は預金保険法でカバーされないので、かなりの金額になるおそれがある。銀行倒産はほとんどないとみているのであろうか。また、カード発行銀行のコンピュータシステムのダウンによる入金記帳の遅延リスクもあるが、債権譲渡方式では、加盟店は買主に対して何らの請求権がないのでこれに対処できない。

ところで、右に述べたところは、カード発行銀行の倒産の場合であるが、銀行の倒産は、何もカード発行銀行に限ったことではない。J-Debitシステムに参加している銀行は、カード発行銀行であると同時に加盟店銀行でもあるから、カード発行銀行の倒産は、同時に加盟店銀行の倒産でもある。その場合のリスクはどうなるのか。ことに、デビットカード取引を行った日から加盟店の口座に入金されるまでは、わが国では三日以上もかかるのであるから、その間に加盟店銀行が倒産した場合のリスクはどうなるのかも考えておく必要がある。加盟店の有している債権が預金であれば、預金保険によってある程度カバーされるが、加盟店口座に入金記帳されないかぎり、加盟店が加盟店銀行に有している債権は、債権譲渡の対価を請求する権利であるから、カバーされないであろう。そうすると、加盟店にとっては、カード発行銀行の倒産のリスクもさることながら、自己の取引銀行の倒産のリスクの方も問題である。

加盟店銀行は、加盟店が選んだ取引銀行であるから、自ら選んだ契約の相手方の倒産リスクは、自己責任の原則にもとづき自ら負担すべしといっても、直接加盟店方式以外では、加盟店みずから加盟店銀行を指定できるのかどうか明確でない。郵便局を加盟店銀行にしておけば、倒産の心配はなくなるが、それはそれで金融政策上問題である。さらに、わが国の加盟店は、直接加盟店以外に三種類の方式があるから、銀行倒産の場合に、どのように手続きに参加していくのかも問題になりそうである。

ドイツでは、デビットカードを利用した取引は、「支払に代えて」ではなく「支払のために」カードを利用したと構成するので、カード発行銀行が倒産してラストシュリフトによって代金の取立ができなくなった場合には、加盟店は、原因債権で直接顧客に支払請求することになる。また、デビットカードのシステムダウンによって、入金が遅れそうな場合にも、ラストシュリフトで取り立てるのをやめて原因債権を行使することができる。(15)

ドイツでは、カード発行銀行の倒産リスクは、加盟店にあるが、それがために加盟店になる事業者が少ないという話は聞いていない。カード発行銀行の倒産は、そんなに頻繁にあるわけでもなく、預金はわが国より手厚く保護されているので、たいていはあとでカード所持人に請求することができると考えているのであろう。ドイツでは、加盟店がカード利用者に売買代金債権を直接行使する場合の技術的問題として、加盟店が購入者を特定する必要があるが、これは、コンピュータ記録によって特定することができる。ちなみに、ドイツでは、オンラインのデビットカード(electronic-cash-System)の他に、オフラインのデビットカード方式であるPOZ

(POS ohne Zahlungsgarantie) がある。POZ方式の場合には、加盟店がラストシュリフトによって、カード所持人の口座から取立を行ったときに、口座に資金がなければ不渡になる。この場合には、カード発行銀行が支払のギャランティーをしないからである。そこで、この方式では、加盟店は、カード所持人の口座の資金不足によるリスクを当然に負担するので、あとで支払請求できるように、加盟店はカード発行銀行にカード所持人の住所・氏名を教えてもらうことができる。カード発行銀行がそれを教えても、銀行の守秘義務違反にならないように、約款上特別の手当をしており、当局もこのような取扱いは連邦データ保護法上問題はないとしている。(16)

㈭　カードの不正利用と責任配分の問題

わが国のデビットカードは、まだ始まったばかりで事故は起きていないと聞いているが、ドイツでは、一九九〇年の以後に限っても、連邦裁判所の判決を含めて三七もの判例がある。(17) その多くは、銀行の勝訴に終わっているが、これからわが国でも類似の事件が起こることは目に見えているので、それに対する検討をしておかねばならない。

デビットカードの不正使用に関する「デビットカード取引規定」をみると、カードの不正利用による責任分担については、「キャッシュカード規定」の読替によってその不正使用の場合と同じルールで対処するとしている。そこで、キャッシュカードの不正利用に関する条項をデビットカードに読み替えると、つぎのようになる。すなわち「……端末機の操作の際に使用されたカードを当社が交付したものとして処理し、入力された暗証と届出の暗証との一致を確認して預金の引落しをしたうえは、カードまたは暗証番号につき、偽造、変造、盗用その他の事故があっても、そのために生じた損害については、当社および提携先は責任を負いません。ただし、この払戻しが偽造カードによるものであり、カードおよび暗証番号の管理について預金者の責めに帰すべき事由がなかったことを当社が確認できた場合の当社の責任については、このかぎりでありません」と定める。

しかしながら、デビットカードの場合にも、キャッシュカードの不正使用と同じ責任配分でよいのかどうかについては、かなり問題がある。というのは、前述のように、キャッシュカードの場合は、銀行の管理できる一定の場所でのみ使用が可能で、したがって、それなりの管理・監視態勢をしくことができるが、デビットカードの場合には、大勢の顧客が並ぶレジで使用され、使用状態も加盟店によって同じでないという別の事情を考慮しなければならないからである。ことに、ドイツでも起こっているように、今後必ず暗証番号を入力する際の「のぞき見」事件が起こると思われるが、キャッシュカード利用の場合と同じリスク管理ができないにも関わらず、責任配分だけはキャッシュカードの場合と同じであるというのは理屈に合わないであろう。[18]

わが国では、キャッシュカードの不正使用について平成五年に最高裁が前記条項の効力を認めて、カード所持人に責任を負担させたが、[19]ことに、「消費者契約法」一〇条（一般条項）が消費者の利益を一方的に害する条項は無効であるといっていることを考慮すると、デビットカードについても同様に効力を認めるかどうか疑問がある。同条項は、右最高裁判決の後、改正されて、以前より顧客保護が図られたが、[20]それでもまだ問題が多く、私は、むしろ今の条項ではもたないと見た方がよいのではないかと思っている。それは、以下の理由による。

同条項によると、加盟店の端末で正規に処理されたかぎり、かりにデビットカードが不正使用された場合でも、銀行は一切責任を負わないのを原則とするが、ただそれが偽造カードによるもので、かつカードおよび暗証番号の管理につきカード所持人に帰責事由がなかったことを銀行が確認した場合は（立証責任はカード所持人にある）、例外的に銀行が責任を負担するというものである。したがって、顧客に帰責事由があるかぎり、銀行の帰責事由の有無に関係なく、銀行はすべて免責されることになる。また、偽造の場合以外で顧客に帰責事由のないカードの不正利用についても、銀行が責任を負担するのかどうかは文言上明確でない。銀行としては、運用で顧客との信頼関係の重視からハッカー等による通信回線への侵入による損害について、これまで免責を主張せずに対処していたようであるが、それならば、文言上もこれを明確にしたほうがよい。さらに、顧客がカードの不正使用による自己の損害を免れるためには、銀行が顧客の無過失を「確認」しなければならないというのも問題である。つまり、どの程度の事情があれば銀行が「確認」してくれるのか明確でなく（典型的には、犯人逮捕のケースをあげる）、かなり重い立証責任が顧客側に課せられるおそれがあるからである。

デビットカードにおいては、カード発行銀行と加盟店が一回あたりの使用限度額を限定することもできるが、これは個別銀行、個別加盟店によって取扱いがバラバラで、ある銀行では、一日あたりの取引金額の上限を五〇〇万円とするところもある（ドイツのPOST-BANKでは、七日間に二〇〇〇マルクを限度としており、金額的にかなり少ない）。したがって、不正使用がなされた場合、かなり大きな損害を被るおそれがあり、これも問題であることはすでに指摘されている。[21] 事故が起こった場合の使用差止措置を明確にし、今は個別銀行に任されている保険をすべての銀行が加入する統一保険にして、どこの銀行の発行しているカードの不正利用による損害負担の限度も同一にすべきであろう。

ドイツでは、約款規制法（一九七七年）によって重過失免責が許されなくなったために、一九七七年改正の銀行の約款は、それまでの「……の場合は、銀行は責任を負いません」という表現から「……の場合は、銀行は重大な過失のある場合にのみ責任を負います」という表現に書き替えられた経緯がある。「消費者契約法」施行前夜のわが国の状況は、ドイツの一九七七年当時に似ている。なお、今日では、さらに消費者保護の高まりからキャッシュカード、デビットカードおよびゲルトカルテ（カード型電子マネー）の不正使用については、ecカード約款によって、基本的に同じルールでカード所持人が保護されており、わが国でも参考にすべきである。以下これを概説する。

まず、カード所持人がカードの紛失に気づき、二四時間連絡可能な使用差止受付サービス・センタ（Zentrale Sperrannahmedienst）に紛失届をした後の不正使用による損害は、すべて銀行側が負担する。つぎに、その届けをしなかったために、デビットカードが不正使用された場合においては、カード所持人に軽過失があった場合と重過失があった場合に分ける。前者の場合は、顧客と銀行側の損失負担割合は、銀行の帰責事由の有無を問わず一〇%対九〇%である。後者の場合には、銀行側に帰責事由がないことを前提に、顧客がすべての損害を負担する。なぜ、一〇%対九〇%なのか、以前ドイツの銀行で聞いたところによると、責任保険の関係でそうなっているとのことである（参考までに、ドイツでは口座を開設すると、各銀行によって条件は異なるが、口座管理料という手数料を取られる）。顧客に過失があるのに責任が全然ないとすると、カードと暗証番号の保管に注意を払おうとするインセンティブを欠くことにもなるので、いいシステムである。[22] もっとも、この損失負担割合は、民間の市中銀行（private Banken）の話で、公営の貯蓄銀行（Sparkasse）および信用協同組合組織の金融機関の場合は、これと異なる損失負担割合になっている。[23] 重過失があったかどうかについては、一応の目安として、①カード所持人がカードの紛失を上記サービス・センターに帰責事由（故意または過失）に基づいて遅滞なく通知しなかったとき、②暗証番号をカード上に記載するとか、カードを暗証番号通知書簡の中に入れていたとき（ドイツでは、暗証番号はコンピュータが決定し、これがカードと別便で顧客に送付される）、③暗証番号を他人に通知したとき、の三つのケース例示している。顧客が無過失の場合については、文言上は明示していないが、「カード所持人が帰責事由によって損害の発生に寄与した場合には、いかなる範囲で銀行と口座所有者が損害を負担すべきかという寄与過失の原則によって決められる」と定めていること、前述の一〇%条項の関係により、顧客が無過失である限り、銀行が無過失であっても銀行が損害を負担することになる。

実際の裁判で重要なのは、不正使用についてどちらが立証責任を負担すべきかであるが、ecカード約款にはこのことを明記していないので、解釈によって決められる。従来のドイツの判例は、銀行側に立証責任を負担させたが、カードの管理がカード所持人の支配領域にあることから、その証明はカードが本人よって使用されたことを一応の証明（表見証明ともいうAnscheinbeweis）によって証明すれば足りると解してきた。これを覆すには、顧客側が反対の立証しなければならないので、顧客側に不利とされる。しかし、最近、デビットカードの不正使用の可能性が大きいことに着目して、銀行側に有利な一応の証明では足りないという判例が現れて、銀行側がセキュリティの向上に万全の対策を講じることを余儀なくされているという。(24)

(9)「いきなり三億枚でスタート、期待のデビットカードに裏事情」(日経新聞平成一二年四月一六日)。

(10) 石田喜久夫編「注釈ドイツ約款規制法〔改訂普及版〕」二六頁以下、拙稿「ドイツ銀行普通取引約款と銀行取引約定書の比較」金法一五七六号三二頁参照。

(11) 日本デビットカード推進協議会法務委員会「デビットカードの仕組みおよびその法的枠組みの概要(1)」金法一五七三号一五頁。

(12) 日本デビットカード推進協議会法務委員会「デビットカードの仕組みおよびその法的枠組みの概要(2)」金法一五七九号四五頁。

(13) 吉原省三・前掲注(8)金法一四頁。

(14) 最判平成八年四月二六日(民集五〇巻五号一二六頁、金融・商事判例九九五号三頁)。

(15) Wolfgang Gößman, Rechts des Zahlungsverkerhs (1993) S. 197; Harbeke, a.a.O., S.7.

(16) ドイツの連邦金融監督庁も一九九七年七月に通常の場合を越えて濫用された事情がある場合には、カード所持人の住所・氏名を銀行が通知してもデータ保護法上問題はないという(Wolfgang Gößmann, Aspekte ec-Karten-Nutzung, WM1998 S. 1272)。

(17) 二〇〇〇年五月金融法学会中国地区大会での川地宏行助教授の報告。

(18) 花岡博「デビットカード参入が提起する銀行システムへの新たなリスク」金融財政事情二〇〇〇・五・二二号二四頁以下でも、カード情報や暗証番号が盗まれるリスクは銀行ATMより格段に高く、セキュリティ対策、責任体制に明確化を提言している。

(19) 最判平成五年七月一九日判時一四八九号一一一頁、金融・商事判例九四四号三三頁、拙稿「CDカードによる支払免責」手形小切手法判例百選〈第五版〉二一六頁。

(20) カードの不正使用の場合の免責条項は、以前から銀行に有利すぎるとして批判のあった文言を改正した条項である川田悦男「カード規定試案改正条項の逐条解説」銀行法務21五〇五号二八頁、同「カード・暗証番号による支払機からの預金の不正払戻しと銀行の免責」。

(21) 根田正樹＝小原博臣「デビットカードの法的問題」JA金融法務三三一号二〇頁。

(22) Kümpel, Bank- und Kapitalmarktrecht S. 330によると、損害の少なくとも一〇％を負担させることは、カードおよび暗証番号の管理に注意を払わない顧客に対する制裁として放棄することはできないという。

(23) 貯蓄銀行および信用協同組合組織の金融機関では、原則としてカード発行銀行がカードの不正使用による損害につき六〇〇〇マルクまで負担する。ただし、カード所持人がカードとユーロチェック用紙を一緒に自動車の中に保管するとか警察に紛失届をする義務を履行しなかった場合には、この限りでないという（Kümpel, Bank- und Kapitalmarktrecht 2. Aufl. S. 619）。

(24) 詳しくは、川地宏行「ドイツにおけるデビットカードの不正使用と責任分担」金法一五七六号一五頁、CALOLINE BEATRIX ROSSA, Mißbrauch beim electronic cash, CR3/1997, S. 143; Wolfgang Gößmann, WM1998, 1264S. 1271. なお、ゲルトカルテの責任配分については、川地宏行「カード型電子マネーの不正使用と責任分担」三重大学法経論叢一六巻二号二九頁以下参照。

六　おわりに

J-Debitは、二〇〇〇年の三月に開始されたが、開始早々一カ月間の利用金額は八六億円に上り、一件あたりの平均単価も四万五六〇〇円という。これはデビットカードの本格開始前と比べると一三倍ということで、今後年間一〇〇〇億円は確実といわれる。これを見ると、「推進協議会」の当初の目的を達しているといえる。J-Debitは、ドイツがそうであるように、いずれ国際的に利用できるデビットカードに切り替わって行くであろうが、その利便性を考えると、今後もJ-Debitの利用は増加すると思われ、いずれはクレディットカードをを上回ると予測される。デビットカードの先発組のイギリスでは、一九九四年にクレディットカードの利用件数を上回り、支払取引に占める割合が四〇%にも達しており、フランスもこれに近い。わが国と国民性が似ているドイツでも一一%がデビットカードによって支払われている。このように将来の発展性を秘めたシステムであるが、それが国民に安心して利用されるためには、技術面のセキュリティの他に法的インフラの整備が重要である。わが国では、急いでデビットカードの導入を図った結果でもあろうが、前述のごとくかなり法的には問題を残している。金融ビッグバンによって約款の作成、改正については、従来のような当局の規制を受けることなく、自由にできるようになったので、今後各方面から指摘される意見を参考によりよい約款の作成を望むものである。

新株発行の差止と無効

近藤弘二

新株発行差止の原因と無効の原因との関係については、諸説に分かれている。この度は、そのように分かれる理由を、立法官の解説[1]を手がかりに考えてみた。新株発行差止の規定は、昭和二五年の改正で設けられた。また、新株発行差止の訴の規定は、改正前の増資無効の訴の規定を継承したものである。

一　この解説は、新株発行差止の規定（二八〇条の一〇）が設けられた理由について、次のように述べている。[2]

「新株の発行が原則として取締役会に委ねられ、取締役会の合理的判断により会社の必要とする資金が機動的に調達される途が開かれたことは授権資本制度の妙味であるが、他面この制度の濫用により株主の利益が不当に害される虞もありうるので、このような取締役の行為に対しては、これを阻止すべき法的措置を必要とするわけである。」

そして、その後に、次のように付け加える。[3]

「会社が、裁判所の差止判決もしくは仮処分を無視して新株を発行した場合、その故をもって新株の発行が当然無効となるものではない。」

また、株式発行の無効の原因については、次のように述べている。(4)

「新株発行の無効原因としては、会社が授権発行株式総数を超えて新株を発行したとき、定款に定めていない種類の株式を発行したとき、定款で額面株式のみを認めているのに無額面株式を発行したとき、定款で株主に新株引受権が与えられているにかかわらず、これを無視して新株を発行したとき、額面株式につき額面未満の発行価格で新株が発行されたとき又は全然取締役会の決議がないのに代表取締役が新株を発行したときなどが、あげられよう。

これに反し、取締役会が新株をいわゆる均等条件によらないで差別的条件の下で発行したり、著しく不公正な方法又は価額によって新株を発行したり、もしくは現物出資の評価が著しく適正を欠くような場合には、取締役の責任の原因となり、又は株主による発行の差止（二八〇条ノ一〇）、あるいは株主引受人の責任（二八〇条ノ一一）を生ずることはあっても、新株の発行そのものを無効ならしめるものではない。」

なお、差止の規定について、次のように述べている。(5)

「著しく不公平な方法による発行とは、例えば、取締役が自己の利益を図るため、あるいは株主総会における多数者たる地位を維持し、獲得するため自己又は特定の者に新株を発行することであって、たといこの場合発行価額が公正妥当なものであっても、著しく不公平な方法による新株の発行であることを妨げるものではない。」

その後、次のように付け加える。

「株式の割当は取締役の自由裁量によって定められるものとして、従来その取扱は比較的無反省に処理されていたようであるが新法の下においては特段の留意を要するものと思われる。また、著しく不公正な価額による発行とは、市場価額に比較して著しく低廉な価額で発行する場合、又は現物出資の目的である財産の評価が著しく高すぎる場合などである。」

二　新株発行の権限はあるが、その濫用を違法なものとして、その発行によって不利益を受ける株主に差止の権利を認めたのである。そして、その要件として、「著しく不公正」という言葉を使ったのである。それは合理的な理由のない発行を意味する。そして、差止によってこれを阻止することができなかった場合には、発行を無効とするのでなければ趣旨が通らないわけである。(6)

差止の規定には要件として法令定款違反も掲げられているが、手続的、形式的な違法は取締役の新株発行権限を制約するものではなく、差止原因としてはともかく、それだけで新株発行無効の原因となるような実質的な違法たり得ない。解説が、差止仮処分違反は当然に無効原因となるものではない、と言っているのは、この意味で理解される。

また、昭和四一年改正後の商法二八〇条ノ二第二項は、第三者に対する特に有利な価額での発行に株主総会の特別決議を要することとしたが、その際そのような価額で発行することを必要とする理由の開示を求めており、同条項の違反もそれだけで無効原因となるものではなく、結局、合理的な理由もなく第三者に特に有利な価額でした発行、著しく不公正な価額による発行、つまり発行権限の濫用が認められる場合に、それが無効原因となるのである。(7)

新株発行事項の公示義務（二八〇条ノ三ノ二）の違反についても、同様である。

なお、閉鎖的な会社では株主の新株引受権が法定されたが、株主総会の特別決議によってこれを排除することが認められている。これがあった場合にも、著しく不公正な発行がされれば、これを無効とすることができる。

三　また、前掲解説は、全然取締役会決議がないのに代表取締役が新株を発行したときを無効原因とする。これは取締役に対する授権がなく、取締役に権限がないとするからであろう。

この場合、取引の安全保護の観点から無効原因としないのが判例であるが、取締役会の決議を改正前の増資決議と同様に株主の利益を守るものであるとし、改正法は新株発行の権限を株主総会から取締役会に降ろしたが代表取締役にまで引き下げてはいないと説かれるの[8]は、同じ考え方であろう。

差止仮処分違反発行を無効とする判決[9]があるが、その原審判決が、著しく不公正な方法による発行とは言えないとしながら仮処分違反を理由として発行を無効としたのも、差止原因の有無にかかわらず、株主の利益を保護するための処分に違反するものとし、あるいは差止仮処分をその発行に限り権限を奪うものとして、同様に理解できる。

第三者に対する有利価額発行についても、総会で開示されるべき理由は客観的に合理的な理由でなければならず、それが示されずに決議がなされた場合には違法として無効原因となる、と説かれる[10]のについても、同様である。

四 新株発行差止の制度は、アメリカ法にならって設けられたものである。しかしながら、これをわが国の商法に取り入れるにあたって、権限の有無にかかわらず、著しく不公正、つまり合理的理由のない場合にこれを抑えるということにしたのか、適法、違法、ないし権限の有無で無効原因とするかどうかを決めるというわが国の会社法の基盤である大陸法的な考え方の中で取り入れたのか、これについては、どちらとも考えられる。

ただ、合併比率が著しく不当な場合に、これを合併無効の原因とするとか、判例では認められなかったが、自己株式の取得も、忠実義務違反がない限り責任を負わない、つまり、自己又は第三者のために権限を濫用したのでなければ責任を負わせない、というアメリカ流の考え方が、いわば規制緩和に伴う弊害を避けるための手段として、有用となるのではないかと思われる[11]。

（1） 岡咲恕一・新会社法と施行法（一九五一年）。

（2） 同書五八頁。

(3) 同書六〇頁。
(4) 同書六四頁。
(5) 同書五九頁。
(6) 著しく不公正な方法による発行について、従来、これを特定の株主の個人的利益を守るものとして、一体として無効とする無効の訴になじまず、個別的な引受無効で処理することを考えた。しかし、後掲注(9)平成五年の最判に接し、まず、差止の判決に無効判決と同じ効力を認められないものか、と考え、次いで、著しく不公正な方法による発行により、株主の受ける不利益は、損害賠償では回復できない重大なものであり、この株主の権利は、無効の訴えにより保護されるべきものである、と考えた。そして、ついに、率直に公正を要件とし、不公正を無効原因とするのが良い、と考えるに至った。〔拙稿〕「新株発行の差止(二・完)」法協八五巻一一号一四七七頁、「著しく不公正な方法による新株発行の効力」平出先生還暦記念・現代法と企業(一九九一年、名古屋大学出版会)三一九頁、「新株発行差止の効力」西原先生追悼・企業と法下(一九九五年、有斐閣)二四一頁、「新株発行差止の効力」札幌学院法学一三巻二号二三五頁、「新株発行の差止と無効」竹内先生追悼・商事法の展望(一九九八年、商事法務研究会)三六五頁、「新株発行の差止と無効」札幌学院法学一五巻二号八一頁、参照。
(7) この場合について、従来、金銭的に補塡が可能であるから無効原因とならないと考えていたが、権限の濫用があれば、発行自体を無効としてよいわけである。上柳克郎ほか編・新版注釈会社法(7)(一九八七年、有斐閣)三五四頁(近藤)参照。cf. Shaw v. Staight, 119 N. W. 951 (Sup. Ct. of Minn. 1909).
(8) 田中誠二・再全訂会社法詳論下(一九八二年、勁草書房)九六七頁は、株主総会の専属事項であった新株の発行を新法上では資金調達の便宜上取締役会の専属事項とした、と言われ、服部栄三「有効な取締役会の決議を経ない新株発行の効力」民商四五巻四号五五七頁は、授権資本制というのは発行予定株式総数の中で発行済でない部分を取締役会の決議で発行しうることを意味するにとどまり、取締役会の決議なしに有効に未発行株式を発行しうることを認めたものではない、とされる。
(9) 最判平成五年一二月一六日民集四七巻一〇号五四二三頁。

(10) 田中(誠)・前掲注(8)九二六頁参照。

(11) 著しく不公正な方法による発行については、差止は、権限の濫用とする立場では、特定の株主の個人的利益を守るものであるのに対し、無権限ないし違法とする立場では、全株主の利益に関わることになる。このことについては、前掲最判の反対意見および味村裁判官の補足意見参照。また、この場合、権限の濫用とする立場では、取締役の第三者に対する責任(二六六条ノ三)における法律関係が想起される。

「故意又は認識ある無謀な行為（intention/recklessness with knowledge）」の法律構成

重田晴生

一　序説

或る者について、彼の過失行為から生じた損害の賠償責任を制限する権利を認めるという責任制限（limitation of liability）の観念は、ことによると、というよりかなり不公正であり不当・不合理であるかもしれない。しかし、驚くなかれ海上企業経営者たる船舶所有者については三〇〇年この方このユニークな責任原理が信奉されている。もちろん、航海業者に余りに寛大なるこの法制度に対しては、しばしばその有用性が疑われ、事あるたびに世の痛烈な批難を浴びてもきたが、長い伝統と公政策に裏打ちされたこの法制度の生命力は存外しぶとく、さらに責任保険が発達した今日では、この責任制限システムが保険者による保険リスクの確定を可能とさせ、これが船主に適切な保険入手を可能にさせる結果、間接的ながら海上事故の債権者もまたこの保険ファンドに対する信頼の利益に与れるという現代的な正当性根拠をも一つ加えて、世界の海商国家の法制に遍く浸透している。

ところで、法が船舶所有者に付与した責任制限の特権は絶対無条件に約束されたものではなく、船主自身に非難されるべき行為があれば常に否定されるべきものである。例えば、本稿が直接に考察の対象にしようとするいわゆる船主のグローバル・リミテイション、すなわち船舶の所有者その他の海上企業者が船舶による一定の企業活動に伴い負担する債務を総対的に制限する法システムの国際的合意として在る一九五七年船主責任制限条約（以下、五七年条約という）とその改正条約である一九七六年海事債権責任制限条約（以下、七六年条約という）についていえば、それぞれ、「航海船の所有者は、……責任を制限することができる。ただし、債権発生の原因となった事故が所有者自身の故意または過失によるものであるときはこの限りでない」Art. 1. The owner of a sea-going ship may limit his liability……unless the occurrence giving rise to the claim resulted from the actual fault or privity of the owner.（五七年条約一条(1)項但書）、「責任を負う者は、損失を生じさせる意図をもって、又は無謀にかつ損失の生ずるおそれのあることを認識して行った自己の作為又は不作為により当該損失の生じたことが証明された場合には自己の責任を制限することができない」Art. 4. A person liable shall not be entitled to limit his liability if it is proved that the loss resulted from his personal act or omission, committed with the intent to cause such loss, or recklessly and with knowledge that such loss would probably result.（七六年条約四条）、とされるのである。つまり船主等の責任制限権は、五七年条約においては自身に actual fault or privity の非責があれば否認され、七六年条約の下ではニューフォーミュラである intention/recklessness with knowledge の存在が証明された場合にはブレークされるということである。

一九七六年海事債権責任制限条約は、とかくその判断が難かしく、しかも船主等の責任制限権が打破されることが多かった五七年条約の actual fault or privity なるコンセプトを廃棄し、まったく新しいバージョンのブレーククローズに変革して、船主等の責任制限権をブレークさせる非難に値する行為の判断基準を高め、かつそうした行為の立証責任を請求権者に転換させた結果、まさに新条約の目論み通り、船主等の責任制限権をより一層確実なものとし、実際にも船主リスクの付保可能性を保証することになったとされる。

本稿は、こうした新しい一九七六年海事債権責任制限条約ないしわが国を含めその体制下にある各国の責任制限法のキー・ストーンである intent/recklessness with knowledge の意義について、英国法を中心に考察を試みるものである。ただし、この場合に、少なくとも現段階において、英国の船主責任制限法たる商船法（Merchant Shipping Act）（英国は、最初に一九七九年の商船法一七条および付則四の第I部により、その後、一九九五年に再編成された新商船法の一八五条により同法付則七の第I部に包摂した一九七六年条約のテクストにいわゆる英国の「法律としての効力」を付与し、一九八六年一二月一日から施行している）の新ブレーククローズについては法歴が浅いこともあってほとんど見るべき判例が現われていないから、ここでの考察は、船主責任制限の規定とほぼ同一文句の規定をもつ海上物品運送（ヘーグ・ウィスビー・ルール四条五項(e)）、海上旅客手荷物運送（アテネ条約一三条一項）、油濁損害補償（CLC条約五条二項）、それに他の輸送モードながらもっとも長い歴史と経験を積む航空運送（一九五五年ヘーグ改正ワルソー条約二五条）といった諸条約ないしそれらの国内法に関する立法経緯、判例、学説など参考にできるものがあればそうしたものも含めて総合的に考察を加えることにする。

なお、ブレーククローズに関しては、責任制限をブレークさせる非行行為の意味内容を考察する問題のほか、もう一つの重要で難解な解釈問題として、法にいう「責任を負うべき者」（person liable）または「船舶所有者」（owner）ないしは「運送人」（carrier）とは一体誰をいうものか、特に法人船主（＝船会社）の場合において誰の intention/recklessness with knowledge ないしは actual fault or privity をもって法人のそれと看做すか、という問題があるが、すでに筆者は、そうした視点については別稿にて検討を行っているので[1]、本稿では取り上げない。

（1）　拙稿「法人船主における「故意又は認識ある無謀な行為（infention/recklessness with knowledge）の帰属」奥島孝康教授還暦記念第二巻・近代企業法の形成と展開（一九九九年、成文堂）六〇五頁以下。

二　「故意又は認識ある無謀な行為」の意義

(イ)　緒言――国際条約と各国法のブレーククローズ

一九七六年海事債権責任制限条約のブレーククローズであるいわゆる「故意又は認識ある無謀な行為」(intention/recklessness with knowledge) なるフォーミュラは、直接には一九七四年のアテネ条約一三条（これとほぼ同一のワーディングはその前身である一九六一年海上旅客運送条約七条、一九六七年海上旅客手荷物運送条約七条に登場している)、あるいはそれに先行する一九六八年ヘーグ・ウィスビー・ルール四条五項(e)の両海事条約に倣ったに相違ないが、もともとは航空運送の一九五五年ヘーグ改正ワルソー条約の規定に淵源するものである（もっとも、intention/recklessnessテストを採用する国際条約のブレーククローズはまったく同一というわけではなく、各々に重大な差異または微妙な表現上の違いが認められる[2])。ヘーグ外交会議で新しいフォーマットになる以前のワルソー原条約二五条は、仏語正文で“dol ou d'une faute qui”、英語正訳で“wilful misconduct or……default……equivatent to wilful misconduct”（故意又は故意に相当する過失）であった。これが現行のフォーミュラに変更された理由は、特にその“wilful misconduct”に対し条約締約国の裁判所が余りに多様な解釈を施したため有限責任と無限責任との間に正確な境界線を引くことが困難となったことにあり、ために使い古された既存の法律用語ではなく全く新しい改訂訳に取り替えることによって各国間というかむしろ大陸法諸国とコモンロー諸国の法系間の不一致を解消し規定内容を明確化せんと図ったものとされる[3]。かくて改正後の現行ワルソー条約二五条においては、一つには故意(intent)、二つには損害発生の蓋然性を認識した無謀な行為という故意的な非行為(英国学説上“reckless misconduct”とよばれもする）が設定された。

(ロ)　責任を負う者自身の作為または不作為

イ　七六年条約の下で責任制限がブレイクされるのは、故意または認識ある無謀な行為から生じた損失が「責任を負う者」の「自己の作為または不作為」による場合である。第四条のオープニングワードである“person liable”(責任を負う者)とは、英法に固有の、しかも七六年責任制限条約のブレーククローズに限っての用語(ヘーグ・ウィスビー・ルール、アテネ条約、CLC条約、それにハンブルグ・ルールなど他の条約の場合にはただ“carrier”(運送人“owner”(船主)としている)であり、その意味は、“persons entitled to limit liability”(責任を制限することができる者)と題して責任制限主体を列挙した条約第一条の規定との突き合せで確定することになる。したがって、船舶(英法の場合は、航海船であると否とを問わず、またホーバークラフトを含めた概念である)の所有者、傭船者、管理人(manager)、運航者(operator)、救助者(salvor)、船舶の責任保険者(PI保険者)のほか、これらの責任主体者がその者の作為・不作為または過失について責任を負うべき者とされる部類の者を含む。よって、ヘーグ・ウィスビー・ルールなど他の海事運送条約の“carrier”の意味と異らない。

ロ　次に、そうした責任制限主体者の「自己の作為または不作為」(personal act or omission)である。このワードについてはいくつかの意味と問題がある。まず第一は、七六年条約が作為・不作為につき特に“personal”(自己の)なる形容詞を付すことによって、船舶所有者等責任を負う者は自身にいわゆる故意または認識ある無謀な行為がない限り責任制限権を剥奪されないという趣旨を補強・明確化させた意味である。つまり彼らの使用人または代理人に故意ないし認識ある無謀行為があっても船舶所有者等の責任制限権は影響を受けないということが強調されているのである(この場合、故意または無謀行為がある使用人・代理人は彼らに対し直接提起された訴に対して責任制限をすることはできない)。英法上、必ず第一次責任が確定される代位責任ないし使用者責任(vicarions liability)と船主の責任制限の権利を剥奪する行為との区別は、五七年条約を採入れた一八九四年の旧商船法五〇三条の下でも、また七六年条約にそのまま英法の効力を付与した新商船法の下でも多数の判例によって明確になされており、船長、船員、シップエージェント、ポートエージェントなどの行為が船主の責任制限権をブレイクしないことについては疑がない。そしてこのことは、七六年条約と同様に“personal”なるワードを持つ一九九二年CLC条約のブレークspecific クローズ（五条二項）についても当嵌り、船舶管理者または傭船者の作為・不作為は登録船主の責任制限権に影響を及ぼすものではない。これとは逆に、わざわざ“act or omission of the carrier, his servants or agents”（運送人、その使用人または代理人の作為または不作為）と明記するヘーグ改正ワルソー条約（二五条）の場合には、パイロット、乗務員、整備員など運送人の使用人、代理人の故意または認識ある無謀行為も運送人の責任制限権を剝奪するとの立場が明確にされている。

以上に対し、ただ単に“act or omissions of the carrier”とするヘーグ・ウィスビー・ルール（四条五項(e)）、アテネ条約（一三条）の場合には、法条からは直接その道理が明らかにはならず一応議論の余地が残されることになる。しかし、そもそもこれらの海事条約が航空運送条約から一般的な「故意または認識ある無謀な行為」のテストを引き出しておきながら敢えて“servants or agents”の語句を脱漏させたことの意味は、運送人の使用人・代理人の行為は運送人の責任制限権を剝奪するものではないという海事法の伝統的な責任責任の法原則を保留せんとする意図であると解するのが自然であり、それ以外の結論は考えられない。近年の英国判例（ただし、高等法院女王座部判決）は、ヘーグ・ウィスビー・ルール（一九七一年英国海上物品運送法）およびアテネ条約（一九九五年商船法付則6）など海事運送条約につき、規定の体裁、条約制定経緯（特に、アテネ条約）、ワルソー条約の規定との対比、あるいは海上の使用人・代理人に対する指揮監督の困難性、責任保険の利用、海事条約間の統一的調和的解釈などさまざまな理由を根拠に、当該海事条約のブレーククローズにいう「運送人」（carrier）とは運送人自身をいい、その使用人または代理人は包含しない趣旨であると判示している(4)。さらに上位裁判所による明確化が必要ではあるが、当面これが現在の英国海事法のルールである。

なお、新しく成立しているハンブルグ・ルールおよび一九八〇年国連国際複合運送条約の場合も、特にpersonalなる語は挿入していないから、やはり使用人・代理人の故意的ないし無謀な行為によって運送人（いわゆる実際運送人も同一であろう）、複合運送人の責任制限権が阻却されるかどうかは不明瞭である。ただしかし同条約のブレークローズでは、運送人・複合運送人の場合とその使用人・代理人の場合とを分けて規定し（八条、二一条）、かつ前者につき定めた規定は特に既成の法を変更しようとしていないからその運送人の作為または不作為（an act or omission of the carrier）の「運送人」とは運送人自身を意味するものと解する。

ハ　責任を負う者の「自己の作為又は不作為」は使用人・代理人の行為を包含せずとして悪辣な船長・海員を責任制限がブレークされる行為対象から除外できたとして、さらに次なる問題が生ずる。それは、船主等責任を負う者がその所有ないしチャーターする船舶の運航管理を他の者（別個の専門業者）に委託した場合（むしろこれが現代の海運経営実務の常態といえ、船舶の管理責任は概ね船舶管理契約に基づいて管理専門会社に委託される）、船主と船舶管理会社との関係で「自己の作為・不作為」をどう解したらよいかという問題である。英法上、かかる現代的経営形態における船主の責任制限権の成否については、一九五八年改正の商船法五〇三条の責任制限阻却事由"actual fault or privity"に関わったファイナルケースとしても名を残したThe Marion (1984) とThe Ert Stefanie (1989)[5] の二つの先決例がある。前者のThe Marion事件では、バース待ちのため英国のハートプール沖合にて投錨したリベリア籍タンカーマリオン号が海底に敷設された石油パイプラインに錨を絡ませ石油会社等に直接・間接損害合せて二、五〇〇万ドル以上を加えた。事故は船内の海図室にパイプラインの位置が記載された最新版の海図が備置されていたにもかかわらず船長が古い海図を使って投錨したために起きたものであった。マリオン号は管理運航を所有会社とは別会社に委託する形で運営されており、本件事故が発生する一年程前に旗国リベリアの海事検査官から船内の海図備置が杜撰であることを摘発され、船舶管理会社の業務執行取締役（managing director）に対し船長が最新の海図を使えるようにすべく安全検査報告書が提出され（ただ、当時彼は海外出張中で目を通してなかった）、また同社の運航部長代理を通じて船長にも文書で改善の指示があった。こうした事実関係の下で、マリオン号の船主から自身にactual fault or privityなしとして九八万二千ポンドの金額による責任制限が主張され、上訴を受けた英国貴族院（House of Lords）は、一審の責任制限容認判決を破棄した控訴院判決を支持し、責任制限を否認した。貴族院および控訴院の理由は、第一に、古い海図を処分して新しい海図と差替えるという海図の装備、保守点検について有効かつ適切な管理監督システムを作ることは、ひとり船長にのみ委託された事柄でなく（一審の判決は、海図・備置・保守は専ら船長の責務であり彼が古い海図を使用したことが事故の直接原因であるとした）、船主の分身たる船舶管理会社の義務でもあるのにそれを懈怠したこと、第二に、船舶管理会社の業務執行取締役はリベリアの船舶検査官の安全検査報告書の件を知らなかったとしてもかかる重要事項に関しては不在の時も部下に連絡させすぐに知り得る管理体制を確立しておくべきであったこと、であり、以上が損害の直接の原因であったとした上で、船主はそうした船舶管理会社の懈怠に対して法律上の責任があり、船主は個人的にactual fault or privityがあるが故に責任制限権は否定されると判決した。

後者のThe Ert Stefanie事件は、Gencon書式の傭船契約の下で生じた紛議に関する暫定的仲裁裁定に対する上訴事件である。会社の経営全体がSorensen氏に委ねられたパナマ法人に所有される本件船舶（Ert Stefanie号）がやはり同氏の実質的支配下にある別の船舶管理会社Sorek Shipping Ltd.によって管理され、同会社の取締役であるBaker氏が船のメンテナンスに関する責任を含め営業の技術部門を担当していたという事情の中で船舶の不堪航による積荷損害が発生し(本船は船底の甲装が劣悪で艙内浸水し、冠水した積荷のフェロシリコンから発生した毒ガスにより乗組員が死傷するという重大な事故に発展、遂に航海はアバンダンされた)、傭船者から船主に対しその損害の賠償が仲裁に申立てられた。ロンドン仲裁の判断は、c/pにおける絶対的な船舶堪航性担保を認定し、また船主には損害の発生につきactual fault or prinityはなく商船法五〇三条により責任制限ができるとしたが、女王座部商事法廷においてこの仲裁の裁定には法律解釈の誤りがあるとされた。そこで船主は、船舶管理会社および船会社の

alter egoはSorensen氏ただ一人であり、彼には非難されるべき事由がないとして責任制限を主張したが、英国控訴院（Mustill L.J.）はその理由を認めず、Sorek社の定款は会社の経営を一括して取締役会に委託しており、当の取締役会は必ずしも会社のgoverning mind and willを成す者の全体から構成されるとは言い難いが、しかしどの取締役も形式上責務を剥奪されない限りは当然にグループの一員であるとした上で、船舶管理会社Sorek社のBaker氏は船舶の運航部門を担当する取締役であり、その彼に適切な船のメンテナンスを確保しなかったfaultがある。左様な事情の場合、彼自身のfaultは船主に帰属されて船主は責任制限権はない、と判決した。

かくて、五七年条約に基づいた旧商船法に対する解釈ながら、英国法は船舶管理会社にはactual fault or privityがあるが、船舶所有者にはそうした非責事由はないという場合でも、船主（もとより船舶管理会社）は責任制限権を剥奪されるものとしており、かつ船主責任制限の成否においては実際に有効な経営支配があることが最重要であり、一方、かつて小国の王として海商企業活動に必須重要な存在であった船長は特に大型化、複雑化した現代の船舶の場合にはますますその存在ないし地位が軽小化し後退しつつあるという、一つの時代の推移をそれら八〇年代の判決は強調しかつこれを肯定しているやにも窺える。ただしかし、これらの判決は船主等の責任制限権がactual fault or privityにより阻却されるという旧法のブレーククローズ下の判決であるという形式論のほか、そこでの英国裁判所による船舶所有者（船会社）と船舶管理会社（船舶管理者）との関連ないし区別に関わる段はいささか歯切れが悪く十分な説明ができていないという中味の問題もあって、そうした先例の法理が新しいフォーミュラの現行商船法のブレーキングクローズについてそのまま機械的に適用されるとは限らない。否、むしろ七六年条約ないし英国新商船法のワーディングは同じ型のブレーククローズをもつ他の条約にはない"personal"なる語を挿入し、責任制限を主張する者（＝第一条に責任制限権者として掲記される者）のうちの誰かの「自己」の作為・不作を条件としている点に留意すれば、例えば損失が船舶管理者自身の行為の結果として生じ、彼自身の責任に関し直接彼自身に対して請求がなされたという場合には、船舶管理者は責任制限を阻却されるとしても、船舶の所有者にすれば船舶管理者の作為・不作為は何も自己の行為ではないから船舶所有者は責任制限ができるというのが論理ではあるまいか。要するに、責任制限は船舶の管理責任を委託された他の者の作為・不作為によってはブレークされないということである。ただそうはいっても、実際には経営と所有の構造の点で船舶所有者と船舶管理者とは密接な関係にあることが少なくなく（例、親会社とその完全な子会社とか、系列会社とか）、両者のalter egoは実質同一かも知れないことを考えると、然く明快に割り切れるものかどうかは、そうした区別論に立った場合に生じる不公平な結果とも合せてなお疑問が残されるところではある。

ニ　「自己の作為・不作為」をめぐる法解釈問題として最後に指摘すべきは、一体誰の作為・不作為をもって責任を負う者ないし船主の自身の作為・不作為と看做すかという問題である。英法上、この点に関しては、特に論争のある法人船主（corporate owner）の場合を中心に、旧商船法五〇三条の下でいわゆるalter ego（分身、自我）のテストないし法理が展開され、会社の組織上会社と同一視することができいわば会社の心と意思を律する（directing mind and will）特定の個人、つまり具体的には会社の最高法規たる定款を拠所に取締役ないしはそれに相当する地位にある上席の使用人に絞り彼らの故意をもって法人船主自身の行為と看做す伝統的理論がある。したがって、責任制限の権利はこうした責任を負う者のalter egoの作為・不作為によってもブレイクされることになる。冒頭でも断った通り、かかる論点については別稿に譲り、ここでは深入りしないが、旧英国商船法（＝五七年条約）のactual fault or privityにつきパッチワーク的に理論構築されたalter ego法理は、新商船法つまり七六年条約の「自己の作為又は不作為」なる語句の解釈にあたっても有益なガイダンスとなるであろう。

（ハ）　「損失を生じさせる意図」

責任の制限が排除される原因の一つは、船主等責任を負う者が「損失を生じさせる意図をもって（with intent to cause such loss）実行した作為・不作為である。日本法においてはこれが「故意」と訳されている。英法上、“intent”

は刑事法規において使用される語であり（例、Criminal Justice Act 1967, s. 8）。実際にもこの語を解釈している判例の大半が刑事法との関連でその概念を解説している。これによれば、「損失を生じさせる意図」というのは現実の主観的意図（subjective intent）の意味であり、刑法学上俗にいう犯罪の故意＝犯意（*mens rea*）のことである。或る者がその問責されている彼の作為・不作為の結果が損害を招致させることを認識しており、かつ彼が何らかの確実な方法でそうした結果を創出しようという意味であるとされる（R.v. Hancock and Shankland (1986) 1 A.C. 445 (H.L.)）。つまり、結果を実現せんとする意思と当該の結果の実現を確信するという二つの心理的要素がintentionの判断テストということになる。intentは行為と結果の両方をカバーする語ということである。行為者の作為・不作為の目的が結果たる損害の惹起にあったことが要件とされるが、出来事が発生することを積極的に意欲するとかその出来事から利益を得ることは必ずしも必要としない（R.v. Moloney (1985) 1 A.C. 905 (CA)）。現実の意図の有無は事件の諸事実から判断されることになる。したがって、責任を負う者の責任制限権をブレークするためには、彼に損失を生じさせようとする主観的意図ないし犯意が現にあったことを証明する必要がある。つまり責任を負う者自身が能動的に損失を意図していたという立証が求められるのであって、合理的で有能な人が自己の作為・不作為の結果が損失を生ぜしめると推測できたであろうというように犯意の存在を客観的に立証するだけでは十分といえない。

なお、損失を惹起する意図（もう一つの意図的な非行である「認識ある無謀行為」をも含めて）が認定された場合、船主等責任を負う者は責任制限権をブレークされ無限責任を負う結果になるが、同時にまた彼は責任保険契約（PI保険）に基づく損害塡補請求権をも喪失することにもなる。すなわち一九〇六年英国海上保険法五五条二項(a)には「保険責任は、被保険者の故意の非行（wilful misconduct）に起因する一切の損害について責任を負わない。……」とされ、また今日一般にPＩ保険約款には組合員（メンバー）のいわゆる故意又は認識ある無謀な行為により責任または損失が生じた場合には保険担保を拒絶される旨規定されるほか、組合員が故意に事故を招致しまたは招致

しようとした場合には組合は事前の通知なしに保険加入を打切ることができる旨が定められている。(6)

ともあれ、船主等が積極的、計画的に海上事故を招致する行為（例、乗揚、積荷・手荷物の窃取、旅客の傷害、保険金詐取のための船底孔穴）の類いは犯罪が絡む場合を除き私法領域では想像できない行為であるし（その意味では、かかる故意的行為をおくこと自体に疑問があるといえなくもない）、実際にも、その立証の可能性という点も含めてレア・ケースに違いないからこれ以上言及しない。

(二) 「損失の発生を認識して行った無謀な行為」

イ 七六年条約の下で責任制限をブレークする原因の第二は、船主等責任を負う者が「無謀にかつ損失が生ずるおそれがあることを認識して（recklessly and with knowledge that such loss would probably result）行った行為である。

この「無謀に（recklessly）」ないし「無謀（recklessness）」を定義することは決して簡単ではない。そもそもreckless（無謀な）という単語それ自体の平易な意味は不注意（carelessness）ないし行為の結果に対する完全な無思慮（utter heedlessness）という意味であり、あるいは熟慮された故意（deliberate intention）にまで至らないが単なる不注意を超えた心理情態を表わす語として人の行為につき適用されてきたものであるといえる。英法上は、この語もまたintentの場合と同様に刑事法上の一般用語として一連の刑事事件判決においてその意味が煮詰められている。いま、刑事法上、その概念が問題になる場合に必ず引用される英国貴族院ディプロック卿（Lord Diplock）——彼は七六年ロンドン条約会議の英国代表を務めた——の定義をもってこれを示すならば、一つには、R.v. Caldwell〔1982〕1 A.C. 341（かつての雇主に対する恨みから彼が居住するホテルに放火した事件）において、Criminal Damage Act 1971（刑事損害賠償法）第一条が規定する犯罪の犯意につき、そこで使われる“reckless”という語は普通の英単語である。……日常の言葉としてのその語の意味は、人の行為から生ずる有害な結果の現存を認識していながらその危険について知らないふりをすることという意味だけでなく、そのことについて多少なり考えてみれば起りうる危険があると判ったであろう状況の下でそうした危険があるのかどうかを少しも考えなかったという意味をも包含する（at. 353-354）」との洗練された定義が一つであり、もう一つは、R. v. Lawrence〔1982〕A.C. 510（自動車の猛スピード運転による悲惨な死亡事件）において、The Road Traffic Act 1972（一九七二年改正道路運送法）第一条の「無謀な運転（reckless driving）」という制定法上の犯罪の意味に関し陪審に対する説示として彼が述べた「第一には、被告がたまたま道路を利用していた他の人に対して身体上の傷害を惹起しまたは財産に実質的損害を加える明白かつ重大な危険を創造するような方法で現実に自動車を運転していたこと、第二には、そうした方法で運転中に被告がそのような危険がありうるということを少しも考えずにそうしたか、あるいは何か危険に関わっていたことに気付いていながらもそうしてしまったこと、である（at. 526-527）」との一節である。要するに、英国判例がrecklessnessの定義にあたり注意を集中するのは、行為から生ずる損害の危険性についての判断評価とその危険を一か八かで犯してしまう不合理な決断である。換言すれば、明白な危険を創出する行為をすること、もしくはそうすることに目をつぶる（turning a blind eyes）ことつまり危険を進んで引受けること、という二点である。そして、この「無謀」に関する証明もまた「故意」の場合と同様に主観テスト（subjective test）によらねばならず、単に合理人が被告の立場にあったならその損害の危険を予測していたであろうという客観的な証明では不充分である（R. v. Stepherson〔1979〕1 Q.B. 695）。

ロ　以上のように、英法上、recklessないしrecklessnessについてはそうした語を包含する制定法規から導き出されるその単語の概念が定立されるが、しかし、recklessの一語だけでなく他の多数のフレーズとともに形成される七六条条約のブレーククローズにおけるその語の意味はそれに束縛されるわけはなく別であるはずである。まず条約四条については、"reckless"（「無謀に」）はその後の接続詞"and"で結ばれた"with knowledge that such loss would probably result"（「損失が生ずるおそれがあることを認識して」）と結合させて全体を一つのコンセプトとして解釈すべきものである。つまり、条約四条のブレーククローズは"with intent to cause such loss"と"recklessly and with knowledge that such loss would probably result"が二者択一的に行使されて条約の定める責任制限がブレークされるという理解である。この点は、ヘーグ改正ワルソー条約二五条のブレーククローズに関する英国の指導的判例であるGoldman v. Tai Airways International Ltd. (1983)[7]において、Eveleigh判事による控訴院法廷全員一致の意見が、recklesslyはその語だけを分離して解釈されてはならず、作為または不作為は"recklessly"だけでなく同時に"with knowledge that damage would probably result"もあってなされたという限定を規定の文脈中に解釈する必要があることを強調し、したがってその判定基準は単なるrecklessnessより高いことが指摘されている。

そして、このように無謀な行為を損失発生のおそれを認識しながらした行為に結合させて一つの責任制限阻却の原因とするGoldman判決の見解は、その後、同じくヘーグ改正ワルソー条約に関ったオーストラリアの裁判所判決S.S. Pharmacentical v. Qantas (1991)によっても引用支持されており[8]、類似のブレーククローズを持つ海事運送条約の場合も含めて学説上異論を聞かない。かくて七六年条約第四条についても、intentとrecklessnessの定式化に基づいていわゆる総体的な責任制限権の認否は、作為または不作為が無謀（reckess）であったかどうかだけでなく同時にそれが損失発生の蓋然性を認識してなされたものかどうかも検討することにより決せられることになる。

ハ　以上の「無謀」と並んでもう一つの問題になるのは、それに連結する損失発生の蓋然性についての「認識（knowledge）」の解釈である。すなわち、損失が作為・不作為によって生ずるおそれがあるとの「認識」の判断ないしはその証明にあたって用いるべき基準（テスト）は非行為時におけるその有責者の精神情態すなわち主観（subjective）であるか（主観テスト、主観主義という）、それとも同一状況下での合理人ないし思慮分別のある人（reasonable man）の注意力・行動力を基準とした客観（objective）によって判定するのか（客観テスト、客観主義）、という問題である。換言すれば、船主等責任を負う者の損失発生についての蓋然性の認識は現実（actual）ないし事実上のそれでなければならないか、あるいは推定ないし擬制（constructive, imputed）による認識で十分か、という、正に心理と行動のフィロソフィーの領域の問題である。もちろん、「認識」との関係以外に、「損失を生じさせる意図」および「無謀」といった他の前提条件に関しても同様に主観を基準にするか客観基準かが問題になる。

主観主義説は、特定の有責者の非行時における心理ないし精神状態を個別に観察しケースバイケースで判定する手法であり（もっとも実際には裁判官は外面的な事態の過程、諸々の証拠事実、四囲の状況などを基礎に理非曲直によって有責者の認識の有無を判断することになろう）、先駆判例としては、ヘーグ改正ワルソー条約に関し一九七七年一月二七日のベルギー最高裁判所判決Tandrian v. Air India（1977）が、「条約二五条のワーディングについては、すでに条約の起草者が、運送人またはその使用人・代理人に損害の蓋然性について現実の認識があったこと――彼らが標準的に認識すべきであったということではない――を証明せねばならない（must be proved）ものと意図していた」と断定し、パイロットの「認識」を客観的に推論した事実審判決を破棄した。(9)

英国では、例のGoldman v. Thai Airlines事件判決のEveleigh判事が、パイロットが彼の不作為から損害が生ずるおそれがあることを認識していなかったという場合に、我々が他のパイロットであるならもったかも知れない認識もしくは彼自身がもつべきであった認識を当該パイロットの認識に帰属させることができるとは思わない（at. 699）」と判示し、また同僚のPurchas判事によっても「〔ヘーグ改正ワルソー条約〕二五条を全体として読めば、不作為が起きた時または不作為が起きている時のパイロットの心における現実の認識についての証明を含むと解するのが正しく、かつ当該条文には予期された種類の蓋然損害を含むとする考え方に同意する。かかる解釈は条約の立法準備作業（*travaux préparatoires*）……によっても支持されるものと思う。（at. 705）」と判示されて、主観主義の立場が確立された後、一九九三年のGurtner v. Beaton事件でも英国控訴院は、再び主観テストがGoldman判決でも全面的に支持されると同時に、それがオーストラリアのヘーグ改正ワルソー条約判決S.S. Pharmaceutical Co. Ltd. v. Qantas Airways Ltd. (1991) とも調和するとしている。[10] 新商船法に関しては、未だこの点につき判例はなく、七六年条約やアテネ条約など海事法に対する英国学説の解釈は必ずしも明瞭で統一された状況とは言い難い[11]。主観テストは、オーストラリア、イタリア、スイス、アメリカ（ワルソー条約）などの裁判所でも適用される[12]。

一方、客観主義説は、法律上人が何を考えるかは彼が語りまた行うことから推論されるという定理を基礎とし、いわば架空の基準つまり標準的な人に期待される基準と比較して被告の行為を客観的に認識の判断を行なう方法であって、このテストが適用されれば、もはや不法行為者が何を現実に意図しもしくは認識していたかという探索は行う必要がない。こうした客観テストを適用するのは、フランス裁判所の多数の立場であり、ほかにドイツ、韓国、ギリシャなども客観テストを採用する。

次に、運送人の認識は、特定の作為または不作為によって損失が生ずる蓋然性ないし確率（probability）の認識であり、単なるその可能性（possibility）ではない。いずれにせよ、人は他人のマインドにアクセスする能力も特権も与えられていないから、判定の方法は、特定の有責者の非行時における精神状態を観察するか、彼の精神状態を一般的に仮定するかである。無謀の要素に連結する“probable”の意味については、航空運送に関するGoldman v. Thai Airway 事件の Eveleigh 判事が、「ワルソー条約二五条は、結果損害の可能性（possibility）ではなく蓋然性（probability）をいっているのである。つまり可能性を越えた何かが要求されるのである。“probable”なる語は極めて通俗的な言葉である。私は、何かが起りそうだという意味に理解する。それが二五条にいう意味であろうかと思う。言い換えれば、人が作為または不作為から発生する損害を予期することである。（at. 700）」と述べ、パイロットが乱気流の形成の可能性について判っていても、彼が身体傷害が発生しそうだとは考えず、したがって旅客に安全ベルトを着用するよう警告しなかったのであれば基準を充足しないと判示した。

ニ　責任制限がブレークされるのは、行為者が「損失」（loss）の惹起を意図してなした行為か、あるいは損失の蓋然性を認識しつつなした無謀行為についてである。七六年条約およびアテネ条約、それにハンブルグ・ルールは、この「損失」（アテネ条約は「損害（damage）」という）につき、ワルソー条約、ヘーグ・ウィスビー・ルールの場合が単に"damage"とするのに対し、接頭語の"such"を付け加えて"such loss", "such damage", "such loss, damage or delay"とそれぞれ表現する。かかる規定の相違について、最初にしかも唯一この点を分析した判例がGoldman v. Thai Airwaysである。英国控訴院のEvaleigh判事ほか法廷全員一致の見解は、「さしあたって、二五条を全体としてから"recklessly"の語を、区切らずに読めば、同条は原告に対して、(1)損害が作為または不作為から生じたこと、(2)損害を生ぜしめる意図でなされたこと、(3)行為者が損害が生ずるおそれがあることを認識していたが、彼がその蓋然性を考えずそうしたこと、(4)訴のあった損害は生ずるおそれがあると認識した種類の損害があること、について証明を求めているのである。原審の判事は別の見解に立つ。(at. 698)」と判示して、一審判事が、もしもパイロットが彼の作為・不作為の結果グラスのワインが溢れると心に描いた場合に原告が実際に被った損害が身体傷害であったというのであれば運送人は責任制限ができないと判示した点は誤りであるとした。つまり、"damage"なる語の意味は実際に発生した損害と同じ種類の損害でなければならないというのが英国控訴院の解釈である。そこで問題は、このようなGoldman判決の論理が七六年条約についても適用することができるかである。この点英国の学説は、七六年条約四条の場合は"damage"一語よりも一層種類・範囲を明確化、特定化する"such" lossという言葉を使用するのであるから、同条約の下における責任制限権は、責任を負う者が意図しもしくは頭の中に描いた損失のタイプが請求者の被った実際の損失と同じタイプであったという場合にのみ阻却される（逆に、責任を負う者が或る損害を生じさせる危険を知っていても実際に生じた結果については考えていなかったという場合には責任制限権は阻却されない）ということが厳重に求められ、強調されてよいといえるし、また、七六年条約はワルソー条約と同様に物的損害および身体傷害の双方をカバーする同質の条約でもあるからともして、躊躇なく法準則の拡張適用を肯定する。[13] 七六年条約と同じ規定表現をするアテネ条約についても同様の解釈が適用することはいうまでもない。

㈭　証明責任

責任制限を妨げる故意又は認識ある無謀な行為に関し、証明責任を負担するのは、船主等責任を負う者か、それとも請求権者であるかは、裁判の行方を決する重大問題として当事者にとって最大の関心事である。一八九四年旧商船法下の英国裁判所は、責任制限は天賦の権利ではなく法政策に基づき付与された一つの特権（privilege）であると考え、それが故そうした恩恵に与らんとする者がその権利を主張し、かつ一定の行動基準すなわち問題の滅失・損害が船主の故意・過失（privity or knowledge）がなくとも生じたものであることを証明すべき義務がある、と繰り返し述べてきており、また五七年条約のブラッセル会議でも英国代表はこの立場を強く主張し、これと反対の解釈をするフランスなどラテン法系諸国と真向から意見が対立した。[14]このため五七年条約ではこの問題の決定を法廷地法（lex fori）に委ねるという妥協的解決で終息している（一条六項）。かかる因縁もあり、七六年条約のロンドン会議ではこの立証責任問題が再燃し、今度こそ法文上はっきり決着がつくかと期待されたが結局は成功せず、四条の規定は依然この点が曖昧である。しかし、前述のようにそもそも七六年条約は海上事故の被害者を十分に保護すべく船主等に高い責任限度額を設定させ（未発効ながら、一九九六年に成立した七六年条約の改正条約ではさらに責任制限額は二五〇％引上げられている）、その代償として船主等には簡単には打破られることのないブレーキングクローズを授けて彼らが容易にかつ最大限の責任保険を利用できるようにさせるという船主保護の哲理が新条約の根底に在るとするならば、責任制限の排除に関わる証明責任はそのことを主張する請求権者に、それも非常に厳格なかたちで負わしめるのが立法の趣旨でもあるという論理が一応成り立ちうるであろうし（もっとも、条約作成者には五七年条約に較べて責任制限をブレークする仕事が難かしくなるであろうとの共通認識はあったにせよ、七六年条約の責任制限をアンブレーカブルなものにさせるという合意まであったとはいえないのではないかとの見方もできる）、さらにもっと条約の規定に根を下した理論的説明が必要とあらばそれも不可能でない。すなわち、一つには、七六年条約の二条一項が「第三条及び第四条の規定に従うことを条件として、次に掲げる債権は……責任制限の対象となる（Subject to Article 3 and 4 the following claims……*shall be subject to* limitation of liakility)」といい、七六年条約の下では請求権は責任制限されるべき（shall be）ものであるときっぱり言い切り、責任制限を主張する者につき四条にいう故意（intention）とか損失を認識した無謀な非行の事実があるとの証明が提出されない限り自動的に責任制限の権利が認められるという根本原理を表現しているし、第二には、権利阻却について定める四条も「責任を負う者は、損失が……作為または不作為から生じたことが証明された場合は、その責任を制限することができない（Person liable shall not be entitled to limit his liability *if it proved that*……)」として、責任制限権はそれに異議を唱える者が第四条において定義されるような特定の種類の非行行為があることにつき裁判所を十分納得させるだけの証明を尽くさない限り否定されない趣旨を明らかにしているから、七六年条約の下では、故意又は認識ある無謀な行為の証明責任は船主等の責任制限権にチャレンジする者、すなわち荷主、旅客など請求権者側が負担すべしと解することができる。英国学説はこの様に説いて、新商船法により英国の法たる効力を付与された七六年条約の新ブレーキング・クローズは、行為のタイプのみならず立証責任の点でも従前のルールを変更したものと受けとめて立証責任請求権者説の立場で統一されており[15]、また近時の英国判例は、船主責任制限のブレーキング・クローズに関するほか、類似の規定をおく海上旅客手荷物運送（アテネ条約）、航空運送（ヘーグ改正ワルソー条約）など他の運送条約に関しても同じく立証責任請求権者説の見解を採ることを表明している[16]。

　ともあれ、責任制限阻却事由に関する証明責任は、心理的要素という一般的条件であることのほか、具体的に、単に行為の無謀性（recklessness）だけの証明では足らず、損失が生ずるおそれがあることの現実の認識（knowledge）をも合せて証明する必要があること、しかもそうした故意や損失発生の蓋然性の認識は合理人のそれを基準に推断するのではなく、当該事件における責任主体者本人の主観的（subjective）な考えが基準にされること、さらには、訴状において申立てた損害と、責任を負う者が主観的に意図しもしくは彼の行為から生ずるおそれのあると認識していた損失とが同一であることも証明せねばならないこと等々に鑑れば、請求権者にとってかなり重い負担であることは確かである。つまり、疑わしきケースにおいては責任制限の主張が通り得るということである。

なお、最近の英国判例（The Capitan San Luis, The Bowbell判決[17]）は、新商船法つまりは七六年条約四条の下での証明責任に関連する裁判費用の負担につき「費用は事件に従う（cost follow the event）」という通則により原告が責任制限問題に関して被告の費用を支払うべしとする新たなルールを樹立した。すなわち、船主等はただ単に当該事件が第二条の範囲にあることつまり問題の債権が第二条に掲げられた債権の一に該当することを証明できれば一応責任制限判決を受けることができるから（裁判所は、特に請求権者から四条の諸事実の証明が持出されない以上は船主等に責任制限を阻却する事由があったかどうかを調べる必要はない）、そうした判決を得ようとするに必要な事項を証明するための費用はすべて船主等が負担すべきであるとされた。他方、船主は第四条により責任制限ができないとして争う請求権者がもしその証明ができない場合には裁判所が船主の非行行為の審理のため要した費用は請求権者において負担しなければならないと判示して、七六年条約四条は責任制限事件における訴訟費用の負担についても従前のルール（一八九年商船法の下では、訴訟費用は特権である責任制限を申立てる原告＝船主の負担とする大原則があった[18]）を変更するものとしている。

（2） 近年の運送関連条約からいわゆるintention/recklessnessテストによるブレーククローズをいくつか例示しておこう。原文の中でイタリック体部分が相異する点である。

Hague-Visby Rules 1968

Art. IV r. 5(e) "Neither the carrier nor the ship shall be entitled to the benefit of limitation of liability if it is proved that *tha damage* resulted from an act or omission of the *carrier* done with intent to cause damage, or recklessly and with knowledge that damage would probably result".

Art. IV bis r. 4 "…a *servant or agent of the carrier* shall not be entitled to avail himself of the [limits of liability] if it is proved that *the* damage resulted from an act or omission of the servant or agent done with intent to cause damage, or recklessly and with knowledge that damage would probably result."

Athens Convention 1974

"Art. 13.1 The carrie shall not be entitled to the benefit of the limits of liability prescribed…if it is proved that *the* damage resulted from an act or omission of the carrier done with the intent to cause such damage, or recklessly and with knowledge that *such* damage would probably result.

2. The servant or agent of the carrier or of the performng carrier shall not be entitled to the benefit of those limits if it is proved that *the* damage resulted from an act or omission of that servant or agent done with the intent to cause *such* damage, or recklessly and with knowledge that such damage would probably result."

1976 Limitation Convention

Art. 4 "A *person* liable shall not be entitled to limit his liability if it is proved that *the loss* resulted from his *personal* act or omission, committed with the intent to cause *such loss*, or recklessly and with knowledge that *such loss* would probably result."

Hamburg Rules 1978

"Art. 8.1. The *carrier* is not entitled to the benefit of the limitation of liability provided for in Art. 6 if it is proved that *the loss*, *damage or delay in delivery* resulted from an act or omission of the *carrier* done with the intent to cause *such loss*, *damage or delay*, or recklessly and with knowledge that *such* loss, damage or delay would probably result.

2. Notwithstandng the provisions of paragraph 2 of Art. 7, a servant or agent of the carrier is not to be

entitled to the benefit of the limitation of liability provided for in Art. 6 if it is proved that *the* loss, damage or delay in delivery resulted from an act or omission of such servant or agent, done with the intent to cause *such* loss, damage or delay, or recklessly and with knowledge that *such* loss, damage or delay would probably result."

1992 Civil Liability Convention

Art. V. 2. The owner shall not be entitled to limit his liability under this Convention if it is proved that the pollution damage resulted from his *personal* act or omission, committed with the intent to cause *such* damage, or recklessly and with knowledge that *such* damage would probably result.

Warsaw-Hague Convention 1955

"Art. 25. The limits of liability specified in Art. 22 shall not apply if it is proved that *the* damage resulted from an act or omission of the carrier, *his servants or agents*, done with intent to cause damage, or recklessly and with knowledge that damage would probably result; provided that, in the case of such act or omission of a servant or agent, it is also proved that he was acting in the scope of his employment."

(3) 坂本昭雄・国際航空運送法論（一九九二年、有信堂）二六一頁。

(4) The European Enterprise〔1989〕2 Lloyd's Rep 195（ヘーグ・ウィスビー・ルール）；The Lion〔1990〕2 Lloyd's Rep 144（アテネ条約）がリーディングケースである。両判決の詳細は、拙稿「船舶火災事件における運送人の損害賠償責任と証明責任」神奈川法学三二巻三号（一九九九年）八八頁注(35)、九〇頁注(36)を参照されよ。

なお、前述のオーストラリアのニューサウスウェルズ最高裁判決Sellers Fabrics Pty Ltd. v. Hapag-Lloy AG (Oct. 29, 1998未登載）では、ヘーグ・ウィスビー・ルール四条五項(e)に関し「運送人（carrier）」とは運送人それ自体をいいその代理人・使用人を含まないと解釈し、いわゆるslot charterparty（本件ではスロットチャータラーが地中海とオーストラリア・ニュージーランド間をコンテナ船を配航運航している船社とコンテナー数本につきフランスからオーストラリアまでの運送を引受け、B／L上の「運送人」はスロットチャータラーであった）の下で発生したコンテナのラッシングの不備による荷崩れ損害事故につき、監督責任者である一等航海士は船主の代理人・使用人であるから、彼の作為・不作為につきスロットチャータラーに損害賠償責任はない旨判決された（30 J. M.L.C. p. 424 (1999)）。

(5) Grand Champion Tanker v. Norpipe A/S (The Marion)〔1994〕A.C. 563; The "Ert Stefanie,〔1989〕A. C. 349. The Marion判決は、本文で述べたような歴史的意義のほかにも、この判決に関り合った裁判官が、Lord Diplock, Lord Scarman, Lord Roskill, Lord Brandon of Oakbrook, Lord Brightman（以上貴族院）、Sir John Oonaldson, MR Uann L.J. Purchas L.J.（以上控訴院）およびSheen J（海事部法廷）と、二〇世紀の英国にあって海事法に卓越した考えを持ち数々の名判決を書いた人達であったという点でも注目に値する判決である。

(6) 例えば、Japan P.I. Club（日本船主責任相互保険組合）の保険契約約款三五条〔一般除外規定〕一項一号は「組合は、次に掲げる損害及び費用をてん補しない。(1)組合員（代理人を含む。）の故意による損害及び費用」とし、同定款一四条〔除名〕で「組合は、組合員の故意又は重大な過失により、組合の利益が著しく害されたと認めたときは、組合員総会の決議により、その組合員を除名することができる」と定める。

(7) ゴールドマン事件は、ロンドンからバンコク往きの被告タイ航空の旅客であった原告が飛行中機体が突然激しく振動し、座席から放り出され機内天井にぶつかり背骨を打ち重傷を負った事故につき、一九六一年英国航空運送法付則に包摂されたヘーグ改正ワルソー条約二五条に基づいて提起した損害賠償請求事件である。裁判所により明らかにされた事実によると、事故は飛行機がいわゆる晴天乱気流（clear air turblence: CAT）に遭遇したためであった。本機のパイロット（Caplain Swang）は飛行歴三〇年、飛行時間一万二千時間のベテラン飛行士で、彼が出発地のヒースロー空港および中継地のアムステルダム空港にて手渡された天気図には飛行ルート上に二ヵ所並の晴天乱気流地帯が線で描かれていた。また被告会社からパイロットに交付されていたフライトマニュアルには乱気流の中ならびに乱気流が予期される際の全飛行中には「シートベルト着用」サインをスイッチオンにするよう指示されていたが（ただ、個々のパイロットには乱気流の形成については裁量判断が認められていた）、本件のパイロットはその地帯に接近していた時に乱気流の力を過少評価してベルト着用の警告を出すまでもないと判断し、これが原告の負傷事故を招く結果になったのであった（原告以外にも乗客、乗務員一三名が床にたたきつけられ、旅客一名が腕を骨折した）。

原告が、本件人身事故につき被告会社にはいわゆる故意又は認識ある無謀な行為があるとして損害の全額を賠償すべき責任があるとしたのに対し、航空会社側は、条約二二条による責任限度額を越える責任がないとして争った。一審判決（Chapman判事）は、パイロットは乱気流地帯に突入する一〇分前に「ベルト着用」サインを点灯すべきであったとし、またパイロットが会社のフライトオペレーションマニュアルのシートベルト使用規則を無視した行為はR. v. Caldwell事件のデイブロック卿ならびにR. v. Lawrence Stephen事件のハイリシャム卿判事が英国判定法の解釈としてその単語に下した意味を本件に対し適用した場合に、それは無謀（reckless）であったとして責任制限の申立を却下した。被告航空会社が控訴、控訴院のEveleigh判事（他の二名の判事も同意意見）は、まず最初に、事実審裁判所がワルソー条二五条の解釈に当り英国の二つの刑事事件判決に感化され、そこでのrecklessの定義を適用している点について、いま当法廷において問題とされているのは英国の判定法ではなく制定法により英国法に組み込まれた航空運送法の解釈であるから、いくつかの異ったフレーズから構成される国際条約の条文解釈を英国制定法から抽出された単語自体の隔離的な意味に基づいて行なうことは危険であるとした上で、とかく従来の英国上位裁判所がワルソー条約の解釈につき英国の制定法解釈のルールに捉われて条約の立法準備作業（*trabaux préparatories*）に依拠する考え方を嫌う傾向があった点を自己反省し、立法準備作業を重視しその解釈の仕事を実行すべきであるとの新しい条約解釈の方法論を表明して、本件についても若干そうした解釈方法を用いて、一九五五年のヘーグ会議における条約二五条は“recklessly”という語で止めているわけではなく（もし“recklessly”で止っているならばパイロットは彼が旅客の安全について認識していた指示を故意に無視していたのであって、危険を進んで引受けたことが証明されるから原告の主張が通ることになる）、そこでいう作為・不作為という行動は副詞のrecklesslyにより修飾されるだけでなくwith knowledge that damage would probably resultという副詞句によっても また修飾されているから、条約においては旅客運送人またはその使用人・代理人に単なる不注意ないし過失があったということを証明しただけでは責任制限を排斥して全損害の賠償を請求することはできず、それを成功させるには身体傷害を惹起させる意図もしくは旅客の安全を無視したということが証明されねばならない。さすれば、本件の場合、パイロットがフライトオペレーションマニュアルの指示を無視したことは、もしそれが意図なくしてなされ、もしくは旅客に傷害が生ずることを十分に認識してなされたのでなければ、無謀（reckless）とはいえない。私見によれば、Captain Swangが損失が生ずるおそれがあることを認識していたという証明はなかった、と述べて一審のChapman判事の見解を否定した。

（8） S.S. Pharmaceutical v. Qantas, 22 NSWLR 734（1988）,〔1989〕1 Lloyd's Rep. 319. 本件は、原告がカンタス航空によりメルボルンから東京へ向け発送した製薬品（防水加工の原紙ダンボール包装には水濡に弱い旨を示す傘マークが付されていた）五箱がシドニー空港で雨の中五時間ほどタールマック舗装された滑走路エプロン上で放置されていたために甚大な濡損害を被り東京に到着した。原告から積荷価額相当の損害賠償請求があり、訴を受けて立った被告カンタス航空は責任を認めたもののワルソー条約二二条による責任制限に訴えたため、原告は被告の行為は右条約二五条に該当し責任制限は援用できないと争った。カンタス航空の手引書によるとタールマック上の積置は逆風天候から適切に防護をし安全を図るように求められていた。カンタス航空は貨物の保護のため何かしたことがあったかにつき何の証拠も提出しなかった。争点は、被告会社の使用人が貨物をタールマック上に置いたことにつき何らかの営業違反があったとしてもそれが単なる過失で無謀（recklessness）ではないといえるかどうかであった。ニューサウスウェルズ州最高裁判所商事部法廷（Rogers判事）は次のように述べて被告の責任制限の申立を排斥した。「雨によって損傷し易い貨物を受理し、それを特別の用心もせずに雨晒しのままにすることは無謀である。……貨物はもし適切に防水処置がなされていれば濡れなかったであろう。何故に貨物が適切に保護されなかったかについて被告は説明を尽くしていない。被告側訴訟代理人はかかる問題に対するアプローチは推測によるべき旨を主張する。用心をしたとの弁明もあるが、しかし結局はあれこれの理由で効果がなかったと判った。彼はタール塗り防水布が適切に括り付けられてなかったかもしくは欠陥があったと推測する。だが、それらはすべて専ら被告の認識の中の事柄である。……私は、証拠に基づいて被告の行為は無謀であったと判断する。当時の天候状態において特に損傷し易い貨物に損害が生じそうだということの明白な認識があったというのが私の考えである。（at.

330)」。その後、本件は判決を不服とする被告航空会社により上訴されたが、オーストラリア控訴院は、原審判示の通り、「本件の貨物被害は、認識のない無謀かまたは単なる重過失かというよりも、むしろ損失の生ずるおそれのあることを認識した無謀な作為または不作為に因るものであった」と述べて控訴を棄却した（〔1991〕Lloyd's Law Rep. 288)。

(9) Tondrian v. Air India〔1977〕REDA 193. 本件は、Bin Cheng, Wilful Misconduct: From Warsaw to the Hague and from Brussels to Pari, Annals of Air and Space Law 55 (1977)にその概要が紹介されている。

この事件は、多くのワルソー条約ないしヘーグ改正ワルソー条約二五条に関する事件と特に変ったところはない。一九六六年一月二四日朝、ジューバ往きのインド航空機がジューバの管制官・レーダーと本機機長Mr. Rogerとの間で数回の交信をした後にヒマラヤ山脈のモンブランに衝突、旅客・乗員全員が死亡した。事故後二年の時効を目前にした一九六八年、旅客の一人の遺族から夫の死亡につき航空会社に対し損害賠償請求訴訟が提起された。法廷での最大の争点は、機長がコントロールタワーからの指示の後ないしその理解にあたり損害が彼の作為ないし不作為から生ずるおそれのあることを「認識」(knowledge) したかどうかの判断であった。この点が肯認された場合にのみ原告は無限の賠償額を得ることができた。事実審は、Emery and others v. SABENA (5 Dec. 1967 RFDA (1968) 184)の法準則に従い客観的テストを適用し、「優秀なパイロットは、当該状況においては危険の存在を認識していたはずであり、航空運送に従事する航空機の機長で不必要に危険を引受ける者は誰もいない」と述べた上で、さらに客観的テストによって「優秀なパイロットは当該状況において損害の可能性のみならず、蓋然性もあったと認識しているべきであったかどうか」につき消極的に解し、条約二五条を根拠とする原告の請求を却下した。しかし、二審のベルギー控訴裁判所および同最高裁判所は、本文のように判示して、事実審判決を破棄した。

(10)〔1993〕2 Lloyd's Law Rep. 369, CA. 本件は、英国のガトウィック空港からダンディ空港に向った早発エンジンのセスナ機が目的空港から八海里ほど離れた標高九〇〇フィート足らずの丘に衝突し、乗客二名が死亡、乗客三名とパイロットが負傷した事件の損害賠償請求訴訟である。本件において原告側訴訟代理人は、ワルソー条約二五条において適用さるべきテストは主観テストではなく客観テストであるのにGoldman判決は解釈を誤っており、原告は、フランスの裁判所が適用している客観テストが正しく、かつそうしたアプローチがワルソー条約のテクストとも調和することを貴族院に対して訴える用意があると主張したが、Niell判事に代表される英国控訴院判決は、ワルソー条約二五条及び二五A条は、パイロットが作為または不作為から〝損失が生ずるおそれがあることを認識して〝何かをなしもしくはなし損ったのでなければならない（the pilot do or omit to do something）との意味であり、それがGoldman判決の法準則であるとともにニューサウスウェルズの控訴裁判所判決（S.S. Pharmaceutical v. Qantas）とも調和するものと考えると判示し、また、丘に衝突する直前にパイロットは機が降下したのち低空で飛行し続けており、その当時彼は無謀であったしまた損失が生ずるおそれがあることを認識していたとする原告側の副次的主張に対して、控訴院は、丘に衝突する直前パイロットはあまりに低空の飛行によって損失が生ずるおそれを認識していたという事実認定の根拠はないし、彼は地上よりわずか上空を飛行しているものと（間違って）考えていたのである、と判示して請求を却下した。

　ワルソー条約との関係で、かかる基準の問題を考察する邦語論文として、藤田勝利「中華航空機事故におけるヘーグ改正ワルソー条約二五条の適用可能性」菅原菊志先生古稀記念論集・現代企業法の理論（一九九八年、信山社）五一九頁―特に五四〇頁―以下がある。

(11)　英国の海事法学説で新しいブレーククローズのこの要件に関して言及するものの多くは主観テストを支持する。Grime, The Loss of the Right to Limit. Limitation of Shipowners's Liability〔Institute of Maritime Law: The Univ. of Southampton〕(1986), at. 111; Luddeke & Jhonson, The Hamburg Rules (2d ed. 1995), at. 20; Willson, Carriage of Goods By Sea (3rd ed. 1998), at. 462; Griggs & Williams, Limitation of Liability for Maritime Claims (3rd ed. 1998)（ただしGriggs & Williamsは、故意に関して主観説の立場を明言する）。一方、故意の場合には主観テストが妥当とするが、認識ある無謀な行為の場合には客観テストがよいとする説もある。Christopher Hill, Maritime Law (5th ed. 1998), at. 401; Z. Oya Özgayir, Liability for Oil Pollotion and Collision (1998), pp. 359~360.

　なお、英国において一八八六年まで効力のあった一八九四年商船法五〇三条のブレーククローズactual fault or

privityに対する英国裁判所の考え方はどうであったかといえば、古典的指導判例として有名なLennards Carring Co. Ltd. v. Asiatic Petroleum Co. Ltd (1915) の原審判決が、「actual fault or privityとは船主に個人的なことであって、彼の使用人または代理人の推定的なfault or privityとは区別された彼における何か非難されるべきことであろう。(by Buckley L.J.)」とし、船主の「現実」のfault or privityでなければならず、主観テストによっていたと考えられるが、その後、英国の船主責任制限判決の流れを変えた表象的判決とされるThe Lady Gwendolen〔1965〕1 Lloyd's Rep. 335 (C.A.)においては、「船主がactual faultの責があったかどうかの判断において適用さるべきテストは客観テストでなければならない (at. 346, by Willmer L.J.)」とか、「彼らの船主たる度量に関しては、一船舶または船隊の指揮監督における通常の合理的船主の行動基準により判断されねばならない (at. 339, by Sellers L.J.)」と説かれて、客観テストが採用されており、これまた明確でなかった。

(12) 例えば、オーストラリアの海事学説は、一九七六年条約（同条約は「一九八九年の海事債権に関する債権制限法」により効力を付与され、一九九一年六月一日付けで、オーストラリアの全州およびノーザンテリトリーに施行されている）の四条の解釈について、航空判例 (Ouantas v. S.S. Pharmacentical Co. Pty Ltd.) を引用しつつ主観テストによるべきとする (Davies & Dickey, Shipping Law (2d ed 1995), at. 462; White, Australian Maritime Law (1991), at. 246)。

アメリカの海事法および航空法のブレーククローズは国際条約に採用される新フォーミュラではなく、同国特有の"privity or knowledge" "actual fault or privity" "wilful misconduct"である。それを前提にアメリカ法の状況を述べておく。まず一世紀半の歴史をもつ船主責任制限法に関しては、アンチリシティション色を強める二〇世紀後半以降の連邦裁判所はprivity or knowledgeの概念を拡張し、単に海上損害を現実に認識している場合のみならず海上損害原因を認識すべきか認識できたはずの場合を含む意味つまり、現実的認識および擬制的認識をいうと解釈している。海上物品運送法のactual fault or privityの解釈も同様である。一方、航空運送のワルソー条約については、米国裁判所のアプローチは傾向として客観主義とされるが、最近の連邦第一一巡回区裁判所の判決によれば、条約二五条のwilful misconductは「主観的」基準で判断すべきで客観的な基準によるべきではないとされ、故に二五条のwilful misconductの確定にあたっては運送人またはその使用人・代理人についての認識が証明されねばならない。（この認識は重大な危険の明白性に関連した情況証拠から推論されるが、主観基準テストは行為者がその引受けた危険について認識していたに相違ないとの推論を許す情況のみによって満足される）と判示され、事実審裁判所がこのwilful misconductの争点につき審理すべく差戻された。その後、事件は右判決を不服とする原告から連邦最高裁に対しサーシオレイライが申立られたが、二〇〇〇年一月二四日、連邦最高裁は令状の受理を拒否したため、現在は第一一巡回区の定義が優勢な状況にある。

(13)　Griggs & Williams, op. cit., at. 30; Grime, op. cit., at. 111.

(14)　小町谷操三「航海船の所有者の責任の制限に関する国際条約の契約〔海事条約の研究〕」一一四―五頁（一九六九年）上田明信「ブラッセルにおける海事法に関する外交会議についての報告」（〔法務資料三六〇号〕一七頁。

(15)　Marsden, Collision at Sea (12 ed. 1998), at. 544; Hill, op. cit., at. 402; Griggs & Williams, op. cit., at. 31; Chorley & Giles, Shipping Law (8th ed. 1987), at 411; Grime, op. cit., at 111; Wilson, Carriage of Goods by Sea (3rd ed. 1998), at. 270; Baughen, op. cit., at 378. 以上は一九九五年商船法付則7（一八五条）＝七六年条約四条に関して示された見解である。一九七一年英国海上物品運送法＝ヘーグ・ウィスビー・ルールのブレーク・クローズ（四条五項(e)）に関しては、英国学説で立証責任の所在につき明言したものはない。

(16)　船主責任制限法である一九九五年商船法付則7（一八五条）については、The Bowbell (1990); I Lloyd's Rep. 523, The Captain Sin Luis (1994) All. E.R. 1016, 一九九五年商船法付則6（一八三条）、アテネ条約については The Lion (1990), op. cit., 国際航空運送法（ヘーグ改正ワルソー条約）については、Goldman v. Thai Airways International Ltd. (1983). op. cit.において、それぞれ英国裁判所は立証責任請求権者主義の立場を明らかにしている。ただ、以下のようにいずれの判決も至極簡単で断定的である。「一九七六年条約の下では、船主はほとんど争う余地のない責任制限権と引換えに高い責任限度額を同意したのである。第二条及び第四条の効果は、第二条にいう債権はもし請求権者が証明をしなければ責任制限されるというのである。……損害が船主の……作為又は不作為から生じたことの証明責任は彼にあるのである。(at. 535)」（Th Bowbell判決）、「七六年条約の下では、船主は単に債権が条約の第二条に該当することを確定せねばならないだけである。一度船主がそれを確定すれば、請求権者が第四条で要求される諸事実を証明しない限りは責任制限判決を受けることができる(at. 578)」(The Capitan San Luis判決)、「この場合における立証責任は条約がいう通り原告にある。(at. 149)」(Th Lion判決)、「原告は機長の作為又は不作為から生じた損害が、損害が生ずるおそれのあるとの認識で無謀になされたということを証明せねばならない。(at. 705)」(Goldman判決)。

(17) The Capitan Sun Luis事件は、一九八九年一一月にキューバ沿岸沖で発生した船舶衝突事故の責任制限訴訟事件である。争点の一は被告であるCatitan Sun Luis号の所有者が一九七九年商船法（＝七六年条約のテクスト）により責任制限ができるかであったが、もう一つの争点はそうした責任制限問題に関する費用を原告、被告のいずれが負担すべきかという問題であった。女王座部海事法廷のClarke判事は、七六年条約四条について、一九九〇年の同法廷の先例The Bowbell事件のSheen判事の一説を引用し、また旧一八九四年商船法と審一九七九年商船法との相違を指摘した上で、本文で述べた如く請求権者、四条にいう諸事実を証明する義務あり、かつそのため被告が支払した裁判費用を支払う義務があると判示した。

Bowbell事件については、拙稿「船舶火災事件における運送人の損害賠償責任と証明責任」神奈川法学三二巻三号（一九九九年）九一頁を参照。

(18) 拙稿「イギリスにおける船主責任制限制度(三)」法学新報七八巻一＝二＝三号（一九七二年）二三七頁。

（二〇〇〇・四・一稿）

一九世紀プロイセン手形立法史の概観と考察

——一八四七年プロイセン手形条例草案を中心として——

庄子良男

一　問題提起

一　問題の設定

近代ドイツにおける最初の統一立法である普通ドイツ手形条例（Allgemeine Deutsche Wechselordnung, ADWO）の審議は、一八四七年一〇月二〇日から一二月九日までの五〇日間ザクセン王国の首都ライプチッヒで開かれた手形法会議で行われた。審議の結果、普通ドイツ手形条例草案（ライプチッヒ草案）が成立したが、それがドイツの諸国によって導入されることにより、国家的統一に先立つ手形法の統一が実現されたのである。手形法会議の開催地がザクセンの首都であったために、普通ドイツ手形条例はザクセンの主導のもとに成立したようにみえるかも知れないが、そうではない。ライプチッヒでの開催は、おそらくザクセンを懐柔しようとしたプロイセンの政略によるものであり、手形法会議で審議の基礎とされたのはプロイセン手形条例草案であって、これが修正・変更されて普通ドイツ手形条例草案となったのである。

本稿では、一七九四年のプロイセン普通国法（Allgemeines Landrecht für die Preußischen Staaten, ALR）の改正作業から始まった一八四七年プロイセン手形条例草案の作成過程、および、それがライプチッヒ手形法会議での審議を経て一八四七年一二月九日普通ドイツ手形条例草案として成立するに至るまでの過程を、右プロイセン手形条例草案を中心として、その他のドイツ連邦諸国の手形立法の動きにも触れながら、概観したい。それによって現在行われている契約説と創造説の対立を含む手形の法律構成をめぐる思想的な対立の原因ないし出発点をそこに見出す手がかりを得たいと思う。そしてそこから得られた示唆に基づいて、契約説と創造説という手形法思想の対立を克服し総合する現行法の新たな解釈論についての私見の構想を述べたいと思う。

二　基礎資料とその説明

プロイセンは一九世紀前半まではドイツの一支封にすぎないが、やがてプロイセン王がドイツ皇帝に即位して一八七一年ドイツ帝国が成立するに及び、プロイセン手形立法史は、現在に至るドイツ手形立法史の根幹部分を構成することになる。主な資料は、次のとおりである（以下、本文では○で囲んだ数字で引用する）。

① Quellen zur preussischen Gesetzgebung des 19. Jahrhunderts; Bd. 1. Abt. 2, Bd. 4. Wechselrecht/hrsg. u. eingel. von Werner Schubert, 2 Bde.（Topos Verlag 1983）

プロイセンの側からみた手形立法史の基礎資料集であり、一八四七年の手形法会議に提出された「プロイセン手形条例草案」の完成に至るまでの、一八三二年以来のプロイセン普通国法の中の手形法（一七九四年）の改訂作業の過程で作成された草案や理由書などの大部分をそのまま収録している（原資料の所在も明記してある）。冒頭には、編者であるシューベルトによる全体を俯瞰した解説と年代期的な整理が含まれている。そこには、従来、我々にはほとんど知られてこなかったプロイセンの立法作業の過程が克明に記されており、ドイツの統一手形立法の主導権をめぐる官僚や政治家たちの動きが生き生きと記録されている。本稿の問題意識は、それに触発された部分が少なくない。

② Protocolle der zur Berathung einer Allgemeinen Deutschen Wechselordnung in der Zeit vom 20. Oktober bis zum 9. December 1847 in Leipzig gehaltenen Conferenz nebst dem Entwurfe einer Wechsel=Ordnung für die Preußischen Staaten, den Motiven zu demselben und dem aus den Beschlüssen der Conferenz hervorgegangenen Entwurfe. Leipzig, 1848.

ライプチッヒ手形法会議の公式の議事録である。招集通知、手形法会議で審議の基礎とされたプロイセン草案とその理由書、会議ごとの議事録、起草委員会草案、決議された普通ドイツ手形条例の草案、が収録されている。議事録（S. 1-S. 248.）は、手形法会議の希望によりザクセン政府の側から指名された都市裁判所裁判官ヘンゼル博士（Dr. P. H. F. Haensel）が議事録作成者（Protokollführer）として作成したもので、作成の方針として「議事録は可能な限り短く記載されるべきであるが、同時に、行われた議論の忠実な姿が叙述され、とくに争われた諸点の決定に賛成または反対する理由が与えられるべきであることが合意された」（②SS. 4-5）とされている。本稿ではこの議事録を用いる。なお、右の議事録は、私の手元にあるバーデン政府が議会用に作成した政府印刷物（Protocolle der zur Berathung einer allgemeinen Deutschen Wechselordnung in der Zeit vom 20. Oktober bis zum 9. Dezember 1847 in Leipzig abgehaltenen Conferenz nebst dem Gesetzentwurf. Abdruck der Regierung an die badischen Stände. Mannheim. 1848）の中にも再録されている。類似のものはほかにもあるようである（⑥一三二頁）。

③ Anonym〔B. Einert〕, Dr. Carl Einert namentlich in seinen Beziehungen zu der jüngsten Entwicklung des deutschen Wechselrechts dargestellt. Leipzig, 1855.

ザクセンの手形法学者カール・アイネルト（1777-1855）のネクロローグである。当時ザクセンは、ドイツ連邦諸国の中でオーストリアと結んで反プロイセン勢力の中心であった。したがってその内容は、アイネルトの手形法学を中心としてみた一九世紀前半のドイツ手形法理論史であると同時に、ザクセンの側からみた普通ドイツ手形条例の制定史としての面をもつ。同時代者の証言として価値が高い（この翻訳として、拙訳「手形法学者カール・アイネルト伝」東北学院大学論集法律学二二号・二三号（1983）参照）。

④ Kurt von Pannwitz, Die Entstehung der Allgemeinen Deutschen Wechselordnung, 1998.（Peter Lang）.

一九世紀の法典編纂の法史学的な解明を主眼として、普通ドイツ手形条例の成立過程を様々な角度から分析・検討している。とくに同手形条例がフランクフルト国民議会で帝国法として決議されるに至る過程をも詳述しており、資料的にも最新の研究である。その価値は、歴史的事実の解明において詳細で正確な点にあるように思われるが、本稿では、その執筆をほぼ終えた段階で本書を入手したため、その研究成果を十分に反映させることができなかったことをお断りする。

⑤ Christoph Bergfeld, ERSTER ABSCHNITT HANDELS-UND GESELLSCHAFTSRECHT I. KAPITEL DEUTSCHLAND I. HANDELSRECHT, IN; Helmut Coing (Hrg.), Handbuch der Quellen und Literatur der neueren europäischen Privatrechtsgeschichte, Band III. Das 19. Jahrhundert Dritter Teilband 1986.（Beck）.

一八六一年制定の普通ドイツ商法典の成立前の時代における会社法を除く商法の全領域、そしてとくに手形法の法典編纂の作業とそれに関する文献や資料について、ドイツの諸国別に詳細に述べたものである。一九世紀のドイツ商事立法史の研究にとって最も基礎的で包括的な研究である。これについては、改めて詳細な報告を予定している。

なお、⑥塙浩訳「P・レーメ『商法史概説』」（塙浩著作集7・ヨーロッパ商法史（1992 信山社））一三〇頁以下、にも重要な記述がみられる。

二　一八四七年プロイセン手形条例草案の成立過程の概観

1　ドイツの手形法の歴史的状況

ドイツには、一六〇三年のハンブルク手形条例以来、一八四四年までに九一の手形条例が存在し（一七世紀に二四、一八世紀に五一、一九世紀に一六）、一八四四年当時、五六もの手形条例が併存する状況にあった（一七世紀制定のものが九、一八世紀三一、一九世紀一六）（オーストリア国内に九、プロイセン三、デンマーク二、オランダ二、バイエルン七、ハノーファー二、など）（Anonym (Friedrich Liebe), Allgemeine Deutsche Wechselordnung mit Einleitung und Erläuterung. 1848, S. XVf.）。そのため取引の実態にあわない古い手形法を改め、信用と決済の手段を統一する必要に迫られたが、とくに一八三四年のドイツ関税同盟の成立により統一的な経済圏が成立して以後は、近代的な内容の統一手形法を実現する期待と可能性が強まった（Vgl. Liebe, a.a.O. S. IX.）。

2　プロイセンにおける手形条例草案の作成作業の概観

i　一七九四年のプロイセン普通国法は、第二部第八章第八節で「手形」法（Von Wechseln §§. 713-1249. 全五三七条）を、第九節で「商業証券および指図」法（Von Handelsbillets und Assignationen §§. 1250-1304. 手形の全ての効果を生ずるが身体拘束が許されないもの）を、それぞれ規定していた（Allgemeines Landrecht für die Preußischen Staaten von 1794, Textausgabe mit der Einführung von Hans Hattenhauer, 1970）。冒頭の七一三条では「一定の法律的形式に従って作成され、それに基づいてだれかが一定の金額を即座に行われる身体拘束を避けるために支払うべき債務を負担する証書は、手形と呼ばれる」とし、七一四条では「振出人が支払を自ら給付することを約束したときは乾いた手形または約束手形が存在し、支払が第三者に委託されたときは為替手形が存在する」と規定して、手形の本質的特徴を身体拘束（手形厳正Wechselstrenge, rigor cambialis）に求め、この手形厳正を要素とする為替手形と約束手形を手形として総括する、当時のローマ法理論と結合した手形厳正理論の立場を示していた（拙稿「手形厳正理論の学説史的意義」（1975）『手形抗弁論』（1998）六四頁以下、参照。同旨、②S. XXIV）。

ii　右プロイセン普通国法の改訂作業は、クラウスニック（Krausnick）を報告者として一八三三年に開始された（①S. XXV）。彼は一八三三年草案と三四年草案を作成し、委員会の審議（1833.3.6.-34.4.24. メンバーは、Skalley, Esser, Westphal, Krausnick, Benecke von Gröditzberg, J. Mendelssohn, Marchand）を経て、さらに一八三六年の手形法草案（クラウスニック草案）を完成した（全二三三条と二七〇頁に及ぶ理由書、①SS. 1-43, 45-318）。第一次草案ともいわれる（①S. XXVII）。

iii　一八三六年九月一二日の第一回ドイツ関税同盟議会でヴュルテンベルク代表は、同盟諸国の手形法および商法が同形式のものとなるべきことを提案した（①SS. XXVI-XXVII）。ザクセンは賛成したが、プロイセンはこれを拒否した（③拙訳アイネルト伝（二・完）一三号六六頁以下）。ヴュルテンベルクの提案は、手形法の統一を直ちに実現しようとするものではなかったが、統一法の作成を最終目標として設定し、それに至る具体的方策（同盟諸国が大きな商業地で既に妥当している手形法を採用することや、手形要件や恩恵日など主な規定について暫定的な合意をすることなど）を示した点で画期的であった。とくにライプチッヒ手形条例のヴュルテンベルクにおける補充的適用の事実などを例示したことは、プロイセンの法律家たちに衝撃を与えたと思われる。プロイセンはこれを契機に手形法統一の主導権確保を目指すことになる（一九三八年関税同盟議会でのプロイセン代表の発言、①S. XXVII）。

iv　一八三七年には、グライン（Grein）がクラウスニックから手形法の改訂作業を引き継ぎ、法律改訂委員会（Gesetzrevisionskommission）で三六年草案を審議した（1837.4.17-1838.3.26. 参加者は、Kamptz, Skalley, Scheffer, Duesberg, von und zur Mühlen, 改訂審議官は、Esser, Jähnigen, Möller, Bischoff, Mendelssohn（Bankier）, Benecke von Gröditzberg, Grein (Referent), 遅れてVosswinkel)（①S. XXVI）。それに基づいてグラインは三八年草案を作成した（1838.4.28.二六〇規定と六三頁の理由書。①SS.395-445.,447-509.審議の参加者は、Kamptz, Gröditzberg, Mendelssohnである。S. 449)。草案を関税同盟諸国に送付することは、国内法の統一を優先する政府内の反対で行われなかった（①S. XXVI）。

v　三六年草案に対してケルンを中心とするラインラント地域が反発し、クレーフェルト、コブレンツ、デュッセルドルフ、アーヘン、トリーア、エルバーフェルトなどの商事裁判所と商業会議所の反対意見が一八三八年秋に提出された（①S. XXVII. SS. 319-393）。その内容は手形能力と身体拘束に関する意見（草案の行為地説や約束手形への拡張に対する疑問）など逐条ごとの詳しいものであるが、手形抗弁の問題についての言及はない。この地域は、一八〇一年ナポレオンに敗れたオーストリアが神聖ローマ帝国の名でフランスに割譲して以来、フランス商法典（Code de commerce）の適用地域となり、一八一五年ウィーン会議でプロイセンに帰属した後も、フランス商法典が若干の修正を受けつつ、とくに一八三四年以後はライン商法典（Rheinisches Handesgesetzbuch, Erstes Buch. Achter Titel. Von den Wechselbriefen, von den Handscheinen (Billets à ordre), und von der Verjährung. Offizielle Ausgabe 1834. Vgl. J.K. Meißner, Codex der europäischen Wechsel=Rechte oder Sammlung der heutzutage in Europa geltenden Wechsel-Gesetze. 1836. SS. 78. 155-178）の名のもとに、適用されていた。この地域は文化と経済の最も進んだ地域であったから発言力が強く、そのためその後はラインラント地域（フランス法）との調整問題がプロイセンの立法作業の大きな課題となった。

vi　三八年草案の修正・変更が法律改訂委員会（1838.11.26. Mendelssohnの発議による。vgl.①S. XXVIII、議事録は①SS. 511-522、出席者は、Kamptz, Skalley, von und zur Mühlen, Esser, Krausnick, Möller, Vosswinkel, Bischoff, J.Mendelssohn, (Ref.) Grein, ①S. 515）で審議され（この時点で手形法および手形訴訟の修正草案とプロイセン普通国法および普通裁判所条例との相違点一二〇項目を整理、①SS. 523-540）、それによって一八四〇年草案（二六三規定。①SS. 575-622）が成立した。四〇年草案は、さらに国家評議会委員会（Staatsrats-Kommission, 1843.3.22.-6.19. 委員は、Rochow, Mühler, Rother, Savignyの四大臣のほか、v. Lamprecht, Ruppenthal, C.F. Eichhorn, Pommer-Esche II, Bornemann, v. Patow,（Ref.）Grein, ①S. XXVIII）で審議され、それによって一八四三年草案が成立した（1843.10.15.三〇〇規定）。グラインおよび同草案に手を入れたアイヒホルン（Eichhorn）は、まだ長過ぎてラインラント諸国を満足させるには足りないと考えていた（①S. XXIX）。この四三年草案は、一八四五年草案として理由書とともに公表された（①SS. 623-662., 663-731）。

vii　この時期、他の関税同盟諸国でも、手形法草案の作成作業が進行していた。一八四一年には、アイネルトがザクセン手形条例草案（Einert, Entwurf einer Wechselordnung für das Königreich Sachsen, 1841. 拙訳「アイネルト『ザクセン手形条例草案序文』」筑波法政二八号（2000）二三五頁）を起草し、四三年にはリーベがブラウンシュヴァイク手形条例草案（Liebe, Entwurf einer Wechselordnung für das Herzogtum Braunschweig 1843）を完成させている（①S. XXVIII）。リーベ草案の送付を受けた外務大臣は、直ちにサヴィニー（立法改訂大臣1842-48）に報告し（1843.5.5.）、前年にザクセン草案の送付を受けたことにも言及しつつ、この問題でも「プロイセンがイニシアティヴをとること」とそのためには「審議の迅速な終結が望ましい」ことを指摘している（①S. XXVIII）。

viii　ところで一八四三年に行われた、四〇年草案についての国家評議会委員会での審議（前述vi）の過程において、第一に、草案が「共通の手形法に関する関税同盟諸国との審議の際に基礎と」しうるように作成されるべきであるとされ（1843.3.22.①S. XXIX）、第二に、手形法の改訂からの手形訴訟の分離が決定されたこと（1843.6.15.①S. XXIX）が、重要である。前者は、既に関税同盟の中心にあるプロイセンが、ここに至って手形立法のイニシアティヴをとる意思を明確に示したものとして注目される。また、後者は、一時的に手形抗弁の実体規定をもたらした。すなわち、四〇年草案では「第一部　手形法（Erste Abtheilung Wechselrecht. §§. 1-190）」「第二部　手形訴訟（Zweite Abtheilung Wechselprozeß. §§. 191-263）」となっており、手形抗弁の規定は「第二部」

二　1847年プロイセン手形条例草案の成立過程の概観

(Ⅶ. Zulässige Einreden §§. 218-222) に入っていたが (①SS. 616-617)、一般裁判所条例の改正にあたる「第二部」の改正を切り離した結果、その後の四五年草案では、手形訴訟という独立の編別は消失し、「許されない抗弁権」に関する実体的規定が二八八条から二九一条に置かれることになった (①S. 661)。その理由書の記載からは、訴訟的な抗弁制限と実体的な抗弁制限とを区別し、手形債権を原因債権とは別個の無因的・独立的な存在をもつとみる思想が基礎に置かれていることが伺われる (①SS. 726-727)。四五年草案がそのような立場を徹底しえたかどうかは別として、実体的な抗弁制限規定を設けたことは、後の手形法会議における手形抗弁規定の実体法化を先取した立法作業史上の試みとして位置づけられよう。

ix　一八四五年には、ビショッフとパトウがグラインが退いた後を引き継ぐ (①S. XXX)。右の四三年草案は、さらに国家評議会において専門家委員会に提出して検討することが決定される (1845. 6. 30)。これは「もしプロイセンが直ぐに草案を完成させないときは、ザクセンが手形法会議のイニシアティヴをとろうとしている」とのボルネマン (Bornemann) の指摘と提案により手続きの迅速化を目指したものであったとされている (S. XXIX. und S. XLIII. Anm. 13.)。右専門家委員会の審議は、ビショッフを報告者、パトウを議長として行われた (1845. 12. 2-12. 19. 委員はGräffブレスラウ商人団体顧問、Groddeckダンチッヒ商人団体顧問、van Gülpenアーヘン商事裁判所長官、von der Heydtエルバーフェルト商事裁判所長官、Hölterhoff前ケルン商事裁判所長官、Jopstシュテッティン騎士銀行頭取、Magnusベルリンの銀行家、Mendelssohnベルリン商人団体の最長老で銀行家。法律専門家はGelpcke上級裁判所裁判官、Esser上級検討委員、Witt王立中央銀行顧問。その議事録は①SS. 733-894)。その報告 (1845. 12. 29) の中では、「経済的な組立てにおける弱点」(三〇〇条ある条文数を減らす必要) のため「草案の改造が必要」であると指摘されている (①S. XXIX)。

x　右の審議に基づいて一八四六年一二月、パトウ＝ビショッフ草案 (一〇〇規定。①SS. 1017-1037) と委員会報告書 (①SS. 895-1016) が成立する (①S. XXX)。抗弁規定の取扱については、グラインの四五年草案の立場を基本的に引き継いでいる(①SS. 1013-1014)。これを立法改訂大臣サヴィニーら各大臣(Savigny, Uhden, v. Kanitz, Duesberg）は、各国に通知可能なものと判定した（1847.1.18）。一八四七年一月からは国家評議会委員会で審議された（1847.1.23-3.4. 出席者は、Savigny, Uhden, Lamprecht, Duesberg, Bode, Bornemann, v. Patow, Rönne, Götze, Pommer-Esche II, Gelpcke, Magnus, Mendelssohn, 報告者Bischoff. 議事録は、①SS.1039-1110.）。この審議の結果、四七年三月ないし七月「国家評議会の委員会の審議による手形法の草案」（ビショッフ草案。一四三規定。偽造・変造規定につき両論併記。①SS.1111-1145.）が成立した。そこでは「第二二章　手形訴訟において許されない抗弁権（XXII. Einreden, welche im Wechselprozeß unzulässig sind)」という章立てのもとに、抗弁制限の規定が置かれている（§§.132-135. ①SS. 1140-1141）。さらにゲッツェ、ボルネマン、ゲルプケらの法学者と協議して、「国家評議会の委員会の決議による手形法の草案」（最終規定を別として一〇四規定。1847）が成立した（①S. XXXI）。

xi　最終的に、一八四七年七月「国王の国家評議会の委員会決議によるプロイセン諸国のための手形条例の草案」（全九八条と最終規定を含む。Entwurf einer Wechsel=Ordnung für die Preußischen Staaten nach den Beschlüssen der Kommission des Königlichen Staatsraths. ①SS. 1147-1162. ②SS. V-XX, Motive. ①SS. 1163-1220. ②SS. XXI-LXXVIII）が成立した（以下たんに「プロイセン草案」という）。これが手形法会議に提出され、審議の基礎として採用された草案である。ここでも抗弁制限は「第四節　手形訴訟」（§§. 93,95,96）の中に規定されている。

3　プロイセン以外の諸国の草案作成状況

i　一八四七年の手形法会議直前の一〇年間、以上みてきたプロイセン草案の作成作業と並行して、アイネルトのザクセン手形条例草案（二八五規定。1841. 前記vii）、リーベのブラウンシュヴァイク手形条例草案（一一四規定。1843. 前記vii）、トェールのメクレンブルク手形条例草案（一六九規定。Thöl, Entwurf einer Wechsel=Ordnung für Mecklenburg nebst Motiven, 1847（2. Sept.）. なお、彼はこれをプロイセン草案の各条文と比較対照した、Thöl, Zusammenstellung des Entwurfes einer Wechsel-Ordnung Mecklenburg und des Entwurfes einer Wechsel-Ordnung für die Preußischen Staaten. 1847. を手形法会議の開会直前の一〇月一四日に公表した）など、手形法の草案が各国で作成された（ほかにもヴュルテンベルク草案、ナッサウ草案、ホルスタイン＝ラウエンブルク草案など）。手形立法の課題は、法の統一と同時に、裏書によって流通し、抗弁制限や善意取得を伴う近代的な流通証券としての手形制度を確立することにあった。そのためそれを基礎づけるための理論の創出が学問的課題となった。伝統的な理論では「何びとも自己の有するより以上の権利を他人に譲渡することはできない」（Nemo plus juris ad alium transferre potest quam ipse habet）というローマ法の原則のゆえに、手形抗弁の制限や善意取得を認める余地はなかったからである。その解決に取り組み手形理論に革新をもたらしたのは、右の諸草案の起草者でもあったアイネルト、リーベ、トェールの功績である（松本烝治・手形法（1918）一四六頁、竹田省・手形法小切手法（1955）五八頁、田中耕太郎・手形法小切手法概論（1938）六二九頁、鈴木竹雄・手形法小切手法〔新版・前田庸補訂（1992、初版1957）〕九〇頁、大隅健一郎・改訂手形法小切手法講義（1962）四五頁、④SS. 57-71）。

アイネルトは、従来の手形契約説およびこれと結合した旧手形厳正理論を根本的に否定するとともに、手形をそれが支払のために授受される具体的な取引から抽象された商人の紙幣であるとする紙幣説（Papiergeldtheorie）を展開し、手形上の債務は公衆にむけられた一方的な支払約束に基づくものであるとした(Einert, Das Wechselrecht nach dem Bedürfniß des Wechselgeschäfts im neunzehnten Jahrhundert, 1839. SS. 51f. 82-85. 拙訳「カール・アイネルト『一九世紀における手形取引の需要に応ずる手形法』(一)」筑波法政二九号 (2000) ; Ch. Bergfeld, Die Papiergeldtheorie Karl Einerts und ihre Bedeutung für das Wechselrecht, FG für Helmut Coing zum 70. Geburtstag, 1982. S. 1)。リーベは、ローマ法のスティプラーチオにおいて言葉による形式のみが債務を基礎づけるように、手形振出の形式のみが手形債務を基礎づけるとして方式行為説（Formalaktstheorie）を主張した（Liebe, Entwurf（前掲vii）SS.

39-43)。このように形式がすべての効果を導くと認め、当事者の意思を否定する点では、アイネルトと異なるが、しかしリーベは「カウザからの独立性としての抽象性は、手形行為の形式性から結果するのであり、形式という事実は、動機から独立に、したがって当事者の意図からもまた独立に、判断されなければならない」(Liebe, Entwurf（前述二2 vii）S. 41f.）と述べて、一方では、手形債務の抽象性を認めるとともに、他方では、手形債務が当事者間の契約に基づくことを否定し、手形の方式行為を一方的行為（単独行為）と解した。これらは、いずれもアイネルトの思想を実質的に引き継ぐものにほかならない。リーベ理論の重要性は、後述のように、プロイセン草案の理由書が手形行為の性質を方式行為（Formalakt）の概念によって説明していることからも明らかである。また、トェールは、金額約束説（Summenversprechenstheorie）を主張して、あらゆる手形約束は手形授受によって基礎づけられる手形契約であり、それは一定金額を支払う抽象的な金額約束であるとした（Thöl, Das Handelsrecht, zweiter Band, Wechselrecht, 1847., 4. Aufl. 1878. S. 86ff.; Entwurf a. a. O. S. 43. 拙稿「手形厳正理論の学説史的意義」『手形抗弁論』前掲七七頁）。トェールは、この抽象的な金額約束の有効性を実質的手形厳正であるとして、これを中核とする手形厳正が手形の特徴であるとした。これによって手形厳正理論を新たな内容において復活させるとともに、その中心に金額約束を内容とする手形契約の抽象性を位置づけたのは、一方では、旧理論との連続性を維持しようとしたものであるが、他方では、アイネルトによって構想された抽象性の理論を契約説の中に取り込み、契約説的に再構成したものにほかならない。アイネルトの紙幣説に始まり、リーベ、トェールによって推進された手形理論の革新運動は、いずれも手形関係を原因関係から切り離された無因的（abstrakt）・独立的（unabhängig）な法律関係として構成しようとする点において共通していた。これによってローマ法の原則を克服し、手形抗弁の制限を理論的に基礎づけ善意取得を手形法の体系に導くという課題が達成されたのである。

ii　しかしそれにもかかわらず、以上に概観したプロイセン草案の作成作業の過程は、当時の近代的決済システムである手形制度の統一についてイニシァティブをとろうとする、プロイセン対これに対抗するザクセンおよびその他の諸国の間の政治的・経済的対立と駆け引きもまた存在したことを示している。すなわち、ドイツ関税同盟(1834.1.1)はプロイセンを盟主として大同団結し、その関税同盟の中から手形法統一の機運が生じたのであるが、それに至る過程で存在したプロイセン関税同盟(1818)・ヴュルテンベルクとバイエルンの南ドイツ関税同盟(1828)・オーストリアと通じたザクセンを中心とする中部ドイツ通商同盟(1828)という三同盟の間の結合と対立(林健太郎編『ドイツ史』(赤松儀彦執筆)(1956)一六七頁以下、諸田実『ドイツ関税同盟の成立』(1974)、幅健志『帝都ウィーンと列国会議』(2000)、など)の歴史が、その後の手形法草案の作成をめぐる各国の動きの中に、より建設的な方向においてではあるが、再現されているように思われる。手形法草案の対立は、その基礎におかれた手形法思想の対立であり、その背景には政治的・地域的対立が存在していたことは否定できない。現在における手形理論としての契約説と創造説の対立の発端は、歴史的にはこの時期にそしてこの時期の思想の中に見出されるのではなかろうか。手形法会議におけるプロイセン草案の修正・変更もまた、そのような背景のもとで分析・評価される必要があるように思われる。これらの問題については、後に改めて詳論する。

二　1847年プロイセン手形条例草案の成立過程の概観

4　プロイセン手形条例草案の審議と普通ドイツ手形条例の成立

i　一八四七年八月三一日、ベルリンから、関税同盟諸政府の名のもとに、非同盟諸国を含むドイツ連邦諸国のすべての政府に向けて、手形法会議の招待通知にあたる「普通ドイツ手形法の審議に関する覚書」(Denkschrift, die Berathungen über ein Allgemeines Deutsches Wechselrecht betreffend. ②SS. I-IV)が発送された。この覚書は、手形法会議の議事録の中に収録されている。手形法会議は、そこに記された八項目の趣旨説明のうち「プンクト1」で予告されたとおり、ライプチッヒにおいて一八四七年一〇月二〇日に開かれた。その日から一二月九日に至る五〇日間の審議の内容は、『議事録』(②)に記録されている。なお、「プンクト2」では、会議の構成と各国政府の地位について、決議は「関税同盟案件における通常総会の際に行われる諸政府の一一票だけで行われる」こと（Preußen, Bayern, Sachsen, Württemberg, Baden, Kurhessen, Großherzogthum Hessen, Thüringischer Verein, Braunschweig, Nassau, Frankfurt）、しかし一定の諸国（Oesterreich, Hannover, Holstein, Mecklenburg, Ordenburg, Lübeck, Bremen, Hamburg）には審議に参加する限りで一票が与えられることなどを定めている（②S. II）。なお、括弧内に記した諸国はすべて会議に出席したが（②S. 1）、立法や関税行政上密接に関係する政府の代表者(Oesterreich, Württemberg)をとおして参加したその他の連邦諸国(Lichtenstein, Hohenzollern=Hechingen）もあった。

ii　手形法会議の初日、ザクセンの国務大臣ケンネリッツ（v. Könneritz）が開会の挨拶、参加国と代表委員の確認をした後、議長ケンネリッツ、副議長パトウ（プロイセン代表）が選ばれた（②S. 3f.）。次に、右「覚書」の〔プンクト4〕では、参加国にその手形条例またはその草案の通知を要請していたが（②S. II）、この点につき議長から、ザクセン草案のほか、ヴュルテンベルク草案、ブラウンシュヴァイク草案、ハノーファー手形条例、ザクセン手形条例、ホルスタイン=ラウエンブルク草案、メクレンブルク=シュヴェーリン草案が各代表者から提出されていることが報告された(②S.4)。開会の時点では、これらの条例や草案が、形式的にはプロイセン草案と並んで、審議の基礎とされる可能性をもって併存していたのである。

iii　しかし続いて、「覚書」の〔プンクト5〕（②S. III）で予告されていた審議の基礎となるべき草案の決定が問題となり、「プロイセン手形条例草案」が満場一致で決議された。議事録によれば、『それから、将来の審議のための指導原理として役立つべき草案の選択が話題に上ったとき、多くの側から、プロイセン王国政府から出された草案は全く特別に他の政府との可能な合意を考慮して作成され、そしてまさにそれゆえに適当な短さに編集されていることが指摘された。これによってこの草案が、一致して、将来の審議のための基礎として採用された』（②S. 4）と記録されている。プロイセン草案の採用理由として、他の政府との合意可能性に配慮していることと、適当な短さに編集されていることの二点が特記されている点に注目される。

iv　一〇月二二日の第二回会議では、このプロイセン草案の取扱について、議長ケンネリッツの指摘により『ある国または別の国の特殊性への繋がりは、共通の手形条例にその諸政府が自らを一致させるであろうところのその他の諸国への繋がりと同様に、避けられねばならないことが承認された』（②S. 5）と議事録は記している。各国がその結合または同盟関係に捉われず、独立性をもって統一法の審議に臨むべきことを確認したものである。当然の要請ではあるが、会議自体が各国間の複雑な結合と対立を背景に成立していることを伺わせる記述である。

v　引き続きプロイセン代表ビショッフが草案の特徴を報告している。議事録はいう。すなわち『講演を引き受けたプロイセン王国代表、枢密司法顧問官ビショッフ氏は、はじめに〈プロイセン国内での〉予備審議の内容に従って草案の特徴を詳論し、そしてこれについて草案の起草の際に従われた方法に関して「I法律に可能な限りの単純性と短さを与えるという努力は、一方では、少し前に行われた専門家の一致した希望において、他方では、しかしライン地方の立法と旧地域の立法の成果の調整に基づいて、プロイセンにおいて次第に多く妥当するに至っている確信に基づいていること、II事実に即した正しい判決への到達の保証は〈それによると容易に危険をもたらす決疑論に陥りうるところの〉実体的な立法の詳細な規定の中にではなく、むしろ訴訟の諸形式および商事事件において権限をもつ裁判所の組織・構成の種類の中に、みられなければならないこと」に言及した。』（②SS. 5-6. I IIの記号は庄子）と。

草案作成の担当者自身による含蓄ある証言である。彼がいうように、Iプロイセン草案の作業上、条文数を減らして簡潔にする努力が払われたことは、前述のとおりであるが、その過程でプロイセン草案がライン商法典の手形法とプロイセン普通国法の手形法の調整を図った点は、特に重要であろう。多くの草案の中で、フランス法との調整に努力したのはプロイセン草案のみであったからである。また、II具体的妥当性の保証は、実体法にではなく、むしろ訴訟形式や裁判所の組織・構成に求めるべきことを指摘している点は、後述するように、抗弁制限規定を手形訴訟の中に置き、善意取得の規定を含まないなど、プロイセン草案の内容に関わるものと思われる。

右のビショッフの講演に続いて『審議は、手形能力について取扱う第一章の審議に移った。』

vi　以上プロイセン草案が手形法会議の審議の基礎とされるに至る経過を知りえた。シューベルトによれば、一八四七年一〇月二〇日プロイセン代表委員のビショッフは、立法改訂大臣サヴィニーに対し、「フォン・ケンネリッツ（ザクセン）はこのことを妨げるためにすべてのことを行ったにもかかわらず、プロイセン草案が満場一致で審議の基礎に置かれた」と報告したとされている。それによって同様にプロイセン代表の中心であったフォン・パトウが、手形法会議直前の九月六日のプロメモリアの中で「プロイセンの諸見解と諸必要は、ライプチッヒにおいてできるだけ強力かつ巧妙に主張されることが必要である」と述べていたことが完全に実現された、とシューベルトは述べている（①S. XXIV）。

vii　手形法会議は、一八四七年一二月九日までの間に三五回の会合を開いて、プロイセン草案を審議した。それがいくつかの重要な修正・変更を経て「起草委員会の草案」（Entwurf der Fassungs=Commission）が作成され、最終的に一二月九日「会議の決議による普通ドイツ手形条例の草案」（Entwurf einer Allgemeinen Deutschen Wechselordnung nach den Beschlüssen der Konferenz）となったのである。会議を通じて、議長はフォン・ケンネリッツ（ザクセン）であり、彼の不在の際はフォン・パトウ（プロイセン）が務めた。報告者を務めたのはビショッフであり、起草委員会のメンバーは、ビショッフ（Bischoffプロイセン）、フォン・リーベ（von Liebeブラウンシュヴァイク）、ブライデンバッハ（Breidenbachヘッセン―ダルムシュタット）、ホーファッカー（Hofackerヴュルテンベルク）、アルベルス（Albersハンブルク）の五名であった。以上の七名を含むすべての各国代表委員が、成立した普通ドイツ手形条例草案の最後に署名している（Heisler, Lehzen, Vollpracht, Harnier, Magnus, Behn, Thöl, Kleinschrod, Schmid, Brauer, Thon, Lutteroth=Legat, Halle, Einert, Poppe, Georgi, Fuchs, Elder. ②S. 288）。

viii　なお、右普通ドイツ手形条例草案は、その後、一八四八年一一月二六日、フランクフルト国民議会で帝国法（Reichsgesetz）として決議され、翌日帝国摂政（Reichsverweser）により官報で公布され、そして施行法により一八四九年五月一日にオーストリアを除く全ドイツにおいて効力を発生した（④SS. 180, 181, 191）。ドイツ諸国は、それに基づいて普通ドイツ手形条例を帝国法として公布し、あるいは、直ちに国内立法の手続きに進んだ（④S. 191ff.）。それによって普通ドイツ手形条例がドイツ諸国の統一法となったのである。その過程については、パンヴィッツの研究が極めて詳細である（④S. 165ff.）。

ix　シューベルトによれば、審議の終了後、プロイセン代表団は、翌一八四八年一月五日に完全な満足をもって次のように報告したとされている。すなわち、「既に表面的な意見が示すように、草案は、形式においても本質的な諸原則においても、当方のもの〔＝プロイセン草案〕に徹底的に関連している。なるほどプロイセン草案は、我々には改善であるようには思われないいくつかの変更をこうむった。しかしわれわれの考えでは、新しい草案においては、それの受け入れを疑わしくさせるような何ものも含まれていない。そして変更された諸規定の中には、国内の独特の諸事情が共同の諸決議からの離反を正当化しうるような規定は、存在していない。」（①S. XXIV）と。

以上により、プロイセンの代表者たちは、第一に、新たな草案が形式上も本質的な諸原則上も徹底的にプロイセン草案に関連していると認識していたこと、第二に、プロイセン草案が受けたいくつかの変更を改善とはみなかったこと、それにもかかわらず第三に、最終草案をプロイセンにとって受入可能なものと判断していたこと、が認められる。

x　パンヴィッツは、「手形の無因性の学問的基礎づけによってこの法素材がその他の諸法から独立に規定されることが可能となった」ことを、手形法統一の一因として正当に評価している（④S. 190）にもかかわらず、「アイネルト、リーベ、トェールの手形法理論は、普通ドイツ手形条例において拒絶も承認も見出さなかった」（④S. 159）と述べている。拒絶も承認も見出さなかったという意味は必ずしも明らかでないが、普通ドイツ手形条例の中に彼らの理論の痕跡が認められず、むしろプロイセン草案の基本的立場がそのまま維持されたという趣旨であるとすれば、彼もまた右プロイセン代表団とほぼ同じ評価を与えるものであろう。

xi　しかし右のような認識は、これまでの我々の一般的な認識とは隔たっている。鈴木竹雄博士は、アイネルト、リーベ、トェール「の三者は一九世紀中葉における手形法学の頂点をなすものであって、ドイツ手形条例の成立は彼等に負うところが極めて大きく、しかもその後における手形理論は彼等の学説のいずれかを基礎としてその上に華々しい論争を展開したのである」（前掲九〇頁）と述べて、ドイツ手形条例の成立がアイネルト、リーベ、トェールの手形理論に負うところが極めて大きいことを認めている。しかも、既に指摘しそして後に詳論するように、草案の理由書そのものがリーベのいう方式行為の概念によって手形行為を説明しているという事実は、この認識の正しさを裏書しているように思われる。そうであるとすれば、プロイセン代表の証言やパンヴィッツの見解は、そもそも正確なのであろうか、そして正確であるとすればどのような意味で正確なのであろうか。

5　小括と展望

i　以上、プロイセン草案の成立と、それが手形法会議で普通ドイツ手形条例草案（ライプチッヒ草案）へと結実するまでの過程を、手形法の具体的規定の内容には触れずに、プロイセン内部での手形法草案の審議や取扱の状況、他の関税同盟諸国の動きやこれに対抗するプロイセンの立法関係者や政治家たちの動きなどを中心に、手形法のいわば外側から概観してきた。そこからは、プロイセン草案の作成が、とくにザクセンやヴュルテンベルクを中心とする他の関税同盟諸国に対して手形立法の主導権を確保することを目指しての総力を結集した作業であったことが明らかとなる。ザクセン草案やブラウンシュヴァイク草案がアイネルトやリーベという優れた個人の起草した作品であるのに対して、プロイセン草案は、最初からつねに多数の専門家が審議に参加し、責任者もクラウスニックが第一次草案を作成するが、ある段階でグラインに交代し、最終段階はビショッフが担当するという手順を経て進められた国家的事業であった。それらのことがプロイセン草案の性格を決定していると思われる。すなわち、一八四二年から四八年までサヴィニーが立法改訂大臣として草案作成に関与したことは、プロイセン草案がローマ法的な基礎のうえに、あるいは少なくともそれと矛盾しないかたちで、構成されたであろうことを推測させる。ベルリンの大銀行家であったヨゼフ・メンデルスゾーンが終始（1832-1847）草案の審議に参加していることは、銀行実務の意見が十分に反映されていることを伺わせる。またプロイセンがラインラント地域を擁したことにより、フランス商法（ライン商法典）との調整を図らなければならなかったことも、プロイセン草案の著しい特徴とされなければならない。以上のことが、プロイセン草案が普通国法の改正作業の延長上にあることと並んで、プロイセン草案の手形法思想を決定づけていると考えられる。

このように考えると、プロイセン草案の手形法思想がどのようなものであり、また、アイネルト・リーベ・トェールが各国代表として加わった手形法会議においてプロイセン草案に加えられた修正・変更がどのようなものであったのかが、問題となる。それとの関連で、普通ドイツ手形条例草案が形式上も本質的な原則上も草案に徹底的に関連しているとし、草案が受けた変更を改善であるとは認めないとしたプロイセン代表（前述二4ix）の手形法思想がどのようなものであったのかということも、問題となる。

ii　そこで**三**と**四**では、プロイセン草案の理由書と主な規定を概観することによって、その手形法思想を明らかにしたい。そのうえで**五**において、プロイセン草案と、審議の結果作成された起草委員会草案、および、最終的に決議された普通ドイツ手形条例草案の対応する規定とを比較検討することによって、手形法会議でプロイセン草案に加えられた修正・変更がどのようなものであり、その間に基本的な手形法思想のうえでどのような修正または変更がもたらされたのか否かを、確かめることにしたい。

三　プロイセン手形条例草案理由書——草案作成の目的と手形法思想——

一　序　説

プロイセン手形条例草案に付された理由書（「国家評議会委員会の決議によるプロイセン諸国のための手形条例のための草案の理由書」①SS. 1147-1220, ②SS. XXI-LXXVIII）は、プロイセン草案の基本的な特徴や思想を示すとともに、個々の諸規定の立法理由を説明している。序論に相当する部分は、実質的に、草案作成の目標と方針を明らかにする前半部分と草案の基本思想と構成上の特色を明らかにする後半部分から成っている。以下、理由書の序論全体を段落ごとに訳出してその内容を確認していく。

二　草案作成の目標と基本方針

i　理由書は、まず最初にプロイセン草案の目標について次のようにいう。すなわち、『かなり以前からプロイセンにおいて開始された手形法の修正の際に、ひとは、最初から、〔プロイセン普通〕国法、ライン商法典、および、普通ドイツ手形法という、我々のもとで承認された支配において存在している、三つの異なる法体系の代わりに、唯一の共通の手形法が登場しなければならないことから出発した（②S. XXI）。』プロイセンは当初自国内の手形法の統一のみを予定したが、一八三六年の第一回関税同盟議会でのヴュルテンベルク代表の提案に触発されて、統一手形法の主導権確保を目指すことに方針を転換したことは前述した（前述二2 iii）。当時の三つの法体系とされるラント法は、プロイセン普通国法の手形法（前述二2・i）であってプロイセンの旧地域に妥当し、ライン商法典は、基本的にフランス商法典と同一内容のもので（前述二2 v）、ラインラント地方に妥当していた。普通ドイツ手形法（das gemeine deutsche Wechselrecht）は、ドイツ諸国の手形諸条例の規定から導かれた一般に妥当する内容や原則の総称である（例えば、J.C. Meißner, Allgemeine Europäische Wechselpractik, 1846）。これを唯一の手形法に置き換えて統一することがプロイセン草案の目標とされたのである。

ii　続いて、右の目標の設定理由について、次のように説明する。すなわち、

『国家の様々な地域の間の増大する取引が、この決定を導いた唯一のものではない。ドイツの手形諸条例のかなり大きな一致が大体において目指されなければならず、したがってとりわけ国内そのものにおいて一致する手形法が獲得されなければならない、という考慮が加わった。いかなる辛苦を手形諸条例の差異が商取引に与えているのかは、説明を要しない。遠く隔たったものを結びつけることを規定することにより、手形法は、まさに本来商取引の関係に立つ諸地域と諸国家の共通法である。手形法がその規定を完全に達成するとすれば、手形法は、少なくとも主たる事柄において一致を要求し、そしてその形成は、他の何らかの法分野の形成のように、地方的な事情または法のその他の諸制度との関連をとおして条件づけられていないゆえに、この一致は手形法に与えられうる。手形諸条例の様々の差異は、その原因を、一部は、かなり恣意的な諸慣習と諸規約の中に有し、一部は、手形法が完全な形成にまで到達していないか、または、ここでは他の法分野ほど取引関係の発展に従っていないことのなかに有し、一部は、民事法の見慣れない諸概念の不適切な混入の中に有している。手形取引(Wechselgeschäft)は、なるほどいくつかの点で民事法と接触する。しかし手形取引は、再びその独特の完結した領域をも有する。この領域に自己を制限する手形条例は、あらゆる民事法に関連しうる。君主国の個々の地域に存在する民事立法の差異は、それゆえ共同の手形条例の導入に阻止的に対抗するものではない（②SS. XXI-XXII）。』

ここでは、各地域の手形条例の差異が商取引の困難となっている事実を指摘したうえで、手形法は商取引の共通法であり、その一致は可能であるとする。すなわち、手形条例の差異の原因は、恣意的な慣習と規約・手形法の未完成・民事法規定の混入にあるが、手形取引の独特の領域に限定する手形条例であれば、どの民事法とも結合可能であり、各地域の間の民事立法の差異は、共通の手形条例を導入する障害にはならないとするのである。

iii　次に理由書は、『草案の起草の際には、とくに王国の様々な地域からの任命された専門家たちの会議の鑑定意見が決定的であった（②S. XXII）。』という。

プロイセン草案が、立法担当官による起草と多数の専門家による委員会での審議とそれに基づくさらなる起草の繰返しによる慎重な作業のうえに成立したことは、既にみたとおりである。

iv　続いていう。『この会議においては、とりわけ全員一致でかつ決定的に、新たな法律があらゆる冗長な決疑論を避け、不必要なそして有害な瑣末な議論の代わりに単純で明瞭な諸命題と諸原則に自己を制限しなければならないという見解が主張された。それに従って草案は、叙述の方法において国法よりもライン商法典に近い（②S. XXII）』と。

決疑論を避け単純明瞭な命題と原則に制限すべきことが、専門家委員会の全員一致の見解であったことが報告されている。このことは、手形法会議でプロイセン代表ビショッフが草案の形式的特色の一つとして、草案が単純で短いことをあげたことと符合する（前述二4 v）。この点において草案は、普通国法（全五三七規定）よりもライン商法典（全八〇規定）に近いことは、両者の条文数をみれば自ずから明らかである。

v　次に、草案の実質的特色について、理由書は次のようにいう。

『実質的な点でもまた、このことはあてはまる。ライン商法典の諸規定は、多くの点でヨーロッパ的な通用を獲得してきているからである。しかし、ひとがすべての本質的な諸点においてその諸原則から出発して、ただ欠陥のみを補充し、そして個別の諸規定を改善することのみを求めたという意味における基礎としては、ライン商法典は、普通国法と同様に、採用されることができなかった。ライン商法典も、単純かつ明瞭な叙述と多くの個別規定の卓越性をとおして極めて特筆されるものであるとしても、しかしその後の発展は、フランス商法典が基礎にあるところの最近の手形諸条例、とくにオランダ、ポルトガル、スペインのそれが多数の変更を既に行ってきているように、重要なそして手形法の取扱全体へと深く関わるいくつかの諸点においてその諸原則から離れなければならなかったこと、そしてそれがなぜであるかということは、後の説明が明らかにするであろう。ひとが新たな手形条例の作成の際に取らなければならない立場については、暗示されているように何らかの古い手形法から出発することは、そもそも疑わしい。もちろん、ひとが手形法におけるほど多く、活発な取引をとおして正当づけられない新たな恣意的な規約をもって立法的に干渉することを自制しなければならない法の分野は存在しない。しかしまた、ひとが取引の発展に注意深く従い、そして時代の諸需要と諸見解に従う法の継続的形成により多く考慮を払わなければならない法の分野も存在しない。手形は、商業の諸需要をとおして、しかしまた商業の諸需要に従ってもまた、自己を形成してきている。そして時代の経過の中で、とくに裏書の形成以来、単に拡大された意味のみならず、最近の時代に至るまで次第に多く自己を展開してきたところの意味である。すなわち、手形がその成立において有したのとは、本質的に別の意味を獲得してきている。ドイツ諸国のための新たな手形条例は、とりわけ〈手形法の発展をドイツにおける立法、慣習、学問をとおして受け取ったところの〉方向を追求しなければならない。——(②S. XXIII)』

ここでは、草案が実質的にもプロイセン普通国法よりライン商法典に近いとしつつ、ライン商法典は、そこから出発して欠陥を補充し改善する基礎としては、普通国法と同様に、採用できないとする。そして、新たな手形立法の際に古い手形法から出発することは疑問であることと、恣意的規約による立法的干渉を自制し、取引の発展、時代の需要と見解に従う手形法の形成が必要であることとを指摘する。この二点、すなわち、フランス商法典を立法の模範とすべきではないことと、立法の干渉を排し商業の需要に従うべきこととは、既にアイネルトが手形法論(1839)(前掲二3 i)およびザクセン手形条例草案(1841)(拙訳「アイネルト『ザクセン手形条例草案序文』前掲」(前掲二2 vii))の中で繰返し主張したことであって、理由書の右説明は、それに従うものとして注目される。そのうえで理由書は、ドイツ諸国のための新たな手形条例は、裏書の成立以来、新たな意味を獲得した手形法に対し、ドイツの立法・慣習・学問が差し示す発展の方向を追求しなければならないとする。

vi　次に理由書は、草案と当時の他の諸国の立法作業との関係に言及する。すなわち、

『プロイセンにおける手形法の修正の間、いくつかの他のドイツ諸国もまたこの対象と取り組んできている。ヴュルテンベルク、ブラウンシュヴァイク、ザクセン、そしてナッサウの諸草案が存在している。ブレーメンでは、新たな手形条例が既に制定されている。これらの最新の立法作業は、注意深く顧慮されてきた。それら〔＝最新の立法作業〕と、ザクセン草案の基礎に存在する功績あるアイネルトの諸作品（『一九世紀における手形取引の需要に応ずる手形法、一八三九年』と『ザクセン王国のための手形条例草案、一八四一年』）が自己をそれらの仲間としたところの、ヴュルテンベルク、ブラウンシュヴァイク、ザクセン諸草案の理由書は、草案の最終的な編集を本質的に容易にした。これらの諸草案の比較的大きな一致の場合には、ひとは、たぶん一方または他方を直ちに自己のものとなしうるであろう。しかし手形法のより本質的な諸原則に関してしばしば一致が生じているという認知が極めて悦ばしいものであるとしても、諸草案はしかしながら、ただ対象の形式的な取扱においてのみならず、個別の諸規定においてもまた、極めて相互に異なっている。それらの相互との、ブレーメン手形条例との、そして、ここで実施された審議の諸結果との比較は、ひとが諸草案のどれにも完全には連なることができないということを明らかにした。――（②SS. XXII-XXIII）』

理由書は、ここで他の諸国の手形立法の状況を概観し（前述二3参照）、ヴュルテンベルク、ブラウンシュヴァイク、ザクセン、ナッサウの各草案、ブレーメン手形条例を注意深く検討したが、対象の形式的な取扱も個別規定も相互に異なる諸草案のどれもが完全には採用できないとの結論に至ったこと、しかしそれらの理由書がプロイセン草案の編集を本質的に容易にしたことを、明らかにする。理由書は、とくにアイネルトの著作を掲げてそれが右の諸草案に影響を与えたことを認め、アイネルトの著作とその手形法思想に深い敬意を表している。前述のようにプロイセンはザクセンとの間に手形立法を含めて政治的にも経済的にも長期にわたる確執をもったが、それにもかかわらずプロイセン草案の理由書の中で、普通ドイツ手形条例の制定に至る近代ドイツ手形立法史のう

えに果たしたアイネルトの功績ないし影響を明記したことは、プロイセンにおける理由書の執筆者と草案作成の関係者たちの統一手形法を求める高い理想を証明するものに他ならないであろう。

三　草案の基本思想と構成上の特色

vii　以上に続いて、理由書はプロイセン草案の内容の説明に入る。すなわち、『以下の所見は、王国の国家評議会の委員会が草案の最終的な確定の際に与えたところの諸理由と諸見解に関して釈明を与えるべきである。草案のすべての個別の諸規定に立ち入ることは、必要ではないであろう。草案が含む多くのものは、全く争いがない。他のものは、ほとんど任意に決定することができ、それゆえただ選択だけが問題となる。さらに他のものは、既に別の方法で、とくにその他の諸草案の理由書において極めて完全に言われているので、引用で足りるであろう。それゆえただ個別の対象のみが詳細な詳論を必要とし、そして理由書は、さらにラント法とライン商法典に対する草案の関係を明らかにし、必要ならば個別の諸規定の関連を説明することに自己を制限することができるであろう（②S. XXIII）。』

以上によって理由書は、以下に国家評議会の委員会による理由づけと見解を説明していく方針として、争いのない規定や選択だけの問題は省き、他の草案の理由書に説明のあるものは引用にとどめて、個別の問題についてのみ詳論すること、とくにプロイセン普通国法とライン商法典に対する草案の関係を明らかにすること、などの方針を示す。理由書は、どの問題についても両法典との関係を明らかにして、この方針を貫いている。

viii　次に理由書は、『一般的には、草案の内容と配列に関して、最後に以下のことが注記されなければならない（②S. XXIII）。』と述べて、草案の具体的な内容と配列に関する一般的説明に入っていく。理由書は、まず最初に、プロイセン草案が前提とする手形行為の法律構成に関する基本思想を、次のように説明する。すなわち、『既に普通国法の基礎にあり恐らく今日もはや正当づけを必要としない見解との一致において、手形自身とそれに関連する手形上の表示（wechselmäßige Erklärungen）（裏書・引受および手形保証）は、〈手形能力者によって規定の形式で作成される手形表示（Wechselerklärungen）の作成の基礎にある〉個別の当事者間の法律関係から生じうる人的関係・もしかするとあるかも知れない抗弁権・反対請求権によって害されることなく、目的と動機への顧慮なしに手形金額の支払の債務を負わせるところの、一方的な方式行為（einseitige Formal=Acte）として解釈され、取り扱われる（②S. XXIII）。』

以上の説明は、草案がまさに前提とする手形法思想を明らかにしたものであり、理由書の中でも最も重要な部分である。それによれば、手形表示は一方的な方式行為であり、それは原因関係・抗弁権・反対請求権を害さず、またそれらによって害されない、その意味で無因的なものとされている。手形理論としてのいわゆる単独行為説をとる点で極めて注目されるが、アイネルトの紙幣説におけるように一方的支払約束を認めるのではなく、形式そのものが当事者の意思いかんにかかわらず手形債務をもたらすと解するリーベの方式行為説に従うとみられる点において極めて注目される。なお、手形表示が一方的な方式行為であるとの説明は、理由書の中に繰返し登場するプロイセン草案の指導理念ともいうべきものである（後述四三1参照）。

ix　続いて、手形条例が規定すべき対象範囲について理由書はいう。すなわち、

『これによって手形条例の領域が記述され、そして限界づけられる。その対象を構成するのは、今述べられた手形表示とそこから生ずる手形の受戻しに向けられた、そして手形法の諸特権を備えた債権債務（手形債権）である。なるほど、手形予約（pactum de cambiando）、対価と保証のゆえの諸債権、受任者と受寄者の法律関係などのように、手形取引に関係するか、または、そうでないとしても手形取引と独特の関係で登場しうる、さらにいくつかの他の法律関係が存在する。手形条例がひとつの民事法をもつ個別のラント部分のために規定されるとすれば、このことが一部分新たにブレーメン手形条例の中でなされているように、これらの諸関係をもまた手形条例の中で取り扱うことには、異論がないであろう。しかし王国のための普通手形条例は、それと取り組むことは

できない。その独特の領域に制限される手形条例が容易に民事法に付加されるように、それがまず第一に民事法的な視点のもとに入る諸関係を取り上げる場合には、極めて重大な困難が共通の手形条例に向かって設定されるのである。草案は、それゆえすべてのそのような諸関係に触れないままである（②S. XXIII）。』

理由書はこのように述べて、草案の対象を、手形表示とそこから生ずる手形の支払に向けられた手形法の諸特権を備えた手形上の債権債務の問題に限定し、民事手形法の問題を対象外とすることを明らかにしている。

x　続いて手形訴訟について本質的な問題に限って規定したことについて、『さらに手形訴訟に関する章は、より一層自己を制限しなければならなかった。なぜなら、手形訴訟が実体的な手形と立つ緊密な関係のゆえに、訴訟法の一定の諸原則に関して必要な一致をもたらすことが不可欠であるとしても、やはり草案は、君主国において存在する訴訟形式の差異のゆえに、ただ最も本質的なことがらにのみ及び得たにすぎない（SS. XXIII-XXIV）。』という。

xi　最後に、草案の体系的な配列について、理由書は次のように述べている。

『草案の体系的な配列は、容易に概観されなければならない。第一章「手形能力について」と第四章「手形訴訟について」は、為替手形と約束手形という手形の二つの種類に関係する。第二章は、完全に為替手形を、第三章は約束手形を、扱う。最後にあげた章は、ライン商法典と同様に、約束手形の特別性のみを述べ、そして、その他の点では約束手形に適用をみるところの第二章の部分を指示した。第二章は、それゆえ最も重要である。第二章においては、呈示の場所と時、拒絶証書の作成、署名などのような、ひとがたぶん既に最初に期待するところのいくつかのものを、後にはじめて見出すことに注意が喚起されなければならない。一般的性質をもついくつかの諸規定を、繰返しと引用を避けるために、その最後部に従わせることは、合目的に思われた（S. XXIV）。』

xii　プロイセン草案の理由書の序論にあたる部分は、以上のとおりである。これによって草案作成の目標と基本方針、手形の基本的な法律構成、規律の対象とその体系的な配列を明らかにし得たと思われる。理由書は、以上に続いて「第一章　手形能力」（②SS. XXIV-XXX）、「第二章　為替手形」（②SS. XXX-LXXVI）、「第三章　約束手形」（②SS. LXXVI-LXXVII）、「第四章　手形訴訟」（②SS. LXXVII-LXXVIII）の順に、詳細な説明を行っている。そこで以下、プロイセン草案の主な規定を概観する。

四　プロイセン手形条例草案の諸規定

一　全体の構成

プロイセン草案、すなわち「国王の枢密顧問官会議の決議によるプロイセン諸国のための手形条例の草案」（前掲二2 xi）は、全九八規定と終結規定一条からなる。全体は「第一章　手形能力（§§. 1-3）」「第二章　為替手形（§§. 4-86）」「第三章　約束手形（§§. 87-89）」「第四章　手形訴訟（§§. 90-98）」の四章から構成される。この配列については、理由書（前述三3 xi）が説明するとおりである。以下、プロイセン草案の手形法思想を把握したいという本稿の立場からみて重要と思われるいくつかの規定を見ていく。

二　主な個別規定と理由書の説明

1　手形能力

i　規定　まず第一条は「消費貸借契約に基づいて有効に債務を負担することができるすべての者は、手形能力を有する」と規定する。第二条一項は「手形債務者は直ちに行われる身体拘束（Personal=Arrest）を避けるために引受けた手形債務の履行のために責任を負う」と規定し、二項は、その例外として「しかしながら手形の身体拘束は、次の者に対しては許されない。すなわち、(1)プロイセン常備軍の将校および兵士、ならびに、現役の国境守備隊将校および国境守備兵に対して、彼らの手形債務が有効に彼らによって負担された消費貸借契約から生じた場合であっても。(2)彼女が自ら営業を行っていない場合には、婦人に対して。(3)手形債務者の相続人に対して。(4)社団、株式会社およびその他の法人の業務において、または、自己の財産管理の能力をもたない者の業務において、代理のために任命された者によって作成される手形表示に基づいて。」と規定する。そして第三条は「手形上に手形債務を負担することが全くできないか、または、完全な効果をもっては負担することのできない人々の署名があるときは、このことはその他の手形債務者の債務に対して影響をもたない」と規定している。

ii　理由書の説明　以上の諸規定の趣旨について『理由書』(②S. XXIVff.)は、まず第一に、草案は手形能力を拡張する立場をとっていると述べ、身体拘束を手形の概念要素とみて自然人だけに手形能力を認めた普通国法(Th. II. Tit. 8. §. 713)の立場もまた、プロイセンの『一八四三年一一月九日の法律(Gesetzsammlung S. 341)が法人としての株式会社に手形能力を、ただその財産のみで責任を負うという基準をもって、付与した』限りで放棄されていると指摘する。その上で第二に、この身体拘束と手形の関係について『手形は特別の法律行為を構成する(Der Wechsel bildet ein besonderes Rechtsgeschäft)。そこから生ずる支払に向けられた債務のゆえに迅速な手続と身体拘束による執行が許されるとすれば、むろん草案もまた意図しているように、それは……疑いなく個々の場合に手形行為(Wechselgeschäft)自体を放棄することなしに排除されうる原則的な性質にすぎない。このことは手形能力の規定の際にも維持されなければならない(②S. XXIV)』と述べている。このように理由書は、身体拘束が手形行為性を失わずに排除されうる原則的な性質にすぎないと説明し、手形厳正理論に従って身体拘束を手形の概念上本質的なものと定義したプロイセン普通国法との違いを明らかにしている。

続いて理由書は、手形能力の有無を定める一条について、『手形能力は、消費貸借能力により決定され、限界づけられる。それによれば、自己の消費貸借取引によってまたは代理人（代表者、後見人など）によりその権限の範囲内で行われた消費貸借取引によって、義務づけられうるすべての自然人と法人は、債務につき手形債務者としての能力を有するであろう。手形能力は、したがって原則であるであろう。その点において草案は、フランス商法典および大部分の最近の立法に従っている（②S. XXV）』という。その上で理由書は、手形能力を商人に限定せずに一般に開放する立場をとること、しかし身体拘束の執行につき一定の例外を認めるべきことを、説明している。また、三条については、『草案は、至る所で、様々な手形に関係する表示（手形、引受、裏書、手形保証）のあらゆるものが、目的が同一であるにもかかわらず、固有の、独立の、その他の表示の債務に従属しない、そしてただそれ独自の前提に従ってのみ判断されるべき手形行為（ein eigenes selbständiges von der Verbindlichkeit der übrigen Erklärungen unabhängiges und nur nach seinen eigenen Voraussetzungen zu beurtheilendes Wechselgeschäft）とみなされなければならないという原則を固く保持している。そこから既に、署名者の一人の無能力は、それが一般的な処分能力の欠缺であれ、ただ消費貸借能力の欠缺であれ、その他の署名者の債務に影響をもちえないことが結果する（Württembergischer Entwurf §. 538 und Motive dazu; Sächsischer Entwurf §. 266; Braunschweiger Entwurf §. 3)。債務者の一人に対する身体拘束の不許容性は、その他の者に対するこの執行手段の不許容性を結果としてもちえないことは、自ずから理解される（②S. XXX）』と説明している。ここでは、理由書が、手形上の表示（手形、引受、裏書、手形保証）をそれぞれ「固有の、独立の、その他の表示の債務に従属しない、そしてただそれ独自の前提に従ってのみ判断されるべき手形行為」とみる原則に基づくことを明らかにして、手形行為の独立性または手形行為独立の原則を手形行為の性質上当然の原則であると認めていることが注目される。

2　手形上の債権・債務

i　規定　プロイセン草案は、手形の要式証券性について、第四条で本質的要件を列挙することをとおして、

「対価受領文句」と「振出地と支払地の相違」を手形要件から除去することを明らかにする。その上で、第八条は「手形の本質的要件の一つを欠く書面は、手形上の債務を成立させない。このような書面の上に置かれた表示（裏書、引受、保証）もまた手形の効力を有しない」と規定する。為替手形の振出人の責任について、第九条は「手形の振出人は受取人およびあらゆるその後の手形の所有者に対して手形の引受および支払について手形的に責任を負う」と規定して、手形債務が書面債務であり、手形振出に基づいて実体法的に手形固有の債務が負担されることを示している。偽造・変造について、第七一条は「手形の振出人の署名が偽造であるかまたは変造された場合にも、それにも拘らず真正な引受および真正な裏書は手形的な効力を保持する」とし、第七二条は「偽造または変造の引受・裏書を備えた手形に基づいて、その署名が真正であるすべての裏書人および振出人は手形的に拘束される」と規定する。これらは、偽造・変造との関連において振出・裏書・引受という手形行為（債務）の独立性を定めたものである。手形債務者の合同責任について、第七四条は「①手形債務は、手形の振出人、引受人、裏書人、ならびに、手形・手形謄本・引受・裏書を共同署名した者に、彼がその際にただ保証人と自己を名づけた場合ですら、妥当する。②これらの者の債務は、連帯（solidarisch）であり、手形所持人が手形債務の不履行により要求しなければならないすべてのもの（四九条ないし五一条）に及ぶ」と規定する。

ii　理由書の説明　a　まず手形要件（§§. 4-8）は『手形の外部的な形式』と『手形の実質的な内容』に関わるが、この『二つの関係で、立法には裁量権が与えられている』とする。そして前者に関しては、『手形は方式行為（Formalakt）として一定の形式を要求している。〈したがって個々の形式、例えば、振出地が、手形の実質的な法律効果のためにそれ自体何の意味ももたないとしても、あるいは、手形が包含すべき他のもの、例えば、満期の記載が、万一の場合には、法律によって補充されるとしても、そこからは、ひとが前者または後者を形式上大きな安全性のために記載してはならないということにはならない〉』とし、後者に関しては「手形は独特の法律効果をもつ特異な行為（ein singuläres Geschäft mit eigentümlichen Rechtswirkungen）である。いかなる範囲でかついかなる条件のもとで立法がその行為を認めようとするかは、立法に係っている。〈したがって、例えば、証券を受取人の名称なしに「所持人」に向けて、あるいは、支払場所の記載なしに「すべての場所で支払いうる」ように、振り出させることが、もしかすると手形行為の本質と調和しうるとしても、ひとはこのような手形をもまた許さなければならないということが直ちに帰結するわけではない〉』と述べている。そして『手形要件について必ずしも安易には受け取らないという特別の動機は、まさに手形能力の提案された拡張の中にある』と指摘して、『取引の真の必要性と慣用的な形式を維持し、その際に何かを本質的であるということは、〈容易にシカーネに動機を与え、あるいは、報告された対価(berichtigte Valuta)の言及のように、手形の性質についての間違った見解からのみ要求されたことであるゆえに〉これを避ける場合に、ひとは中庸を行うであろう(②S. XXXI)。』として、手形要件の範囲を確定する際の基本的態度を説明している。ここでも理由書が手形を「方式行為(Formalakt)」であると述べている点がとくに注目される。その立場は、次の説明の中では、さらに一層明確に展開される。

b　続いて理由書は、草案が対価受領承認(das Bekenntniß des Empfanges der Valuta)文句を要求しない点で、普通国法(§. 767)やライン商法典(§. 110)の立場を捨て(②S. XXXIII)、最近の法律(ブレーメン手形条例・ハンガリー手形法典)や草案(ザクセン・ブラウンシュヴァイク・ナッサウの各草案)の立場に従った理由を説明しているが、その中で、手形行為の性質について、次のように述べている。やや長いが、理由書の手形法思想を端的に表明する部分であるので、そのまま引用する。

すなわち、右の文句は『手形の今日的形成によれば、いかなる点においても不可欠のものとはみなされえない。まず第一に、振出の動機は、裏書人、被裏書人そして引受人相互の諸関係に全く何の関係ももたない。それゆえひとは少なくとも、手形を欠缺せる承認のゆえに是が非でも無効とみなす理由をもたない。……振出人には、被裏書人に対する関係で、手形訴訟そのものにおいて敗訴判決と手形執行から自己を守るためであれ、分離手続において追求されるべき抗弁権によって支払われたものを取り戻すためであれ、承認(Bekenntniß)の不正を証明して自己のために援用することが認められえないことについては、意見の一致を見ている（②S. XXXIV)。……手形取引の今日の姿においては、他の場所で十分に証明されているように、ひとは、手形をもはや一つの債務証書としてまたは先行する取引に関する証明証書として取り扱うことはできない。ひとは、手形を、既に〈なるほど隠されてはいるがしかしそれでも容易に証明しうべく普通国法の基礎にある、かの見解との一致において〉一つの、原因行為から区別されるべき、債務負担原因をそれ自体の中に担う、一方的な方式行為（einen, von dem veranlassenden Geschäfte zu unterscheidenden, den Verpflichtungsgrund in sich selbst tragenden, einseitigen Formalakt）と解釈しなければならない。まさにそのゆえに、そこでは振出の原因に関する承認が本質的なものとはみなされえないのである。その他の人的関係からと同様に、振出人は、せいぜいその原因に基づいて手形が振出される諸関係〔原因関係〕から、事情によっては、受取人に対する抗弁権（Einrede）を導くことができるかも知れない。しかしこの抗弁権は、予期されなければならず、そして振出人によって証明されなければならない。ひとは、せいぜい振出人が、通常訴訟において対価を受取人に訴求する場合に、彼の側で、手形が信用供与のため、無償譲与のため、そして既存債務の消滅のために、振出されたものではないことを証明する必要がないことを認めうるにすぎない。しかしながらそこからは、対価の承認によらなければ除去されないような即座に用いうる抗弁権が振出人の味方になるという結果は生じない。手形の作成と交付によって受取人に対して、一定の時期に一定の場所で手形法に従って支払を行うという債務を負担した振出人は、自明のことながら先行する民事法的な取引に由来する〈さらなる証明を必要とする〉いわゆる債権のたんなる援用によってこの債務を免れることは……できないのである（②S. XXXV)。』理由書はこのように述べているが、ここでもまた、方式行為説と手形行為の独立性・無因性による抗弁の位置づけが明確にされている点が改めて注目される。

c　偽造（と変造）に関する七一条と七二条について、理由書は『手形の署名における偽造は裏書および引受の有効性に影響をもたないという原則、および、引受または裏書におけるその偽造はすべてのその他の表示の有効性に影響をもたないという原則（②S. LXXI）』をとるが、その他の点については民事法的な視点に委ねられるとする。右の原則の理由づけとして理由書は、『手形債務に関係する個々の表示（手形そのもの、裏書および引受）は、それ自体として存在する、相互に従属していない債務負担原因を含んでいるという原則の中に見出している（②S. LXXII）』と述べて、ここでも手形行為の独立性に言及している。また、合同責任を規定する七四条について、理由書は、同条はプロイセン普通国法の立場をとらず、『本質的にライン商法典（§§. 140–142）の立場を採用し』て、手形表示の複数の署名の意義、従って連帯性を確定したものであるとし、『七四条からは、それ以上に、署名において明示的に、ただ証人、補助者などとしてのみ署名し、従って債務を負担するために署名するのではないことを記載する者もまた責任を負うということは、結果しない（②S. LXXIV）』と述べている。

以上の説明からは、理由書が、手形行為を「原因行為から区別されるべき、債務負担原因をそれ自体の中に担う一方的な方式行為」と解する立場をとること、したがって、手形行為について単独行為説をとること、手形行為を原因行為とは別個独立の債務負担原因に基づく無因的・独立的な法律行為と構成する立場をとることが、明らかになる。とくに理由書が手形行為の無因性を認める立場に立つことは、振出の原因に関する承認が本質的なものとはみなされず、振出人は、その他の人的関係からと同様に、その原因関係から受取人に対する抗弁権（Einrede）を導くことができ、その立証責任は振出人にあること、などを指摘していることから、当然に導かれるであろう。また、偽造・変造および合同責任の規定の説明からも、理由書が、手形行為を「それ自体として存在する、相互に従属していない債務負担原因を含」む法律行為として把握していることが、繰返し明らかとなる。

3　喪失手形

i　規定　ここでは喪失者の権利行使方法と公示催告および除権判決の規定のみが置かれており、善意取得の実体法的規定は存在していない。すなわち、六九条は「喪失手形の所有者は、引受人から、無効手続の開始後、手形の無効宣告が効果を生ずるであろうことについての担保または保証人を彼が立てる場合に、支払を要求することができる」と規定し、七〇条は「手形の無効宣告は支払地の裁判所に申立てられなければならない。同裁判所は手形の占有者に、手形を無効宣告を避けるために公示催告の日から起算して二か月の期間内に裁判所に提出すべき公的な催告を決定する。この期間内に提出が行われないときは、裁判所は手形を無効と宣告する」と規定する。

ii　理由書の説明　理由書はいう。すなわち『手形の喪失者をおびやかす損害の防止は、つねに主として喪失者自身の行動とその他の手形債務者の支えに依存するであろう。法律は、彼にはただ個別の措置をとおしてのみ助けとなりうる。これらの措置は、おそらくただ、(a)資格を有するがしかし不誠実な占有者への支払を予防し、そして手形を再び取り戻すこと、そして、(b)もしこのことに成功しないときは、喪失者に〈手形の占有離脱によって既に失われたのではなく、例えばそのゆえに〔占有離脱のゆえに〕懈怠された適時の呈示によって回復不能的に失われた〉権利の行使を可能にさせること、に向けられうる（②S. LXX-LXXI）』。このうち(a)では『異議の許可が問題となる。……この権利の保証は、しかしながら疑わしく思われる。異議の許可は容易にシカーネ（濫用）のために利用されえ、手形取引の本質とほとんど調和せず、そして手形取引の安全を高い程度で危殆化することは、見誤られない』。『(b)草案が喪失者に提供する助力は、複本を要求する権利（六〇条）と、六九条と七〇条の規定による公示催告と無効宣告の中にある。無効宣告は、もちろん〈振出人および前者に対する遡求権の追求は手形の呈示なしには許されないゆえに〉ただ引受人からの手形金額の取立てを可能にするためにのみ役立ちうる（②S. LXXI）』と説明している。

このように理由書は、喪失者の善意取得者に対する異議の制度を「手形取引の本質」と調和せず「手形取引の安全」を損なうものとして斥けているが、そのことからは、善意取得者の保護を否定する趣旨でなかったことが伺われるにもかかわらず、プロイセン草案は、善意取得の規定を設けず、喪失者の手形権利行使方法だけを規定するに留まっている。

４　手形訴訟と抗弁制限

ｉ　規定　最後に「第四章　手形訴訟（Vom Wechselprozeß）」には、為替手形と約束手形の両者に特有の訴訟手続が規定され、その中に、抗弁制限の規定が含まれている。第九〇条は、手形訴訟の管轄権を定め、第九一条は、手形に担保が付された場合でも、原則として担保を放棄せずに、支払のため債務者の身体を拘束しうると規定し、第九二条は、債務者の破産の場合に、破産財団に対する権利行使のほかに、手形債務者の身体に対しても手形的に請求できると規定している。その上で、第九三条ないし第九六条は、手形抗弁の制限に関して規定している。すなわち、

第九三条は「①手形債務者は、手形訴訟において、ただ、１　手形法それ自体から生ずる抗弁権（Einreden）、または、２　原告が債権譲受人（一六条）とみなされるべきではない限りで、原告に対する関係で被告に直接に帰属する権利から導かれる抗弁権、だけを用いることができる。②仮装（Simulation）の抗弁（Einwand）は許されない」と規定する。第九四条は「反対債権および証拠開示請求は手形訴訟においては許されない」と規定する。また第九五条は「その者に対して手形表示の下にある彼の署名の正当性が確定されるところの被告は、手形訴訟において〈署名の上にある表示が彼の許可なしに記載されている〉〈彼は表示が行われている言語を理解していない〉あるいは〈彼はただ自己の名前を書くことができるだけである〉という抗弁（Einwand）を提起できない」と規定して、いわゆる意思表示の欠缺ないし瑕疵にあたる抗弁を提起できないものとされている。第九六条は「それ自体として許される抗弁権に対しても、それがその証明を必要とする限りでは、手形訴訟においては、その抗弁権が証書または宣誓要求によって即座に証明される場合にのみ、顧慮されなければならない。このような証明のない抗弁権は、被告が敗訴判決をうける場合には、分離された手続のために移送されなければならない」とし

て、直ちに証明できない抗弁は手形訴訟では排除されるべきことが規定されている。

このほか、第九七条は「書面の通知の証明が問題となるときは、この目的のためには、到着した手紙が別の内容であったことが明らかにされない限り、郵便証明によって行われる〈手紙が当事者によって名宛人へと送付された〉という証明で十分である」とし、第九八条は「前記九〇条ないし九七条において別段の定めがない限り、様々な地域において手形事件における訴訟および執行のために存在する諸規定は将来もまた適用される」と規定する。以上が「第四編　手形訴訟」の規定である。

ii　理由書の説明　まず九〇条については『このような規定は、手形取引のために、その規定が迅速な解決をもたらし高い程度において弊害を予防するのに適していること、同一の事実的および法律的な問題が異なる裁判所によって異なって判決されないこと、という二重の利益を確保する』とし、九一条については『手形上の債務の不可欠の法律効果は、手形厳正（Wechselstrenge）、すなわち、そのようなものを普通国法の第二部第八章七一三条が規定しているような、債務者の即座の身体的拘束（sofortiger persönlicher Arrest）によって手形債務の履行を強制するという手形債権者の権利である。手形厳正は、履行が適切な時期に行われることが、手形債務においてはあらゆる他の債務におけるより以上に必要であるゆえに、不可欠である』としたうえで、『手形債権のために、契約によってであれ草案の諸規定に基づいてであれ、担保（Sicherheit）が設定されている手形債権者もまた、債務者の身体拘束を申立てる権限において、設定された担保のゆえに制限されえない。なぜなら〈それを彼が自己の権限で処分することができず、そしてそれの実現がしばしば大きな困難と結び付けられている〉設定された担保は、彼をなるほど債権の損失から保護するが、しかし適切な時期でのその満足を保証しないからである。それゆえ、手形の所有者に〈自ら手形請求権のために担保が設定されている場合においてすら、彼がこの担保から直ちに満足を与えられえない限りで、担保を放棄しなければならないことなしに〉手形債務者に対する身体的拘束をもたらすことを許すことは、何の疑いにも服しえなかったのである。既に一八三九年五月一一日の法律の三条（一八三九年のGesetzsammlung，一七三頁）は、手形債務者の身体に対する執行と並んで、同時にその者の財産に対する執行を求めることを許している』と述べている。また九二条については『手形の所有者が手形債務者の財産に関する破産開始の場合に彼の債権を破産財団のもとで清算し、追求し、しかし同時に、手形債務者の身体に請求することができることは、既に、普通国法の付則一一五条および普通裁判所条例の付則三一九条から結果する。むろんライン法によれば、事情は異なる。それにも拘らず現在のケースにおける手形取引の利益においては、旧国法が優先権に値するであろう（②S. LXXVII）』という。

抗弁制限を定める九三条については『九三条第一項（一号および二号）は、承認された法のものである（普通国法、前掲九一六条と九二七条、ブレーメン手形条例一四五条、参照）。仮装の抗弁の排除は、手形訴訟の性質によって正当づけられる』と簡単に説明されるに留まっている。また、九四条については説明されておらず、九五条についても『九五条は国法の諸規定、第二部八章七八二条ないし七八四条および八一八条に対応する(②S. LXXVIII)』と説明されているだけである。九六条の説明はない。手形抗弁に関する理由書の説明は、それで全部である。

九七条の説明では、同『規定は、主として、支払拒絶による遡求の条件について採用されている諸規定によって惹起された。ひとが遡求の権利を行われた通知の証明に結びつけるときは、立法は、この証明の容易化のためにもまた配慮しなければならない』からであるとされる（②S. LXXVIII)。九八条については説明されていない。以上が手形訴訟と抗弁制限に関する理由書の説明である。

三　プロイセン手形条例草案の特色

1　手形理論としての方式行為説の採用

以上のようにみてくると、プロイセン手形条例草案は、手形債権を証券上の記載に基づく無因的・独立的な債務負担原因に基づく一方的な方式行為とみる立場から、一連の規定を設け、かつ説明していることが明らかとなる。既にみた理由書の序論（前述三三viii）の中では、手形行為が無因性と独立性を有する一方的な方式行為であるとの基本的立場が明らかにされているほか、この一方的な方式行為の概念は、草案四条ないし八条に関して対価文句を手形要件から排除した理由の説明（前述四二2iia、b）の中にも繰り返されていた。そしてこの手形行為がその他の債務に従属しない独自の前提要件に基づく独立の行為であることは、三条の説明においても行われており（前述四二1ii）、この手形行為の独立性は、手形能力との関係で手形行為独立の原則を規定した草案三条、偽造・変造との関係で同じく手形行為独立の原則を規定した草案七一条と七二条の説明（前述四二2iic）でも、繰り返されている。そしてこれらの帰結としての手形関係の法律構成については、裏書の権利移転的効力について「裏書をとおして手形からの裏書人のすべての権利は、そしてとくに手形をさらに裏書する権限もまた、新たな所有者（Eigenthümer）（被裏書人）に移転する」と規定する草案一一条の説明の中で、次のように述べている。『手形は満期まで流通すべきである。振出人とすべての裏書人は、あらゆる将来の所持人に対して債務を負担する。遡求義務者に対する所持人の権利は、直接の、前占有者の特別の関係から独立した権利である。それゆえ手形がその間にだれの手を通って流通してきたかということは、まったくどうでもよいことでなければならない（S. XLIII）』と。このように理由書自体が示す理論構成は、まさに手形の形式を作成する振出人の単独行為が受取人に対してのみならず、その後のあらゆる取得者に対する関係で、直接振出人の手形債務を生じさせるという創造説の理論であり、とくに当事者の合意ではなく形式そのものが手形のすべての効果を生じさせるというリーべの方式行為説の立場を採用したように思われる点で極めて注目される。手形行為の無因性も独立性もそこから導出されていると解されるのである。

2　具体的規定におけるローマ法理論の影響の残存

このような手形の無因的・独立的構成は、アイネルト、リーベ、遅れてトェールによって初めて展開された新しい手形法思想であり、それまでの通説的な立場、すなわち、手形債権を基本的に原因債権と同視し、実体法のレベルでは手形抗弁の制限を認めず、抗弁制限の問題を訴訟的なレベルでのみ認める、ローマ法的手形契約説、および、これと結びついた、抗弁制限をともなう身体拘束の執行手続に手形の本質的特徴を認める旧手形厳正理論の立場とは、真っ向から対立するものであった。リーベの方式行為説に先行し、その学説史的な基礎となったアイネルトの『十九世紀における手形取引の需要に応ずる手形法（一八三九年）』（前掲二3 iおよびそこに引用の拙訳、参照）においては、この手形契約説と旧手形厳正理論のいずれもが全面的に否定されたのである。したがってプロイセン草案の理由書がこの新理論の立場に立つことを表明したことは、ドイツ手形立法史およびドイツ手形法理論史のうえで画期的なことと評価しなければならない。

しかしそれにもかかわらず、プロイセン草案がその具体的な規定のうえで、そのような立場を貫いたといえるかどうかについては、疑問の余地があるように思われる。プロイセン草案の条文をみる限り、旧理論の影響とみるべきものが散見されるからである。

まず第一に、旧理論の影響は、手形拘束に関する諸規定に刻印されて見出される。すなわち、身体拘束と手形債務の関係を示す条文上の表現である「直ちに行われる身体拘束を避けるために」という部分をみると、手形厳正理論を厳格に採用したプロイセン普通国法七一三条（bei Vermeidung des sogleich erfolgenden persönlichen Arrestes）とプロイセン草案二条（bei Vermeidung des sofort erfolgenden Personal=Arrestes）とは、ほとんど同一文言となっている。そのことは、手形債務と身体拘束の関係または手形債務における身体拘束の位置づけについての両者の基本的な把握の間に差異はないことを示すものであり、草案がプロイセン普通国法における手形厳正理論の立場を引き継ぐものと理解されうるであろう。また同じことは、草案二条二項一号の文言が、身体拘束の制限に関して「彼らの手形債務が有効に彼らによって負担された消費貸借契約から生じている場合であっても」(auch wenn ihre Wechselverbindlichkeit aus einem gültig von ihnen eingegangenen Darlehns=Vertrage entsprungen ist.)と表現している点についてもいえる。この文言は、手形債務が消費貸借契約から生じていると述べて、手形債務と消費貸借債務を実質的に同一とみる前提で作られているように思われる。そのような見方は、旧理論の思想そのものに他ならない。また、理由書は、三条において手形債務が手形上の独立の債務であると説明するが、その規定自体は、署名者の中に手形能力または身体拘束能力を欠く者がいてもその他の手形債務者の債務には影響がないこと、言い換えれば、手形債務者は自己の手形無能力または身体拘束無能力を抗弁となしうるのみで、他の手形債務者のそれを自己の抗弁として援用することができないことを示すに留まるのである。

このようにみてくると、草案の手形能力の規定をみる限り、手形債務が他人の手形能力の有無によって影響を受けないそれ自体として独立性を有する債務であることは導かれるが、そこには、手形債務の実体を消費貸借債務と実質的に同視する古い思想が、依然として影響を留めている。そしてそのような影響の跡をとどめる身体拘束とそれを導く手形債務の独立性に関する諸規定「第一章手形能力」を草案の冒頭に置いて、第二章為替手形と第三章約束手形に通ずる共通の要素としたことは、プロイセン草案の全体に、手形債権を原因債権と同視してこれを表章する手形行為を、書面を要素とするローマ法的な手形契約として説明し、身体拘束(手形厳正)をその本質的特徴とみて、両者の結合によって手形制度全体を把握しようとした旧手形厳正理論の影響が残存していることを示すように思われる。なお、そのような構成は、独立の章立てではないが一八三六年の第一次草案(さらに基本的には普通国法)にまで遡る当時の一般的な立法形式であり、それは普通ドイツ手形条例にも維持されたのである。

第二に、このように考えると、プロイセン草案においては「何びとも自己の有するより以上の権利を他人に譲渡することができない」とするローマ法の原則と矛盾する恐れのある諸規定は、注意深く排除されていることに思い至るのである。すなわち、既にみてきたように、手形抗弁の諸規定は「第四章　手形訴訟」の中におかれ、抗弁制限が実体的な手形権利の問題ではなく、手形に特有の迅速な訴訟手続の内部で生ずる訴訟的な効果にすぎないものとして位置づけられていることが注目される。これによって手形実体法のレベルでの抗弁制限の規定は存在せず、そのような可能性はむしろ否定されているようにみえるのである。まず最初に、理由書は、対価受領承認文句を手形要件から排除した理由を説明する中で(前述三3viii)、手形行為を「手形表示の作成の基礎にある個別の当事者間の法律関係から生じうる人的関係・もしかするとあるかも知れない抗弁権・反対請求権によって害されることなく (unbeschadet der persönlichen Beziehungen, der etwaigen Einreden und Gegenansprüche, welche aus dem der Ausstellung der Wechselerklärung zum Grunde liegenden Rechtsverhältnisse zwischen den einzelnen Betheiligten hervorgehen können) ……支払債務を負わせる一方的な方式行為」である (②S. XXIII) と説明するときに、原因関係に基づく抗弁や抗弁権などの対抗可能性を制限することには、言及していない。むしろ抗弁の留保は「害されることなく (unbeschadet)」という文言によって明らかにされているからである。また次に、第四章手形訴訟の中の抗弁に関する諸規定は、いずれも手形訴訟手続の内部での抗弁制限を規定しているだけであって、実体手形法のレベルでの抗弁制限の問題に触れるものではない。もっとも方式行為説の立場では、AのBに対する抗弁は、一方的行為の構造そのものからAのCに対する関係やAのDに対する関係では対抗できないことになるから、そもそも抗弁制限の実体的な規定は必要ではないとの認識が基礎に置かれていたとも考えられる。手形債権を原因債権とは別個・独立に構成するとすれば、手形債権の成立要件をみたす以上、原因関係上の抗弁は手形外のものにすぎず手形債権を制約するものではないから、手形が第三者に譲渡されても抗弁は最初の当事者間にとどまる結果として、抗弁の制限は自動的に導かれるからである。しかしプロイセン草案の理由書は、実体法的な抗弁制限の問題を手形行為論じたいにゆだねるというような説明を与えていない。理論的にも、実体法的なレベルで対抗できない抗弁は、手形訴訟の中であっても当然に対抗できないから、手形訴訟で対抗できるとされている抗弁は実体法的にも対抗されうる抗弁（の一部）であることは当然であるが、それ以上に、手形訴訟で対抗できないとされている抗弁が実体法的に対抗できない抗弁であることには当然にはならないのである。むしろ草案九六条は、手形訴訟で敗訴した被告の本来許される抗弁権は、これを分離手続で行使しうることを明らかにしている（前述四二4ⅰ）。したがってプロイセン草案の規定自体からは、実体法的な抗弁制限をそもそも認めるのか否か、また、認めるとした場合にどの範囲で認めるのかについては、明らかにされてはいなかったというほかない。

第三に、プロイセン草案には、善意取得についての実体的な規定が存在していない。善意取得の問題は、手形所有権の善意取得を認めるかどうかというレベルで問題とされ、手形債権そのものの善意取得が問題とされていたわけではない。草案一八条は、手形所有権者が引受呈示および拒絶証書を作成する権利を有し、手形の占有はそれらの権限を与えると規定していたので、手形所有権の善意取得が認められたとすれば、善意取得者は手形債権を行使できると解されえたであろう。しかし当時プロイセン法のもとでは、一般の動産が盗まれたり紛失したりした場合、所有物返還請求に対して占有者は自己の占有権原を証明しなければならないと解されており、無記名証券についても、争いはあるが、サヴィニーは同様に解すべきであるとしていた（サヴィニー「無記名証券論（一八五三年）」拙訳千葉大学法学論集八巻一・二号（1993.8）二二〇頁以下）。このように証券についての所有権者の追及権をどのような要件のもとで制限すべきかについて、見解が一致していなかったことが、手形の善意取得についての実体的な規定を設けない理由であったものと推測される。いずれにせよ、ローマ法のネモ・プルス原則に抵触する恐れのある規定であるゆえに、手形条例の規定から排除されたものとみるべきであろう。

3　総　括

以上述べてきたことは、プロイセン草案の中に、古い立法や思想の痕跡が新しい思想とともに混在していたことを示すものといえるであろう。プロイセン草案は、手形行為を無因的・独立的な一方的方式行為と構成する立場をとったが、しかし規定のうえでは、第一に、手形拘束を手形の本質的特徴とみる一連の規定を手形実体法全体に妥当する総論的規定として位置づけており、第二に、手形抗弁の規定を訴訟法に位置づけ、実体法的なレベルでの抗弁制限を規定上認めない立場をとったほか、第三に、善意取得の規定も存在しない、という少なくとも三点において、ローマ法の原則に忠実な立場を維持したのである。したがって草案の規定をみる限り、草案は、プロイセン普通国法と同様に、手形債務を消費貸借債務と同性質のものと捉え、手形法を基本的に原因債権の債権者に身体拘束と手形訴訟の可能性を与える一種の強制執行法として捉える立場を踏襲したかのような印象を与える。少なくとも、ローマ法のネモ・プルス原則に反する恐れのある諸規定は、注意深く手形実体法の規定から排除されているのである。そして、まさにこれらの三点において、プロイセン草案は審議の過程で修正・変更を受けることになったのである。それを以下に見ていくことにしよう。

五　プロイセン手形条例草案の修正と変更による普通ドイツ手形条例草案の成立

一　起草委員会草案

起草委員会草案（Entwurf der Fassungskommission）は、一八四七年一二月六日、手形法会議において提出され審議されたものであり（②S. 232.「この対象の解決後、ひとは編集委員会の側から提出された草案の新たな起草の審議に移った」とあるのが、これにあたる）、プロイセン草案に多数の修正・変更を加えて作成されたものである（起草委員は、前述二4 viiに挙げた五名）。個別の諸規定の審議の内容をたどることは本稿では省略し、ここでは直接、起草委員会草案の規定をみることにする。全体は、三章（一〇二条）からなり、「第一章　手形能力」（一条ないし三条）、「第二章　為替手形」（四条ないし九七条）、「第三章　約束手形」（九八条ないし一〇二条）、という構成となっていた。「第四章　手形訴訟」という章立ては消失し、終結規定は削除されている（②S. 249-S. 268）。主な修正点は、手形拘束の規定の修正、善意取得の新設、抗弁制限の規定の実体法への移行、という三点である。以下、プロイセン草案の規定に対応する起草委員会草案の規定をみていく（〔 〕は、プロイセン草案との比較）。

「一条〔プロイセン草案一条に相当〕　契約により債務を負担することができるあらゆる者は、手形能力を有する。〔変更〕

二条〔プロイセン草案二条に相当〕　①手形債務者は引受けた手形債務の履行のために彼の身体と彼の財産をもって責任を負う。〔変更〕

②しかしながら手形拘束は、〔次の場合には〕許されない。〔変更〕

1）　手形債務者の相続人に対して。

2）　会社またはその他の法人のために、株式会社のために、または、自己の財産管理の能力をもたない人々の業務において、代理人によって作成された手形表示に基づいて。

3）　商業またはその他の営業を経営しない場合の婦人に対して。〔削除と順変更〕

③公法上の理由に基づいて上述の人々以外の他の者に対する執行がどこまで制限を受けるかは、特別法において規定される。〔新設〕

三条〔プロイセン草案三条に相当〕　手形上に、手形債務をそもそも負担することができないか、または、完全な効果をもっては負担することのできない人々の署名があるときは、これはその他の手形債務者の債務に対して影響をもたない。〔gar nichtをüberhaupt nichtに変更〕

七条〔プロイセン草案八条に相当〕〔変更なし〕

八条〔プロイセン草案九条に相当〕手形の振出人は引受および支払について手形的に責任を負う。〔変更〕

七四条〔プロイセン草案六九条と七〇条に相当〕占有を喪失した手形の所有者は、支払地の裁判所において手形の無効宣告を申し立てることができる。無効宣告手続の開始後、所有者は、手形の無効宣告までに担保を設定するときは、引受人から支払を求めることができる。このような担保設定なしには、所有者は、ただ引受から債務を負う金額を裁判所のもとに、または、供託金の受領のために権限を与えられたその他の営造物のもとに、供託すべきことを要求する権利がある。〔変更〕

七五条〔プロイセン草案には規定なし。新設・善意取得〕三七条の規定によって資格を与えられた手形の占有者は、彼が手形を悪意で取得したか、または、彼にその際に重過失が帰する場合にのみ、手形の返還を求められうる。

七六条〔プロイセン草案七一条に相当〕〔変更なし〕

七六条〔プロイセン草案七二条に相当〕〔変更なし〕

八二条〔プロイセン草案七四条に相当〕①〔変更なし〕

②これらの人々の債務は、手形所持人が手形債務の不履行により要求しなければならないところのすべてのものに及ぶ。〔変更〕

③手形所持人は彼の債権全体をもって個々人に請求することができる。いかなる手形債務者に対して彼が最初に請求しようとするかは、彼の選択にある。〔新設〕

八三条〔プロイセン草案九三条に相当〕手形債務者は、手形法それ自体から生ずる抗弁権またはその時々の

原告に対して彼に直接に帰属する抗弁権のみを用いることができる。〔変更〕

八四条〔プロイセン草案七五条に相当〕　①振出人または引受人の手形債務が、時効により、または、手形権利の保全のために法律上規定されている行為が懈怠されることによって、消滅するときは、これらの者は手形所持人に対して、ただ彼らが手形所持人の損害をもって利得している限りでのみ、拘束されつづける。

②その手形債務が消滅した裏書人に対しては、それ以外の請求権は存在しない。〔変更〕」

以上が起草委員会草案の対応する諸規定である。

二　普通ドイツ手形条例草案（ライプチッヒ草案）

起草委員会草案は、一八四七年一一月六日、七日、八日の三日間審議された。その主な規定を逐条ごとに検討してわずかな修正を施した結果、一一月九日、満場一致で決議されて成立したのが『会議の諸決議による普通ドイツ手形条例草案』（ライプチッヒ草案）（Entwurf einer Allgemeinen Deutschen Wechselordnung nach den Beschlüssen der Konferenz）、すなわち、最終的に手形法会議の決議によって確定された普通ドイツ手形条例の草案である。全体は、三章（一〇〇条）からなり、第一章　手形能力（一条ないし三条）、第二章　為替手形（四条ないし九五条）、第三章　約束手形（九八条ないし一〇〇条）、という構成となっている（②S. 269-S. 288）。この草案を「起草委員会草案」の対応する規定と比較してみる（〔　〕は、起草委員会草案との比較を庄子が付記）。

「一条〔変更なし〕

二条〔変更なし〕

三条〔変更なし〕

七条〔プロイセン草案八条に相当〕〔変更なし〕

八条〔プロイセン草案九条に相当〕〔変更なし〕

七三条〔プロイセン草案六九条と七〇条、起草委員会草案七四条に相当〕　占有を喪失した手形の所有者は、支払地の裁判所において手形の無効宣告（Amortisation）を申し立てることができる。無効宣告手続の開始後、所有者は、手形の無効宣告までに担保を設定するときは、引受人から支払を求めることができる。このような担保設定なしには、所有者は、ただ引受から債務を負う金額を裁判所のもとに、または、供託金の受領のために権限を与えられたその他の官庁または（Behörde oder）営造物のもとに、供託すべきことを要求する権利がある。〔変更・「官庁または」を追加〕

七四条〔善意取得：プロイセン草案には規定なし。起草委員会草案七五条に相当〕　三七条の規定によって資格を与えられた手形の占有者は、彼が手形を悪意で取得したか、または、彼に手形の取得の際に重過失が帰する場合にのみ、手形の返還を求められうる。〔dabeiをbei der Erwerbung des Wechselsに変更〕

七五条〔プロイセン草案七一条、起草委員会草案七六条に相当〕　〔変更なし〕

七六条〔プロイセン草案七二条、起草委員会草案七七条に相当〕　〔変更なし〕

八一条〔プロイセン草案七四条、起草委員会草案八二条に相当〕　〔変更なし〕

八二条〔プロイセン草案九三条、起草委員会草案八三条に相当〕　〔変更なし〕

八三条〔プロイセン草案七五条、起草委員会草案八四条に相当〕　①〔変更なし〕

②その手形債務が消滅した裏書人に対しては、そのような請求権は存在しない。〔二項の「それ以外の請求権（anderweiter Anspruch）は存在しない」を「そのような請求権（solcher Anspruch）は存在しない」に変更〕

る。

三　プロイセン草案の修正の意義

㈠　プロイセン草案の修正点

以上、一部の規定を概観したにすぎないが、少なくとも、手形拘束の規定、善意取得の新設、抗弁制限の規定の実体法への移行、という三点について、プロイセン草案の立場は、大きな変更を受けていることが明らかとなる。

1　まず第一に、手形能力に関してプロイセン草案は、冒頭の一条で、手形能力を消費貸借能力としていたのが変更されて、起草委員会草案以後は、契約能力とされ、また第二条で身体拘束だけを掲げていたのが変更されて、起草委員会草案以後は、身体と財産をもって責任を負うとされたことである。「身体拘束を避けるために」責任を負うことから「身体と財産をもって」責任を負うことへの変更は、身体拘束の位置づけが、手形債権を手形債権たらしめる本質的要素としての地位から、財産とならぶ執行の一対象へと変化したものにほかならない。すなわち、手形拘束の位置づけが、手形の本質的特徴としての地位から、実体的な手形権利にとっての本質的でない付随的な執行手段としての地位に転落したことが、規定のうえで明らかにされた点において重要であろう。その背景には、次にいう第二、第三の変更と関連して、手形債権が原因債権とは法律要件を異にする別個独立のものであることが、実体法的にも確立されたという事情が存在しており、これらの三点の変更は相互に論理的関係にあると考えられる。すなわち、先に旧思想の残存として指摘した(四三2の第一)、身体拘束の位置づけに関するプロイセン草案二条一項が変更され、手形債権と原因債権の同一性を伺わせる草案二条二項一号が削除されたことは、このようにして理解されよう。なお、手形行為独立の原則を規定する三条は、字句の修正を受けたに留まり、実質的な変更はなかったが、偽造・変造の関連で手形行為独立の原則を規定する草案七一条について、オーストリア代表が「善意の所持人に対して」という追加文言を提案したが、一五対四で否決されたことが記録されている（②S. 142)。手形行為独立の原則の適用を偽造との関連において善意取得者に限る思想は、立法の選択肢として確かに存在したが（リーベのブラウンシュヴァイク草案八五条もそうである)、その選択肢は捨てられ、当然説に基づく立法が成立し、その後の学説発展の方向を決定したことを立法史的に示すものである（拙稿「手形行為独立の原則の再考察」菅原菊志先生古稀記念論集・現代企業法の理論（1998）二八一頁以下)。

2　第二に、プロイセン草案には善意取得の規定が存在せず、善意の手形取得者も、手形の無効宣告が生じる場合のために担保を設定したうえでのみ支払を求めることができるにすぎない（無効宣告が効力を生ずると受け取った代り金を返還しなければならない）とされるにすぎず、手形権利の善意取得は認められなかったが、この立場は審議の結果として変更され、起草委員会草案七五条、最終草案では七四条によって、悪意・重過失なき限り手形の返還を求められることがないと表現されている。手形法会議の議事録によれば、一八四七年一一月一七日の審議の過程では、盗難手形または遺失手形の善意取得者（bonae fidei possessor）が真の所有者に優先するか劣後するかが問題とされ、ハンブルク代表が『この問題は手形に関するものであり、民事法の一般原則とは独立に、特別な決定、そしてそれも、手形を正当な権限をもってそして善意で取得した占有者に対する所有物返還請求権（Vindikation）は許されない、という特別な決定に値する』と提案し、アイネルトが基本的に賛成して、何人かの代表も『債権者が証券の所有者である（daß der Forderungsberechtigte Eigentümer des Papiers sei.)』という原則の帰結としてこの提案を支持したが、より多数の代表者は、規定は民事法の問題に属するとしてこれに反対したとされている。その結果、『盗難手形または遺失手形の所有物返還請求権について何か規定されるべきか』という問題についての表決は、『一〇票対九票で否決された。後者には、とくにオーストリア代表、リューベック・フランクフルト・ハンブルクの代表たちの投票が属していた』（②SS. 143-144）と記録されている。しかしその後、一二月一日の会議においては、オーストリア代表（ハイスラーDr. Heisler）が、『手形の最終的な占有者として裏書における空白前に現れている者は、手形をあらゆる所持人から取り戻すことができる。手形がそのような裏書をとおして第三者へと至るときは、以前の適法な所有者は、変造に関与したか、または、手形の受戻し前にそのことを知っていたか、または、適法な注意を払ったならば手形の不真正を発見することができたところの占有者からのみ、手形の返還を求めることができる』という文言のもとに善意取得を規定する提案をし、『手形所有権は偽造の裏書によっても有効に譲渡され、偽造裏書に先行する裏書人もまたその後の被裏書人に拘束されることが認められなければならない』（②S. 228）という理由づけを述べた。この提案は、重過失を悪意と同列に扱うなどの変更がなされた（一四票対五票）うえで、一七票対二票の表決で承認され、その表現が起草委員会にゆだねられた（②S. 229）。これによって手形所有権の善意取得とそれに基づく手形債権の善意取得の規定が設けられたのであり、ローマ法の原則と正面から対立する規定が草案の中に採用されたわけである。

3　第三に、プロイセン草案の「第四章　手形訴訟」が削除され、その中の九三条だけが、若干の変更を伴って起草委員会草案八三条、および、最終草案八二条へと引き継がれたことである。もっとも手形条例の規定すべき対象は、理由書もいうように『手形表示とそこから生ずる手形の受戻しに向けられた、手形法の諸特権を備えた債権債務（手形債権）』（②S. XXIII）であるとされていたから、手形訴訟の規定を設けること自体は、必ずしも最初から手形法会議の目的とは考えられていなかったようである。これと符合して、議事録の記述によれば、一八四七年一一月二三日の審議において、プロイセン草案の報告者ビショッフは、『個々のドイツ諸国において妥当している訴訟法の本質的な差異のゆえに、実体的な手形法と並んで、ここでもまたさらに手形訴訟条例をその全範囲において審議へと提出し、個別の規定を決定的に確定することは、意図ではありえない。しかしながら多くのドイツ諸国において新たな手形訴訟条例の見誤りえない必要性が存在しているので、訴訟法の個々の本質的な諸原則に関して合意するならば、それは既に真の獲得物であるとみなされなければならないであろう』（②S. 162）と述べている。これに引き続いて、代表の一人は、『手形訴訟はあらゆる国家において通例の訴訟手続と緊密な関係に立っており、それゆえ様々な国において異なって形成されざるを得ない。〔手形法〕会議は、訴訟手続のそれのような案件と諸事情に関する諸規定をその権限の内部に存するとみなすことは困難であろう。それゆえ審議がこの章の個々の条文について行われる場合には、それにもかかわらず〔普通ドイツ手形条例〕草案に採用されるべき規定ではなく、議事録の中にとどめられなければならない希望と意見だけが問題となりうるにすぎないであろう』と述べ、オーストリア代表もまた、『私は、手形訴訟に関する会議の審議については、殆どまたは全く利益を期待しない。草案は、手形訴訟に関する完全な規定を含んでおらず、それが既に手形の性質の中にありかつ一般的に認められている限りでは、さらなる詳論を必要としないが、しかしそれがあらゆるラントの裁判所構成と裁判手続に関連する限りでは、この点において支配する大きな差異のゆえに満足すべき結果を与えることのできない、二三の一般原則だけを含んでいるにすぎない』(②S. 162) とした。ハンブルク代表は、この見解に賛成して『一般に手形訴訟のためには、手続の最も可能な迅速性と直ちに証明できない抗弁権の拒否とが、指導的な立法によって実現されるべき原則として承認されなければならない』(②S. 163) と述べ、そして別の側から『九〇条ないし九八条は、とにかく何が決議されるにせよ、それがむろん手形訴訟条例ではないがただ個別の訴訟的な諸規定を含んだにすぎないことによって、僅かな例外を別とすれば個々の国家によって公布されるべき共同の手形条例への採用に適するものとはならないであろう。しかしこのことは、この点に自己を適合させることには反対しない。そしていずれにせよ意見の交換と議事録への意見の記録は、手形訴訟法を新たに制定しまたは既存の手形訴訟法を修正する必要を感じた個々の国家のために有用であろう』と発言された (②S. 163) と記録されている。議事録は『ことがらのこの解釈は異論をみなかったので、草案の第四章が詳細な考察へと導かれた』(②S. 163) と述べて、引き続いて個別の条文の審議に入っている。要するに、手形訴訟の規定を設けることは、最初から手形法会議の権限外の事項であったことが、手形訴訟の規定の削除をもたらしたのである。そして、各ラントにおいて制定されるべき新たな手形訴訟条例における本質的な諸原則に関して合意すること自体に既に意味があるというプロイセン代表の控えめな提案理由の趣旨が大勢を占めたものと理解される。

抗弁制限に関するプロイセン草案九三条、九四条および九六条についての審議の内容について、議事録は次のように記録している。すなわち、

『九三条、九四条および九六条は、それらを一体化するとき草案のシステムを次のように含んでいるので、審議において一括して行われた。
（1）　直ちに証明できない抗弁権は、すべての事情のもとで手形訴訟から排除される。
（2）　仮装の抗弁権ならびに相殺の抗弁権は、それらが即座に証明されうる場合ですら、同様に手形訴訟においては行われない。
（3）　裏書人の人格から所持人に対抗されるべき抗弁権についても、原告が債権譲受人とみなされるべきではない限りでは、同様である。
（4）　証拠開示請求は、手形訴訟においては許されない。
会議は「2号と3号に掲げられた命題は、訴訟にではなく手形条例に属する。そしてそれゆえたんに審議のみならず、《ひとが合意する諸規定は、訴訟条例にではなく、草案それ自体へと採用されなければならない》という効果を伴う形式的な議決をも必要とする」という見解であった。ことがらそのものにおいて、ひとは、3号については一般に合意されたが、これに対して2号は、ひとが「所持人の人格から導かれるすべての抗弁権、したがってまた仮装の抗弁権および相殺の抗弁権は、それらが即座に証明されるべきである限りでは許されなければならない」という見解であったことによって、一致して否決された（②S. 168）。［以下、略］』
議事録はこのように述べているが、この3号の内容と2号を否決した趣旨とが、起草委員会草案八三条として表現されたものと解される。そして、起草委員会草案が審議された一八四七年一二月八日の会議では、手形抗弁の制限に関するプロイセン草案九三条に対応する起草委員会草案八三条については、『八三条の変更を二三の代表

は、それについて八一条〔時効に関するプロイセン草案七三条に対応〕において生じたことに対する顧慮から、不可欠とみなした。決議は、それにもかかわらず四票対一五票で表現の変更に反対の結果となった』(②S. 241–S. 242) とあるのみで、それ以上に具体的な議論はなされなかった。

このように見てくると、文言の変更よりも、抗弁制限の規定が手形訴訟から実体的手形法の中に移されたことの意義の方が大きいといえよう。抗弁の制限が、ただ訴訟手続の枠内で生ずる効果ではなく、実体法的な手形権利の性質そのものから導かれるものとして規定されたことによって、この点でもローマ法の原則と相容れない規定が草案の中に加えられたということができるのである。

(二)　プロイセン草案の修正が意味するもの

プロイセン草案の修正が右のようなものであるとすると、二4 ixで前述した一八四八年一月五日のプロイセン代表団の報告書が述べていることとの関係が問題となる。

1　まず第一に、右報告書が言うように、普通ドイツ手形条例の最終草案が形式上も本質的な諸原則上も徹底してプロイセン草案に関連している、といえるかどうかは、かなり疑問になるのではないかと思われる。先にも指摘したように、プロイセン草案の基礎とされた思想では、確かに手形債権を無因的・独立的に構成し、それを一方的な方式行為であると解する立場をとっていたが、草案の具体的な規定のうえではその趣旨は必ずしも徹底されておらず、基本的にローマ法(=民法)の立場から、手形債権を原因債権と実質的に同一視していると解される規定を含んでいたほか、民法理論に従って手形債権の善意取得を認めず、抗弁の制限をただ訴訟手続の内部でのみ導くものにすぎなかったと解されるが、審議の結果として成立した普通ドイツ手形条例の最終草案は、むしろ手形債権の原因債権からの独立的・無因的存在を徹底し、手形債権の善意取得や抗弁制限を実体法的に認めるものであったからである。これによって、ローマ法理論を維持しつつローマ法の原則と抵触する善意者保護の諸規定を手形条例から注意深く排除したプロイセン草案の立場から、無因的・独立的な実体的な手形権利を認めてその流通を保護する普通ドイツ手形条例の立場への転換が、行われたのである。これらの諸点は、いずれも、前述したように、ザクセンのアイネルト、ブラウンシュヴァイクのリーベ、メクレンブルクのトェールという三人の手形法学者による手形理論の革新運動の成果として評価されるべきものであったことが、認められなければならない。

第二に、プロイセン代表団がプロイセン草案に加えられた変更を改善とは認めなかったことは、先にみたとおりであるが、そのように判断した根拠は必ずしも明らかではない。しかし次のように考えられるのではなかろうか。すなわち、プロイセン草案の基礎とされた二つの思想のうち、無因的・独立的な一方的債務負担という思想は、それが手形債権債務の性質として十分に一貫して適用されたものであったかは疑問であるが、いずれにせよ善意取得や抗弁制限の実体法化によって一層徹底されたのであり、他方では、本来プロイセン一般ラント法以来、手形立法の基礎とされてきた、ローマ法理論に基づいて手形債権を原因債権と同視する見方は、例えば、指図禁止手形の譲渡に関する規定としてそのまま残存したからである。すなわち、我々の現行手形法一一条二項は、手形から指図性（裏書による譲渡可能性）を奪うと、手形上の権利は指名債権譲渡の方式と効力をもって譲渡しうるものと規定しているが、その前身にあたる、普通ドイツ手形条例の最終草案九条二項（「しかしながら振出人が譲渡を手形において〝指図禁止〟または同意義の表現によって禁止するときは、裏書は手形的効力をもたない」）と一五条（「裏書においてさらなる譲渡が〝指図禁止〟または同意義の表現によって禁止されているときは、手形が被裏書人の手から達するところの者は、裏書人に対して遡求権を有しない」）には、裏書を禁止された手形債権は、民法の債権譲渡の方法で譲渡されることが当然の前提とされており、したがって手形債権は民法上の債権に手形厳正が付加されたものであるという旧派（ローマ法学派、すなわちベルリン学派）の思想が維持されているとみることができるからである。この点では、アイネルト、リーベ、トェールによって確立された手形行為の成立要件を原因債権のそれとは切り離して別個独立に構成するという無因性の思想は、必ずしも全体を貫いたということはできず、彼らの思想とプロイセン法の本来の思想とは、普通ドイツ手形条例の中に和解し難い形で共存していたといえるように思われる。そのことが普通ドイツ手形条例はもとより、ドイツ手形法の影響を強く受けたジュネーヴ手形法、そしてわが国の現行手形法の下においても、手形上の債権債務の法律要件を原因債務のそれとは独立的に構成する無因論の立場と、手形債権を原因債権と基本的に同視して有因的構成に傾く立場の、いずれをも成り立たしめる原因となっていると考えられる。

そして第三に、それにもかかわらずプロイセン代表が新たな最終草案を受容可能と判断したことによって、プロイセンの法律家たちは、普通ドイツ手形条例の成立後は、無因性・独立性の方向に徹底するか、それとも、従来どおりプロイセン草案の基礎とされた伝統的なローマ法の思想を基礎としてこれを解釈論的に再構成していくか、いずれかの道を選択せざるを得ないことになったと推測される。しかし変更を改善とは認めないとした姿勢は、彼らが基本的にはもとの見解を維持し続けようとしたことを示しているようにみえる。サヴィニーを始めプロイセンにおける法律学の主流をなす人々は、ローマ法理論に忠実な解釈を、全面的にまたは部分的に、その後も一貫して取り続けることになったのではないかと思われる。

六　結論的考察

一　プロイセン手形立法史の示唆するもの——手形法思想の対立の意味——

1　以上において、手形法草案の成立過程を中心に、その基本思想を考察しつつ、プロイセン手形立法史を概観してきた。まず**二**においては、草案作成作業は、当初、純粋に一七九四年のプロイセン普通国法の改訂作業の一環として着手されたが、やがて関税同盟会議で商法および手形法の統一を提案するヴュルテンベルク代表の発言に触発されて方針を転換し、関税同盟諸国全体、さらにはドイツ連邦全体に妥当すべき統一手形法の草案を作成するという明確な意図のもとに、進められるに至ったこと、したがってこの作業は、一方では、手形法を統一して経済活動のいっそう緊密で活発な展開を図るという、関税同盟諸国に共通する利益を図るためのものであったが、他方では、自らの主導権のもとにドイツの国家的統一（法的統一）を目ざしていたプロイセンの政治目標の一環として位置づけられたことを知りえた。

しかし当時、手形取引の需要に応ずる新たな手形法草案の作成作業は、プロイセンにおいてのみならず、ザクセンでも、ヴュルテンベルクでも、ブラウンシュヴァイクやメクレンブルクその他の諸国においても、相前後して行われており、とりわけザクセンでは、アイネルトによって起草されたザクセン手形条例草案を統一法の基礎としようとする構想が存在した。したがって手形立法の主導権確保をめぐる争いは、ただ理論的・実務的な対立にとどまらず、政治的・地域的な対立としての意味をもたざるを得なかった。本稿で概観した限りでも、一九世紀におけるドイツ手形立法の主導権を把握しようとするプロイセンの政治家、学者および官僚たちが、ヴュルテンベルクやザクセンの動きに反応しつつ、いかに辛抱強く周到な計画と準備を行ったかが理解される。そしてプロイセンが抱いたこの目標は、プロイセン草案を手形法会議の審議の基礎に据えるのに成功したことによって、一応は達成されたと認められるのである。

2　しかし三で明らかにしたように、プロイセン草案の基本思想は、一方では、手形行為を独立的・無因的な一方的行為として捉えようとする側面をもつと同時に、他方では、手形法会議でのビショッフの説明（前述二4ⅴ）に示されるように、手形法を訴訟法的ないし執行法的に把握しようとする側面をもつものでもあった。後者の側面を突き詰めると、手形法を民法的な債権（原因債権）に身体拘束という強い執行手段を与えるにすぎないものとみて、手形債権と原因債権を基本的に同視するものであり、そしてそれはその当時のローマ法理論を忠実に維持する立場に連なるものであった。むろん草案の理由書じたいが「手形債務に関係する個々の表示は、それ自体として存在する、相互に従属していない債務負担原因を含んでいる」と述べて明らかにした、手形債務負担行為の無因性・独立性という思想は、ローマ法的な手形厳正理論と矛盾しない限りで認められたにすぎず、そのため、手形厳正の規定を冒頭におくと共に、ローマ法の原則に矛盾するおそれのある善意取得を含まず、抗弁制限の規定を手形訴訟の諸規定の中に位置づけ、これらを手形実体法から注意深く排除していたのである。その意味においては、プロイセン草案自体が不徹底で矛盾していたといえるし、個別問題に関する手形理論の不揃いな発達の状態がひとつの草案の中に混在していたにすぎないともいえる。しかしプロイセン草案は、審議の過程で、少なくともこの善意取得と抗弁制限に関する手形実体法の規定を新設ないし再構成するという重要な変更を受けた。このような変更は、「何人も自己の有するより以上の権利を他人に譲渡することはできない」とするローマ法理論の立場からは説明困難であり、その実体法的説明は、アイネルトの紙幣説、リーベの方式行為説、トェールの定額約束説のように、伝統的なローマ法理論を排除または修正したうえで、手形債務を原因債務とは別個独立の法律要件に基づくものとしてこれを無因的・独立的に構成する立場をとることによらなければほとんど不可能である。したがって手形法会議における参加国の代表であったこれら三人の手形法学者は、プロイセン代表との間に、プロイセン草案の変更をめぐって鋭い議論を展開したであろうと思われる。その状況は、既にみてきた議事録の記載から推測するほかはないが、明らかなことは、善意取得と抗弁制限の問題が、手形行為の無因的・独立的な法律構成を徹底するという方向で解決されたということである。

3　いずれにせよ以上の考察からは、プロイセン草案をめぐって、手形債権を原因債権と同視する手形厳正理論とローマ法的な契約説を結合する旧理論の立場と、手形債権を原因債権から無因的・独立的に構成しようとしてこれに反対する新理論の立場とが、ライプチッヒ会議において鋭く対立したことが明らかとなる。この対立は、ライプチッヒ手形法会議の審議の過程ではじめて生まれたものではなく、ライプチッヒ会議に先立つ一〇年間に関税同盟の諸国で行われた新たな手形条例の作成作業にさかのぼる。アイネルトはザクセン手形条例草案を、リーべはブラウンシュヴァイク手形条例草案を、トェールはメクレンブルク手形条例草案を、それぞれ起草したが、いずれも手形行為の無因的・独立的構成から出発したものである点において共通していた。したがってライプチッヒ手形法会議におけるプロイセン草案の採用は、プロイセン草案自身が既にこれらの思想を体系的に不徹底ないし不整合のまま一部分採用していたとしても、一方では、これらの手形条例草案の排除を意味すると同時に、その基礎となった手形法思想をもまた、統一した思想としては、全部または一部否定することを意味するものであったと思われる。したがってプロイセン草案に加えられた修正・変更は、これらの草案とその基礎に置かれた手形法思想の側からの反撃にほかならなかったといえるであろう。その結果、普通ドイツ手形条例の中には、手形行為の無因的・独立的構成を基礎とする善意取得や抗弁制限のような規定と、手形債権と原因債権の同視を基礎とする指図禁止手形についてのような規定とが、併存することになったのである。その結果として、アイネルトをはじめとするザクセンその他これに同調する諸国の人々は、普通ドイツ手形条例の解釈を、手形行為を独立的・無因的に構成する立場から、展開することになったであろうと思われる。これに対してプロイセンの法学者たちは、善意取得や抗弁制限についての新たな解釈論を構成する必要に直面したであろうが、それにもかかわらず大体においてプロイセン草案を作成する基礎となった従来の手形法思想の立場から、すなわち、ローマ法の基礎に忠実な立場から、手形条例の解釈に臨むことになったのではないかと推測される。

4　要するに、ベルリン学派の人々はプロイセン草案の手形法思想、さらにはその基礎となった普通国法の手形法思想の立場から、また、反ベルリン学派の人々は彼らの草案の基礎となった手形法思想の立場から、それぞれ新たに成立した普通ドイツ手形条例の解釈論に臨んだのであり、それが今日の手形理論における契約説と創造説の対立の発端となったのではないかと思われる。その意味において、手形理論の対立は、普通ドイツ手形条例の成立に先立つ関税同盟諸国の間における手形の立法と解釈をめぐる理論的・実務的な対立に胚胎するものであると同時に、政治的・地域的な対立としての意味を有したことが指摘されるのである。プロイセン草案によって手形立法の主導権をとったベルリン学派の人々は、サヴィニーの理論以降、ローマ法理論の立場からの新たな手形制度の基礎づけという課題と取り組むことによって契約説の理論を幅広く展開していった。サヴィニーは、早くも一八五三年の『債務法論』(Savigny, Das Obligationenrecht. 1853. 拙訳「サヴィニーの無記名証券論」千葉大学法学論集八巻一・二号 (1993) は、その部分訳) の中で、プロイセン草案が基礎とした一方的行為 (単独行為) 説を排斥して当事者の意思を基礎とする「不特定人との契約説」によって手形の法律関係を説明したが、その立場は、さらにL・ゴールドシュミットおよびO・v・ギールケの契約説に引き継がれた (小橋一郎『手形行為論』(1961) 七四頁、七九頁以下)。その立場は、さらに「公信力ある有価証券」の理論によって債権譲渡説的な契約説を展開するに至るブルンナーの契約説 (Brunner, Die Wertpapiere, 1882. 拙訳「有価証券論・ブルンナー著」千葉大学法学論集九巻二号三号 (1994. 1995)。小橋・前掲七六頁以下、同「ブルンナーにおける有価証券」(1953) 商法論集II (1983) 二三頁以下) へと連なっていく。これらのベルリン大学の教授たちによる契約説の展開は、やがてE・ヤコビの権利外観理論 (E. Jacobi, Grundriß des Rechts der Wertpapiere im allgemeinen. 3. Aufl. 1928. 拙訳「エルンスト・ヤコビ『有価証券法綱要』(一九二八年刊)」筑波法政一九号二〇号 (1994. 1995.)。河本一郎「有価証券におけるレヒツシャイン――ヤコビを中心として――」神戸法学雑誌二巻四号七二五頁 (1953)、小橋「ヤコビの手形理論 (権利外観説) について」(1955)、同「手形理論としての権利外観説への疑問」(1962) いずれも前掲商法論集II一頁、一五二頁、一九六頁など、参照) と結合した契約説へと引き継がれて、二〇世紀の手形理論の主流を構成するのである。これらの立場に共通するのは、大雑把にいえば手形行為の無因的・独立的構成に必ずしも積極的ではなく、場合によっては否定的であるように思われる (サヴィニーおよびブルンナーの前掲書には、手形の無因性 (Abstraktheit) という言葉はそもそも登場しない) 点であり、私は、この学説史的な流れをプロイセン学派またはベルリン学派ということができると思う。これに対して、手形行為の無因的・独立的構成を積極的に推し進める理論は、アイネルトの紙幣説を受け継いだ創造説またはその修正による発行説の理論がオーストリア・バーデン・ザクセンなどのプロイセン以外のほとんどのドイツ地域に広く受け容れられていくことによって、単独行為説の大きな流れを形成する。私は、この思想を反ベルリン学派あるいはライプチッヒ学派と呼ぶことができるように思われる。方式行為説を主張したリーベは、普通ドイツ手形条例の成立後の最初のコンメンタールの中で（前掲二1）、一方的行為説の立場を維持することによってライプチッヒ学派に与することを明らかにしている。なお、トェールの金額約束説は、契約説をとる点でアイネルトやリーベと対立したが、徹底的な無因性を認める点でライプチッヒ学派に同調し、ベルリン学派とは異なるものとして独自の地位を占めた。

その後のドイツにおける手形法理論の学説史的発展の流れをたどると、二〇世紀初頭に登場し永く支配的地位を占めたヤコビの契約説は、手形債権を基本的に原因債権と同視するベルリン学派の延長上に立ちつつ、ブルンナーの公信力ある有価証券の理論を発展させた権利外観理論によって、ライプチッヒ学派の無因論と実質的に同じ機能を達成しようとしたものであり（拙稿「手形行為独立の原則の再考察」前掲三〇三頁）、また、これと双璧をなすヴィーラントの手形理論（C. Wieland, Der Wechsel und seine zivilrechtlichen Grundlagen. 1901. 拙訳「ヴィーラント『手形とその民事法的基礎』」筑波法政二一号―二四号（1996-1998）。上柳克郎「手形債権の無因性――ヴィーラントの手形学説に関する一考察――」（1953）会社法手形法論集（1980）三六三頁以下）は、ライプチッヒ学派の無因論から出発して、直接当事者間では証券の公信力は働かないとしたブルンナーの問題提起に応え、実質的にベルリン学派との結合を意図したものといえるであろう。現代ドイツの手形理論をみると、ヘーファアーメールをはじめとする契約説の人々は、ヤコビの権利外観理論の妥当範囲を制限し、反ベルリン学派のトェールの無因論を再生することによって新抗弁理論を展開するのに対して、フーバーなどの創造説をとる人々は、ライプチッヒ学派の無因論を離れ、ヤコビに近い有因論をとることによって、二つの手形法思想の流れが交錯する複雑な様相を示している（拙著『手形抗弁論』（1998）二六一頁―二六九頁、四二一頁、参照）。これに対して現在、わが国では、契約説の立場においては、ドイツとは異なり新抗弁理論が必ずしも支配的ではないことから、ヤコビの理論をとおしてベルリン学派の流れが比較的忠実に承継されているということができ、また、創造説の立場においても、ドイツの創造説のように無因論を捨てていないことによって、ライプチッヒ学派の思想が比較的素直に引き継がれているということができる（本論文が捧げられる平出慶道教授は、二段階行為説の立場から創造説による手形債務負担行為を無因と解され、高窪利一教授もまた、無因的創造説を主張されている、平出・手形法小切手法（1990）一一二頁、高窪・現代手形小切手法改訂版（1989、初版1979）一三八頁、参照）。このようにみてくると、我々もまた、手形理論史の発展の中で様々な理論の位置づけと限界を認識したうえで、新たな解釈に臨む自己の立場を確立することが必要ではないかと思われる。

二　現行手形法の解釈論に対する示唆
――「手形行為の無因的・独立的構成」と「手形債権と原因債権の同一性」――

1　以上のように要約した立法と学説の発展のプロセスは、はなはだ大まかなものであって、将来の補充と訂正を必要とするが、今はとりあえず、以上の認識を前提としてさらに考察を進めたいと思う。すなわち、以上の考察は、手形行為が原因行為とは別個独立の法律要件によって構成されているとするライプチッヒ学派の思想と、手形債権が原因債権と基本的に同一物であり、手形債権が原因債権の履行のために付加されたものにほかならないと理解するベルリン学派の基礎となった思想とは、手形理論の二つの大きな水脈であり、両者が一体となって現在の手形法の制度と理論を作ってきたことを、我々に示しているのではなかろうか。そうであるとすれば、現在、創造説と契約説の間には、ドイツでもそしてむろんわが国においても、埋めがたい深い溝があるように思われているが、そのような態度は偏狭であり一面的であろう。立法史および学説史の概観は、むしろ両者の成果が総合されるべきことを示唆していると思われる。以下においては、さらに詳細な検討を留保してのことではあるが、そのための私見の基本的な構想を述べさせていただくことによって、本稿の結びとしたい。

2　まず第一に、ライプチッヒ学派の成果として、手形債権は、その無因的・独立的法律構成によって、原因債権とは別個独立の存在をもつと解すべきである。その結果、手形所持人は原因債権と手形債権という二つの権利を有する。手形上の債権債務は、手形特有の法律要件（すなわち要式の書面の作成と署名）によって成立するため、原因債権の存否は、手形債権の成立および存続の要件ではなく、手形債権の成否には影響しない。手形の譲渡により、原因関係からの抗弁は当然に切断される。

しかし手形授受の当事者間には、当事者双方が共有する、手形関係と原因関係その他の関係を含む包括的な法律関係が存在している。この包括的な法律関係の共有が、当事者間において（原因関係その他の関係からの）人的抗弁を対抗できることの根拠となる。人的抗弁制限の根拠については、従来の学説のように、それを公平の理念または不当利得の抗弁で説明してもよいが、人的抗弁を対抗できないことが公平に反し、または不当利得となるのは、ほんらい当事者間で目的を共通にする包括的な法律関係を共有するためである。むろん支払猶予などの特約でこれを変更することは可能である。また、手形が第三者に譲渡されると、もとの当事者が共有した包括的な法律関係から手形債権が離脱し、人的抗弁の付着しない無因的な手形債権が第三者により取得される。その意味で人的抗弁制限は手形債務負担行為が無因的に構成されていることから導かれる当然の帰結である。以上は、従来から多くの諸家に従って私もまた主張してきたことであり、手形理論と抗弁理論の一体性・手形抗弁の四分類などの考え方もまた、そのまま妥当すべきである。

3　しかし第二に、手形債権と原因債権の同一性を主張するベルリン学派の思想もまた摂取されるべきである。すなわち、手形債権は、少なくとも当事者間では、基本的に原因債権と同一物と解すべきである。すなわち、例えば、有因証券とされる貨物引換証や船荷証券において、証券上に運送債権が表章されているのと並行して、証券外の当事者間に運送債権が存在しているのと同様に、手形においても、原因債権が無因的・独立的な手形債権として手形に表章されるのと並行して、当事者間に原因債権が存在していると解しうるのである。原因債権が手形に表章されると原因から切り離されて無因的・独立的な手形債権となるのは、手形債務負担行為が無因的・独立的に構成されているためであり、また、手形じたいが有価証券の制度設計として無因的・文言的に構成されているためである。しかし一方で、指図禁止文句が記載されると(手一一条二項)、手形債権は原因債権そのものに復帰する。したがって理論上当然に指名債権譲渡の方式と効力をもってしなければ、その譲渡はできないことになる。この点は、原因債権に復帰すると考えなければ、裏書禁止の手形債権は依然として無因的・文言的権利であることになるから、指名債権譲渡の方法によったとしても抗弁の切断を生ずるはずであって、一一条二項は不条理な規定となってしまうことからも、そのように解されなければならない。さらに他方では、手形権利移転行為有因論は、手形債権の譲渡行為の成立要件の中に、原因債権の有効な成立・存続を加えているが、それはその限りで当事者間における手形債権と原因債権の同一性を認めたものということができる。

なお、右に述べた権利と証券の関係についての認識は、基本的にすべての有価証券に妥当するといえる。すなわち、各種の有価証券は、証券自体の性質(制度設計)によって有因または無因でありうるが、一般に原因債権がそのまま証券に表章されている点は共通であって、ただ証券の法的性質によって原因債権の無因性・独立性の程度に違いが設けられているにすぎないと考えられる。そしてそのことから、指名債権を表章する記名証券こそが有価証券の原型であり、それに指図文句または持参人文句が付加したものが、指図証券または無記名証券になるにすぎないとの認識が導かれる。このように考えると指図債権と無記名債権は指名債権とはまったく性質を異にするという解釈や記名証券の有価証券性を否定する解釈には、歴史的にも理論的にも疑問があるのではないかと思われる。

4　以上述べてきたように、手形債権は、一方では、原因債権の存否・効力から切り離された無因的・独立的な権利として構成するとともに、他方では、手形外の原因債権と同一性を有すると解すべきである。このように解することによってはじめて、従来の理論を総合しうるとともに、これまでの判例上、説明困難であった多くの問題を説明しうることになると思われる。事実、同様の考え方は、既に判例・学説上、無意識のうちに採用されてきている。これらを手形債権の無因性とその原因債権との同一性の結合説の立場から再構成すべきである。以下、若干の例を示す。

まず第一に、同一性の面から、当事者間で人的抗弁が対抗されることは手形債権と原因債権の同一性から当然に導かれる。同様に、当事者間では、原因関係上認められるより以上の手形権利の行使を認める必要はない。第二に、裏書の原因関係が消滅した場合の被裏書人の権利行使について、実質的無権利者として権利濫用の抗弁を認める判例・通説の結論は妥当であるが（最判昭和四三年一二月二五日民集二二巻一三号三五四八頁）、手形所持人は原因債権の消滅によって手形債権についても無権利者となるから、これを無権利者として構成する手形権利移転行為有因論のほうが優れていると考えられる。第三に、同一性説からは、手形債権の訴求による原因債権の時効中断の効果を認め、原因債権の時効消滅を人的抗弁と構成する判例・通説の立場が妥当である（最判昭和六二年一〇月一六日民集四一巻七号一四九七頁）。この場合に、時効中断の効果を認めず、原因債権の時効消滅の抗弁を当事者間でも認めない解釈は、形式論理的に成立しうるにすぎず、この場合にだけ当事者間で人的抗弁の対抗を認めないと解して例外を設ける根拠は薄弱である。また第四に、手形債権の確定により原因債権の時効期間が一〇年に延長されること（最判昭和五三年一月二三日民集三二巻一号一頁）も、同一性説からは当然であるが、そうでない限りその合理的説明は困難であろう。

引抜行為と忠実義務

砂田太士

一　はじめに

昨今の企業活動においては、ヘッドハンティング、独立等を通じて、会社の重要な地位もしくは立場にいる者、または技量を持つ者が他の会社に移る場合が少なからず見受けられる。このような場合、かかる者を引き抜かれた会社に、不測の事態が生ずることはいうまでもない。とくに会社の取締役が別会社を設立して独立しまたは他の会社に移籍した場合に、別会社または移籍会社のために、取締役であった前の会社の従業員等をその取締役の在任中に引抜きを行うケースもあり、従業員等を引き抜かれた会社と引き抜いた取締役との間で、責任問題が争われてきている。すなわち、取締役のこのような引抜行為をどのようにとらえるのか、その場合の責任はどのようなものなのか、さらには引き抜きを行った者の背後にある別会社または移籍後の会社の責任をどのように考えるべきなのかが争われているのである。かかる問題は、日本設備事件（後掲③事件・④事件）を契機にとくに論じられるようになり、最近でもこの種の事件が生じている。そこで本稿では、まず、このような引抜きに関する判例をいくつか概観し、ついでこれらを基に引抜きに関する問題を検討してみる。

ものがある。

二　判例の展開

取締役による別会社の設立または他会社への移籍により、従業員の引抜きが争われた判例として、次のような

①事件　東京地判昭和四五年七月二三日判時六〇七号八一頁(1)

会社取締役がその代表取締役在任中に同種の営業を目的とする会社を設立したことが問題となったが、「現行商法は、取締役の競業避止義務に関しては同法第二六四条において具体的な個々の取引につき株主総会の認許を得なければならないと定めているのみで（筆者注：当時の商法二六四条は、株主総会の認許を必要とする旨規定していた）、支配人や代理商の場合と異り、取締役が他の会社の取締役または無限責任社員となること自体を禁止しているものではないと解されるから、代表取締役が会社と同種の営業を目的とする他の会社を設立し、その代表取締役となることもさしつかえない」と判示した。

②事件　大阪高判昭和五八年三月三日判時一〇八四号一二二頁(2)

通信販売業を営む会社（X会社）の取締役（Y_2）が、在任中に競業する別会社（Y_1会社）を設立して、得意先名簿等を従業員に持ち出させた事件で、取締役およびY_1会社の責任が争われた。裁判所は、「Y_2はX会社の取締役としての在任中、Y_1会社の設立行為や、X会社との競合行為の準備の為に、X会社の一切の資料と得意先名簿を訴外Aをして持出させており、これらの行為が競業避止義務違反の点は暫く措き取締役の忠実義務に違反することは明らかである。……。Y_1会社の不法行為責任について考えるに、……、Y_1会社がY_2の個人的色彩の強い会社であることを認めることができるので、前記Y_2の不法行為は、Y_1会社の代表取締役たるY_2の職務を行うにつきなしたる行為と解すべきであるから、Y_1会社は、右行為につきX会社が被った損害を賠償すべき義務があ(る)」と

判示した。

③事件　東京地判昭和六三年三月三〇日判時一二七二号二三頁(3)

④事件　東京高判平成元年一〇月二六日金判八三五号二三頁(4)（③事件の控訴審）

コンピュータ会社（X会社）の取締役（Y）が、自己が設立する別会社に従業員を勧誘し、設立後に従業員を引き抜いたことが争われた。一審（③事件）は、「X会社のコンピューター事業部のように主にプログラマーあるいはシステムエンジニア等の人材を派遣する業務にあっては人材こそが会社の唯一の資産ともいうべきものであり、人材の確保、教育訓練等が会社の維持、発展のための主な課題となるものである。……X会社の取締役であるYがX会社のコンピューター事業部の従業員に対しX会社を退社して自己が設立しようとする同種の会社への参加を勧誘することは、それだけで取締役としての忠実義務に違反するものというべきである」と判示し、控訴審（④事件）は、「X会社のように、プログラマーあるいはシステムエンジニア等の人材を派遣することを目的とする会社においては、この種の人材は会社の重要な資産ともいうべきものであり、その確保、教育訓練等は、会社の主たる課題であることは明らかである。したがって、この種の業を目的とする株式会社の取締役が、右のような人材を自己の利益のためにその会社から離脱させるいわゆる引き抜き行為をすることは、会社に対する重大な忠実義務違反であって、同取締役は、商法第二五四条ノ三、第二六六条第一項第五号により、会社が被った損害につき賠償の責任を負うべきである」と判示した。(5)

⑤事件　高知地判平成二年一月二三日金判八四四号二二頁(6)

退職した取締役（Y）が、後任取締役の就任前に、同じ営業の別会社を設立し営業したことが問題となった。裁判所は、後任取締役が就職するまでは「取締役の権利義務を有するものとして、X会社に対し忠実義務（商法二五四条ノ三）及び競業避止義務（同法二六四条）を負ってい……る。そうすると、X会社を退職後といえども、Yが、その代表取締役として、X会社の営業と競業関係にあるB会社の営業に携わることは、形式的には、YがX会社に対して負っている右各義務に違反しているといわざるをえない」と述べ、商法二五八条一項の規定について述べた後に、「退任取締役に商法二五八条一項が適用される場合には、後任の取締役が就職するまでは、当該取締役が個人として本来的に有する職業選択の自由（営業の自由）が制限される結果となるのであるから、会社としては、そのような状態が発生すること自体を避けるべきであり、もしそのような状態が発生した場合には、できるだけ速やかにこれを解消すべきことが要請されている」と述べた。本件では、「X会社において、Yの後任の取締役の選任を懈怠し、その結果として、Yが取締役退任後は個人として本来有する職業選択の自由を制限しておきながら、これを奇貨としてYのX会社に対する忠実義務違反及び競業避止義務違反を主張することは、他人の権利をないがしろにして自己の権利の保護のみを求めるものであって不公正な態度といってよい」と判示した。

⑥事件　東京地判平成三年二月二五日判時一三九九号六九頁(7)

英語教材販売等を業とするX会社の取締役Y_1が、別のY_2会社にY_1の組織ともども移籍したため、X会社がY_1およびY_2会社に損害賠償責任を求めた。裁判所は、Y_1の取締役としての忠実義務違反を辞任後の問題として認めなかったが、「会社の従業員は、使用者に対して、雇用契約に付随する信義則上の義務として、就業規則を遵守するなど労働契約上の債務を忠実に履行し、使用者の正当な利益を不当に侵害してはならない義務（以下「雇用契約上の誠実義務」という。）を負い、従業員が右義務に違反した結果使用者に損害を与えた場合は、右損害を賠償すべき責任を負うというべきである」と述べ、Y_1がX会社の営業の中心的な役割を果たしていた幹部従業員であるとし、「本件セールスマンらに対する右移籍の説得は、もはや適法な転職の勧誘に留まらず、社会的相当性を逸脱した違法な引抜行為であり、不法行為に該当すると評価せざるを得ない。したがって、Y_1は、X会社との雇用契約上の誠実義務に違反したものとして、本件引抜行為によってX会社が被った損害を賠償する義務を負うというべきである」と判示した。さらにY_2会社についても、「ある企業が競争企業の従業員に自社への転職を勧誘する場合、単なる転職の勧誘を越えて社会的相当性を逸脱した方法で従業員を引き抜いた場合には、その企業は雇用契約上の債権を侵害したものとして、不法行為として右引抜行為によって競争企業が受けた損害を賠償する責任がある」と判示した。

⑦事件　東京地判平成三年八月三〇日判時一四二六号一二五頁(8)

電子機器、遊戯機器等の製造販売を行うX会社の取締役Yは退職後競業会社を設立したが、X会社の従業員のYによる退職勧誘が争われ、「いずれもX会社のゲーム開発部門に所属していたAら三名は、X会社の新規事業がいずれも軌道にのらず、悉く失敗に帰したうえ、右事業の損失の埋め合わせがゲーム開発部門に求められたこと等からX会社の将来に対する不安、上層部への不信を募らせて、……、それぞれX会社を退社したことが認められるけれども、右Aら三名のX会社からの退職に際してYがX会社在職中に自らが取締役会に出席して得た会社に関する情報に自分の憶測や意見をおりまぜてX会社の現況を非常に悪く言い、部下に必要以上に危険感を持たせ、また、X会社の多角化路線を最早ゲーム開発から撤退する方針であるかの様な虚偽の話に捩じ曲げて申し向ける等して退職を勧奨した事実は、これを認めるに足りる証拠はない。そのうえ、A及びBがX会社を退職した時点においては、Yは、未だX会社に在職し、X会社の社長であるCとの意見の相違からX会社を退職することを決意したのは、ようやく昭和六二年二月九日であって、……、YがX会社在職中に、Aら三名を訴外会社に引き抜くために、X会社主張のような不当な退職勧奨をしたとは認めがたい」と判示した。

⑧事件　前橋地判平成七年三月一四日判時一五三二号一三五頁(9)

オートレース場の警備清掃を業とするX会社の取締役Yらは、その業務を奪取しようと別会社（A会社）を設立し、X会社の従業員の引抜きを計画し、多くの従業員を引き抜いた行為が争われた。「Yら三名は、いずれもX会社の取締役であった、遅くとも、昭和六二年二月頃には、X会社の業務の乗っ取りを計画し、訴外A会社を設立させ、その計画を実行に移したのであるから、Yらの乗っ取り行為は、X会社の取締役としての忠実義務及び競業避止義務に違反することは明らかであり、したがって、Yらは、商法二六六条一項五号、同条四項、二五四条ノ三、二六四条一項により、X会社に対し、連帯して、原告が被った損害を賠償する責任がある」と判示した。

⑨事件　大阪高判平成一〇年五月二九日判時一六八六号一一七頁(10)

国際会議、学会、イベントの企画運営を行うY会社のXはじめ従業員らが退職し、その退職金をY会社に請求した。逆に、Y会社は、従業員らの多くがY会社の元取締役Z_1とともにZ_2会社を設立し取締役等に就任したことをあげ、これらが就業規則違反であると主張し、X、Z_1、Z_2会社に損害賠償を求めた。裁判所は、「Z_1はY会社の取締役であったから、商法二五四条三項（ママ）により忠実義務を同法二六四条一項により競業避止義務を負担していたものである。Z_1は、平成二年六月二七日取締役を退任しているが、それまでの間にも、Z_2会社の設立の準備に積極的に関与したもので、同人が、競業避止義務の趣旨に反し、善良な管理者としての義務ないし忠実義務に違反した」とし、Xについて「Z_2会社を設立させ、その結果、Y会社の業務を混乱させたのは同人の幹部職員としての地位に照らし雇用契約上の誠実義務に反する違法行為である」としたが、Z_2会社については「設立された平成二年六月二五日から、Z_1が退任した同月二七日までの間、あるいはXが解雇された同年七月一三日までの間に、Z_2会社自身の行為として前示従業員の移転の勧誘、引抜などZ_2会社の開業準備行為がなされたとの事実は、……これを認めるに足りない」と述べ賠償責任を認めなかった。

⑩事件　東京地判平成一一年二月二二日判時一六八五号一二一頁(11)

教育図書の販売等を行うX会社は、その代表取締役を務めていたYが勧誘、引抜行為によりSグループに管理職、従業員等を転職させたとして、その損害賠償を求めた。裁判所は、「Yは、平成四年秋から、X会社の一管理職に命じ、X会社と競合する業務を営むSグループに対し、X会社の営業内容を開示するなどして、X会社従業員の同グループへの転職や転職後の営業の展開を容易にするよう準備させたこと、平成五年一月ころからは、自らSグループとの間でY及びX会社従業員の集団退職の交渉を始め、同年三月には大まかな合意をまとめたこと、右交渉の進展に応じ、自ら直接に、又はX会社各支社長らを通じて、X会社各支社長、管理職、営業マンに対し、Sグループへの転職を勧誘したこと、本件集団退職を敢行するため、その統率、指揮を行ったことが認められ、Yの右のような行為が取締役の忠実義務に違背することは明らかであって、Yは、商法二六六条一項五号に基づき、X会社が被った損害を賠償すべき責任がある」と判示した。

(1) 本件評釈として、米津昭子・法研四八巻六号（一九七五年）一〇八頁、伊藤勇剛・ひろば二四巻四号（一九八一年）七一頁。
(2) 本件評釈として、野口恵三・NBL二九一号（一九八三年）五二頁。
(3) 本件評釈として、吉原和志・ジュリ九二〇号（一九八八年）三四頁、戸塚登・判タ六八〇号（一九八九年）五八頁、宇田一明・昭和六三年重判解（一九八九年）九九頁、松山三和子・金判八一四号（一九八九年）四六頁、近藤光男・評論三五七号五三頁（判時一二八五号二〇七頁）（一九八八年）、神作裕之・会社判例百選（第五版）（一九九二年）一二〇頁。
(4) 本件評釈として、神作・前掲注(3)一二〇頁、中村信男・判タ九四八号（一九九七年）一〇九頁。
(5) 控訴審は一審を肯定するものの、引抜行為により退職した従業員数の認定ではこれを七名から四名に減らし損害額を算定している。
(6) 本件評釈として、青木英夫・金判八六一号（一九九〇年）四一頁、田邊光政・リマークス一九九一下一一頁。
(7) 本件評釈として、土田道夫・平成三年度重判解（一九九二年）一九九頁。
(8) 本件評釈として、江頭憲治郎・ジュリ一〇八一号（一九九五年）一二二頁。
(9) 本件評釈として、松山三和子・金判九八三号五〇頁(一九九六年)、早川勝・商事一五二〇号（一九九九年）七一頁。
(10) 本件評釈として、森戸英幸・ジュリ一一七一号(二〇〇〇年)一〇三頁。
(11) 本件の評釈は、二〇〇〇年二月末日現在、まだ見受けられない。

三　引抜行為と忠実義務

先に示した①事件から⑩事件を基に、以下では次の点に絞り検討する。

(イ)　取締役の引抜行為

判例にもあるように、取締役が従業員を勧誘し引き抜く場合に問題となるのは、取締役が別会社を設立して従業員を引き抜くこと、または他の会社に移ってからもしくは移ることを前提としてかつてのもしくは現在の会社の従業員を引き抜くことである。また引抜行為自体をみても、まず自分の直接の部下である従業員を勧誘し引き抜くまたはその取締役がその地位を利用して他の従業員を勧誘し引き抜いており、このことは会社内における取締役の地位を利用して（取締役と従業員との関係を利用して）、その部下である従業員に対して圧力を加えているともいえる。そこで、ここでは、別会社の設立と引抜行為について検討し、ついでこのような場合の責任について考える。

(a)　別会社の設立と引抜行為

取締役がその在任中に別会社を設立しまたはその準備をしていた事件は、形式的に退職後に別会社が設立された場合も含めて、本稿で取り上げた①から⑩の判例のうち取締役が他会社へ移籍した⑥事件を除く、残りのすべての事件である。このことはまた、現行の競業規制（商二六四条）の射程範囲がどの程度までに及ぶのか、及ばない場合には忠実義務の範囲として考えることができるのかということに結びつく。

まず、取締役がその在任中、競業する他の会社を設立することは許されるのであろうか。取締役がその在任中に別会社を設立してその代表取締役に就任することは差し支えないと①事件で判示されている。また、現行法上、合名会社および合資会社の無限責任社員は、競業する会社の無限責任社員または取締役に就任することが原則禁止されているが（商七三条一項・一四七条）[12]、株式会社の取締役が競業する会社の取締役に就任することは禁止されていない。この考え方は、①事件以後の判例においても受け継がれ、判例上は取締役のかかる行為のみをもっては、競業避止義務違反または忠実義務違反とは解さないことを示している[13]。学説上も、このように考えるものが多いようである[14]。ただし、取締役がその在任中に競業する他の会社を設立することが許されるといっても、あくまでも会社の財産もしくは会社に属する情報を持ち込まない場合、または会社の乗取りもしくは会社の得意先の奪取等、会社の利益を奪取することが意図されていない場合であると考えるべきである[15]。取締役がその地位に就いたことにより自分自身の経験として得たものは、取締役に帰属するであろうから、ここにいう会社の財産または会社に属する情報には当たらないので、自分の得た知識等を利用して別会社を設立すること自体は認められよう。しかしながら、たとえば②事件では部下に得意先名簿を持ち出させ、しかも通信販売のカタログもほとんど同じものを作成していたこと[16]、⑦事件では明らかに会社の乗取りを画策して新会社を設立していること[17]、⑨事件では取締役が積極的に別会社の設立に関与していたこと、すなわち従業員の移転の勧誘、引抜きを含む設立準備行為に積極的に関与していたことが[18]、それぞれ問題であった。これらの判例からも、取締役による単なる会社設立行為のみが許されるのであり、他に取締役の違法行為がそこに存在するときには、その設立行為も含めて忠実義務違反と考えることになる。また、たとえば、会社がある事業につき開業準備をしているときに取締役がその準備行為と同じことを行う場合には、取締役は取締役会においてかかる行為を行うことについて承認を求めなければならないと解するのであれば[19]、会社がすでに行っている営業と同じ営業を行う会社を設立する行為も競業避止義務に含まれると解することもできないだろうか。代表取締役に就任して個別の取引ごとに承認を受けると解されているし[20]、設立に関与するのみで、設立する会社の経営に関与しないこともあろう。それだからといって、会社の情報・利益が流失しないとは言い切れないであろう。むしろ合名会社・合資会社の無限責任社員と同じように「同種の営業を目的とする会社」の取締役に就任することも競業避止義務に含まれると解してもよいのではないだろうか。このような解釈が困難である場合であっても、かかる行為は忠実義務の問題として考えることができる。

また退任取締役の場合には、⑤事件がいうように、商法二五八条一項の規定との関係でこの規定が適用されるときには、後任が選任されるまでは取締役の個人として本来有する職業選択の自由（営業の自由）が制限されることから、会社はこのような状態を避けるべきであり、またもしこのような状態が発生したら速やかに解消すべきである。取締役の側から考えると、退任を前提としても上述のように何らかの違法行為（忠実義務違反）があるときは、設立行為も含めて忠実義務違反と考えるべきである。[21]

本問題のような引抜行為は、商法二六四条にいう競業行為に該当しないものであろうか。②事件は競業避止義務の問題を判断せず、[22]⑤事件では形式的には二六四条に違反していると述べ、[23]⑧事件は乗取り行為は競業避止義務違反であると述べ、[24]⑨事件も積極的に関与したとして競業避止義務の趣旨に反していると判示している。[25]引抜きの態様によっても異なるものの、引抜行為は現行法上の競業避止義務により規制される行為であるとはストレートには言い難いであろう。現行法は、「営業上の部類に属する取引」を規制しているからである。しかし忠実義務の問題としてとらえることができ、その場合にはアメリカ法にいう「会社の機会の理論」の適用が認めるられるのであれば、[26]この問題は「会社の機会の理論」により規制することができよう。わが国においてこの理論を直接明言して適用した事例はないようであるが、山崎製パン事件判決（東京地判昭和五六年三月二六日判時一〇一五号二七頁）はこの理論に基づき取締役による会社の機会の奪取を認めたとも考えることができる。この理論によらなくとも、引抜行為が忠実義務に該当する行為であると解するのであれば、忠実義務の問題として処理することになる。引抜行為は引き抜く側が引抜対象者を十分に把握しているので（引抜行為が問題とされた事件、③・④事件、⑥事件、⑦事件、⑨事件、⑩事件）、これを利用してまたその地位を利用して勧誘する等の引抜行為を行うことは、会社の利益と衝突する行為であり、忠実義務違反であると解する。[27]また⑥事件、⑦事件、⑨事件、⑩事件のような会社内部の組織が重要な場合には、その組織をそっくりそのまま引き抜く場合、従業員を引き抜くことにより組織の解体につながる場合は、明らかな忠実義務違反である。取締役はこのようなことを避けるためにも、先に述べた別会社を設立することも、また他の会社に移ることも取締役会に開示すべきである。この開示を行うことは、少なくとも忠実義務違反が問題となるときに、取締役の行為を違法な行為とは言い得ないとする場合がある（たとえば取締役辞任後の場合として、⑤事件では会社の権利濫用と判示された）。もちろん、③・④事件、⑥事件のように、辞任の意思表示をしたからといって、会社の利益に反する行為により従業員を引き抜く等の他の要因が加味されることにより、その責任が認められるのは先に述べたとおりである。会社は直ちに取締役に辞任を求めまたは解任する等の必要な措置をとることができ、また従業員の取締役との関係による引抜行為への予防策を採ることもできよう。会社のとった措置に反しない限り、取締役は別会社を設立しまたは引抜きの勧誘を行うことができると解する。

(b)　引抜きによる責任――取締役の忠実義務とその責任、損害賠償責任

前述のように、別会社を設立して従業員を勧誘すること、または移籍先の会社のために従業員を引き抜くことは、競業避止義務に違反しない場合であっても、忠実義務に違反する。そうすると忠実義務違反による損害賠償責任の問題へとつながる。競業避止義務では介入権が認められ（商二六四条三・四項）また損害額も推定規定が設けられているので（商二六六条）、引抜行為が競業避止義務違反に該当すると解することができる場合には、これらの規定の適用を受ける。競業避止義務が適用されず忠実義務違反として処理する場合には、かかる規定の適用はない。本稿では、忠実義務は会社と取締役との間の利益衝突に関する義務ととらえ、その損害賠償責任について若干考えよう。[28]忠実義務違反の損害賠償責任は、最終的には損害の金銭賠償ということになる。そうすると、損害額をどのように考えるのかということになる。損害額については、商法二六四条の場合に適用される損害賠償

額の推定規定（商二六六条四項）が適用されない場合には、その損害額の算定は困難なものとなろう。少なくとも、社会的・経済的信用の失墜のような、なかなか証明することができない損害の場合については、⑨事件が判示したように、民事訴訟法二四八条の規定により裁判所による損害額の認定を受けることになろう。(29)

なお、取締役が引抜行為を行いそれが忠実義務違反に該当するときは解任事由に該当するので、当該取締役が在任中であれば解任できる（商二五七条）。

(ロ) 引き抜かれた者

取締役の勧誘により引き抜かれた者の責任は、どのように考えるべきであろうか。いずれの判例も従業員が引き抜かれている（または引き抜かれたと主張されている）が、従業員の場合については、後に述べる執行役員に該当する場合を除き、本稿では検討しない。(30) 引抜勧誘に応じた取締役が勧誘者とともに在職中に別会社を設立することまたは他の会社に移籍することは、どのように考えるべきであろうか。引抜行為に応じて勧誘者とともに別会社を在職中に設立することは、会社に対する忠実義務違反となろう。取締役が引き抜かれるということは、取締役自身に帰属している知識・経験はもちろんのこと、会社の内密事項を持ち出すことにもつながる。②事件は、取締役が内密事項（得意先名簿）を部下に持ち出させたが、実質的には取締役が持ち出したのと同一視することができる。引抜きに応じた取締役がこのようなことを行えば、当然忠実義務違反となる。会社の内部情報の流失等の危険性を考えると、引抜きに応じる取締役は、引抜行為を行う取締役と同様に、引抜きに関する開示を含む義務を負い、かつ責任についても同様に解するべきである（前述(イ)(a)(b)参照）。

(ハ) その他の問題

(a) 執行役員の場合

近年、多くの企業において執行役員が取り入られている。執行役員の目的は、取締役会においては業務執行の決定を行い、その執行を執行役員が行うことにより、会社の業務の執行を円滑に行わせしめること、また取締役の数を減らして取締役会の機能を充実させることにある。しかし、取締役については商法上、その資格制限、義務と責任等多くの規定が設けられている一方、執行役員については法律上の規定がないため、その定義すらはっきりとせず、職務権限、義務等も不明であることは否めない。たとえば、執行役員と会社との関係一つをとってみても、雇用契約なのか委任契約なのかは各社ごとに異なる。

取締役には、善管注意義務（商二五四条三項）および忠実義務（二五四条ノ三）の一般的な義務のほか、競業避止義務（商二六四条）、利益相反取引に関する義務（二六五条）その他の個別的な義務が課せられている。とくに競業避止義務および利益相反に関する義務が法定されているのは、取締役としてかかる行為を行うには、取締役会の承認を得てからではないと行うことができないと規制することで、会社からの秘密情報、利益の流出の危険性を未然に防ぎ会社の利益を保護することにある。執行役員についてこれらのことを考えてみると、執行役員が取締役を兼務している場合には、当該取締役として一般的な義務を含むこれらの義務を負うことになるが、取締役を兼務していない単なる執行役員は、取締役ではないことを理由として、取締役が負っているかかるな義務を商法上負うことはない。執行役員が支配人に該当するのであれば、支配人に対して課せられている同様の義務（商四一条）を負うことはいうまでもないので、そのかぎりにおいては商法上の規制に服することになろう。しかし執行役員がこのような支配人に該当するかどうかも、実は個別の会社ごとに、しかも同一の会社の執行役員であっても各執行役員の職務内容により異なってくるのである。そうすると、単なる執行役員、すなわち業務執行の決定にはまったく関与しないが、実際にその決定された業務を執行している執行役員は、その精通している業務については、かかる義務を負わないことになる。

先に検討した判例でも、取締役とはいいながらその実体を考えると、現在では取締役と言うよりはむしろ執行役員と考えてもよい場合がある（もちろん、このことは取締役と執行役員の兼任を否定するものではない）。たとえば、判例の③・④事件、⑤事件、⑥事件、⑦事件などは、このように考えてもよかろう。また引抜きに関わった従業員または引き抜かれた従業員の中には、執行役員と考えてもよい場合がある（たとえば⑨事件における関西支社の次長の場合）。そこでこれらの判例を当てはめながら執行役員の問題について考えてみると、商法上、執行役員を直接規制する規定が存在しない以上、雇用契約または委任契約による個別的な規制となる。しかしこのことはあくまでも会社と執行役員との間の個別的な契約上の問題であり、商法上の義務ではない（商法上の規制が彼らの行為には及ばない）。また執行役員制度の導入にあたり、会社によっては、定款を変更したりまたは執行役員に関する規則（執行役員規程）を設けていることにことから[31]、これらにより対応しているケースも見受けられる[32]。このように会社ごとに契約または定款等における禁止規定によりかかる行為を規制するものの（以下、会社による禁止規定という）、先にも述べたように、商法上は執行役員に関する直接の規制がないことから、実際上、業務に精通している執行役員は、商法上の取締役の義務に関する規制を直接は受けないことになる。したがって、会社による禁止規定は、あくまでも会社と執行役員との間でかかる行為を規制しているにすぎない。これは、現行制度においては、業務決定または執行の関与者として取締役および支配人を考えてその法規制を行っているのみであり、執行役員を考えていないことに起因する。実際に営業上のノウハウを持つ者が執行役員に就任することが考えられることから、むしろこのような者による引抜行為が規制されなければならない。ここで取りあげた③・④事件、⑤事件、⑥事件では、取締役の義務違反が認められている（ただし⑤事件では、会社の主張は認められなかった）。⑦事件は事実関係からも取締役の義務違反を問えない例であったことから（会社側に問題があり不当な退職勧告と認められなかった）、逆に言えば事実関係が会社主張のとおりであれば、取締役の義務違反は認められただろう。そうするとこれらの判例における取締役を執行役員に置き換えた場合に、これらの判決と同様の結論をすべて導き出せたであろうか。たとえ結論が同じであっても、そこには取締役を規制する法理は適用されないであろう[33]。そこで執行役員の職務内容を考えると、取締役に準じて考えるべきである（このことは、執行役員が商法上の支配人その他に該当し、そのことにより規制できる場合を否定するものではない）。立法論的に考えるのであれば、会社ごとの個別的な規制によるのではなく、アメリカ法のように役員（officer）に関する規定を設けて規制するべきである(34)。このことは、先に述べたように、会社による禁止規定において個別的にかかる行為を禁止していたとしても、それは確かに執行役員ごとにまたは会社ごとに本問題を処理することであることは認めるものの、むしろ立法化することにより、執行役員すべてについて法律上の画一的処理が可能となることを意味する。包括的な取締役の義務である忠実義務（商二五四条ノ三）および善管注意義務（商二五四条三項、民六四四条）のみならず、ここで取り上げたような問題を含めた競業避止義務および利益相反取引禁止義務のような個別的な義務までも規制すべきである(35)。執行役員制度自体を法規制しなければならないのは、このままでは商法の尻抜け的行為が行われるであろうし、執行役員という文言にとらわれると、執行役員といっても会社によってもまた執行役員ごとによってもその職務権限が異なることから、取引相手等の第三者にとっては当該執行役員がどのような業務執行の権限を有しているかどうかも不明となり不測の事態が生ずる可能性も否めないからである(36)。解釈論としても、取締役を兼務している執行役員については取締役として考えればよく、取締役を兼務していない執行役員については、使用人であるもののできるだけ取締役と同じように考えるべきである。

(b)　引抜者が移った会社の責任（引き抜かれた会社への責任）

引抜きをした取締役が設立した会社または移籍した会社に対して、従業員を引き抜かれた会社から損害賠償請求がされているケースもある。②事件、③・④事件、⑥事件、⑦事件、⑨事件がこれに該当し、そのうち②事件と⑥事件はその請求を認めている。

②事件は、「Y_1会社がY_2の個人的色彩の強い会社であることを認めることができるので、前記Y_2の不法行為は、Y_1会社の代表取締役たるY_2の職務を行うにつきなしたる行為と解すべきであるから、Y_1会社は、右行為につきX

会社が被った損害を賠償すべき義務があり、Y_1会社は右のいずれの責任をも負担していることは明らかである」と述べ[37]、引抜きを行ったY_2の行為はY_1会社の代表取締役としての行為ととらえてY_1会社に損害賠償責任を認めた[38]。

⑥事件は、「ある企業が競争企業の従業員に自社への転職を勧誘する場合、単なる転職の勧誘を越えて社会的相当性を逸脱した方法で従業員を引き抜いた場合には、その企業は雇用契約上の債権を侵害したものとして、不法行為として右引抜行為によって競争企業が受けた損害を賠償する責任があるものというべきである」と述べ[39]、事件の詳細を検討した上で勧誘をした会社に損害賠償責任を認めた。

会社が必要な人員を確保するために他社の従業員を引き抜くことは、会社の発展・利益の拡大をはかる上で必要であることはいうまでもない。とくに、③・④事件、⑥事件、⑦事件、⑨事件、⑩事件等の人材が流動的な事業を営む場合には、他社の従業員を引き抜くことは日常茶飯事のことといっても過言ではなかろう。そうすると、⑥事件の判決のいうように、引抜行為の違法性とその損害については、引抜行為の社会的相当性を基準に判断されるべきであろう。この社会的相当性基準では、時代背景のみならず、業種ごとにもその判断基準が異なるけれども、逆に言えば一律に適用する基準をたてることは不可能であるので、損害額の算定も含めて、引き抜いた会社の責任は個別の事件ごとに社会的相当性基準により考えることになる。この場合にも、無形の損害についての損害額の算定には、⑨事件が判示した民事訴訟法二四八条の規定に基づく裁判所による損害額の認定が適用されることになる。

(12) 商法七三条一項では、競業する会社を「同種の営業を目的とする会社」と規定している。これは、商法二六四条が「営業の部類に属する取引」と規定して取引行為を規制している立場とは異なる。また合資会社の有限責任社員については競業避止義務は課せられておらず、また無限責任社員のような他の競業会社の無限責任社員または取締役への就任禁止規定もない(商一五五条)。なお、有限会社の取締役については、株式会社の取締役と同様である(有二九条)。

(13)　昭和二五年の商法改正前は、取締役は同種の営業を目的とする他の会社の取締役または無限責任社員に就任することが禁止されていたが、改正によりこの禁止規定が削除された。したがってこのことからも、競業会社の兼任取締役への就任を禁止していないということにもなる。
(14)『新版注釈会社法(六)』(一九八七年)二一二頁(本間輝雄)、北村雅史「取締役の競業取引について」民商九七巻二号(一九八七年)二一二頁注二五、吉原和志・ジュリ九二〇号(一九八八年)三七頁。
(15)　田邊光政「判例にみる取締役の競業避止義務と忠実義務」高窪先生還暦記念『現代企業法の理論と実務』(一九九三年、経済法令研究会)一五〇頁も、競業避止義務との関係で判例と学説の立場が符合すると述べたのち、忠実義務の観点からは微妙な問題であるとして、本稿でいう②事件・③事件・④事件に基づき、取締役の忠実義務違反であると解している。
(16)　判時一〇八四号一二五頁。
(17)　判時一五三三号一四二―一四三頁。
(18)　判時一六八六号一二九―一三一頁。
(19)　本間・前掲注(14)二〇七頁。
(20)　田邊・前掲注(15)一四九頁、一五〇頁。
(21)　取締役が退職にあたり競業禁止契約を締結しその契約の有効性が争われた事例として、東京地決平成五年一〇月四日金判九二九号一一頁がある。
(22)　判時一〇八四号一二五頁。
(23)　金判八四四号三〇頁。
(24)　判時一五三三号一四三頁。
(25)　判時一六八六号一三〇頁。
(26)「会社の機会の理論」については、砂田太士「『会社の機会の理論』と競業取引規制」六甲台論集三〇巻二号(一九八三年)一一二八頁、北村雅史「アメリカ法における会社の機会の理論(一)(二)」論叢一一九巻一巻(一九八六

年）六六頁、一二一巻二号（一九八七年）八四頁等参照。

(27) 神作・前掲注(3)一二一頁は、③・④事件の評釈の中で、取締役が設立する別会社に従業員を勧誘する行為は、「会社にとって重要な人材をめぐり取締役の個人的な利益と会社の利益とが衝突しているわけである。このような状況の下では、取締役は忠実義務にもとづき引抜きの勧誘を行ってはならない」と述べる。引抜きの勧誘を行うことは、そもそも本文で述べたことおよび神作見解が前提となって行われているのであり、これらの前提なしに引抜きを勧誘することは考えられないから、引抜行為は忠実義務違反となると考える。これに対して、江頭・前掲注(8)一二四頁は、取締役の在任中の勧誘行為は当然に忠実義務違反とはならず、勧誘方法の当・不当その他の事情を考慮して忠実義務違反の有無が定まると述べる。

(28) 忠実義務については、多くの優れた研究がなされている。これらの研究および忠実義務については、『新版注釈会社法(六)』（一九八七年）二七頁以下〔浜田道代〕参照。

(29) 引抜きのような場合には、細かな損害賠償額の数字を算定することが困難なこともあるので、本規定が有効に機能しよう。⑩事件も、引抜行為により社会的評価、社会的信用が低下したと認定されれば、本規定による損害額の認定を裁判所が行ったかもしれない。

(30) 従業員の引抜きを含む転職に関する事件は、憲法上の職業選択の自由の問題を含め労働法上の問題となることから、労働法の判例に多く見受けられる。本稿は商法上の取締役の行為を検討することが主眼であることから、必要に応じて触れる程度とする。従業員の引抜きについては、⑥事件の評釈である土田・前掲注(7)一九九頁および⑨事件の評釈である森戸・前掲注(10)一〇三頁以下を参照のこと。

(31) 商事法務研究会「執行役員制度に関するアンケート調査集計結果〔集計対象会社＝六三社〕」資料版／商事法務一八二号（一九九九年）三五頁Q一七は、執行役員制度の導入にあたり定款の変更を変更した会社が一二社（一九％）、執行役員に関する規則（執行役員規程）を設けた会社が四四社（六九・八％）あったことを示している。

(32) 澤口実「執行役員規則の事例研究」資料版／商事法務一八二号（一九九九年）一四頁掲載のD社およびH社の例。D社の例では、執行役員に関して、支配人の義務と同趣旨の規程を設けるとともに、さらに機密保持義務、忠実義務までも課している。

(33)　⑨事件は幹部従業員の責任を認めたが、それはあくまでも雇用契約上の誠実義務違反としてであった。

(34)　砂田太士「執行役員制度について――アメリカ法との比較――（研究ノート）」福岡四三巻三号（一九九八年）二三三頁以下参照。役員(officer)についてアメリカでは、次のように解されている。アメリカ法曹協会(American Bar Assochiation)「アメリカ模範会社法(Model Business Corprate Act)」は、D節（Subchapter D）において役員に関する規定を設けており、第八―四〇条(a)項によれば、「会社は業務規則に定め、または業務規則に従い取締役会が任命する役員を有する」と規定し、さらに(b)項においては、「適正に任命された役員は、業務規則または取締役会が授権するときは、一人または数人の役員または補助役員（assistant officers）を任命することができる」と規定している。さらにアメリカ法律協会（American Law Institute）「コーポレート・ガバナンスの原理：分析と勧告（Princples of Corporate Governace: Analysis and Recomendations)」の規定によると、第一―二七条において役員について詳細な規定を設け、さらに第一―三〇条では主要上級執行役員(Principal Senior Executive）および第一―三三条では上級執行役員（Senior Executive）の規定を設けている。なお翻訳・研究書として、前者については北沢正啓＝平出慶道『アメリカ模範会社法』（商事法務研究会、一九八八年）が、後者については証券取引法研究会国際部会訳『コーポレート・ガバナンス――アメリカ法律協会「コーポレート・ガバナンスの原理：分析と勧告」の研究――』（日本証券経済研究所、一九九四年）を参照。

(35)　このように考えた場合、引抜行為を直接規制する規定を設ける場合には、現行法上の取締役の規定についてもその改正が必要であろう。近藤光男ほか「執行役員制度に関する法的検討（下）」商事一五四三号（一九九九年）一七頁以下では、取締役の善管注意義務および忠実義務との関係に関する二つの解釈論からの検討を執行役員について行ったうえで、競業避止義務および利益相反取引禁止義務についても、それぞれの立場から規制することを検討している。

(36)　実務上、問題が提起されてから法規制をするべきなのか、それとも事前に法規制をするべきなのかという問題はあるが、執行役員という文言がすでに一人歩きしており、しかも執行役員の職務権限が会社ごとにまたは各執行役員ごとに異なるような現状をみると、執行役員をめぐる混乱を避けるためにも早急な法規制が望まれる。その場合には、執行役員も株主代表訴訟の対象とすべきである。この点執行役員制度を最初に導入したソニーの上席執行役員である森本昌義氏は、朝日新聞平成一〇（一九九八）年七月一八日夕刊七面（西部版）で、執行役員も株主代表訴訟の対象になりうると述べられている。現行法上の株主代表訴訟の対象は取締役であるが、執行役員自身がこのように考えるのであれば、株主代表訴訟制度の有無にかかわらず、またはたとえ執行役員を規制する規定がなくても、執行役員はその業務執行にあたり、取締役と同じような義務をもってそれらを行うことを自覚して行為をなすであろう。このことは、たとえ法規制が存在しない場合であっても、会社の業務執行の責任の一端を担う者としてはどうあるべきかについて、その姿を示している見解といえよう。

(37)　判時一〇八四号一二五頁。

(38)　この事件は、代表取締役の行為としてとらえて会社に責任を認めた。通常はこのようにとらえることにより、引き抜いた会社の責任を認めることになろう。また小規模閉鎖会社の場合には、取締役と会社を同一視してもよい場合、すなわち別会社を引抜きを行った取締役そのものとみることができる場合が生ずることもあろう。このような場合には、取締役のために引抜きを行ったと考えることにより、取締役個人の責任追及を積極的に認めるべきである。これに対して、取締役が移籍した会社でその会社の代表取締役または取締役に就任しないときは、直接移籍会社を相手として損害賠償を請求することが困難な場合があろう。このようなときは、東京地判昭和五六年三月二六日判時一〇一五号二七頁、大阪高判平成二年七月一八日判夕七三四号二一八頁が認めた「事実上の主宰者」を積極的に適用し、たとえ移籍会社への損害賠償責任追及が無理であったとしても、行為を行った者への損害賠償責任は認めるべきである。

(39)　判時一三九九号七五頁。

別会社を設立する場合であろうと、他の会社に移籍後の場合であろうと、取締役による従業員の引抜行為は忠実義務違反である。しかし⑧事件および⑨事件のように競業避止義務違反として構成することができるときには、そのように構成して取締役の行為を考えるべきである。損害額の推定、介入権の行使が可能であるからである。また取締役会の承認を必要とすることで、取締役会における開示ならびにかかる行為のチェックを行うことが期待される。忠実義務違反の場合でも、その損害額の算定にあたり、社会的・経済的信用の失墜のような証明が困難な無形の損害の場合については、⑨事件のように民事訴訟法二四八条の規定により裁判所による損害額の認定がおこなわれよう。

四　おわりに

引抜行為は取締役に限らず執行役員はじめいわゆる上級従業員によるものもあり、かかる行為を一律に規制することができないが、少なくとも執行役員については取締役と同じように考えるべきである。

今後とも、企業活動の上では引抜行為が行われよう。本稿では検討できなかったが、すべての会社に一律同じような規制を行うことができるのかという問題、ならびに憲法問題とも本問題は絡むものである。これらについての検討が必要であることは否めないものの、あくまでも引抜行為に関する問題は会社の利益を優先して考えていくべきである。[40]

(40)　本稿の問題に関しては、引用文献の他、北村雅史「取締役の競業避止義務規制」森本滋ほか編『企業の健全性確保と取締役の責任』(有斐閣、一九九七年)三一八頁、特に三三三頁以下参照。また競業避止義務に関しては、多くの優れた研究がある。たとえば、ドイツ法・アメリカ法との詳細な比較検討をふまえた神作裕之「商法に関する競業禁止の法理（一）～(五)」法協一〇七巻八号（一九九〇年）一一八三頁～一〇八巻二号（一九九一年）一六九頁、最近のものとして北村雅史『取締役の競業避止義務』（有斐閣、平成一二年）等参照。

フランス商事会社法における指揮者(dirigeants)の解任

高橋紀夫

一　はじめに

フランスの商事会社に関する一九六六年七月二四日法(Loi n° 66-537 du 24 juillet 1966)は、会社指揮者(dirigeants sociaux)の解任(révocation)について、その職務(fonctions)の性質および権限の大きさに応じて、以下のように異なる規定(règles)をおいている。

同法は、まず、①一層制をとる従来型株式会社の取締役(administrateurs)の解任について、「取締役は、通常総会(assemblée générale ordinaire)により、いつでもこれを解任することができる」(九〇条二項)とし、また②二層制をとる新型株式会社の監査役会構成員(membres du conseil de surveillance)の解任についても、「通常総会は、いつでも監査役会構成員を解任することができる」(一三四条二項)としたうえで、「総会は、議事日程(ordre du jour)に記載のない事項について決議することができない。ただし、議事日程に記載のない場合においても、総会は一人または数人の取締役もしくは監査役会構成員を解任し、かつその後任者を補充することができる」(一六〇条三項)と定めている。

同様に、③従来型株式会社の社長(président du conseil d'administration) および④同副社長(directeurs généraux) の解任についても、「取締役会(conseil d'administration) は、いつでも社長を解任することができる。これに反する条項はすべて記載のないものとみなされる」(一一〇条三項) とし、「取締役会は、社長の提案にもとづき、いつでも副社長を解任することができる」(一一六条) と定めている。

これに対して、同法は、⑤新型株式会社の業務執行役員 (membres de directoires) の解任について、「業務執行役員は、監査役会の提案にもとづいて、総会においてこれを解任することができる。正当な理由 (juste motif) なくして解任された者は、損害賠償 (dommages-intérêts) を請求することができる」(一二一条一項) とし、また⑥有限会社 (société à responsabilité limitée) の業務執行者 (gérant) の解任についても、「業務執行者は、資本の過半額を有する社員の決定によって解任される。これに反する条項はすべて記載のないものとみなされる。正当な理由 (juste motif) なくして解任された者は、損害賠償を請求することができる」(五五条一項) と定めている。なお、⑥有限会社の業務執行者については、このほかに、「前項のほか、業務執行者は、各社員の請求にもとづき、正当な理由 (cause légitime) があるときは裁判所により解任される」(五五条二項) との定めがあることに留意する必要がある。

そして、同法は、⑦株式合資会社 (société en commandite par actions) の業務執行者 (gérants) の解任について、「業務執行者は、社員であると否とを問わず、定款 (statuts) に定める条件に従い、これを解任することができる」(二五二条三項) とするほか、「前項に定めるほか、商事裁判所は、総社員または会社の請求にもとづき、その請求に正当な理由 (cause légitime) があるときは、業務執行者を解任することができる。これに反する定款の条項はすべて記載のないものとみなされる」(二五二条四項) との定めをおいている。

さらに、同法は、⑧合名会社 (société en nom collectif) の業務執行者 (gérants) および⑨合資会社 (société en commandite simple) の業務執行者 (gérants) の解任について、「すべての社員が業務執行者であるとき、または社員のなかから選ばれた一人または数人の業務執行者が定款において指名された者であるとき、その一人の解任は他の社員の一致をもってのみ決定することができる」（一八条一項、二四条）とし、また、「一人または数人の社員が業務執行者であり、かつ定款によって指名された者でないとき、各業務執行者は、定款に定める条件に従い解任することができ、また定款にその定めのないときは、業務執行者であると否とを問われない他の社員の一致をもってなされる決議によりこれを解任することができる」（一八条二項、二四条）とし、さらに、「社員でない業務執行者は、定款に定める条件に従い、また定款にその定めのないときは、社員の過半数の決議によってこれを解任することができる」（一八条三項、二四条）としたうえで、「正当な理由（juste motif）なくして解任された者は、損害賠償を請求することができる」（一八条四項、二四条）と定めている。

なお、一九九四年の法律第九四—一号（Loi n° 94-1 du 3 janv. 1994）による会社法の改正により創設された簡易株式会社（société par actions simplifiée）の指揮者の解任については、その態様を決定する極めて大きな自由が定款に委ねられているので（二六二—六条）、指揮者は定款に定める条件に従って解任されうることになる。もっとも、定款に定めのない場合には、一般法（droit commun）に戻るから、この問題は任意解任（révocabilité *ad nutum*）ないし自由解任（libre révocabilité）の制度に服することになる。

したがって、以上のように、会社指揮者の解任については、まず第一のグループとして、解任権の濫用（abus）の場合に何らかの制裁（sanction）の問題を生じさせる余地を残してはいるが、解任の自由（liberté de révocation）を制度化して、任意解任ないし自由解任の原則により規律されるカテゴリーに属する、①従来型株式会社の取締役、②新型株式会社の監査役会構成員、③従来型株式会社の社長および④従来型株式会社の副社長が挙げられる。次に第二のグループとして、正当な理由のない解任がなされた場合に、会社指揮者に損害賠償請求権が認められるカテゴリーに属する、⑤新型株式会社の業務執行役員、⑥有限会社の業務執行者、⑧合名会社の業務執行者および⑨合資会社の業務執行者が挙げられる。また、このグループには、正当な理由がある場合に、裁判所による会社指揮者の解任が認められるカテゴリーに属する、⑥有限会社の業務執行者および⑦株式合資会社の業務執行者も含まれる。いずれのカテゴリーも、解任の可能性を「正当な理由」にもとづいて審査しようとするものである点で共通性を有している。

最後に第三のグループとして、会社指揮者の解任の態様を定款の自治に委ねるカテゴリーに属する、⑦株式合資会社の業務執行者(ただし、前述のように正当な理由にもとづく裁判所による解任の場合を除く)、ならびに⑧合名会社の業務執行者および⑨合資会社の業務執行者のうち、定款によって指名された者でない社員である業務執行者、および社員でない業務執行者が挙げられる。それゆえ、これらの者は、定款に定める条件に従って解任されることになる。

解任とは、委任契約（contrat de mandat）による任期満了前のかつ本人の意思に反した終了（cessation anticipée et involontaire）の方法であり、また会社の管理の権限をもつ者からその地位を剝奪する会社機関による一方的意思表示である。前述のように、フランスの商事会社法においても、規定に相違があるとはいえ、会社形態のいかんを問わず、会社指揮者はすべて解任の対象となる。そして、第一のグループに属する任意解任ないし自由解任が可能である会社の場合には、その意義を厳密にとらえれば、予告(préavis)なしに、解任理由の正当性(justification)も必要とせず、かつ補償金（indemnités）を要せずに、いつでも会社指揮者を解任することができることを意味している。(1) しかし、かかる解任方法に対しては、時代錯誤(anachronisme)であるとの批判も強く主張されている。(2) とくに、株式会社における指揮者のもつ権限の大きさおよび職務の専門性を考慮に入れつつ、株主と指揮機関（organs de direction）との間の望ましいかつ必要とされる均衡を根拠にして、(3) 従来型株式会社の取締役に対してのみ、その重大な権限の代償として任意解任ないし自由解任による地位の不安定性を強いることは、(4) 同じ株式会社形態でありながら、その運営機構が相違しているからといって、新型株式会社の業務執行役員のほうは正当な理由なく総会で解任が決議された場合に損害賠償を請求することができることと比較してみるとき、著しくバランスを欠いているように思われる。たしかに、二層制の株式会社における監査役会に対しての常勤職（full time job）たる業務執行役員の地位の安定性および独立性を確保することの必要性を理由に、業務執行役員が株式会社の他の指揮者よりも優位にたつことが正当化されてきたとはいえ、[5] だからといって、実際上、従来型株式会社の取締役、社長、副社長および新型株式会社の監査役会構成員に対してのみ任意解任原則を維持していかなければならないとすることには、今日では、もはや有効なあるいは堅固な根拠を見い出すことはできないであろう。[6]

同様に、社員に認められている基本的な権能である解任権の有する自由裁量的性質（caractère discrétionnaire）から、任意解任ないし自由解任を正当化するのは妥当ではない。自由裁量権とは、その行使が裁判所によるいかなる審理の対象ともなりえないものをいうのであって、[7] 会社指揮者の解任権を自由裁量権のうちに数えるのは行き過ぎであろう。[8] なぜなら、解任を認める正当な理由とは何か、あるいは解任権の濫用とはいかなる場合をいうのかに関する判例を検討してはじめて、解任について十分に納得することができるからである。したがって、指揮者に授与されている権能は管理の業務を遂行する団体（groupement）の利益をはかるためのものであるから、解任権も、もっぱら会社の利益をはかるためにその権限を有する者に認められているものであると理解しなければならない。[9] そうであれば、解任の第一義的機能は、会社形態のいかんを問わず、また会社指揮者のいかんを問わず、同一であるべきはずである。すなわち、本質的には、指揮者に制裁を加えることを社員に可能とすることによって、効率的な会社運営を目ざすべくコントロールしていくことに含まれる問題である。なぜなら、解任とは、指揮者の会社運営に対する不信任（défiance）および否認（désaveu）の手段として現れるからである。[10] このように考えられるとすれば、会社指揮者の解任制度について、その相違を承認することはとりわけ難しいといわなければならないであろう。

株式会社の指揮者の地位の不安定性は、任意解任原則の強行法規性（caractère d'ordre public）により増大する。それゆえ、この性質によって、任意解任とは異なるあらゆる定款規定が排除されたり、あるいは解任された指揮者に損害賠償請求権を保証したりもしくはより制限的な解任条件をもって指揮者に一定の地位の安定性を保証したりすることをとりきめるあらゆる「契約による調整」（aménagement conventionnel）が排除されてしまうおそれがある。まさしく、判例は、労働契約（contrat de travail）の締結ないし委任契約と労働契約を兼ね備えた契約の締結、すなわち解任の効力を制限することなしに、委任の解除と結び付いたリスクから指揮者を保護しようとする「契約による調整」に関しては、これに反対するか、あるいは少なくとも極めて消極的である。[11] 任意解任ないし自由解任の原則の変更をともなういわゆる「黄金のパラシュート契約」（conventions de *parachutes dorés*）の問題であるとみなされ、それゆえに、そのような契約は無効とされてきた。[12]

しかしながら、他方では、判例は、多様な保護策について好意的であり、また注意深く分析しようとする傾向を示している。破棄院は、「当該契約が任意解任を束縛したりもしくは制限したりする目的または効果をもっているか否か」につき正確に究明することを下級審に対し求めている。[13] また、破棄院は、解任の際には、ある者が指揮者からその持株を高価格で買い取ることを約束したり、[14] あるいはある者が指揮者との労働契約の締結に同意したりする旨の合意について容認している。[15] これらのケースでは、一方では資金調達の重要性を考慮に入れて、かかる合意の存在によって解任がとりやめになる余地が残っていない以上、[16] また他方では、かかる合意が指揮者の解任権を有する取締役会または株主総会の内部において意思決定権を何ももたない第三者との間のものである以上、[17] 当該契約は有効であるとされている。

是認されるべきこのような方向性は、同様に、解任の自由について一般的により一層節度を守らせようとし、かつ会社指揮者をより一層保護しようとしている判例の趨勢と結び付くものである。したがって、解任は、それが指揮者の人権（droits de la personne）を侵害する状況のなかでなされる場合には、濫用となる。[18] なぜなら、この場合は、指揮者の名誉（réputation）を害するおそれのある意図をともなった解任であり、[19] 人を困惑させるやり口（procédés vexatoires）をともなった時宜を得ない、すなわち無用の突発的行動（brusquerie inutile）による解任である。[20]

判例の新たな展開は、間違いなく、会社指揮者の保護と会社利益の保護との最大限の協調点(conciliation)を考究しようとすることの前兆となるものである。つまり、解任の有する自由裁量的性質に節度を守らせようとする意向によって、会社指揮者の解任について新しい一般的見解がその足跡に生じてきているのである。任意解任原則によって、指揮者の地位剝奪（éviction）がいつでも、予告なしに、また理由の明示もなしに、さらに損害賠償を要せずになされうることを意味していることには変わりはないが[21]、このような考え方については、解任された指揮者に対しその者の弁明（défense）を提示するための準備の機会を与えなかったという事実から今後等しく成り立ちうる解任権の濫用に関する新しい理論構成の登場によって[22]、だんだん支持する者が少なくなっているように思われる。そうであれば、いかなる解任も、「いつでも、予告なしに、また理由の明示もなしに」これをなしうるものであるのかどうかが問われることになる。

もっとも、右の新たな要請によっても、それが解任の事由となるのか[23]、あるいは独立の濫用事由となるのか[24]という、解任権の濫用概念の内容をただ単に定義するためのものであると考えられているかぎりにおいては、右の答えが肯定的になることは明白であろう。しかしながら、かかる分析は十分なものであるとはいえない。なぜなら、弁明の機会付与の原則（principe de contradiction）を通して、破棄院は、会社指揮者に対する解任自由の極めて厳格すぎる制度の放棄に向けて歩み始めていると考えることに理由があるからである。このような判例の展開は、会社指揮者の解任制度の統一（unification）への糸口となるものであり、また解任における会社利益の占める位置づけの強化を特徴づけるものとなっている[25]。

（1）　J.-L. Aubert, La révocation des organes d'administration des sociétés commerciales, RTD com., 1968, p. 977; P. Reigne, Révocabilité *ad nutum* des mandataires sociaux et faute de la société, Rev. sociétés, 1991, p. 499; J.-J. Caussain, La précarité de la fonction de mandataire social (Révocation et modes de protection),

Bull. Joly, 1993, p. 523.

(2) P. Merle, Droit commercial—Sociétés commerciales, 5e éd., Précis Dalloz, 1996, nº 386, p. 376; J.-L. Aubert, ibid; B. Oppetit, note, Rev. sociétés, 1972, p. 699 et s.; Y. Guyon, note, JCP, éd, G. 1990, II, 21537; R. Baillod, Le "just motif" de révocation des dirigeants sociaux, RTD com., 1983, p. 395 et s.; P. Le Cannu, note, Bull. Joly, 1990, p. 1035.

(3) J.-L. Aubert, ibid.

(4) H.-M. Synvet, note sous Rennes, 2e ch, civ., 25 févr., 1972, JCP, 1972, II. 17220.

(5) JOAN du 24 juin 1966, annexe, nº 1932, p. XVIII; R. Contin et M. Deslandes, Dalloz, 1977, chron. p. 296.

(6) K. Adom, La révocation des dirigeants de sociétés commerciales, Rev. sociétés, 1998, pp. 490-491; R. Baillod, ibid; Y. Guyon, note sous Cass. com., 4 juin 1996, JCP, éd. E, 1996, II. 849.

(7) A. Rouast, Les droits discrétionnaires et les droits contrôlés, RTD civ., 1944, p. 1 et s.

(8) R. Baillod, op. cit., nº 3, p. 396.

(9) A. Légal et J. Brèthe de La Gressaye, Le pouvoir disciplinaire dans les institutions privées, Sirey, 1938, p. 39; A Rouast, op. cit., nº 10.

(10) Cass. com. 22 nov. 1972, Rev. sociétés, 1974, p. 101, note M.-A. Coudert; Cass. com. 29 juin 1993, Bull. Joly, 1993, p. 1142 et s., note P. Le Cannu; Rev. sociétés, 1994, p. 63, note F. Pasqualini; Dr. sociétés, 1993, p. 9, note H. Le Nabasque; Rennes, 25 févr. 1972, JCP, 1972, II. 17220, note H.-M. Synvet; RTD com., 1972, p. 921, obs. R. Houin.

(11) 有限会社の業務執行者については、Cass. com. 6 déc. 1983, Rev. sociétés, 1984, p. 311, note P. Le Cannu; Dalloz, 1984, IR, p. 394, note J.-C. Bousquet, Gaz. Pal., 1984, p. 389, note Dupichot; Cass. com. 2 juin 1987, Bull. civ., 1987, IV, nº 131. 新型株式会社の業務執行役員については、Cass. com. 15 nov. 1994, Bull.

Joly, 1995, p. 65, note P. Le Cannu.

(12) K. Adom, op. cit., p. 492.

(13) Cass. soc. 5 nov. 1984, Sté HCT, JCP, éd. G, 1985, II. 20510, note N.S.; Cass. com. 2 juin 1992, Bull. Joly, 1992, p. 1078; RTD com., 1993, p. 521, obs. C. Champaud et D. Danet; RF compt., 1992, p. 56, note P. Reigne; Cass. com. 12 mars 1996, Martin c/ SA Cam Galaxy, JCP, éd. E, 1996, pan. 724; Bull. Joly, 1996, p. 516, note N. Rontchewsky.

(14) Cass. com. 12 mars 1996, préc.

(15) Cass. soc. 5 nov. 1984, préc.

(16) Cass. com. 12 mars 1996, préc; Versailles, 1er déc. 1988, Bull. Joly, 1989, p. 172.

(17) Cass. com 12 mars 1996, préc.

(18) Cass. soc. 13 avr. 1945, Dalloz, 1945, p. 65, note G. Ripert; Sirey, 1946, p. 97, note D. Bastian; Cass. com. 12 juill. 1955, Dalloz, 1956, p. 40; Cass. com. 27 mars 1990, JCP, éd. E, 1990, II. 15802, note Y. Guyon; Paris 3 avr. 1963, Dalloz, 1963, p. 646, note A. Dalsace.

(19) Cass. com. 21 juin 1988, Rev. sociétés, 1989, p. 46, note Y. Chartier; Bull. civ., 1988, IV, n° 214; Cass. com. 2 oct. 1978, Dalloz, 1978, IR 107, note J.-C. Bousquet; Rev. sociétés, 1979, p. 328, note J.-L. Sibon.

(20) K. Adom, op. cit., p. 493.

(21) Versailles, 13e ch., 20 févr. 1992, Bull. Joly, 1992, p. 658, note P. Le Cannu; 17 déc. 1992, Bull. Joly., 1993, p. 479; Cass. com. 29 juin 1993, préc.

(22) Cass. com. 26 avr. 1994, Pesnelle c/ Autoliv Klippan, Bull. Joly, 1994, p. 831, note P. Le Cannu; Case com. 3 janv. 1996, JCP, éd. E, 1996, pan. 146; Dalloz, 1996, IR 43; Bull. Joly, 1996, p. 388, note B. Saintourens; JCP, éd. G, 1996, II. 22658, note D. Gibirila; Dr. sociétés, 1996, n° 83, note T. Bonneau; RTD com.. 1996, p. 485 et s., obs. B. Petit et Y. Reinhard; Cass. com. 24 janv. 1998, Dr. Sociétés, 1998, n° 9,

note D. Vidal; JCP, éd. E, 1998, 1305, obs. A Viandier et J.-J. Caussain.

(23) Cass. com. 26 avr. 1994, préc.

(24) Cass. com. 3 janv. 1996, préc.

(25) K. Adom, op. cit., pp. 494-495.

二　会社指揮者の解任制度の統一に向けての素描

会社指揮者の職務を擁護することは会社の利益に反するものではないから、それは会社機関内部の透明性(transparence)を通して実現されることになる。ところで、指揮者に対する解任理由の情報提供を会社に求めても、それにより会社が何らかの損害をこうむることになるとは思われない。同様に、解任理由の社内での開示(publicité interne）および議決に先立つ弁論（débat préalable au vote）を求めても、それにより会社が追加的負担を強いられることになるとも思われない。逆に、自己の意思決定の正当性を証明しなければならない会社機関が故意の沈黙（réticence）を押し通すことは、後に裁判所により制裁を加えられる可能性のある悪意（mauvaise foi）を覆い隠すものであると認定されてしまうおそれがある。弁明の機会付与の原則を尊重すべきことの要請によって、任意に解任される場合も、また解任に正当な理由を要する場合も、等しく必要とされる透明性が確保されることになる。言い換えれば、理由を明示しなくても解任をなしうるとの旧来の議論は、判例の新たな要請に反することになるので、もはや通用してはならないのである。このことは制度の相違を位置づけている解任理由の審理(contrôle)と本質的には同じレベルにあるものと理解されているので、破棄院も、暗に解任理由の明示を示唆することによって、間接的に解任理由に圧力を加えることを選択していると評価できるのである。したがって、かかる理論構成は、解任理由の一般的通知義務を結果的にともない、かつ、あいにくの解任制度の二重性(dualité)の持続にもかかわらず、審査を受ける解任に向けての展開を予測させてくれるものなのである。[26]

(イ) 会社指揮者に対する解任理由の通知義務の要請

会社指揮者と会社間の関係では、解任は本質的に単独行為（acte juridique unilatéral）であるとされており、かつ、その措置が踏まなければならない手続を権限を有する機関が遵守しているかぎり、そのようなものとして有効となる。それでもなお、解任の一方的意思表示という性格は、弁明の機会付与の原則を尊重することと相容れないものではないのである。それゆえ、かかる弁明の機会付与の原則の適用を実効あるものにするためには、指揮者が自己の弁論を準備し、かつそれを提出することができるように、計画されている解任の理由についての事前の通知義務が前提とされることになる。

(a) 解任に際しての弁明の機会付与の原則の適用

弁明の機会付与の原則は、民事訴訟法上、訴訟手続のなかで適用されるものではあるが、これを会社指揮者の解任手続に導入することも、判例上すでに社員の除名(exclusion)についてはそれが容認されているのだから、[27]同じ様に可能であると思われる。

しかし、長い間、解任について弁明の機会付与の原則を認めることは、既得のものではなかったのである。なぜなら、同原則を尊重しないことが解任権の濫用となりうる旨を示した若干の判決もみられたが、[28]判例の主流的立場は、これを拒絶してきたからである。そのため、破棄院は、新型株式会社の業務執行役員の解任に関して、この者に弁論の提出を可能とするような解任に先立っての聴聞（audition）の手続をとる必要がない旨を判示してきた。[29]そして、破棄院は、このような趣旨にそった判決を下すために、[30]解任が懲戒的性質(caractère disciplinaire)を帯びていない旨を判示する下級審の判決を追認してきたのである。しかし、かかる解決策は、解任の自由性を誇張しすぎるものであり、疑問である。[31]

したがって、いかなる解任についても弁明権（droits de la défense）を尊重することが必要となる。解任は、それが会社指揮者の弁論提出の機会を与えることなしに決議された場合には、濫用となるのである。[32] 判例は弁明権の侵害を解任をめぐる諸事情のうちの一つの構成要素（élément constitutif）とみなしているにすぎないが、今日では、弁明の機会付与の原則に対する違反は解任をめぐる諸事情からこれを切り離すことができるのであって、解任権の濫用にかかわる独立の事由となることは確かである。したがって、解任はいつでもそれをなしうるが、「それが解任された指揮者の名誉ないし名声を侵害する事由をともなっていたか、もしくはかかる条件の下で解任がなされた場合、あるいは、解任が弁明の機会付与の原則を尊重することなしに不意に決議された場合」にかぎり、濫用となるのである。[33] それゆえ、同原則を会社法の基本原則の一つとして破棄院も認知しているとの指摘があるほどに、[34] 同原則が指揮者の解任条件の審査に正式に役割を演じていることに関してはもはや疑問の余地はないであろう。[35]

会社指揮者のもつ弁明権に対する侵害は、ただ単に解任が正規になされなかったことを意味するにとどまらず、濫用となるのである。[36] かかる弁明権は自然法上の権利（droit naturel）として認められるものであるから、その尊重なしに解任がなされた場合には、指揮者は、ヨーロッパ人権規約（Convention européenne des droits de l'Homme）第六条第一項を援用して自己の解任無効の請求をなしうるのである。[37] さらに、下級審の判決のなかではあるが、弁明権尊重の要請はそれが取締役との委任の非更新による指揮者の職務の終了の場合にまで拡張されることに躊躇が示されていないほどに、是非とも必要なものであると考えられる。[38] 弁明の機会付与の原則の遵守義務を確立した諸判決がもっぱら任意に解任しうる場合に関して言い渡されているとしても、これに限定して弁明権をとらえるのは根拠が乏しいであろう。したがって、指揮者のもつ弁明権の尊重は、あらゆる解任、それゆえに正当な理由を要する解任についても適用される一般原則であると考えなければならない。[39] いずれにせよ、この面では、任意に解任される可能性のある業務執行者や業務執行役員にとっても、その地位の安定性が強化されることになるのは間違いなかろう。そして、このような学説の正当性は、とくに、弁明権の尊重が指揮者からその地位を剝奪する計画があるときにその理由を事前に通知することを前提としていると認められる場合には、立証されることになる。ここでは、解任制度の統一に向けての明らかな進展がみられるといえそうである。[40]

(b)　解任理由の事前明示義務

弁明の機会付与の原則が適用されると、会社指揮者に対しその弁論の提出を可能とすることないしその履行を督促することが義務づけられるので、理由を明示しないで解任することはできなくなる。[41] なぜなら、同原則の適用によって、指揮者に対しその弁明を準備しかつ弁論を提出することができるように、考慮されるべき解任理由を通知することが義務づけられることになるからである。すなわち、解任理由の明示義務は弁論の尊重の要請自体と切り離し難く結びついているからである。

会社指揮者としても、弁論を提出するためには、自己を譴責しかつ「職務上の重大な制裁」(sanction professionnelle majeure)を正当化しようとしている事実を認識しなければならない。[42] 判例は、弁論の実行を義務づけることによって、解任するうえで考慮されている事実についての指揮者の知る権利(droit à l'information)を創設しており、それゆえ、解任理由に関する知る権利は、取締役にとってその職務の範囲内で認められている知る権利に付加されるものである。[43] しかしながら、両者の知る権利はその機能において異なっており、職務上の知る権利のほうは取締役が事情を心得て(en toute connaissance de cause)業務を遂行しうるためのものであるのに対して、[44] 解任理由に関する知る権利のほうは、社内でその地位を脅かされている指揮者を保護する役割をもつ、本質的に指揮者の個人的な権利、とくに弁明権を保護するためのものである。もっとも、後者の場合にも、それによって会社も見識のある決議が可能となるのだから、同様に会社の利益のためにも好ましいものであるといえそうである。[45]

解任理由の通知義務については、解任が予告される場合には、その履行は容易である。したがって、取締役会ないし株主総会の会議(réunion)の招集状(lettre de convocation)において解任議案を正当化する理由を記載しなければならず、他方招集状において取締役会ないし株主総会の会議中に解任される可能性があることを通知するにすぎない場合には、かかる義務が履行されたことにはならないであろう。[46]

株主総会における解任の場合には、解任の議案を議事日程に記載しなければならず、なおかつ解任理由についても議事日程に記載するのでなければ、通知義務の履行としては十分ではない。さらに、解任理由を明示する個別の招集状が会社指揮者に送付されなければならない。一九六六年商事会社法第一六二条の規定については、満足のいく方法で情報開示を受けられなかったとしても、指揮者はこれを援用することができない。なぜなら、指揮者は開示請求権を有していると考えうるとしても、情報開示の主体性（initiative）は、解任案を決定した人または会社機関、とくに社長、監査役会または社員に属しているからである。指揮者への情報開示は、原則として、その者の解任が討議される株主総会ないし会議の招集と同時になされなければならない。例えば、業務執行役員の解任の場合には、監査役会が当該指揮者の地位剥奪を必要とし、かつ情報開示される理由を議案中に示さなければならない。当該指揮者に対し解任理由の情報開示がなされなかった場合には、その者は法第一六〇条第三項にもとづき、解任案を決定した監査役会に対してその明示を請求することができる。[47]

(c)　会社指揮者の弁明の準備および弁論の提出

従来型株式会社の取締役および新型株式会社の監査役会構成員に関するかぎりでは、解任につき予告をしなくても、法第一六〇条第三項にもとづき、解任することは可能である。これに対し、不意の決議を回避するために会社指揮者に対しなされる解任案の事前の通知を「予告」と理解するのであれば、あらゆる解任がこの意味での予告を必要としていることは確かである。

いずれにせよ、解任が会議の招集後ないし開催中にどうしても避けられなくなる場合を除いて、会社指揮者に対しその弁論を準備することを可能とするための十分な時間の確保が配慮されなければならない。とりわけ、解任の議案が議事日程に記載されていないため、株主総会に委ねられている議題（sujets）の論理的帰結として解任がなされる場合には、このことがまさに妥当する。[48] より具体的には、会議の開催中の緊急動議（incidents）の結果解任がなされる場合が問題となる。このような緊急動議の結果の解任である場合には、解任理由についての指揮者の知る権利が尊重されなくなってしまうこともやむをえないであろう。[49] もっとも、この場合においても、当該指揮者が会議に出席しているときには、解任の決議機関に対する弁論の提出をその者に求めなければならない。[50]

弁明の機会付与の原則を尊重するためには、会社指揮者からの聴聞手続が必要であり、同時に事前に解任決議を予見することができなかったという事実によっては、指揮者も解任権を有する機関の会議に出席しているのであれば、事前に当該指揮者から何らの聴聞もなさずに解任することは原則として認められない。なるほど、法は株主総会等への非社員の招集を定めてはいないが、そのような指揮者（非社員たる業務執行者、非株主たる業務執行役員または副社長）の出席によって株主総会等の運営におけるその者の積極的な役割が期待されているために出席が容認されることになる。[51] 結局のところ、非社員たる指揮者の解任が事前に計画されている場合には、当該指揮者がその弁論を提出することができるように株主総会等へのその者の招集は義務的にならざるをえないのである。[52]

会社指揮者の解任を決議する取締役会ないし株主総会に当該指揮者を招集しなかったことは、討議の結論に影響を及ぼすため、解任の無効をもたらし、[53] またかかる不正（irregularité）の犠牲者である指揮者は、不当な解任（révocation abusive）であるとして損害賠償を請求することができる。とくに当該指揮者を招集しなかったことが解任の主導者（initiateur）の欺瞞ないし悪意を覆い隠すためのものであることが判明した場合には、解任の当事者たる指揮者の会議への出席は是非とも必要となる。[54] この場合には、かかる煽動者（intigateur）がその解任の主張に加担した別の者または特定株主グループを代表する者を後任に就かせる目的でその場かぎりの多数派（majorité de circonstances）を煽動することが判例上もしばしば問題とされてきたのである。[55] そこでは、害意（intention de nuire）なり悪意なりをともなうことは明白である。[56]

解任される会社指揮者の弁論提出先は、解任権を有する機関に対してである。[57] したがって、とくに取締役会のような合議機関（organe collégial）に弁論が提出される場合には、特定の者の評価にもとづく主観性（subjectivité）や不公平性（partialité）は緩和されることになろう。[58]

ところで、議事日程に解任事項が記載されていることの結果として、これについて討議することが絶対に必要となる。なぜなら、当該指揮者が株主総会に出席していれば、その発言権（droit à la parole）が総会で自主的には尊重されない場合であっても、発言自体は可能だからである。なお、指揮者の解任事項については、定款においてその議決前の当該指揮者との事前聴聞義務を定めておくことは有益であろう。かかる慎重な措置（précaution）は、法の強行規定（disposition impérative）に何ら抵触するものではない。さらに、このように定款に明示規定をおくことは、取締役会については、商事会社に関する一九六七年三月二三日デクレ（Décret n° 67-236 du 23 mars 1967）第八三条が取締役会の招集および議事（délibération）に関する規則を定款で定めなければならないとしているので、当然認められることになる。株主総会の議事日程および取締役会の議事規則に解任事項を記載させることによって、指揮者が前述のようなその場かぎりの多数派の犠牲者となることが回避されやすくなるであろう。[59]

弁明の機会付与の原則の遵守を義務づけることによって、解任につき株主の会社管理に関する監督権の行使の発現であることを強調してきた判例の考え方を最終的には改めさせなければならない。判例は、「事前の協議（entretien）への招喚、当該指揮者に対しての解任を正当化する非難事由（griefs）の事前の通知、あるいは株主総会ないし会社内で指揮者の解任権を有する他の機関の議事録（procès verbal）への非難事由の明示」を義務づけることなく、社員ないし株主はその解任権の自由な行使が可能であると考えてきた。[60] なるほど、指揮者の解任に関しては、期間の定めのない労働契約の解除における事前の協議義務を準用することができないのは確かである。[61] だからといって、会社は、解任を実行する前にその意思決定を根拠づける非難事由を明示する義務から逃れることはできないであろう。かかる要請は、対象となる指揮者のいかんを問わず、絶対に必要である。なぜなら、それは事前に検討されている解任ならびに議事進行中に求められる解任に等しく適用されるからである。弁明の機会付与の原則の適用によって、同様に、任意解任への最低限の審査が行われ、それゆえに解任制度の相違の軽減がはかられることになる。(62)

(ロ) 解任制度の二重性の緩和

解任制度上、正当な理由を要する場合においても、当該指揮者は、裁判所によって、解任には正当な理由が存せず、これにより損害をこうむったと判断されたときにのみ、損害賠償請求権が認容されるにすぎない。(63) それでもなお、正当な理由を要する解任のほうが任意に解任可能なそれに比べて裁判所による審理を受けうる解任となる点で優位を占めているといえる。弁明の機会付与の原則の適用は解任を制約する可能性をともなった制度の萌芽を含んでいるので、必然的に解任理由の審査の問題が提起されることになる。同様に、議事録への正当な理由の記載に関しても問題とすべきである。なぜなら、このような記載によって、よりよい審査が生まれるからである。(64)

(a) 解任理由の議事録への記載

会社指揮者への解任理由の通知義務が最終的に解任決議の際の理由の記載の問題を生じさせることは明白である。解任にあたって弁明権の尊重を求める判例が登場する以前においては、解任を根拠づける必要はないとされ、それは解任される指揮者のいかんを問わず、既定のものと考えられていた。(65) この解決策は任意に解任可能である場合には自明のようにみえるが、正当な理由を要する解任の場合については明白ではない。(66) もっとも、法は正当な理由なくして解任が決議されたときに、損害賠償請求権を認める規定をおいているので、解任を裏付ける理由が何も主張されていない場合には、正当な理由のない解任と推定されるように思われる。(67) このことは、正当な理由があるときに裁判所による解任を認めている規定においても同じことが妥当しよう。(68)

いずれにせよ、解任をなした株主総会の議事録への解任理由の記載については、少なくとも正当な理由を要する解任の場合にかぎれば、必然的ではないとしても、義務的となろう。弁明の機会付与の原則と結びついた正当な理由の必要性によって、解任を根拠づける義務が生ずることになる。そこでは、正当な理由を要する解任は本質的に裁判所による審理を受けうる解任となる。したがって、解任理由の情報開示によって、裁判では、主張される理由の正当性の立証が問題となるだけではなく、一方は指揮者に解任案を通知する書面に記載されている理由と、他方は会議で配布される書類上の理由との一致の立証が問題となる。[69] また、裁判では、後に主張を許される別の非難事由を除いて、会社は株主総会の議事録に記載されている解任理由により拘束されることになる。[70] なぜなら、会社は、口頭弁論中にこれと異なる理由を持ち出すことによって、解任前に主張された事実であれば指揮者が弁明を準備しかつ弁論を提出することができたであろうかぎりにおいて、弁明の機会付与の原則に違反することになるからである。会議中の緊急動議にもとづく場合は別として、招集状に記載されている解任理由と異なる理由が議事進行中に主張される場合に関しても同様である。[71]

これに対し、会社指揮者を任意に解任しうる場合には、解任決議をした総会の議事録に解任理由を記載することが要求されておらず、任意になされるにすぎない。解任理由の存否およびその妥当性について裁判所は審理することができないから、この要求も結局は何も役立たないと理解するのであれば、確かに、解任理由の議事録への記載を要求することは行き過ぎであるかもしれない。しかし、とくに解任事項が議事進行中に提起された場合には、裁判所は、解任理由を知ることによって、主張された理由を斟酌しつつ、解任を取巻く諸事情からみて解任が妥当であるか否かにつき判示しうることもまた真実である。[72] これ以外の場合には、かりに解任の訴が濫用的に提出されることがあっても、指揮者はその弁明を準備しかつ弁論を提出することが可能であるので、勝訴の見込みは全くないといえよう。[73]

破棄院は、長い間、「理由を明示せずに解任すること」を肯定してきたが、[74] 一九九六年一月三日判決のなかで、解任理由を明示せずに解任する権限を会社機関に放棄させることによって、社員の自由裁量権に属するのは解任の時期（moment）に関してだけである旨を示唆している。[75] このような方針が確認されれば、任意に解任しうる場合であっても、解任決議をなす機関の議事録に解任理由を明示しないときには、それが正当化されることがないことを意味していることになる。とりあえず、解任理由を株主総会ないし取締役会の議事録に記載すべき旨を定款において定めておくことはできよう。これによって解任された指揮者が議事録に記載されている解任理由にもとづきその弁論を提出したことを帰納的に検証することが可能となる。したがって、解任を審査することに近づくものとなる。[76]

(b)　解任理由の審査の問題

破棄院は、解任制度に関する「一　はじめに」で述べた第一のグループと第二のグループの区別を極めて厳格に遵守しようとしており、同時に解任理由を考慮しながら解任に至る行動の動機づけからあえて損害賠償請求権を認容しようとしている下級審判決を批判している。[77] また、唐突性（brutalité）というような理由が解任の諸事情を正当化するものではないことを示すために当該理由にもとづく判決に対しても時として批判がむけられている。[78]

しかし、破棄院自身も、解任が濫用的であるか否かを決定するにあたって、主張されている理由を拠り所にしようとする誘惑に負けずにはいられないのである。[79] そうでなければ、例えば、どのように解釈しようと、「会社の一般管理政策が後任者により継続されたのにもかかわらず、八年前からその同じ一般管理政策にかかわっている取締役会との政策の不一致を口実にして非難事由とした会議の中途における社長の解任について、それは全く理由のないものであって、濫用となる」旨を示す判決が存在するはずがないのである。[80] 同様に、破棄院は、議決時に棄権した取締役に対する解任について、かかる態度が会社の運命（sort）を窮地に陥れるものではなく、かつ緊急にそのような解任をなす必要がなかったことを理由として、濫用となる旨を判示している。[81] このような動揺も見られるものの、判例は、基本的に任意に解任しうる指揮者の場合に解任理由を審理することを拒絶している。なぜなら、解任を取巻く諸事情からみて、あるいは弁明権の侵害の場合にのみ、濫用となると考えているからである。[82] これに対しては、裁判所が「権利の濫用という間接的な方法で解任理由の存否およびその妥当性を評価すること、すなわち任意解任原則を婉曲的に非難することを避けている」ことは問題であるとの指摘もなされている。[83]

したがって、判例のこのような強硬な姿勢については批判を免れないであろう。解任理由に注目することなしに解任の正当性を有効に評価しうるのかどうかは疑問であろう。[84] 会社機関がそのような緊急性ないし唐突性を正当化しうるような事実を主張していないにもかかわらず、人権ないし弁明権を何ら尊重することなく、解任を即座に決議することができるのはいかなる理由によってであるかを理解することは容易ではない。[85] 会社の利益ないし会社の健全な管理を害するおそれのない事実であるのに、唐突かつ不意に解任することも正当化されるのであろうか。[86] さらに、判例は、解任の正当性を評価するために解任理由に依拠しつつも、そのような解任理由の存否およびその妥当性につき真に直接的に審理しようとしていないことが指摘される。[87]

裁判所による審理は、解任の正当性および有効性にかかわらせようとする効果または目的をもっておらず、解任に際して人権を無視してもなお堅固な正当事由を有しているか否かを問題にしているだけであるので、ましてや厳格なものではないと理解されている。なぜなら、解任はそれが正当化されると否とにかかわらず効果を生じ、そこでは不当に解任された指揮者といえども損害賠償を請求しうるにすぎず、それは任期が満了するまでに受け取れたはずの報酬（rémunérations）を必ずしも示すものではないからである。[88] さらに、解任に正当な理由を要するとされる指揮者の場合においても、同様に自由にないし自由裁量的に解任しうると考えられている。なぜなら、法は指揮者の解任を正当な理由の存否に従わせることを要求しておらず、あらゆる理由にもとづき、またその理由がない場合においてさえ、指揮者を解任することができるとしているからである。[89]

破棄院の判決の厳格さが度を過ごしていることは、とりわけ解任をなす会社機関が指揮者に非のある事実(faits fautifs)、より一般的には会社の利益に反しているとの事実を主張することによって、理由を明示すべきであるとしている場合には、明白である。[90] 公正性（equité）および誠実性（loyauté）によって、指揮者の名誉、名声ないし職務上の能力を損ないかねない重大な事実を指揮者に帰せしめる人または機関の側で、裁判上その真実を明らかにする義務を負うことが要求される。例えば、取締役会がその存在を立証することができないにもかかわらず、解任するために不正競争行為（actes de concurrence déloyale）の責任を副社長に帰せしめたり、[91] あるいはそのような非難は何ら当たらないのに、信用を失墜させるために無知（incompétence）とか、横領（malversations）とかの責任を指揮者に帰せしめたりするのは納得できるものではない。[92]

確かに、任意に解任しうる場合には、正当な理由なしに、いつでも会社指揮者を解任することが可能ではあるが、この場合でも、指揮者が欺瞞的で、根拠のない、また虚偽の理由によることの犠牲者とならないように、善意が要求されなければならない。指揮者の人格、名誉および職務上の名声を守るには、真相を明らかにするべく、主張された理由の裁判所による審理が必要となる。裁判所としては、会社の利益の審判者のごとく振る舞うのではなく、解任の裏付けとして主張された理由の存否およびその真実を立証させることによって、人権の尊重に配慮することが求められる。解任に際して善意、すなわち誠実義務を拠り所とすることによって、一方は人としてのおよび指揮者としての指揮者の保護、他方は会社の利益の保護という、二重の保護が可能となるのである。[93]

解任理由の裁判所による審理の一般原則化は、会社指揮者の解任制度の統一、とくに正当な理由を要する解任の確立に向けての最終段階となる。[94] なぜなら、解任の妥当性に関する審理によって、任意解任原則を無にすることに行き着くことは明らかだからである。[95] 裁判所による審理によって、指揮者の待遇（traitement）の相違、すなわち取締役、副社長、社長ならびに監査役会構成員の解任を特徴づける不公平を生む差別が徐々に消滅することになろう。そして、自由解任原則の強行法規性のために、正当な理由を要する解任の一般原則化のみが解任理由の妥当性ないし正当性の審査を可能にしてくれるのである。破棄院の厳格な審理の対象となる正当な理由を要する解任が原則的に要求されることになれば、人的会社（sociétés de personnes）の業務執行者、有限会社の業務執行者および新型株式会社の業務執行役員についても相対的安定性（relative stabilité）が保証されることになると思われる[96]。もっとも、弁明の機会付与の原則の適用によって、任意に解任可能な場合に関しても、取締役ないし株主に対して解任理由の正当性による審査を可能としてくれると考えることはできよう。取締役ないし株主は、議事が進行するなかで、指揮者に対し主張される非難事由の真実およびその重大性について判断することが可能となる。解任理由の正当性による審査および解任の妥当性の評価については、ここではもっぱら解任決議をなす機関内部で行なわれることになる[97]。

解任の危機に瀕している会社指揮者のために議決に先立つ聴聞権が確立されることは、自由解任原則が「自由裁量のものであるどころか、ますます審査を受け入れるべく譲歩している」ことの証明であり[98]、この権利によって任意解任と正当な理由を要する解任とはより一層接近することになる。任意解任原則の厳格性の緩和は幸ましいものではあるが、それは会社指揮者、とくに一層制株式会社の指揮者および二層制株式会社の監査役会構成員の地位を特徴づける不安定性に対する一時しのぎの手段なのである。このことは、裁判所が解任に関して分析するにあたっては、会社の利益をより一層重要なものとして考慮すべきであることを示している[99]。

(26)　K. Adom, op. cit., p. 495.

(27)　Cass. 1re civ., 21 juin 1967, Bull. civ., 1967, I. p. 172; Cass. com. 3 mars 1969, Bull. civ., 1969, IV, p. 79; Cass. com. 7 juill. 1992, Bull. Joly, 1992, p. 1100, note A. Couret.

(28)　Cass. com. 6 mai 1974, JCP, 1974, II, 17859, note J.-J. Burst; Rev. sociétés, 1974, p. 524, note P. Merle; Paris, 1re ch. B, 19 nov. 1987, JCP, 1988, II. 15168, n° 9, obs. A. Viandier et J.-J. Caussain.

(29)　Cass. com. 16 juill. 1984, Rev. sociétés, 1984, p. 791, note J. Guyénot; Dalloz, 1985, IR 137, obs. J.-C. Bousquet; JCP, éd. E, 1986, I. 15290, obs. Y. Guyon et G. Coquereau; Cass. Com. 19 déc. 1983, Bull. Joly, 1984, p. 285; Rev. société, 1985, p. 105, note D. Schmidt.

(30)　Angers, 22 nov. 1983, Rev. Sociétés, 1983, p. 782, note R. Plaisant.

(31) K. Adom, op. cot., p. 497.

(32) Cass. com. 26 avr. 1994, Pesnelle c/ Sté Autoliv Klippan, préc.; Cass. com. 3 janv. 1996, préc.

(33) Cass. com. 3 janv. 1996, préc.

(34) B. Saintourens, note, Bull. Joly, 1996, p. 388.

(35) K. Adom. op. cit., p. 498; B. Saintourens, note, préc.

(36) Cass. com. 26 avr. 1994, préc.

(37) ただし、破棄院は、この場合には同条項は適用されないと考えているように思われる。Cass. com. 3 janv. 1985, Carmona c/ UPA, Bull. civ., 1985, IV, p. 5; Defrénois, 1987. 33950, n° 5, p. 620, note J. Honorat.

(38) Paris, 27 oct. 1995, Gasquy, Rev. sociétés, 1996, p. 84, note D. Cohen; Bull. Joly, 1996, p. 45. なお、同判決については、P. Le Cannu, Le principe de contradiction et la protection des dirigeants, Bull. Joly, 1996, p. 11を参照。

(39) P. Le Cannu, ibid.

(40) K. Adom, ibid.

(41) これに対して、任意に解任しうる場合への同原則の導入に消極的な立場をとるものとして、P. Reigne, op. cit., n°s 10 et s.; note sous Cass. com. 26 avr. 1994, préc.; note sous Cass. com. 26 nov. 1996, JCP, éd. E, 1997, II. 918を参照。

(42) P. Le Cannu, op. cit., p. 13.

(43) Cass. com. 2 juill. 1985, Cointreau, JCP, éd. E, 1985, II. 14758, note A. Viandier; Dalloz, 1986, p. 351, note Y. Loussouarn, Rev. sociétés, 1986, p. 231, note P. Le Cannu; Defrénois, 1986, 33713, p. 600, note J. Honorat; Cass. com. 1er déc. 1987, M. Dennery, Rev. sociétés, 1988, p. 237, note P. Le Connu; RTD com., 1989, p. 80, n° 4, obs. Y. Reinhard. なお、この問題については、R. Baillod, L'information des administrateurs de sociétés, anonymes, RTD com., 1990, p. 1 et s.; J.-P. Bouère, L'information du conseil d'administration,

JCP, éd. E, 1992, I. 190, p. 515 et s. を参照。

(44) Cass. com. 2 juill. 1985, préc.; Cass. com. 1er déc. 1987, préc.

(45) K. Adom, op. cit., p. 499.

(46) K. Adom, op. cit., pp. 499-500.

(47) K. Adom, op. cit., p. 500.

(48) Cass. com. 29 juin 1993, préc.; M.-A. Coudert, note sous Cass. com. 22 nov. 1972, préc.; Rennes, 25 févr. 1972, préc.

(49) P Le Cannu, note sous Versailles 20 févr. 1992, préc.

(50) K. Adom, op. cit., p. 501.

(51) Y. Guyon, Assemblées d'actionnaires, Encycl. Dalloz, Sosiétés, n° 74; F. Mansuy, Assemblées d'actionnaires, J.-Cl. Traité, Sociétés, fasc. 136, n° 84.

(52) R. Baillod, note sous Paris 4 nov. 1992, préc.; J. Honorat, note sous Cass. com. 26 avr. 1994, préc.

(26) Cass. com. 21 juill. 1969, Dalloz, 1970, p. 88; Cass. com. 21 nov. 1967, JCP, 1968, II. 15609, note N. Bernard; Cass. com. 28 févr. 1997, Dalloz, 1977, IR 312, obs. J.-C. Bousquet; Versailles, 13e ch. A, 7 janv. 1992, Bull. Joly, 1992, p. 553, note B. Saintourens; Dr. sociétés, 1992, p, 14, note H. Le Nabasque; T. com. Paris, 13e ch., 5 mars 1982, JCP, 1983, II. 19982, note A. Viandier.

(54) Cass. com. 22 nov. 1972, préc.; Paris 3e ch. A, 4 nov. 1992, Bull. Joly, 1993, p. 110, note R. Baillod.

(55) Cass com. 21 juill. 1969, préc.; B. Saintourens, note sous Versailles 7 janv. 1992, préc.; P. Merle, note sous Cass. com. 6 mai 1974, préc., p. 528.

(56) K. Adom, op. cit., pp. 501-502.

(57) これに対して、指揮者は解任を提案する機関に対して弁論を提出することができるとする立場をとるものとして、P. Le Cannu, op. cit., n° 32 を参照。

(58) K. Adom, op. cit., p. 502.

(59) K. Adom, op. cit., pp. 502-503.

(60) Versailles, 13e ch., 17 janv. 1992, préc.; Versailles, 13e ch., 20 févr. 1992, préc.; Cass. com. 17 juill. 1984, préc.

(61) この点については、労働法典第一二二一一四条Cを参照。

(62) K. Adom, op. cit., p. 503.

(63) Cass. com. 22 nov. 1977, Rev. sociétés, 1978, p. 483, note Y. Guyon. なお、破棄院は、かかる損害賠償について、正当な理由のない解任の場合に自動的に義務づけられるわけではなく、指揮者のこうむった範囲により定まるとする。有限会社の業務執行者の解任の事例については、Cass. com. 29 avr. 1972, Rev. sociétés, 1973, p. 487, note J. Hémard; Cass. com. 30 mai 1980, Rev. sociétés, 1980, p. 734, note P. Merle. また新型株式会社の業務執行役員の解任の事例については、Cass. com. 12 avr. 1983, Bull. Joly, 1993, p. 521を参照。

(64) K. Adom, op. cit., pp. 503-504.

(65) Cass. com. 3 janv. 1985, Bull. civ., 1985, IV, n° 6, p. 5; Defrénois, 1987, 33950, n° 5, p. 620, note J. Honorat; Cass. com. 17 juill. 1984, préc.; Versailles, 17 juill. 1992, préc.; Versailles, 20 févr. 1992, préc.

(66) 両者の相違については、R. Baillod, op. cit., n° 22, p. 410を参照。

(67) R. Baillod, op. cit., n° 24; TGI Guéret, ch. com. 13 oct. 1992, Perrin c/ Burgun, Bull. Joly, 1993, p. 230, note R. Baillod.

(68) K. Adom, op. cit., p. 504.

(69) 類似関係の事例として、Paris, 8 nov. 1991, SARL Marbrerie de Bondy c/ Da Silva, Dr. sociétés, 1992, p. 11, note H. Le Nabasque を参照。

(70) Paris, 8 nov. 1991, préc.; TGI Guéret, 13 oct. 1992, préc.

(71) K. Adom, op. cit., pp. 504-505.

(72) Cass. com. 2 juill. 1973, Rev. sociétés, 1974, p. 514, note R. Rodière; Cass. com. 6 mai 1974, préc.
(73) K. Adom, op. cit., p. 505.
(74) 最近の事例として、Cass. com. 26 avr. 1994, prèc.を参照。
(75) Cass. com. 3 janv. 1996, préc.
(76) K. Adom, op. cit., pp. 505-506.
(77) Y. Chartier, note sous Cass. com. 21 juin 1988, préc.; Y. Guyon, note sous Cass. com. 27 mars 1990, préc.; Cass. com. 26 nov. 1996, Dalloz, 1997, p. 493, note D. Gibirila; P. Reigné, note, préc.
(78) Cass. com. 9 oct. 1990, Bull. Joly, 1990, p. 1036, note P. Le Cannu; Cass. com. 27 mars 1990, préc.
(79) Cass. com. 20 nov. 1962, Dalloz, 1963, p. 230; M.-A. Coudert, note sous Cass. com. 22 nov. 1972, préc.; Cass. com. 2 juill. 1973, Rev. sociétés, 1974, p. 514, note R. Rodière; Cass. com. 6 mai 1974, préc.
(80) Cass. com. 20 nov. 1962, préc.
(81) Cass. com. 6 mai 1974, préc.
(82) とくに、Cass. com. 3 janv. 1985, préc.; Cass. com. 11 oct. 1988, Rev. sociétés, 1989, p. 46, note Y. Chartier; Cass. com. 26 avr. 1994, préc.
(83) M. Cozian et A. Viandier, Droit des sociétés, 11e éd., Litec, 1998, nº 688, p. 249.
(84) R. Baillod, L'information des administrateurs de sociétés anonymes, RTD com., 1990, nº 26, p. 17.
(85) 類似関係の事例として、Cass. com. 20 nov. 1962, préc.; Cass. com. 6 mai 1974, préc.を参照。
(86) 類似関係の事例として、J. Honorat, note sous Cass. com. 3 janv. 1985, préc.; P. Le Cannu, note sous Versailles, 20 févr. 1992, préc.
(87) K. Adom, op. cit., p. 507.
(88) Cass. com. 22 nov. 1977, Y. Guyon, note, préc.; Dalloz, 1978, p. 645, note J. Guyénot; RTD com., 1979, p. 273, note R. Houin; Cass. com. 4 juin 1996, Dr. sociétés, 1996, p. 9.

(89) K. Adom, op. cit., pp. 507-508.
(90) 例えば、Cass. com. 9 oct. 1990, préc. を参照。
(91) Cass. com. 9 oct. 1990, préc.
(92) K. Adom, op. cit., p. 508.
(93) 類似関係の事例として、J. Honorat, note sous Cass. com. 3 janv. 1985, préc., p. 623; P. Le Cannu, note sous Versailles, 20 févr. 1992, préc., p. 658.
(94) 正当な理由を要する解任の一般化に賛成する学説として、P. Merle, op. cit., n° 386, p. 359; J.-J. Daigre, Réflexions sur le statut individuel des dirigeants de sociétés anonymes, Rev. sociétés, 1981, n° 43, p. 514; K. Adom, op. cit., pp. 508-509. また、同旨の学説として、G. Ripert et R. Roblot, Traité élémentaire de droit commercial, t. 1, 1998, n° 1287; P. Didier, note sous Cass. soc. 19 févr. 1997, Rev. Sociétés, 1997, p. 533.
(95) この点については、J.-J. Burst, note sous Cass. com. 6 mai 1974, préc. を参照。
(96) Cass. com. 4 mai 1993, Dalloz, 1993, IR 148; JCP, éd. E, 1993, pan. 839; JCP, éd. E, 1993, I. 288, n° 12, note A. Viandier et J.-J. Caussain, RF compt., 1993, sept. 1993, p. 25, note P. Reigne.
(97) K. Adom, op. cit., p. 509.
(98) D. Cohen, note sous Cass. com. 26 avr. 1994, Rev. sociétés, 1994, 790.
(99) K. Adom, ibid.

三　解任における会社利益の位置づけ

会社指揮者は、少数派に対する多数派の利益を代表するわけではなく、実在する会社の利益を代表すると考えられている[100]。このような条件の下では、当該指揮者のいかんを問わず、解任は、それが個々のないし部門別の欲求および利益ではない、集団の利益（intérêt collectif）、すなわち会社の利益の充足に役立つものでなければならないことは当然のことである。解任権とは、判例がそれを基礎にしているように、社員がもっぱら会社の利益のために行使するないし行使しなければならない基本的な権能である。解任理由に関する機関内部の討議によって、会社利益の追求が助長されうることもある。[101] なぜなら、しばしば長期間にわたって、会社の業務に自己の職業上の専門能力を捧げてきた指揮者が何らの正当事由なしにあるいは会社の利益を必要としない理由によって突然解任されることは真に正しいこととは思われないからである。たとえ、法がこれに反する仮説にア・プリオリに特権を与えていると考えられるとしてもである（法一六〇条三項参照）。人権および弁明の機会付与の原則を尊重することは会社の利益と相容れないものではないのである。同様に、そのような安定性が終身性（inamovibilité）と紙一重でないときには、会社利益の保護が会社指揮者の地位の一定の安定性と相容れないものでもないのである。[102] そして、同様に、いつでも解任がなされうるのであれば、それゆえに長引く手続に会社の利益を甘んじさせることも好ましくないと考えることができる。時は金なりである。解任の合目的性（finalité）は会社利益を保護するためにあるので、一定の場合には、会社利益の保護が解任される指揮者の保護、とりわけ弁明権の厳格な尊重にまさりうると考えることができる。[103]

(イ) 解任権の合目的性

社員の会社管理への監督と結びついた解任の法的性格の曖昧さゆえに、判例が弁明の機会付与の原則に従って解任をなさしめることを拒絶したことを正当化してきてしまったのである。実を言えば、主として、次の二つの理由から、議論が根本的に歪曲されてきたのである。すなわち、一方では、解任は懲戒権（pouvoir disciplinaire）の表明（manifestation）ないし表現（traduction）ではないと仮定すればではあるが、同原則の尊重につき懲戒権が行使される場合に制限する必要はないからである。他方では、かかる分析は、社員に認められている権限が原則として会社の利益を擁護するためにのみ行使されうる「目的性のある権限」(pouvoir finalisé) であることを無視してきたように思われる[104]。したがって、解任の法的性格のいかんを問わず、たとえ同原則の尊重が指揮者の地位の保護に寄与しうるとしても、それによって、同様に、別の重要な役割、すなわち会社利益の追求が果たされるように思われる[105]。

(a)　会社の管理に対する制裁としての解任

弁明権尊重の原則に対する拒絶は、解任が懲戒的性格を有していないことにもとづくものであった[106]。まず初めに、学説上ならびに判例上、解任が制裁であると理解されていることについては不変である[107]。もっとも、このような制裁が懲戒的性格をともなっているのかどうかは困難な問題である。しかしながら、解任の懲戒的性格については、会社の業務執行を監視し、かつ「会社利益に立った考え方をしない者」を制裁する社員の権能を有効に行使させていく役割を果たすことが社員に授与されている権限に認められている以上、まさに避けられないものであると思われる[108]。さらに、どのような理由があれば、制裁たる解任が懲戒的性格を帯びなくなるのかを知ることは容易ではない[109]。会社の諸機関の内部では懲戒権は存在していないと考える危険を冒して、解任が懲戒的制裁を構成しないと主張することには、強固な根拠は見い出せないのである[110]。

社員の除名に類似する領域では、そのような措置は会社にとどまりたいとする社員の基本的かつ不可侵の権利に背反するものであると厳しく批判されてきた[111]。社員を除名することができないことの根拠として、とくに商事会社における懲戒権の欠如を含むいくつかの法原則が主張されてきた[112]。したがって、社員間の平等原則によって、除名のような制裁を宣告しうる懲戒権を会社のいずれの機関も保持していないことになる。なぜなら、平等は服従 (subordination) を排除するからである[113]。しかし、判例は、今日では、明確に法定されている除名[114]のほかにも、定款をもって除名事項を定めうることを容認しているように思われる[115]。除名の可能性の容認とは別に、長年にわたり、同様に、除名が懲戒的制裁であることが容認されてきている[116]。さらに、社員を除名するには、常に弁明権の尊重が必要とされ、[117]また弁明権を侵害された社員は、その妥当性にかかわる判決が下されるまで、仮処分(référé)による除名決議の効力の差止を求めることができる。[118]

法的にみて、解任と除名とに差異があるのかどうかについては、疑問の余地がある。除名がその対象となる者から社員資格を奪うものであるかぎりにおいて、とくに重大な制裁であることについては間違いがない。したがって、除名は集団の基本原則への違反を前提としている。たとえ解任が会社からの退出（sortie）をもたらすものではないとしても、より制限されたレベルでは、それは指揮者の資格を取り上げることの表明であり、一定の場合には会社の管理機関からの除名に相当するものなのである。なぜなら、取締役、業務執行役員ないし監査役会構成員の解任の場合には、それがあてはまるからである。挙動（attitude）ないし管理が会社利益に反している指揮者は、解任によって制裁されることになる。結局、除名にならって、解任はこれを宣告する権限を有する会社機関、すなわち株主総会なり、取締役会なりの懲戒権に属するものなのである。それゆえ、会社が法人組織（institution）であることを教示しながら、同時に会社機関の内部に懲戒権が存在しないことを主張するのは逆説的となろう。[119]

実のところ、弁明の機会付与の原則の適用を妨げているようにみえる解任の懲戒的とはいえない性格はそれほど問題であるわけではなく、むしろとくに法第一六〇条第三項の解釈（lecture）から生ずるような社員のもつ解任権へのあまりにも厳格すぎる執着が問題なのである。[120]したがって、同原則の導入により解任権を有する機関が負担する義務を斟酌して、それが自由解任への重大な障害となることをおそれるあまりに、だからといって、同原則を退けるのは極端すぎるように思われる。[121]それゆえ、「会社の契約的概念においては、解任は弁明権の概念とは関係のないものだから、解任は受任者と社員とを結びつけている契約の終了方法の一つでしかない。[122]」と主張されている。しかし、委任の規定に影響されたかかる主張は、その普遍性の点で欠陥をもっている。なぜなら、契約の存在によって同原則の適用がア・プリオリに排除されてしまうわけではなく、これら二つの概念の間には生来的もしくは法的な両立不可能性ないし矛盾は何も存在しないからである。[123] 法律関係の期限前の解除（rupture）を迫られる共同契約者（cocontractant）がその責めに帰すべき解除とはならないように弁明の手段を活用することが可能であることについては、何ら禁止されていないのである。[124]

解任の懲戒的とはいえない性格は、解任から弁明の機会付与の原則の適用を免れさせるのに十分なものではない。なぜなら、解任が会社の管理に関する制裁であるかぎりにおいて、解任される指揮者に対してのみならず、会社利益に対してもまた同原則の重要性ないしその根拠を問題とするのがより合理的であるからである。したがって、指揮者はその者に非難されるべき何らの過失がない場合であっても解任されうると考えられているので、まさに会社利益の保護によってのみ社員ないし指揮者に付与される権限、ならびにいかなる解任にも事前の聴聞を要求することが正当化されるように思われる。[125] さらに、もっぱら懲戒的側面から位置づけるときには、懲戒権が本質的に集団の利益の実現に役立つものであることは当然である。[126] いずれにせよ、容認されている法的性格のいかんを問わず、以上に述べたことが解任の根拠および役割であることは確かなのである。[127]

(b)　会社利益の保護策としての解任

解任により追求される目的は会社利益の保護のみにあると断言することもあながち言い過ぎではないであろう。任意に解任をなしうるかぎりにおいて、理由の妥当性および真実については原則として審査の余地はないものであるから、率先して解任をした機関ないし人は虚偽の、欺瞞的な理由あるいはまだましな場合でも信頼の喪失ないし考え方（vues）の相違を主張することができるものと思われる。任意解任の場合には、それがなされるにつき指揮者の責任要件として軽過失の存在さえも必要とされてはいないので、たとえ会社利益が当該指揮者の管理ないし挙動により危険にさらされることがないとしても、解任は決議されうるのである。指揮者の交代は、ただ単に多数派がそのように決議したことを理由として行なわれうるのである。そこでは、会社利益の方針（voie）こそ、指揮者の最良の保護を可能にしてくれるものである。なぜなら、この場合には、指揮者の地位の剝奪は、それが会社の利益ないし会社の健全な運営を擁護するうえで避けられないときにのみ正当化されるからである。したがって、解任には正当事由があることになる。会社の利益によって、解任の妥当性ないし正当性を判断することが可能となる。だからといって、同様に、指揮者には管理上何ら非難に値する過失がない場合、あるいは指揮者の挙動が会社の利益ないし会社の健全な運営を危険にさらすおそれのあるものとはいえない場合にも、信頼の喪失が解任の正当な理由となりうるとするのは疑問である。(128)

解任理由の通知および聴聞によって、議決機関は事情を心得て解任をなすことが可能となり、同時に解任理由の議事録への記載によって、裁判所は会社利益と比較しての決議の妥当性を確認することが可能となる。その際、解任にあたって、弁明の機会付与の原則を適用することの重要性が認識される。同原則の根拠については、「指揮者の聴聞によって、会社利益の方針によることを明確にするために会社の内部において一種の弁明が義務づけられなければならないことが拠り所になる。」との指摘がなされている。(129) かかる分析は、解任権が個々のないし部門別の利益の保護のためではなく、少なくとも部分的にはそれとは異なる会社利益の保護のためのものであるかぎりにおいて価値を認められる。(130) そこでは、会社利益の保護は、業務執行上明確にされているような会社利益を追求していないかもしくは充足していない指揮者、すなわち管理上過失をおかした指揮者または管理が無能であるかもしくは杜撰である指揮者を交代させる権能を有する社員およびその他の会社機関に対し付与されている権限の真の根拠とならなければならないものなのである。(131)

判例上、解任が濫用となるかどうかの認否にあたって、(132) とりわけ正当な理由の評価にあたって、(133) 会社利益に明確に依拠している若干の判決が存在している。したがって、その旨の明文規定を欠く株式会社の指揮者の解任理由について裁判所による審理を行なうことは不可能であるとしても、制裁を宣告する機関でなされなければならない事前の討議によりこれを補うことはできるのである。聴聞によって、当該機関は指揮者に非難に値する事実が実際に存在するのかどうか、すなわち当該事実が会社の利益ないし会社の健全な運営を危険にさらすおそれがあって、それゆえ解任を正当化しうるものであるのかどうかを評価することが可能となる。かくして、弁明に対する討議によってその議決をよく分かるものにしてくれるのであるから、当該機関の構成員は、事情を心得て態度を決定することになる。何よりも、会社利益を評価する権限は社員に属しているからである。[134]

しかしながら、たとえ会社指揮者の提示した説明によって、とくに株主総会が良識のある決議をする際に事情を心得て議決することを可能ならしめ、また指揮者にとっては解任を回避させる討議を可能にしてくれるとしても、かかる楽観論を過信してはならない。なぜなら、率先して解任を求めた者が多数派を占めているか、あるいは解任決議を求められた機関の内部で多数派を占めうると確信している場合には、解任は事前に既定のものとなっているからである。多数派の変動をともなう場合も同様である。この場合には、弁明権を尊重することも、会社が不当な解任であるとして敗訴しないように防禦するための全くの形式的手続にすぎないものとなってしまうからである。さらに、たとえ会社利益への配慮によって審査を受ける解任に道を切り開くことができることを容認するとしても、裁判所は原則として会社の利益を評価する権能をもっていないから、判決のなかで示される裁判所による審理もまた指揮者に地位の安定性を保証することのできる性質のものではないことを認めなければならない。[135] なぜなら、裁判所は、多数決の濫用の場合を除いて、会社の業務執行にみだりに干渉したり、あるいは権限を有する会社機関に代わって業務執行を評価することはできないからである。さらにいえば、一定の場合には、会社利益からみて指揮者の保護が妨げられることもありうるのである。[136]

(c)　会社利益の優越性

会社利益の優越性については、解任手続に導入される新たな法的要請をともなう会社機関の運営に関する原則を対照するなかで示される。一方では、弁明の機会付与の原則の効果的な適用によって、解任手続が不活発になるおそれもあり、また他方では、あまりにも頻繁に会議中の緊急動議を用いることによって、弁明権の尊重が妨げられたりまたは弱められたりするおそれもあるからである。

法第一六〇条第三項は、取締役および監査役会構成員はその者の解任事項につき議事日程に記載されていない場合であっても、株主総会により解任されうる旨を定めている。しかしながら、問題なのは、会議の招集権者が解任の計画を故意に明かさずかつ不意に手続を進めてしまえることにあるのではなく、社員に提出される貸借対照表（bilan）ないし将来の業績見通し（perspectives d'avenir）にもとづく当該指揮者への信頼の喪失によって、過去または将来の業務執行に対して社員が指揮者の不信任動議を出すことを可能にしてしまうことなのである。通常ならば、解任は株主総会に付議される事項に関する討議を経ての結果でなければならない。これはまさに判例が以前の制度の下で編み出した会議中の緊急動議に原則として取って代わるために用意された諸規定を根拠とするものである。なぜなら、社員は、原則として、株主総会の議事日程に記載されている事項についてのみ討議しうるにすぎないからである。後者の場合には、解任案はその弁明の準備のための時間を与えるために、原則として議事日程に記載されなければならない。さらに、議事日程に解任の件を記載することによって、社員は、あらかじめ自己の発言の用意をしかつ指揮者の弁明を聞いて後に事情を心得て投票することができるようになる。(137)

解任事項が議事進行中に上程されるにすぎない場合には、弁明の機会付与の原則の尊重は満足のゆくものとはならない。なぜなら、会社指揮者に対しなおも弁明の機会を付与しなければならないとしても、指揮者はその弁明を準備するための時間をもてないからである。このように唐突になされても、当該指揮者が会議に出席している場合には、同原則の適用は完全に排除されてしまうわけではなく、指揮者に対する解任理由の事前の開示からなる要件がただ単に履行を妨げられているだけのことである。それにもかかわらず、かかる不都合は、会議中の緊急動議が株主総会の議事日程に記載されている事項の必然的な帰結であり、それゆえに、株主総会を招集したのが彼ら取締役であって、取締役が熟知しているとみなされる事項に関してのものであるという事実により軽減されうる。したがって、解任が事前に予定されていなかった場合には、同原則の適用はより一層弱められてしまうことになる。なぜなら、指揮者にとっては、かりに考える時間があったとしても、反論を主張する機会のみが残されているにすぎないからである。このことは、とくに解任を正当化するものが「貸借対照表」である場合には、幾分かは解任を予期しなければならないから、ありうることである。指揮者は、制裁の対象であるものがその者の業務執行（営業報告書および将来の業績見通し）である場合には、十分な弁明の要素を整えることができるのである。[138]

「議事日程に記載されている事項のいずれかに関連して提出され、かつ同時に言及の必要性と緊急性を明らかにする突然の直観的認識[139]（révélation）」と定義されている会議中の緊急動議は、議事日程に記載がないにもかかわらず決議された解任に生じる無効をうまく避けるためのものである。それはすみやかな解任を認めることにより会社の利益を満足させるためのものである。[140]なぜなら、当該指揮者に職務を継続させることによって、会社の利益が危険にさらされるおそれがあるからである。したがって、会議中の緊急動機の場合には、それにつき自分で判断することが避けられないから、[141]弁明の機会付与の原則を明らかに迂回するためにかかる行為の策略を弄そうとする一人または数人の社員によって、さらには可能性は少ないが他の指揮者によって、予謀されかつ煽動された措置とは思われないのである。[142]いわば会議中の緊急動議こそが解任の「正当な理由」を構成するものでなければならない。会議中の緊急動議により解任することから生ずる詐欺ないし害意については、解任権の濫用を構成するものとなる。また、それが会社利益の保護をはかるためのものではない場合についても同様でなければならない。[143]

会社の利益ないし会社の健全な運営からみて必要とされる緊急性によって、弁明の機会付与の原則の事前の尊重なしに決議された解任も正当化することができるのである。同様に、会議中の緊急動議による場合には、会社指揮者に対し弁明を準備しかつ弁論を提出することを可能とするように次回の株主総会または取締役会の会議まで解任を延期する必要はないのである。さらにまた、同原則を尊重しないことが株主総会決議の無効ないし解任の無効を生じさせるおそれもないので、株主総会は、指揮者がその弁明を準備すべく時間を延長しなくてもよいのである。したがって、会議に出席していなかった指揮者は、その者の解任が権利の濫用となる場合にのみ、会議中の緊急動議に続いてなされた解任について正式に異議を申立てることができる。結局、「諸般の事情にもとづく解任（révocation en circonstances）」については、何よりも会社利益の擁護のためのものであり、それゆえに解任の必要性がもはや会議の開催中に生ずる場合にのみ価値を有するものであると考えることができる(144)。なぜなら、それ以外の場合には、同原則は厳格に尊重されなければならないからである(145)。

(100) また、解任が多数決の濫用となりうることが指摘されている。P. Le Cannu, note, Rev. sociétés, 1981, p. 594; J. Mestre, Réflexions sur les pouvoirs du juge dans la vie des sociétés, RJ com., 1985, p. 81 et s. なお、この問題については、J. Schapira, L'intérêt social et le fonctionnement de la société anonyme, RTD com., 1971, p. 957 et s.; D. Schmidt, La responsabilité des membres du conseil d'administration, Dr. et patrimoine, mai 1995, p. 45 et s.; J.-P. Bertel, Liberté contractuelle et sociétés, RTD com., 1996, p. 596 et s.; A. Pirovano, La "boussole" de la société. Intérêt commun, intérêt social, intérêt de l'entreprise?, Dalloz, 1997, chron. p. 189 et s. を参照。

(101) 会社利益については、J. Schapira, ibid., D. Schmidt, De l'intérêt social, JCP, éd. E, 1995, I. 488; A Couret, L'intérêt social, JCP, ed. E, Cah. dr. entr. suppl. avr. 1996, p. 1 et s.; J. Paillusseau, La modernisation du droit des sociétés commerciales, Dalloz, 1996, n°s 13 et s., p. 289 et s. を参照。

(102) Y. Guyon, note sous Cass. com. 27 mars 1990, préc.

(103) K. Adom, op. cit., pp. 510-511.

(104) この問題については、E. Gaillard, Le pouvior en droit privé, Economica, 1985, p. 35 et s., p. 138 et s.; C. Berr, L'exercice du pouvoir dans les sociétés commerciales, Sirey, 1961.; H. Le Nabasque, Le pouvoir dans l'entreprise, thèse, Rennes, 1985 を参照。

(105) K. Adom, op. cit., p. 511.

(106) Angers, 22 nov. 1983, préc.; Cass. com. 17 juill. 1984, préc. ただし、破棄院は、この点については否定的

であった。

(107) とくに、P. Delebecque, Administrateur, Encycl. Dalloz, Sociétés, 1993, n° 125; P. Le Cannu, Bull. Joly, 1996, préc., n°s 10 et s.; J. Honorat, note sous Cass. com. 26 avr. 1994, préc.; Cass soc. 22 nov. 1972, préc.; Cass. com. 29 juin 1993, préc.; Rennes 25 févr. 1972, préc.を参照。

(108) P. Le Cannu, op. cit., n° 11.

(109) J. Honorat, note sous Cass. com. 26 avr. 1994, préc.

(110) K. Adom, op. cit., pp. 511-512.

(111) Y. Guyon, Droit des affaires, t. 1, Droit commercial général et sociétés, 5e éd., 1989, p. 707; R. Rodière, note sous Rouen 17 janv. 1974, Rev. sociétés, 1974, p. 507; M. Germain, note sous Paris 21 déc. 1983, Droit sociétés, mars 1984, n° 74.

(112) 例えば、J.-P. Storck, La continuation d'une société par l'élimination, d'un associé, Rev. sociétés, 1982, p. 233 et s.; J.-M. de Bermond de Vaulx, La mésentente entre associé pourrait-elle devenir un juste motif d'exclusion?, JCP, éd. E, 1990, II. 15921; D Martin, L'exclusion d'un actionnaire, in La stabilité du pouvoir et du capital dans les sociétés par actions, RJ com., 1990, n° spéc., p. 94; H. Le Nabasque, Agrément de cession d'actions et exclusion d'actionnaires, RJDA, 1995, p. 200 et s.; D. Vidal, Le contrôle judiciaire de l'exclusion d'un associé, Dr. sociétés, janv. 1998, p. 3; P. Canin, La mésentente entre associés, cause de dissolution judiciaire anticipée des sociétés, Dr. sociétés, janv. 1998, p. 4 et s.を参照。

(113) J.-P. Storck, op. cit., n°s 16 et s.; H. Le Nabasque, op. cit., n° 24.

(114) これについては、とくにH. Le Nabasque, op. cit., n° 23を参照。

(115) Montpellier, 17 déc. 1992, Bull. Joly, 1993, p. 649, note A. Couret et P. Le Cannu; Cass. com. 13 déc. 1994, Dalloz, 1995, IR 19; Bull. Joly, 1995, p. 152, note P. Le Cannu; JCP, éd. E, 1995, II. 705, note Y. Placot; Rev. sociétés, 1995, p. 298, note D. Randoux; RIDA, 1995, p. 200 et s., avec l'étude de H. Le

Nabasque, préc.なお、このほか、Cass. com. 12 mars 1996, SNC Nollet, JCP, éd. E, 1996, pan. 426; JCP, éd. E, 1996, II. 831, note Y. Placotを参照。

(116) A. Lègal et J. Brèthe de La Gressaye, ibid.; Cass. 1re civ. 8 nov. 1976, Rev. sociétés, 1977, p. 285, note C. Atias.また、これと類似の事例として、Cass. civ. 16 juin 1993, Rev. cosiétés, 1994, p. 295, note Y. Chartier.を参照。

(117) Cass. req. 27 avr. 1933, Sirey, 1933, I. p. 209, note H. Rousseau; Cass. 1re civ., 21 juin 1967, Bull. civ., 1967, I. n° 232; Cass. com. 3 mars 1969, Bull. civ., 1969, IV. n° 79, p. 79; Cass. com. 7 juill. 1992, Bull. Joly, 1992, p. 1100, note A. Couret; JCP éd. E, 1993, I. 218, n° 16, obs. A. Viandier et J.-J. Caussain.

(118) Cass. com. 7 juill. 1992, préc.

(119) K. Adom, op. cit., p. 513.

(120) Cass. com. 17 juill 1985, préc.; Cass. soc. 22 nov. 1972, préc.; Cass. com. 3 janv. 1985, préc.; Cass. com. 9 oct. 1990, préc.; Cass. com. 29 juin 1993, préc.; Rennes 25 févr. 1972, préc.; D. Schmidt, note sous Paris 25 janv. 1972, préc.; Rennes 29 avr. 1987, RJ com., 1989, p. 36, note C.-H. Gallet; Versailles 20 févr. 1992, préc.; Versailles 17 déc. 1992, préc.

(121) P. Reigne, op. cit., n° 12.

(122) P. Reigne, ibid.

(123) したがって、労働契約の解除については、弁明権の尊重が必要とされている（労働法典第一二二一―一四条C参照）。

(124) K. Adom, op. cit., pp. 513-514.

(125) P. Le Cannu, op. cit., n° 20.

(126) A. Légal et J. Brèthe de La Gressaye, op. cit., p. 18.

(127) K. Adom, op. cit., p. 514.

(128) K. Adom, op. cit., p. 515.なお，これについては，とくに，Cass. com. 4 mai 1993, préc.; Cass. soc. 12 mars 1987, Dr. social, 1987, p. 357, note J. Savatier; Cass. soc. 29 nov. 1990, Dalloz, 1991, J. 133, note J. Pélissier; Dr. Social, 1992, p. 32, note F. Gaudu を参照。

(129) P. Le Cannu, op. cit., n° 12.

(130) D. Schmidt, ibid; E. Gaillard, ibid; J. Paillusseau, op. cit., p. 289 et s.; J. Paillusseau, Les fondements du droit moderne des sociétés, JCP, éd. E, 1984, II. 14193, n° 89.

(131) K. Adom, op. cit., pp. 515-516.

(132) Cass. com. 20 nov. 1962, préc.; Cass. soc. 22 nov. 1972, préc.; Cass. com. 6 mai 1974, préc.; Rennes 29 avr. 1987, préc.; Paris 28 oct. 1994, Bull. Joly, 1995, p. 55, note E. Lepoutre.

(133) Cass. com. 7 juin 1983, Rev. sociétés, 1983, p. 796, note P. Le Cannu; JCP, 1984, I. 13358, n° 13, obs. Y. Guyon et G. Coquereau; Cass. com. 29 juin 1993, préc.; Paris 26 janv. 1987, JCP, éd. E, 1988, I. 15168, n° 17, obs. A. Viandier et J.-J. Caussain; Versailles, 20 févr. 1992, préc.; Paris 4 nov. 1992, préc.

(134) K. Adom, op. cit., p. 516.

(135) D. Schmidt, JCP, éd. E, 1995, ibid; M. Jeantin, Le rôle du juge en droit des sociétés, Mélange R. Perrot, Dalloz, 1996, p. 149 et s.; J. Mestre, ibid. なお，これについては，A. Dekeuwer, Les intérêts protégés en cas d'abus de biens sociaux, JCP, éd. E, 1995, I. 500, n° 7 を参照。

(136) K. Adom, op. cit., pp. 516-517.なお，これに類似の事例として，D. Cohen, note sous Paris 27 oct. 1995, préc., p. 91 を参照。

(137) K. Adom, op. cit., p. 517. なお，これに類似の事例として，P. Merle, note sous Cass. com. 6 mai 1974, préc.を参照。

(138) K. Adom, op. cit., pp. 517-518; Cass. com. 6 mai 1974, préc.; Cass. com. 28 févr. 1977, préc.; Cass. com. 29 juin 1993, préc.; Rennes 25 févr. 1972, préc.

(139) R. Houin, obs. RTD com., 1964, p. 852. また、これについては、Cass. civ. 20 déc. 1910, DP. 1912, I. p. 441, note Thaller; Cass. civ. 5 juill. 1893, Dalloz, 1894, I. p. 41を参照。

(140) Cass. civ. 31 déc. 1913, Sirey, 1914, I. p. 267; Cass. civ. 5 juill. 1893, préc.

(141) Cass. civ. 20 déc. 1910, préc.; Cass. civ. 31 déc. 1913, préc.; Cass. com. 6 mai 1974, préc. また、有限会社の業務執行者の解任については、J.-C. Bousquet, obs. sous Cass. com. 28 févr. 1977, préc.; Cass. com. 29 juin 1993, préc.を参照。

(142) P. Le Cannu, op. cit., n°s 32 et s.

(143) K. Adom, op. cit., p. 518.

(144) P. Le Cannu, op. cit., n° 32.

(145) K. Adom, op. cit., pp. 518-519.

四　まとめに代えて

会社指揮者の解任制度の相違を次第に解消してゆくためには、すべての指揮者に対してその解任には「正当な理由」を必要とするように拡張していかなければならない。「解任理由に関する通知」および解任の妥当性についての社員ないし取締役会構成員による評価につながる「弁明権の尊重」を要求することによって、かかる趣旨にそった動向が判例上始まっているとすれば、これを完全に成就させるためには立法上の改正が必要であるように思われる。(146) しかしながら、様々な会社法改正案のいずれにおいてもこのような解決策が推奨されているとは思われないことを遺憾ながらすでに確認することができるのである。(147) 要するに、改正案の帰趨が問題となるにすぎないのである。さしあたり、会社指揮者の職務上の地位の不平等、とくに一層制株式会社の指揮者および二層制株式会社の監査役会構成員の任意解任原則からもたらされる差別については、この相違が強固な根拠にもとづいているとは理解されていないので、判例はこれを緩和しようとしてきている。判例は、同様に、事情を心得てかつ会社の利益となるように、見識をもって決議をすべき解任に際して「透明性」を要求している。しかしながら、解任制度が統一されたとしても、それにより会社指揮者の地位の不安定性がなくなると考えるのは非現実的であろう。なぜなら、その政策が会社利益と一致しない指揮者に対して社員の有する本質的な解任権を取り上げることはできないからである。解任の自由は依然として原則であり続けるのである。(148) わが国における解釈論および立法論を検討するうえでも、フランスにおけるこの問題に関する今後の動向・展開に注目していきたい。(149)

(146)　Y. Guyon, note sous Cass. com. 27 mars 1990, préc.; Y. Guyon, note sous Cass. com. 4 juin 1996, préc.

(147)　ＣＮＰＦの改正案については、Pour une réforme en profondeur du droit des sociétés, éd. Techniques, 1996; JCP, éd. E, 1996, n° 37, Bloc-notes. また、Marini報告書については、J. Paillusseau, Dalloz, 1996, p. 287 et s.; J.-P. Bertel, Modernisation du droit des sociétés: ce que prévoit le rapport Marini, Dr. et patrimoine, oct. 1996, p. 10; T. Bonneau, H. Hovasse et D. Vidal, La modernisation du droit des sociétés: le rapport Marini, Dr. sociétés, nov. 1996, p. 4; JCP, éd. E, 1996, n° 38, Bloc-notes. を参照。

(148)　K. Adom, op. cit., pp.519-520.

(149)　わが国におけるこの問題に関する文献は多数あるが、具体的な引用については紙数の関係で省略せざるをえなかった。さしあたり、拙稿「取締役・監査役解任の正当事由について——裁判例の分析を中心にして——」法学新報一〇六巻七・八号（平成一二年）三五一頁以下を参照されたい。

有価証券法における民法四七二条の意義について

——物品証券における文言性（抗弁制限）を素材として——

田邊宏康

一　はじめに

手形抗弁に関する研究は、従来から非常に重要なものと認識されており、近年においても、多くの論文が公にされている。(1)しかし、抗弁に関する研究の重要性は、手形に限られることではなく、すべての有価証券に等しく妥当することである。本稿においては、有価証券の中で手形とともに古くから研究の対象とされてきた貨物引換証などの物品証券(2)を素材として、指図債権における抗弁制限を規定する民法四七二条の意義に関し若干の考察を加えてみたい。(3)

物品証券について、商法は、「貨物引換証ヲ作リタルトキハ運送ニ関スル事項ハ運送人ト所持人トノ間ニ於テハ貨物引換証ノ定ムル所ニ依ル」という形で文言性を規定しているのに対し（商五七二条。同趣旨の規定として、商六〇二条・六七二条二項・七七六条参照。なお、国際海運九条参照）、物品証券は一般に要因証券と解されてきたことから、実務上とくに問題となる空券・品違いの場合の解決の仕方を中心として、その要因性を強調する見解と文言性を強調する見解が論争を繰り広げてきたことは周知のところである。(4)しかし、近時、「従来の論議においては、物品証券の要因性を文言性との関連においていかに解釈構成するかというやや抽象的な本質論に大きく傾斜して」いたという反省に立ち、物品証券不実記載発行者の損害賠償責任を証券所持人の十分な救済の実現という観点からとらえようとする見解が主張されるに至り[5]、たとえば、「空券・品違いに関する倉庫営業者の責任を、証券の要因性・文言性という性質論からのみ考えるのは、問題の正しい解決方法ではない[6]」といった認識が強くなりつつある。

右のような認識は正しいものだと思うが、有価証券における抗弁の問題を考察しようとする場合には、多少なりともその証券の性質論に立ち入らざるをえない。それゆえ、本稿においては、"Typusbezogenheit"（以下、とりあえず、「類型性」と訳しておきたい）概念をめぐる近年のドイツにおける議論を視野に入れつつ、物品証券の性質論についてもある程度踏み込むこととする。

（1） 代表的なものとして、川村正幸・手形抗弁の基礎理論（一九九五年、弘文堂）、庄子良男・手形抗弁論（一九九八年、信山社）。

（2） 本稿においては、貨物引換証、倉庫証券および船荷証券の総称として、物品証券という語を使用する（落合誠一「物品証券不実記載発行者の損害賠償責任」運送法の課題と展開（一九九四年、弘文堂）一九九頁注1参照）。

（3） 民法四七二条は、同四七三条によって無記名債権にも準用されている。民法四六九条以下の規定を債権的有価証券に関する一般的規定と解すべきことについて、拙稿「有価証券に表章されうる権利について」商学討究四八巻二・三合併号（一九九八年）一九五頁以下参照。なお、同論文一八五頁には、現行民法四七二条は旧商法三九四条を修正したものであるとの記述があるが、現行民法四六九条の誤りである。ここに訂正しておきたい。

（4） この論争の概要については、さしあたり、植村啓治郎「批判」鴻常夫ほか編・商法（総則・商行為）判例百選（第三版）（一九九四年、有斐閣）一四六頁以下、原秀六「貨物引換証の要因性と文言性」北沢正啓＝浜田道代編・商法の争点II（一九九三年、有斐閣）二四〇頁以下参照。

（5）　落合・前掲注（2）一九七頁以下。
（6）　江頭憲治郎・商取引法（第二版）（一九九六年、弘文堂）三一六頁注1。

二　民法四七二条の抗弁制限法理と物品証券の文言性

イ　貨物引換証、倉庫証券および船荷証券は、いずれも債権を表章する有価証券であり、法律上当然の指図証券である（商五七四条・六〇三条一項・六二七条二項・七七六条、国際海運一〇条）[7]。債権を表章する指図証券については、民法四七二条が適用され、債務者は、原則として原債権者に対抗できた事由を善意の譲受人に対抗できないが、例外として、証券に記載した事項および証書の性質より当然生ずる結果については、善意の譲受人にも対抗できる[8]。そこで、まず、このような抗弁制限法理と物品証券の文言性とがいかなる関係に立つのかが問題となる。

有価証券における抗弁制限と文言性との一般的な関係について、竹田省博士は、「ドイツの学説に於ては、証券の文言的効力を抗弁制限から導き出すものが頗る多い」として、「卑見も、証券の文言的効力の根拠は、これを抗弁制限法則に求むべきであると信ずる」としつつも、「つきつめて考えれば、抗弁制限法則は、文言的効力の存在を前提するに過ぎないのであって、この法則自体が文言的効力を定めたものだとすることは正しくない。若しこの法則が即ち文言的効力を定めたものだとすると、文言的効力を有する債権とは、債務者が証券の記載に基づかざる人的抗弁を以て善意の取得者に対抗し得ざる証券だといふことになり、文言的効力は取得者の善意なると悪意なるとにより、有ったり無かったりすることになる。しかし、これでは、この効力を以て証券そのものに付着する性質とすることとは相容れない」と述べている[9]。これに対し、谷川久教授は、竹田博士の見解は「手形の如き抽象的証券を基礎として有価証券一般理論を導くことから生じた結論」にすぎないとして、善意者保護の制度である抗弁制限の原則と証券に付着する文言性とは必ずしも同義のものではないと解する竹田博士に反対し、「船荷証券等は本来、原因関係上の権利関係によって証券上の権利関係も命運を共にすべき性質の証券であるのであるから、むしろ、善意の証券取得者に対して抗弁が制限され、その結果として証券所持人は文言に従った権利を行使しうることになるに過ぎないものと理解されるべきであり、その意味では、船荷証券が、それにより権利の内容が決定されるという趣旨で文言的効力を有するというのは、法定の抗弁制限の結果の、善意取得者に与えられる効果の側面よりする表現」であると述べ、証券の文言性と抗弁制限の原則とを同義のものと解している(10)。他方、高窪利一教授は、谷川教授と異なり、「抗弁制限法則は、無因的・文言的書面行為の当然の帰結なのであり、所持人は、その善意悪意を問わず、前者の対抗されるべき抗弁から開放された、いわば「きれいな権利」を取得するのが、当然の原則であると解することにより、文言証券性の成文法上の根拠を抗弁制限原則に求めることができると考えている。抗弁制限は、善意を要件とした「政策的例外」なのではなく、善意悪意と無関係な「原則」と解すべきなのである」と述べ(11)、抗弁制限の原則も証券の文言性も特別な善意者保護の制度としてはとらえられていないが、両者を同義のものと解する点では谷川教授と一致し、竹田博士と対称的である。もっとも、竹田博士も、「我国では手形及び小切手についての外、一般に、指図債権及び無記名債権につき抗弁制限の法則が行われるのだから(民四七二条、四七三条)、一般に指図債権証券及び無記名債権証券は、その給付の内容の如何を問はず皆文言的効力を有することは疑いはない」と述べており(12)、民法四七二条から物品証券の文言性に関する商法の規定から生ずる法律上の効果を導きうると考えているようである。このようにみてくると、証券の文言性と抗弁制限の原則は、仮に同義のものではないとしても、同様の機能を果たすものであることは疑いがない(13)。

ところで、貨物引換証の発行者である運送人が貨物引換証に記載した事項は、原則として商法五七二条の「貨物引換証ノ定ムル所」となるものと解されることから(14)、民法四七二条が「証書ニ記載シタル事項」を抗弁制限の例外としていることはきわめて自然である。これに対し、同条は、「証書ニ記載シタル事項」とともに「証書ノ性質ヨリ当然生スル結果」を抗弁制限の例外としているが、このことを物品証券の文言性との関連でどのように解すべきかという点は問題である。

ロ　旧商法三九九条は、「指図証券ノ発行人ハ受取証ヲ記シタル指図証券ノ呈示及ヒ交付ヲ受ケタルトキハ予メ引受ヲ為サスト雖モ其証券ニ記載シタル金額又ハ商品ヲ裏書譲受人ニ引渡義務アリ但第三百八十七条ニ依リテ留置権ノ原因タル反対債権ヲ有スル場合ニ於テハ其ノ弁済ヲ受ケタルトキニ限ル」と規定し、旧商法四百一条は、「指図証券ノ発行人ハ前二条ニ従ヒ自己ニ属スル抗弁又ハ証券面ヨリ生スル抗弁ニ依ルニ非サレハ義務ノ履行ヲ拒ムコトヲ得ス」と規定していた。法典調査会における梅謙次郎博士の起草趣旨説明によると、現行民法四七二条は、旧商法三九九条と四〇一条とを合わせたような規定であるという。もっとも、旧商法には、証書の性質より当然生ずる結果を善意の譲受人に対抗できるとする趣旨の文言はないが、「大ニ必要テアラウト考ヘ」たので加えたとされる。そして、その審議においては、「証券（証書）の性質」の「証券（証書）」とは「債権」のことであろうという質問に対して、梅博士は、賛意を示したうえで、証券によって証明された債権という意味のつもりだが、言葉の上でやむをえずそうしたものと答えている(15)。梅博士が「大ニ必要テアラウト考ヘ」て、証書の性質より当然生ずる結果を債務者が善意の譲受人にも対抗できるものとしたのは、おそらくは、外国の立法に触発されたためであろう。たとえば、当時のドイツ普通商法典には、指図証券に関して、「義務者は、証書自体により、または直接にその時々の原告に対し自己に属する抗弁のみを用いることができる」という規定が存在していた(16)。そして、現行ドイツ商法三六四条二項は、貨物引換証などの物品証券に関して、「証券の正当な占有者に対しては、債務者は、その証券上の自己の表示の効力に関する抗弁またはその証券の内容より生ずる抗弁もしくは自己が占有者に対して直接に有する抗弁に限り対抗することができる」と規定しているが、この「証書の内容より生ずる抗弁」は、民法四七二条の「証書ノ性質ヨリ当然生スル結果」とほぼ同様の意味をもつものと解される。

さて、民法四七二条の「証書ノ性質ヨリ当然生スル結果」に該当する事項について、沢井裕教授は、「通常、裏書の不連続（手一六参照）、証券の不呈示（商五一七）、署名捺印の効力がこの例である。しかしこのほか証書に表章される権利自体から生ずる事由、たとえば有因証券における原因関係の消滅・変更は証券に影響を及ぼすことも当然である。運送証券における運送品の滅失、指図式保険証券における運送証券の不呈示、など物的抗弁である」と述べており[17]、また、カナーリスは、ドイツ商法三六四条二項の「証書の内容より生ずる抗弁」について、とくに物品証券との関係で以下のように述べている。

「船荷証券、貨物引換証、倉庫証券、運送保険証券のような類型的指図証券（typusbezogenen Orderpapieren）については、特殊な内容的抗弁が存在する。ここにあるのは、手形のような証券に表章される「無色の」（farblose）債権ではなく、一定の契約類型から生ずる債務であるから、債務者は、所持人に対し関連する契約類型に関する法規定から生ずるすべての抗弁を対抗できる。ここで、類型的抗弁（typusbedingten Einwendungen）について語ることができる。それは、証券の内容から、すなわち、それに表章される権利の運送法的、倉庫法的、保険法的性質から取得者が考慮すべきことが明らかになるものであるから、内容的抗弁である。このことは、権利を表章する証券から明らかになるのではなく、このような抗弁の前提が実際に与えられていようがいまいが妨げとならない。というのは、取得者がこのような抗弁の可能性を証券から読み取ることができるため、権利外観は創造されないからである。例としては、運送品や保管品が債務者およびその使用人の過失によらずに滅失・毀損した場合などがある。類型的抗弁は、特別な契約上の合意や、すべての契約に妥当する無効原因や抗弁の問題ではなく、原則として、三六四条二項による抗弁制限の問題である[18]」と。

カナーリスの理論構成の妥当性については改めて触れることとして、物品証券の発行者が物品の不可抗力による滅失を所持人に対抗できる、という結論自体は、わが国においても異論なく是認されているところであるが、その条文上の根拠が民法四七二条の抗弁制限の例外である「証書ノ性質ヨリ当然生スル結果」に求められることは明確に認識する必要がある。この例外は、有価証券における抗弁制限の妥当範囲を調整する機能を有するものと考えられるが、証券の文言性が抗弁制限の原則と同様の機能を果たすものであることを考慮すると、「証書ノ性質ヨリ当然生スル結果」はまた、物品証券の文言性も制限するものと解する必要がある。したがって、文言性が規定されている物品証券においても、民法四七二条の適用は完全には排除されない。そして、後述するように、物品証券を要因証券と解する見解によると、本来、その原因関係の無効が証券の無効に結びつき、文言性は実質的に否定し去られることとなるはずであるが、このことも――その当否は別にして――、実定法の解釈としては、民法四七二条の「証書ノ性質ヨリ当然生スル結果」と解される。

(7)　もっとも、実際には、運送証券は、指図証券ではなく、無記名証券の一変形と解される記名式所持人払証券として発行されている。

(8)　記名式所持人払証券として発行された運送証券についても、これが無記名証券の一変形と解されることから、民法四七二条が準用されるものと解してよいであろう（民四七三条参照）。

(9)　竹田省・商法の理論と解釈（一九五九年、有斐閣）四八五頁。竹田博士の見解を支持するものとして、平出慶道・商行為法〔第二版〕（一九八九年、青林書院）五四〇頁。

(10)　谷川久「船荷証券記載の効力」法雑九巻一号（一九六二年）六四頁以下。

(11)　高窪利一・有価証券法研究（一九九六年、信山社）六六頁。なお、永井和之教授も、「指図証券の抗弁制限に関する民法の規定は、債権の成立時点では証書に記載がないことを善意の取得者に対抗できないとしている。このことは消極的に証券に記載されていないことが、証書に表章されている権利の内容にはならないと定めて、結果として証書に表章されている権利の内容を証券の記載によって決定することを意味する。その点を商法五七二条は貨物引換証や船荷証券の場合に、積極的に特に証書に具体的に記載されている事項については、その記載によって内容を決定すると規定しているものと解される」と述べ、谷川教授または高窪教授に近い見解をとっている（永井和之「船荷証券の有価証券としての特質」高窪利一先生還暦記念・現代企業法の理論と実務（一九九三年、経済法令会）六六三頁）。

(12)　竹田・前掲注(9)四八六頁以下。

(13)　上柳克郎教授は、手形についてではあるが、「手形の文言証券性という語については、……①人的抗弁の切断と同意義に用いるものと、②手形行為は証券の記載を内容とする意思表示によって構成せられる法律行為であり、したがって手形行為者は証券の文言通りの債務を負担することを意味するとするもの、との二つの用語法がある。これらの二つの用語法が表現しようとする事態は、いずれも手形ないし手形行為の重要な特徴であり、また、いずれの用語法も文言証券という語の文字の意義から考えて不自然なものではない。したがって、どのような意味で文言証券という語を用いるのかを明らかにしている限り、いずれの用語法に従ってもよく、いずれの用語法は決定的に誤っていると断定することはできない」と述べている（上柳克郎・会社法・手形法論集（一九八〇年、有斐閣）三四七頁）。このような観点に立つ場合には、証券の文言性と抗弁制限の原則とが厳密な意味で同義のものであるか否かを問題にする意味は乏しく、本文のように両者が同様な機能を果たすものであることを確認しておけば足りよう。なお、手形の文言性については、前田庸「手形の文言証券性」竹内昭夫編・特別講義II（一九九五年、有斐閣）八六頁以下、福瀧博之「手形の文言性と権利外観理論」関法四五巻五号（一九九五年）参照。また、文言性に関するドイツの議論については、小橋一郎・有価証券の基礎理論（一九八二年、日本評論社）七〇頁以下、高窪・前掲注(11)五八頁以下注6・7参照。

(14) 判例は、倉庫業者が倉荷証券に記載した内容不知文言による免責約款の効力を基本的に認めている（最判昭和四四年四月一五日民集二三巻四号七五五頁、東京地判平成一〇年七月一三日判時一六六五号八九頁）。

(15) 法務大臣官房司法法制調査部監修・法典調査会民法議事速記録三（一九八四年、商事法務研究会）五六一頁以下。

(16) 玉樹智文「〈資料〉債権総則（三六）」民商九一巻四号（一九八五年）六三八頁以下参照。なお、同資料によると、当時、オーストラリア一般商法、ハンガリー商法及びスイス債務法にも同様の規定が置かれていた。

(17) 沢井裕・注釈民法（11）債権（2）（一九六五年、有斐閣）四二三頁。なお、伝統的見解は、手形抗弁を、手形により請求を受ける者が特定の請求者にのみ対抗できる「人的抗弁」（手形法一七条の「人的関係ニ基ク抗弁」）と、手形により請求を受ける者がすべての請求者に対抗できる「物的抗弁」とに分類するが、この分類によると、民法四七二条の「証書ニ記載シタル事項」と「証書ノ性質ヨリ当然生スル結果」は、物的抗弁に該当し、それ以外の抗弁は、人的抗弁に該当することになる。手形抗弁の分類については、さしあたり、庄子・前掲注(1)一四七頁以下参照。

(18) Canaris, Großkommentar zum HGB, III/2, 3. Aufl. 1978, §364 Anm. 33.

三　物品証券の性質と抗弁制限

イ　物品証券の発行者が物品の不可抗力による滅失を所持人に対抗できる、ということの条文上の根拠は、民法四七二条の「証書ノ性質ヨリ当然生スル結果」に求められるが、物品証券を要因証券と解するわが国における通説的からは、このことは理論上当然の帰結とみられている。しかし、そのように解する場合には、要因性の本来の意味からいって、物品証券の文言性は一応の証拠力にすぎないこととなり、抗弁制限は全く認められないこととなるか、[19]さもなくば、せいぜい運送賃などの軽微な事項についてのみ抗弁制限が認められるにすぎないこととなるはずである。[20]もっとも、実際に多数説を形成しているのは、物品証券を要因証券と解しながら、①その要因性の意味を証券に原因の記載を要するということと解したうえで（いわゆる紙上要因説）文言性を強調することによって、[21]あるいは、②禁反言則としての文言性を強調することによって、[22]あるいは、③文言性の根拠としての抗弁制限原則を強調することによって、[23]善意の所持人を保護しようとする見解であるが、これらの見解に対しては、「よく言へば文言性と要因性とを調和されたものであるが、端的に言へば首鼠両端を持するものである」という批判[24]がまさに妥当としよう。のみならず、民法四七二条が「証書ノ性質ヨリ当然生スル結果」を抗弁制限の例外とすることによって、物品証券の文言性も制限されているものと解する筆者の見解からは、「証書ノ性質」すなわち「証券によって証明された債権の性質」が所与の物品証券における抗弁制限と文言性の妥当範囲を確定することとなり、実定法の論理的解釈として問題となるのは、「物品証券における抗弁制限と文言性の妥当範囲」を確定するものとしての「証書ノ性質」すなわち「証券によって証明された債権の性質」をいかに解するかということであって、この問題においては、文言性や抗弁制限原則を強調することは妥当でない。

物品証券を仮に要因証券と解しても、空券・品違いの場合については、発行者に所持人に対する「契約締結上の過失」による責任を認めることが不可能ではないから[25]、必ずしも所持人に酷な実態が生ずるわけではない。しかしながら、問題となる抗弁が原因となる契約の取消・解約など、必ずしも空券・品違いの場合に限定されるものではないことを考慮すると[26]、物品証券における文言性を実質的に否定し去ることは妥当でない。高窪教授は、有価証券を、株式などの「大量的有価証券」と、手形や物品証券などの「個別的有価証券」とに分類し、前者については、権利内容が均一で証券外の開示制度によって決定されることから、文言性は必要とならず、後者については、権利内容が個別的で証券上の記載によって決定されなければならないことから、文言性が必要となるものと解しており[27]、参考となろう。なお、判例は、平出慶道教授の分析に従うと、「物品の引渡請求権を表章する有価証券一般について、空券の場合には要因性を重視して証券を無効とするが、品違いの場合には文言性を重視して証券を有効とし、証券の記載に文言的効力を認めている」ものといえ[28]、また、貨物引換証に記載されていない事項については、運送人はこれを証券の所持人に対抗できないものと解している[29]。

ロ 物品証券を要因証券と解することは、実質的に文言性を認める理論上の妨げとならざるをえないものと考えられるが、その結果が妥当でないことは、以上の議論から明らかであろう。しかし、多数説が物品証券を無因証券と解することに躊躇し、いわゆる紙上要因説などにみられる解釈を支持してきたのは、とくに、物品証券の発行者が物品の不可抗力による滅失を所持人に対抗できる、ということの理論的な説明に窮するためであったと思われる。そのような学説状況にあって、「船荷証券債務の有因若くは要因性などといふことは、抑も純粋証券理論本道の問題ではない」とみる竹井廉博士は、「船荷証券の抽象債権説の受けたる非難は、抽象債権と見るときは、不可抗力に因る貨物の滅失の場合に於ても、証券債務者は其債務より免れ得ず、……総じて抽象証券債権に付ては、運送法規定の適用なきに至ることであった。……が、ひとたび船荷証券債務の本質を顧るならば、それは証券上に於てなさるゝとはいへ、貨物受取による引渡及び輸送給付の約束である。そのレセツプムによる引渡といひ、輸送給付といひ、給付行為の実質に於ては運送契約の運送と異ならざるのみならず、また船荷証券に関する規定の商法上の位置から考へても、船荷証券債務に対し先ず第一に類推適用さるべきものは運送法規定である」と述べている。(30)

船荷証券が表章する債権を「抽象債権」と解しつつ、その法律関係に対し運送人の損害賠償責任を定めた商法五七七条(31)などの類推適用を認めようとする竹井博士の見解に対する当時の学会の反応は、「吾人を以て見れば、極端な議論であって殆ど理解することを得ず、吾人の批評を絶している」(32)といった、どちらかというと冷淡なものであった。しかし、ドイツにおいて、ウルマーが「有価証券に表章される債務は、常に独立した債務である。しかし、債務の内容と証券上の責任の範囲については、表章された約束が無色の給付（支払）約束であるか、（たとえば、運送法、倉庫法、保険法上の約束として）一定の債務法上の類型に属するものであるかは重要な意味をもつ」と主張するに及び(33)、その後、わが国においても竹井博士の見解と類似の見解が有力となる。たとえば、民法学の立場から無因性概念の歴史的形成過程を辿った島原重義教授は、無因性の中には、原因関係からの開放と、その原因関係たる法律関係が有する特定のTypusからの開放とが含まれており、ドイツ民法制定にあたっては、「義務負担原因を表示しない債務約束」と「たんに一般的にしかそれを表示しない債務約束」との区別が明確に意識されていたと述べ、後者の特殊性を債務者の義務が一定の関係では法規範によって判断されるという点に求める。そして、これを「制限的無因性」という用語で呼び、物品証券の性質を「制限無因」的なものと解し、運送契約の無効・消滅等につき抗弁の制限を認めたうえで、「証券上の権利は運送法上・（倉庫）寄託法上の権利を表彰するものであるから――「制限的無因性」――たとえば運送品の過失によらざる滅失（商五七七条）、運送・受託人の責任の短期消滅要件の充足（商五八八、六二五条）、運送・受託責任の短期消滅時効の完成（商五八九、五六六、六二六条）等、運送法・倉庫寄託法にもとづく抗弁は、なお「其証書ノ性質ヨリ当然生スル結果」（民四七二条）としていかなる所持人に対しても対抗しうる」ものと解している。[34] また、小橋一郎教授は、ドイツにおける無因性に関する議論を紹介したうえで、「……ウルマーは、無因という言葉の使用を避け、証券上の義務の原因からの独立、証券の内容としての無色の給付約束と典型という表現をした。この考え方がドイツの最近の有価証券法教科書では、用語に若干の相違はあれ、ほぼ定着している」として、「筆者としては、これらの証券（物品証券――筆者）についても、証券上の法律関係が原因たる契約から独立していることは認めうると思う。そして、文言証券として、証券上の法律関係は証券記載の文言によって決せられるが、その法律関係が運送契約・寄託契約上のものである以上、その法律関係したがって文言性も運送法・寄託法の制約に服し、法定免責事由などは証券上の法律関係にも適用されると考える」と述べている。[35]

右に紹介した諸説は、また、「運送証券のようなものにあっては、本来要因証券たるものが部分的に無因証券化されたものであ」ると解する鈴木竹雄博士＝前田庸教授の見解[36]や、「現実に存在する有価証券の中には、典型的な要因証券でも典型的な無因証券でもなく、中間的なものがあ」[37]り、「貨物引換証・倉庫証券・船荷証券のような引渡証券はかかる中間的なものであ」ると解する平出教授の見解なども親近性をもつであろう。そして、これらの見解は、一定の契約類型から生ずる債務を表章する有価証券の債務者は所持人に対し関連する契約類型に関する法規定から生ずるすべての抗弁を対抗できることを「類型的抗弁」として説明するカナーリスの見解ともつながってくるものと考えられるが、カナーリスは、ウルマーの見解を一層明確にし、以下のように、無因性と「非類型性」との区別を強調している。

「表章される権利の運送契約に対する独立性（Selbständigkeit）は、無因性（Abstraktheit）と呼ばれるべきである。この概念の多義性に混乱してはならない。これは、内容的な「無色性」(Farblosigkeit)や「非類型性」(Typuslosigkeit) という意味で使用されてはならず、他の契約に対する独立性、すなわち、非付従性（Nichtakzessorietät）という意味で使用されるべきである。二種類の無因性は、たとえば無因の債務約束では一致しうるが、土地債務の例では、後者の意味で無因であるにすぎない。したがって、船荷証券と貨物引換証は、表章される権利が内容と効力において基礎にある運送契約から独立しているという意味で原則として無因であるが、無因の債務約束のような法的に「無色な」(Farblos) 給付ではなく、運送契約の法律的類型によって類型化された給付が債務化されているという意味では類型的である。この類型性 (Typusbezogenheit) は、決して表章される権利の具体的な運送契約に対する独立性に通ずるものではない。なぜなら、類型的抗弁は、運送契約から生ずる原因債権と対置されるものであり、他方、表章される権利は、運送法的性質を有するために運送法上の引渡請求権の法律的な前提と制約に結合されるということから、類型的抗弁は、表章される権利に効果を及ぼすものではないからである。すなわち、表章される権利と対置される運送契約から生ずる抗弁の問題なのではなく、運送法的性質を有する船荷証券または貨物引換証自体から生ずる抗弁の問題なのである」と。[38]

これに対し、物品証券を要因証券と解するシュナウダーは、近時、以下のような批判を行っている。「運送された物品が消滅または喪失した場合、債務者は、ドイツ民法二七五条[39]によりその第一次的債務を免れ、これをすべての証券上の債権者に対抗できる。このことは運送法上の有価証券の特質を示すものではなく、引き受けられた物品を引き渡すという運送契約上の義務を表章する証券の内容、すなわち証券的抗弁から当然に明らかになるものである。ここでは、貨物引換証と船荷証券が完全に新しい、運送契約に対し独立かつ「無因の」(abstrakte) 債権を表章するという見解を主張する者だけが理由づけを強制される。証券上の権利が類型的なだけで抗弁的独立 (「要因的」(kausal)) な、すなわち非類型的という意味での「無因的」(abstrakt) ではない運送法上の性質を有するものと仮定すれば、債務者は、そのような類型的な、運送契約上の義務が制約する抗弁を主張しうるであろう。それゆえ、類型的抗弁の理論は、単に有価証券法上の抗弁排除の原則を制限するという機能をもつにすぎない。その全体の構成は、非常に複雑な原則例外として現れるが、単なる債務者の給付の不能という一般私法上の結果にすぎないことを考えると、きわめて大きな理論的浪費がある。構成上および専門用語上の困難の原因は、証券内容と運送契約とが完全に分離しているということを前提にしている点にある。このことは、抗弁の問題において、「無因性」（Abstraktheit）の分裂を招来し、「非類型性」（Typuslosigkeit）の追加を要請するが、そのような区別を示す専門用語の形成は疑わしい。なぜなら、それは、ただ単に物品証券における特殊な法的状況を説明するという目的を達成するだけのことであり、私法における統一的かつ明瞭な体系・概念形成の妨げとなるからである」と。(40)

たしかに、カナーリスの見解には、単に概念規定によって法的状況を描写しているような側面が存することは否定できない。とくに、シュナウダーが「類型的抗弁の理論は、単に有価証券法上の抗弁排除の原則を制限するという機能をもつにすぎない」と述べているのは、「類型性」概念が豊かな内容を有しえないことを示唆したものであろう。しかしながら、伝統的な無因性・要因性という対概念だけでは、物品証券における文言性の妥当範囲を適当に確定する機能を果たしえず、そのために議論が一種の閉塞状況に陥っていることに鑑みると、(41)無因性を単にNichtakzessorietät（非付従性）と解し、(42)無因性・要因性と別個の新たな概念を形成することも一考に値するのではなかろうか。カナーリスの見解に従う場合には、物品証券は要因証券とは解されず、実質的に文言性を認める理論上の妨げがなくなるとともに、物品証券上の法律関係に対しても商法五七七条などの関連する契約類型に関する法規定が適用され、その発行者が物品の不可抗力による滅失を所持人に対抗できる、ということなどは、民法四七二条の抗弁制限の例外である「証書ノ性質（類型性）ヨリ当然生スル結果」として説明されることとなる。(43)注意すべきは、この場合、運送証券の荷受人は、手形の受取人ではなく、手形の第一裏書人と同様の法的立場に置かれなければならないという点であり、運送証券の発行者は、原則として、荷送人に対抗できた事由を荷受人に対抗できないものと解される。(44)ところで、小島孝教授は、船荷証券について、「例えば現実には米六〇俵を受取り乍ら証券には百俵受取と誤って記載した場合において、右の現実貨物六〇俵が不可抗力によって滅失した場合には、証券上の百俵の引渡債務のうち、六〇俵分について抗弁が生ずるのはよいとしても、不足分四〇俵についての債務（文言担保責任）につき、運送人は責任を負うのであろうか否か。恐らくこの場合は、現実貨物六〇俵が不可抗力により滅失すれば証券上の百俵の債務全部についての抗弁が成立すると解しなければならないが、ウルマーの立場からこの結論を充分説明しうるかどうか疑なきをえない」と述べているが[45]、証券上に免責約款に基づく内容不知文言が記載されていない場合に不可抗力によって滅失したのが米六〇俵であるにすぎないことが明らかになったときには、運送人に何らかの責任を負わせてもよいのではなかろうか。なお、空券・品違いの場合、証券発行者は、これを所持人に対抗することはできないものと解するが、この場合における証券発行者の責任の内容については、証券の性質論と一応切り離して考察しうるものと考える。

また、船荷証券について実質的に抗弁制限を認める永井和之教授は、「悪意の船荷証券の取得者とは、善意の取得者を経由した者であっても、船荷証券の記載が事実と異なることを知っているような者も含むものと解する。なぜならば、そのように解しても、手形のように悪意の所持人が前者の善意の裏書人に対して担保責任を追及するというようなことはないからである。船荷証券では取得者が取得時点で事実を知っているかぎり保護する必要はない。たとえば、善意の金融機関を経由して悪意の荷受人が船荷証券を取得した場合にも、運送人は船荷証券の記載が事実と異なることと荷受人の悪意を挙証して船荷証券の記載通りの履行を拒みうると解する」と述べている[46]。傾聴すべき見解であるが、なお検討を要する問題ではないかと思われる。

(19)　大橋光雄「船荷証券の要因性」船荷証券及船舶担保法の研究（一九四一年、有斐閣）二八一頁以下。

(20)　松本烝治・商行為法（三〇版・一九二八年、中央大学）二四一頁以下、田中耕太郎・商行為法講義要領（一九三〇年、自己出版）一五六頁以下。

(21)　竹田・前掲注(9)四五九頁以下、田中誠二・新版商行為法（一九五八年、千倉書房）二三四頁以下、大隅健一郎・商行為法（一九五七年、青林書院）一五六頁以下。

(22) 西原寛一・商行為法（一九六〇年、有斐閣）三二一頁、菅原菊志「貨物引換証の要因性と文言性」ジュリ三〇〇号（一九六四年）二二一頁。

(23) 谷川・前掲注(10)四五頁以下。

(24) 大橋・前掲注(19)三一六頁以下。

(25) 落合・前掲注(2)二五五頁以下、江頭・前掲注(6)三一六頁注1参照。なお、空券の場合と品違いの場合とを区別して、それぞれ別個の責任を課する見解も存するが（戸田修三「船荷証券の証券的効力について」新報六三巻一〇号（一九五六年）八七三頁以下、鴻常夫「倉庫証券の債権的効力」鈴木竹雄＝大隅健一郎編・商法演習Ⅱ（総則、商行為、手形・小切手⑴）（一九六〇年、有斐閣）八〇頁以下など）、両者は、別個の責任を招来するほど実質的に異なるものではないように思われる（なお、西原・前掲注(22)三二七頁注11参照）。

(26) この点で、貨物引換証を、具体的運送品引渡請求権と抽象的運送引渡請求権（担保による損害賠償権）の両者を化体する有価証券とみて、空券・品違いの場合についてのみ所持人の保護を図ろうとする見解（升本重夫（喜兵衛）「貨物引換証に化体する権利に就て」新報四三巻一〇号（一九三三年）一二四七頁以下）には、必ずしも賛成できない。

(27) 高窪・前掲注(11)七三頁以下。

(28) 平出・前掲注(9)五三八頁。空券の場合につき、大判大正二・七・二八民録一九輯五五八頁、大判昭和二・一二・二七新聞二八一一号一〇頁、大判昭和一三・一二・二七民集一七巻二四号二八四八頁（以上、貨物引換証に関するもの）、大判大正一二・八・二新聞二一七七号一九頁（倉庫証券に関するもの）、大判大正一五・二・二民集五巻六号三三五頁（船荷証券に関するもの）参照。品違いの場合につき、大判昭和一一・二・一二民集一五巻五号三五七頁、大判昭和一四・六・三〇民集一八巻一一号七二九頁、最判昭和四四・四・一五民集二三巻四号七五五頁（以上、倉庫証券に関するもの）参照。もっとも、これらの判例のとらえ方については、異論もある（前掲注(4)の文献参照）。

(29) 大判大正九・二・二〇民録二六輯一四九頁、大判昭和六・一一・一三民集一〇巻一〇一三頁参照。

(30) 竹井廉「船荷証券の本質」京城法学会論集第八冊判例と理論（一九三五年、刀江書院）五一九頁、五二一頁。
(31) 商法五七七条の責任の性質については争いがあるが、単なる民法上の債務不履行責任原則および履行補助者の過失による責任原則の注意規定にすぎず、同条に何らの特則性を認めないのが通説である（平出・前掲注(9)四七二頁参照)。
(32) 大橋・前掲注(19)三二〇頁。
(33) Ulmer, Das Recht der Wertpapiere, 1938, S. 59. ウルマーの見解の詳細については、小島孝「船荷証券の非設権性と文言性についての一考察」彦根論叢八五号（一九六一年）四五頁以下参照。なお、同「ヤコビの有因証券論」彦根論叢六五～六七合併号（一九六〇年）二八六頁以下は、ウルマーに影響を与えたものと考えられるヤコビの見解を詳細に紹介している。
(34) 原島重義「引渡証券のいわゆる「要因性」について」法政二五巻二～四合併号（一九五九年）三〇一頁以下。
(35) 小橋・前掲注(13)六一頁以下、七四頁。
(36) 鈴木竹雄・前田庸補訂・手形法・小切手法（新版）（一九九二年、有斐閣）二三頁。同旨、前田庸・手形法・小切手法（一九九九年、有斐閣）七七頁。
(37) 平出・前掲注(9)五四四頁。
(38) Canris, a.a.O. (Fn. 18) §363 Anm. 44.
(39) ドイツ民法二七五条一項は、「債務者は、給付が債務関係成立後に生じた、債務者の責めに帰すべからざる事由により不能となる限り、給付の義務を免れる」と規定し、同二項は、「債務者の後発的主観的給付不能は、債権関係成立後生じた不能と同じとする」と規定する。
(40) Schnauder, Sachenrechtliche und wertpapierrechtliche Wirkungen der kaufmännischen Traditionspapiere, NJW 91, S. 1645.
(41) 筆者の解するところ、物品証券を要因証券と解するシュナウダーの抗弁制限に関する説明は、前述の谷川教授の見解（注(23)参照）と同様のものである。

(42) なお、ツェルナーも、類型性概念に一定の意義を認めつつも(Zöllner, Wertpapierrecht, 14. Aufl. 1987, §514)、カナーリスが使用する「非不従性(Nichtakzessorietät)」という概念については、「この概念を「非付従性(Nichtakzessorietät)」と呼ぶことは適切ではない。付従性(Akzessorietät)の概念は、信用担保法から無因性を超える特定の意義を得ている」と述べているが(Zöllner, a.a.O., §511)、ここでは立ち入らない。

(43) 本文のように、物品証券を類型的ではあるが、原因関係からの独立性を有するという意味での無因的な権利を表章する証券と解する場合には、その効力発生についても、権利外観理論あるいは創造説などの単独行為説の適用を認めるのが妥当であり、物品証券は設権証券とみるのが自然であろう。すなわち、物品証券が何らかの事情により交付前に流通に置かれ、権利外観理論あるいは創造説などの単独行為説の適用によってその効力が発生した場合にも、原因債権自体は、何らの影響も受けず、新たに発生した証券上の債権と併存するものと解することができる。筆者は、有価証券の効力発生について、権利外観理論あるいは創造説などの単独行為説の適用を認めた場合に、その表章する権利に排他性がないため、その効力発生時点ではそれ以前に存在する権利に影響が生じないと解される有価証券を設権証券とみるのが自然であるとの試論を呈示したが(拙稿「有価証券の効力発生に関する一試論」加藤勝郎先生・柿崎栄治先生古希記念・社団と証券の法理(一九九九年、商事法務研究会)三二一頁以下)、物品証券はそのような有価証券とみてよいのではないかと考える。この試論は、要するに、債権を表章する有価証券を原則として設権証券とみようとするものであるが、物品証券については、その引渡に物権的効力が認められることから(商五七五条)、留保を付しておいた。物品証券については、たとえば、仮に権利外観理論の適用を認めると、それが本来交付されるべき者に交付されずに流通に置かれた場合に、証券の所持人が物品の所有権を取得することによって所有権の変動が生ずることもありうるが、このことは、逆に、物品証券が実際に供された物品に関する「具体的な」債権を表章するものであって、無因証券ではなく、したがって設権証券でもないことの証左であるようにも思われる。しかし、このことは、民法が動産につき善意取得制度を認めていること(民一九二条)から生ずる結果にすぎず、設権証券性の問題とは切り離して考えることもできよう。いずれにせよ、設権証券性の問題については、無因性の問題とともに、前述の試論の再検討を含めて、今後もさらに検討を重ねていきたい。

(44)　シュナウダーは、カナーリスのように、荷送人が荷受人の使者として運送人と交付契約を締結するものとみなす場合には、このように解することが困難となることを指摘している（Schnauder, a.a.O. (Fn. 40) S. 1644.）。

(45)　小島・前掲注(33)「船荷証券の非設権生徒文言性についての一考察」五七頁。

(46)　永井・前掲注(11)六五九頁。

四　おわりに

民法典の起草者である梅博士は、民法四七二条における抗弁制限の例外である「証券の性質より当然生ずる結果」という文言に少なからぬ思い入れを込めていたようであり、前述のように、この文言は、有価証券における抗弁制限の範囲を柔軟に調整する余地を残してくれている。[47] 本稿は、カナーリスの提唱する「類型性」という概念が、この文言を通して物品証券における文言性の問題を解決する糸口となりうる可能性を示唆し、民法四七二条の意義の一端を明らかにしようとしたものである。

ところで、わが国の商法学は、高度に発達した「ドイツ有価証券理論」を移入することによって、わが国の取引社会の発展に寄与した。しかし、このことによって、有価証券は民商法体系の中で浮き上がり、有力な民法学者により、「民法典からの有価証券の排除」とも解される主張すらなされるに至っている。[48] しかしながら、本稿で取り上げた民法四七二条とこれを無記名証券に準用する民法四七三条は、手形に関する手形法一七条と並んで将来的にその重要性を増すことも予想される「手形・小切手およびこれらの規定を準用している有価証券以外の有価証券」に関する重要な規定であり、[49] 今後は、有価証券の特殊性を過度に強調することなく、有価証券をわが国の民商法体系に融合させることが重要な課題となってこよう。

(47)　信託受益権の有価証券化に関連して、新井誠・財産管理制度と民法・信託法（一九九〇年、有斐閣）二三六頁以下、前田・前掲注(36)五頁参照。

(48) 星野英一・民法概論Ⅲ(債権総論)(一九八三年、良書普及会)二一四頁以下参照。

(49) 前田・前掲注(36)四頁以下参照。

株式払込の仮装に関する若干の問題

田邊光政

一 はじめに

明治三二年の商法の制定後間もなくから最近にいたるまで絶えず経済界で出現する悪弊の一つに株式払込の仮装がある。最近、東京相和銀行が他の企業に融資を行い、その企業が別の企業に再融資をし、再融資を受けた企業がその借入金をその銀行の株式払込金に振り替える形式でその銀行がみせかけ増資をしていたことがニュースとして伝えられた。目新しい問題ではないが、改正の余地のある問題として株式払込の仮装について若干の検討を加えることにしたい。

株式会社においては、株主有限責任の原則が採用されている（商二〇〇条一項）がゆえに、会社債権者にとって唯一の担保は会社財産である。株主に有限責任の利益を享受させつつ会社債権者の保護をはかるためには、会社資本を充実・維持することが不可欠の要請である。資本の充実・維持は、会社債権者保護の観点からだけでなく、従業員や株主等の利益保護の観点からも要請されるものというべきである。そこで、商法は会社に一定の資本額を定めさせ、これを登記によって公示させ（商一八八条二項六号）、かつ会社存続中は少なくとも資本の額に相当する財産を現実に保持させることにしている(商二九〇条)。資本充実の原則は種々の具体的な規定として発現しており、たとえば、額面株式の額面未満での発行禁止(商二〇二条二項)、不公正な発行価額で新株を引き受けた者の公正な価額との差額支払義務(商二八〇条ノ一一)、現物出資の厳格な検査(商一七三条)、発起人・取締役の引受・払込担保責任(商一九二条、二八〇条ノ一三)等のほか、株式の払込の手続面でも厳重な規定が設けられている。すなわち、会社に株式払込取扱銀行を定めさせ、かつ株式の払込はその払込取扱銀行においてなすべきこと、また払込取扱銀行は払込金保管証明をしなければならず、その証明した払込金額については払込がなかったことまたはその返還に関する制限があることをもって会社に対抗できない(商一七五条二項一〇号、一七七条二項、二八〇条ノ一四、一八九条)ものとして、払込の確実を期している。しかし、資本の充実をはかろうとするための払込に関する商法一八九条の趣旨に反して、会社の設立ないし新株発行に際して、払込を仮装するケースが後を絶たず、しかもその発覚を防ぐために巧妙かつ複雑化しているのが現実である。

周知のように、払込の確実を期すための商法一八九条の規定は預合の罪を定める商法四九一条の規定とともに、昭和一三年の商法改正において設けられたものであるが、払込の仮装行為は早くから行われていた。立法が行われる以前には、裁判所はどのように処理していたのかを検討することからはじめて、預合を禁圧する規定が設けられた後の種々の仮装払込の形態について考察する。

二 昭和一三年商法改正以前の判例

(イ) 虚偽の株金払込済証を発行した払込取扱銀行の支配人の責任

預合の悪弊が横行していたために昭和一三年改正の際にこれを禁圧するための規定が設けられたのであるが、

中には全く払込のないケースもあった。甲株式会社の設立に当たりAはその株式総数五〇〇株のうち四〇〇株を自己及び他の四人の名義で引き受けたが、払込取扱銀行の支店長（支配人）Y_1はAと共謀のうえ虚偽の株金払込済証を作成し、これを甲会社発起人に交付した。甲会社の検査役はこの株金払込済証を信用してそのまま創立総会に報告し創立総会は終結した。Aらによる現実の払込はなかったとして払込取扱銀行が甲会社の払込金返還請求に応じなかったので、甲会社は支店長Y_1の不法行為の結果損害を被ったとしてY_1に損害賠償を請求した。Y_1は、甲会社の損害は検査役及び発起人が虚偽の株金払込済証を漫然と真実のものとして採用し、払込があったかどうかの実情を調査すべきであったのにその義務を怠ったことによるものであり、検査役・発起人が損害賠償の責任があると抗弁した。

原審の東京控訴院(1)は、検査役及び発起人にも会社に対する賠償義務があるが、これらの者にも責任があるの故をもってY_1の責任が消滅することはない、として、大正元年八月二九日の創立総会の日から賠償金支払の日までの法定利率たる年五分に相当する利息とともに賠償金を支払うよう命じた。大審院もほぼ同様の理由で原審の判断を支持し、つぎのように述べた。

「払込取扱銀行ガ株式引受人ヨリ払込ナキニ拘ラス払込アリタルカ如ク虚偽ノ株金払込済証ヲ作成シ之ヲ甲会社発起人ニ交付シタルトキハ会社発起人ハ之ニ依リ株金払込アリタルモノト信シ創立総会ヲ招集スヘク会社成立後ハ取締役モ亦之ヲ信シテ払込ヲ為ササリシ株式引受人ニ対シ払込ヲ為サシムル手続ヲ為ササルニ至ルヘキヲ以テ之カ為メニ会社ニ損害ヲ生シタルトキハ斯ル虚偽ノ報告ヲ為シタル者（Y_1）ハ其損害ヲ賠償スヘキ責任アルハ当然ニシテ…中略…検査役又ハ発起人カ其責ニ任スルハ各其資格ニ基ク義務ヲ尽ササルカ為メニシテY_1カ責任ヲ負担スルハ之ト関係ナキ株金払込取扱ニ付キ為シタル不法行為ニ基クモノナレハ検査役又ハ発起人カ責任ヲ負フカ為メニY_1ノ責任消滅スヘキモノニアラス」(2)

払込取扱銀行の支店長が実際には株金払込を受けていないのに株式引受人と共謀して虚偽の株金払込済証を発

行し、発起人または取締役がこれを設立手続に利用した場合に、発起人も取締役もこれを信じて株式引受人に払込をなさしめる手続をとらなかったことから会社に損害を与えたというように認定して、銀行の支店長に不法行為に基づく損害賠償責任を命じている。昭和一三年の改正においては、払込取扱銀行の役職員について応預合罪の規定を設け、その刑事責任については規定したが(商四九一条)、発起人等と共謀したり悪意で仮装払込に関与した払込取扱銀行の役職員の民事責任については、一般法理に委ねている。この判例は払込が全くなかった場合についてのものであるが、預合や見せ金のケースについても同様に通用するであろう。

(ロ) 支配人による虚偽の株金払込済証の作成と払込取扱銀行の責任

上述のケースでは、払込取扱銀行(以下、Y銀行という)もまた賠償責任があるかが争われた。この点につき東京控訴院と大審院とで判断がわかれた。

東京控訴院は[3]、Y銀行が支店長による不法行為につき民法七一五条により使用者責任を負うかどうかにつき、「使用者ヲシテ被用者ノ行為ニヨリ第三者ニ加ヘタル損害ニ対シ賠償ノ責ヲ負ハシムルニハ被用者ノ行為カ使用者ノ事業ノ執行自体ナルカ又ハ之ト相関連シテ一体ヲ為シ不可分ノ関係ニアルモノナルコトヲ要スル」としたうえで、支店長がAと協議して現実には払込がないのに虚偽の事実を記載した株金払込済証を作成交付したのは、Aのために「壇ニ其事業執行ノ機会ヲ利用シテ為シタル行為」であって、「事業ノ執行ニ付キ損害ヲ加ヘタルモノト謂フコトヲ得ス」と説いた。

これに対して大審院は[4]「民法七一五条ニ所謂事業ノ執行ニツキ加ヘタル損害トハ事業ノ範囲ニ属スル行為又ハ之ト関連シテ一体ヲ為シ不可分ノ関係ニ在ル被用者ノ行為ヨリ生シタル損害ヲ指称スルモノナレハ其損害カ被用者ニ於テ事業ノ範囲ニ属スル行為ヲ為シ因テ以テ第三者ニ加ヘラレタルモノナルトキハ事業経営者は当然第三者ニ対シ損害ヲ賠償スル責任アリ」との立場から、払込取扱銀行の支店長が株金払込の事実を明らかにする払込済証を作成しこれを交付する行為は、事業者たる銀行の事業の執行に該当すると説いた。もちろん、民法の使用者責任を認めた大審院の立場が妥当であることはいうまでもない。

㈧ いわゆる預合の一例

明治四二年の東京地判のケースである。[5] 創立委員長（その後、取締役）が個人の資格で振り出し又は裏書した約束手形を払込取扱銀行において割引し、その割引代金を会社創立の株式払込金として受入れたが、その割引手形の支払があるまでは会社の預金（払込金）の返還を請求できない旨を特約していた。会社が払込金の返還を求めて訴えを提起したケースである。東京地裁は、このような特約は発起行為の目的たる会社の設立に何ら関係がないものであるから、このような行為（特約）は創立委員長たる資格においては為しえない性質のものであり、その特約は発起団体に対して何らの効力を生じない、と判示した。

同様のケースにつき、東京控訴院も次のように説いている。[6] 控訴銀行は初め被控訴会社の創立委員長Aとの間に控訴人主張のごとき特約をなし、次いで被控訴会社成立後その取締役たるAとの間に改めて同様の特約をした事実が認められるが、創立委員長又は取締役が個人の資格で振出し又は裏書した約束手形を控訴銀行において割り引いて、その手形金を被控訴会社の株式払込金として預託を受ける関係は、発起人団体もしくは創立会社と銀行との間の預金関係であって、割引手形の権利関係とは別個の関係に立つものであるから、「創立委員長又ハ取締役カ恣ニ右預金ヲ以テ自己個人ノ振出シ若クハ裏書シタル割引手形ノ支払ニ振替ヘ得ルコトヲ約シ若クハ其割引手形ノ支払ハレサル限リ会社カ預金ノ返還ヲ請求スルコトヲ得サル旨ノ特約ヲ為スハ―中略―事実上創立会社ヲシテ株金ノ払込ナカリシト同一ノ結果ニ陥ラシメ会社設立ノ基礎ヲ危フクスルモノナルヲ以テ斯カル契約ハ法律上許スヘカラサル無効ノ行為ナリ」と。

㈡　小括——昭和一三年の立法的解決

以上に見てきたように、商法制定後、かなり早くから株式会社設立に際して、現実に株式の払込がなされず又はいわゆる預合が横行していた事実が伺われる。全く払込がないのに払込済証を発行するという例はあまり見られないが、全くなかったというわけではない。多くはいわゆる預合の例であり、ここにいちいち判例を引用しないが、手形を使っている例が多いのが特徴である。資本の蓄積のない明治の時代に、会社設立資金の融資を頼まれた銀行関係者（支店長等）が少しでも安全な方法として発起人等に手形を差し入れさせたのであろう。経済大国となった現在にいたるまで払込のからくりが絶えていない。ところで、手形割引代金を以て株式の払込に振り替えるという合意と、そのようにして振り替えられた払込金の返還に関する特約とを区別して、前者の合意は有効としつつ、後者の特約だけを無効と解するのが判例の立場であった。換言すれば、払込取扱銀行から発起人または株式引受人が個人的に融資を受け、この借入金を株式の払込金として会社の預金としたうえで、借入金債務を発起人等が返済するまでは会社の預金の払戻には応じないとの特約をした場合に、発起人代表（創立委員長）の資格でこのような特約をしても成立した会社には対抗できず、また会社成立後、代表取締役となった者との間で改めてこのような特約をしても、それは事実上払込がなかったと同一の結果を生じさせ、会社設立における資本的基礎を危うくする合意であるから無効である、と解されてきたのである。

昭和一三年の商法改正において、その当時までに横行していた株式払込における悪弊を禁圧するために二つの規定が設けられた。一つは、募集設立および新株発行の場合には、株式の払込は株式申込証に記載した払込取扱銀行（または信託会社）においてなすべきこと（当時の一七五条二項六号、現同条二項一〇号）としたうえで、第一八九条を設け、払込取扱銀行は発起人または取締役の請求により払込金の保管に関し証明をしなければならないこと、払込金保管証明をした払込取扱銀行はその証明した金額につき「払込がなかったこと」またはその「返還に関する制限」をもって会社に対抗できない旨を定めた。この条文は、それまで判例の事案として現れ、かつ判例が採ってきた立場を表現しているように思われる。立法関係者は、「払込のなかった場合」という表現で、文字どうり全く払込の事実がないのに払込済証を発行したケースを念頭においたと解する余地はあるが、条文の今日的解釈においてはそのような経緯に拘束される必要はあるまい。

いま一つは、当時横行していた預合を禁圧するために、発起人・取締役など商法四八六条一項に掲げる者が払込を仮装するために預合をなしたときには五年以下の懲役または五千円以下の罰金に処すること、預合に応じた者も同じとすることを定めた商法四九一条である。(7) この規定は昭和一三年の改正当時まで顕著であった預合の弊害だけを念頭においた規定と解されがちな文言ないし表現となっており、そのためにその後、見せ金など別の形での仮装払込を考案させる結果となったのであり、より適切な機能を担うべく改正する必要のある規定である。(8)

ただし、商法四九一条には預合の用語が使用されているが、昭和一三年改正における立法関係者は、預合を一義的には理解しておらず、種々の形態の預合が有りうると考えた形跡がある。いささか長文であるが立法関係者の解説を引用する。「この預合なる言葉は法律用語としては珍しいものであるが、経済界においては既に一つの成語となっており、その意義も明確になっているので、ここにその言葉をそのまま使うことにしたのである。預合とは資産の存在を装う一つのからくりであって、簡単にいえば仮装せられたる預金とでもいわれるべきものである。株式払込を仮装するため預金がなされる場合としては種々なる場合が考えられるのであるが、株式会社を募集設立する場合、発起人が第一回払込がないに拘らず払込を仮装するため、銀行と結託し、払込がありこれを銀行に預金したこととした上銀行から預り証を貰い、これで創立総会、登記所をごまかして設立登記手続を了するというような場合もその一例である。(9) もちろんこの場合銀行としては、単なる預り証を出すのは危険であるから、預り証を出す際に裏面工作としてあるいは右預金については払戻を請求しないという趣旨の証文とか、あるいは相殺の口実を作るため預り証と同金額の借用証文とかを発起人から入れさせておくのである」(10) と説かれた。

ここでは、「払込がないのに払込がありこれを預金したこととして預り証」を授受する場合や「銀行から払込金の融資を受け、借用証文を入れさせたうえで、預り証」を授受する場合などを預合として観念されていた。

また、同じく当時の商法改正に関与された松本烝治博士は、「種々の預合の場合を簡明に表示することは頗る困難なるため、既に実際取引界において一定の意味を有するに至っている預合なる語を用いたのである。今通常の預合の場合を例示すれば、発起人又は取締役個人が銀行より借財してその金員を株金払込に充つると同時に、その銀行との約定によってその払込金は会社の預金とし、自己が借財の返還なすまでは之を引き出さざることとする。この方法によって株金の払込を仮装し得るのである」と説いておられる。(11) 松本博士のここでの例示が、商法一八九条の解釈において狭義ないし固有の預合の意義として理解されている。ただし、松本博士はこの意味での預合を通常の預合と説かれ、預合をこの意義に限定されていない。

商法四九一条に規定する預合罪および応預合罪について、最高裁は狭義の預合の場合だけでなく「見せ金」の場合にも、払込取扱銀行の役職員との間に共謀があったときは、同条を適用し、(12) 学説上も多数説が判例の立場を支持している。

(1) 東京控判大正七年二月四日新聞一三九二号一七頁。
(2) 大判大正七年五月八日民録二四輯八九五頁。
(3) 注1に同じ。
(4) 注2に同じ。
(5) 東京地判明治四二年六月一五日新聞六〇〇号一一頁。
(6) 東京控判大正大正八年一〇月三日法律評論八巻商法五六三頁。
(7) 罰金の額は昭和二五年に三〇万円に、昭和五六年に二〇〇万円に、平成九年に五〇〇万円にそれぞれ引き上げられた。
(8) 西原寛一「株式会社の設立規制」法時三四巻三号八五頁は、将来の立法としては、預合と並んで見せ金設立をも明文で規制し、かつこれを防ぐために、設立後たとえば六ヵ月後に、裁判所の選任した検査役などに払込金の使途を一律に調査させる必要があるのではなかろうか、とのべられている。

また鴻常夫教授も、第一に、見せ金罪・応見せ金罪を規定すべきこと、第二に、見せ金罪の刑罰に処せられた者は刑の執行を終えてからも一定の期間（たとえば一〇年）は、株式会社の発起人または取締役となる資格を剝奪し、それに違反した者には、これまた刑罰の制裁を科すこと、第三に、見せ金によって設立された株式会社または見せ金による新株発行を行った株式会社は、解散命令の対象とすること、第四に、会社資金による新株の払込に刑事制裁を明定すること、をすでに昭和三七年に提案されていた（鴻・商法研究ノートI九八頁）。

(9)　当時の商法一七一条二項は、第一回の払込の金額は株金の四分の一を下らなければよいものとしていた。この条文は、昭和二五年の改正で削除された。

(10)　奥野健一・佐々木良一他・株式会社法釈義（一九三九年、厳松堂）五四三頁。

(11)　松本烝治「商法改正要綱解説」法協五〇巻三号一六七頁。

(12)　最決昭和三五年六月二一日刑集一四巻八号九八一頁。

三　商法一八九条二項と払込の仮装

(イ)　商法一八九条二項の意義

同条は、払込取扱銀行が払込金保管証明をしたときは、「払込がなかったこと」または「(払込金の）返還に関する制限」をもって会社に対抗できない旨を定めている。返還に関する制限とは、預合の場合を指し、発起人または取締役が払込取扱銀行から金銭を借り入れ、それを払込金として預けるが、発起人または取締役が現実に借入金を返済するまではその預金の返還を請求できないものとする約定を指すものと解されている。

同条にいう「払込がなかった場合」とはどんな場合を指すかについては見解が分かれている。一説によれば、それは名実ともに（実質的にも形式的にも）全く払込がない場合をいうのであり、預合は払込があった形式だけはとられているが、返還に関する制限がついていて法律的には払込がない場合であると説かれる。(13) これに対して、「払込がない場合」というのは、一応株式払込のなされた形式がとられているが、実質的には払込があったとはいえない場合を広く指すというのが通説であり、そのような例として、①手形または小切手により払込が行われ、その手形・小切手の支払がなかった場合、②いったん現実の払込があったが、払込取扱銀行がその払込金を返還をなしうべき時期に先立って払い戻した場合、③払込の仮装（預合、見せ金、会社資金による払込など）があるとされる。(14)

払込がない場合と返還に関する制限がある場合には、そのいずれかに含まれるかぎり払込金保管証明責任が生ずることに変わりがないから、いずれに含ましむるべきかを議論する実益がなく、いずれかに含まれるか、いずれにも含まれないかを明らかにすることに意義があるとの指摘がある。(15) まったくそのとおりであるが、払込がなかった場合とは払込が名実ともにない場合であると解される鴻教授が、形式的には払込がある見せ金の効力について通説とは見解が異なる点は注意すべきであろう。

(ロ) 払込がない場合

(a) 手形による払込

株式の払込は現物出資の手続による場合を除き、金銭による出資が現実に行われなければならい。手形・小切手による払込の例が古くから見られたが、明治三二年に大審院は「約束手形ハ一種ノ債権ニシテ現金ニ非サルコトハ勿論株金ノ払込ハ必ス現金ヲ以テスヘク約束手形ノ如キ債権ヲ以テスルコトハ商法ノ認許セサル所ナレハ約束手形ヲ以テ株式ノ払込アリタル如ク装ヒ置クモ其実全然払込ナキニ帰著シ」と説いた。(16) この判例は、約束手形による払込では払込自体がないことになり、したがって無効と解している。あるいはまた、株式払込の履行に代えて手形を授受するがごときは商法の認めざるところなるがゆえに、たとい当事者間の合意によるも法律上の効果を発生するものにあらずとされ、かつての判例理論としては、手形による払込は払込自体が無効になるとの立場であった。[17]

現在では、手形・小切手をもって払込がなされた場合には、その手形・小切手が払込取扱銀行に交付されたときに直ちに払込があったことにはならず、その手形・小切手の現実の支払があったときに株式の払込があったものと解し、払込取扱銀行がその手形・小切手の支払がなされる前に払込金保管証明をしたところ、それが不渡になったときは、払込取扱銀行は商法一八九条二項に基づき保管証明責任を免れないと解されるようになっている。[18]現在の学説は、手形・小切手をもって株式の払込をなすことそれ自体を無効とは解さず、手形等の交付のときに払込としての効力は生じず、手形が支払われたときに払込があったものと扱い、もし不渡になれば払込がなかったものとして処理すれば足りるという解釈である。

それでは、発起人が振出人または裏書人となった約束手形を割引のため払込取扱銀行に譲渡し、その割引代金を払込金として預ける場合は有効な払込となるであろうか。もし、割引銀行が会社の預金（払込金）の払戻に関し何ら制限を設けず、その預金を成立した会社の自由処分に委ね、銀行としては割引依頼人に手形債務の履行を求めることを予定している場合には、この払込が有効なことはもちろんである。割引銀行がいったん発起人等に割引代金を支払い、次いで発起人等がこれを払込金として現実に金銭を払込取扱銀行に引き渡すという「手続ヲ省略シタルモ右手続を履行シタルト同一ノ法律上ノ効果ヲ発生セシムル」というべきである。[19]

しかしながら、同上の手形割引の例において、割引代金をもって払込金に振り替えるに際し、「会社ノ右預金ハ手形債務者ニ於テ銀行ニ対シ其債務ヲ履行スルニ至ル迄ハ会社ニ於テ之カ返還ヲ受クル能ハサル約旨ナルトキハ斯ル方法ニ依リテ株金ノ払込ヲ為スコトハ資本団体タル株式会社ノ本質ヲ害シ資本ノ充実ヲ強制シタル法意ニ反スル」がゆえに、「手形債務者ニ於テ其債務ヲ履行スル迄ハ未タ株金ノ払込ナキモノト断定セサルヘカラス」ということになる。[20]このようなケースは、まさに預合の一例として一般の預合の場合と同様に処理されるべきことになる。前述のように、古い判例は、手形の交付をもって株式の払込債務の履行に代えることは、その合意が無効であり、払込がないものと扱ったのに対し、この判例は、割引代金をもって払込金に振り替える場合に関して、割引手形につき手形債務者がその債務を履行するまでは払込がないことになるとの立場であることが注目される。

(b) 返還すべき時期以前の払込金の払戻

払込取扱銀行は株式の払込金を受け入れた場合に、いつまで保管しなければならないかが問題となった事案がある。払込取扱銀行（Y銀行）はA会社の発起人総代Bから株式払込金として一〇〇万円を現実に預かり、昭和二七年二月八日に保管証明書を発行してBに交付した。A会社は同日に創立総会を開催しBを取締役に選任した。同日登記所にA会社の設立登記の申請をし、その申請が受け付けられた旨の証明書の交付を受け、Bはこの証明書を提示して翌九日にY銀行から払込金の返還を受けた。A会社は同年二月一四日に設立登記がなされた。A会社は三年一〇カ月後に破産宣告を受け、Xが破産管財人に選任され、XはBほか四名の発起人に本件株式の払込は見せ金であるとして株式の払込を請求するとともに、Y銀行に対して保管金の返還を請求した。XのY銀行に対する主張は、払込取扱銀行としては払込金を会社成立まで保管する義務があったのに返還すべき時期以前に返還しており、会社成立の当時払込金がないのに保管証明をしたことになるから、商法一八九条二項に基づき保管証明責任を履行せよというにある。第一審は本件払込は見せ金によるものと認定している。

最高裁は「払込取扱銀行はその証明した払込金額を会社成立の時まで保管してこれを会社に引渡すべきものであって、従って、会社成立前において発起人又は取締役に払込金を返還してもその後成立した会社に対し払込金返還をもって対抗できないものと解するのが相当である」と判示した。[21]

払込取扱銀行は払込金を会社成立の時点まで保管する義務があるというのが最高裁の立場であるが、学説上はこの判例の立場に対して賛否両論に分かれている。賛成の立場は、資本団体たる株式会社の設立については、資本的基礎の整備が要請されるところ、そのためには成立後の会社の運営に充てられるべき出資の履行が確実になされ、それが会社成立時の財産として確実に存在しなければならない。そして商法は設立関係者の責任について設立登記を基準としており、この点は商法一八九条による払込取扱銀行の責任に関しても全く同様というべきであるとされ、また、設立登記の申請の添付書類として払込金保管証明書が要求されていることは、会社成立時まで保管する責任があるとみるべきであるという。(22)

これに対して、払込取扱銀行は払込金を創立総会まで保管しておれば足りるとの学説が多数を占め、つぎのような論拠を示している。第一に、募集設立の場合、創立総会が終結すれば会社の実体が完成したといえるから、その段階で払込が確実にされていれば資本充実の要請は充たされ、以後は設立中の会社といえども払込金を使用することができ、したがって払込金を引き出すこともできると解すべきである。そうでないと、取締役は払込金を引き出して会社の設立に必要な行為（たとえば、設立登記のための登録免許税の支払）のために使用することができなくなる。第二に、株式払込金保管証明は保管証明時現在において表示する金額を保管している旨を証明したものであり、その金銭を将来の一定の時期まで保管する責任を負う旨の意思表示ではない。そして創立総会で取締役が選任された後は発起人に代わって取締役が設立中の会社の業務執行機関となるのであるから、銀行がその取締役に払込金を払い戻した場合に商法一八九条二項に基づく保管証明責任を負わすのは筋違いである、と説かれる。(23)

思うに、資本団体たる株式会社の設立において、資本充実の責任は本来的に発起人・株式引受人など会社内部の設立関係者が負うべき性質のものである。発起人・最初の取締役等の引受・払込担保責任が会社設立時を基準としていることは明らかである。法が払込取扱銀行に株式会社の設立・新株発行に際して資本的基礎を確実にするために一定の役割を担わせようとしていることは明らかであるが、株式払込取扱銀行は設立中の会社のために資本充実責任を負うものではない。払込取扱銀行は保管証明責任を負担するが、これは保管証明書の発行という表示行為に基づく責任であって、内部の会社設立関係者の資本充実責任とは次元の異なる責任である。したがって、発起人等の資本充実責任の基準が会社設立登記を基準にしているからといって、払込取扱銀行の保管証明責任も同様の基準によるべきであるというのは説得力を欠く。払込取扱銀行は保管証明をした時点で払込金を保管している事実を証明するのであって、商法一八九条二項は、払込がないのに保管証明をした場合あるいは払込金の返還に関する制限がある場合に、これをもって会社に対抗できないことを定めており、発起人または取締役の請求があれば保管証明をした金額を払い戻すべき義務を規定するにとどまり、いつまで保管しなければならないかについては問題にしていない。それゆえ、払込金の預託をうけた後、設立登記が行われるまで保管すべき義務があるという見解には賛成できない。払込金は一般に別段預金として受入れ、一時的な預かり金であるから、定期預金などと違い、発起人または(代表)取締役から払戻請求があった場合に、銀行はその請求を拒絶できるか疑問でさえある。

(ハ) 見せ金

(a) 預合の潜脱行為としての見せ金

発起人または取締役が払込取扱銀行以外の第三者から金銭を借り入れてこれを株式払込金として預け入れ、保管証明書の発行を受けて設立手続または新株発行による変更登記等を終えたのち払込金の返還を受けてこれを第三者に返済する場合を見せ金による払込とよんでいる。預合を禁圧する規定が設けられてのち、この見せ金による払込が増加してきた。

見せ金についての最高裁の判断が初めて示されたのは、次のような事案に関してであった。A会社の発起人総代YはB銀行C支店から二〇〇万円を借り入れ、これを株式払込金として払い込んだ。同支店から保管証明書の交付を受けて設立登記手続を進め、会社成立後、会社は払込金の払戻を受けて、これをYに貸し付け、Yはこの借入金をもってB銀行に対する借入債務の返済に充てた。

最高裁は、「当初から真実の株式の払込として会社資金を確保するの意図なく、一時的の借入金を以て単に払込の外形を整え、株式会社成立の手続後直ちに右払込金を払い戻してこれを借入先に返済する場合の如きは、右会社の営業資金はなんら確保されたことにはならないのであって、かかる払込は、単に外見上株式払込の形式こそ備えているが、実質的には到底払込があったものとは解しえず、払込としての効力を生じない」と説き、さらに、「会社成立後前記借入金を返済するまでの期間の長短、右払込金が会社資金として運用された事実の有無、或いは右借入金の返済が会社の資金関係に及ぼす影響の有無等、その如何によっては本件株式の払込が実質的には会社の資金とする意図なく単に払込の外形を装ったにすぎないもの」になると説いた。(24)

このケースは、第三者からの借入金を払込金として預託したのではなく、払込取扱銀行からの借入金である点で典型的な見せ金とは異なり、払込金を返還したうえで会社がYに貸し付けた形式をとっている点で通常の預合とも異なっており、したがって、預合と見せ金との複合形態と捉えられている。(25) いずれにしても、学者は最高裁が見せ金について原則的無効説を明らかにしたものと解している。(26) 下級審の中には、この最高裁の立場に立って、会社が成立しから一二日後に借入先に返済した分については見せ金として無効とし、一年一〇カ月後に借入先に返済した分については、会社の資金として運用したものと解し、見せ金に該当しないと判断したものがある。(27)

(b)　無効説と有効説

見せ金による払込も原則的には有効とする見解があり、つぎのように説く。見せ金による株式の払込は経済的にみて株式払込の仮装であるが、それは発起人や取締役の払込資金の貸主との間における金銭貸借の動機およびその借入金を株式の払込金として払い込む発起人等の内心の問題であって、そのような内心の問題を理由として会社設立ないし新株発行という集団的手続現象の一環をなす株式の払込の効力を否定するのは妥当でないと説かれる。ただし、この説も、見せ金による払込が有効になる場合と無効になる場合とがあるとし、払込取扱銀行が見せ金であることにつき善意であるかぎり、その銀行は商法一八九条二項の保管証明責任を問われることがないが、払込取扱銀行が発起人等と共謀して見せ金による払込をしたりまたは払込取扱銀行が見せ金であることにつき悪意であった場合には、預合の潜脱行為としてその払込は法律上有効な払込とは認められず、払込取扱銀行は保管証明責任を負い、払込金相当額を会社代表者に引き渡しただけでは保管証明責任を履行したことにはならないとされる。(28)

この見解は、発起人等が見せ金で会社設立を企図し、第三者からの借入金をもって払込をしようとするとき、払込取扱銀行が善意であったかぎり、会社成立後直ちに払戻を受けて借入先に返済し、成立した会社には全く資本的基礎がなくても会社は有効に成立したと解し、反対に払込取扱銀行が見せ金による払込である事実を知っていたときは、払込は無効であるというものである。払込取扱銀行の保管証明責任の有無と見せ金による払込が有効か無効かは別個の問題であり、払込取扱銀行が見せ金であることについて善意であったために保管証明責任を問いえない場合でも見せ金であって払込としては無効という場合もありうると考えられ、見せ金による払込の効力をつねに払込取扱銀行の善意・悪意にかからしめるのは妥当ではない。発起人等の内心の動機を問題にすべきではないといわれるのはそのとうりであり、成立した会社に真実資本的基礎が確保されているかどうかが問題にされるべきであり、払込取扱銀行がいかに善意であっても、成立した会社が全く資本的基礎を欠くならば、それは払込がなかったと同一であり、払込としては無効というべきであろう。

見せ金による払込は無効であると解するのが通説である。(29) 見せ金は当初から計画された払込仮装のためのからくりであって、株式払込は単なる見せかけにすぎず、実質的には払込があったとは認められず、法律上の払込としての効力は認められないと解される。見せ金による払込は、資本充実をはかるため法が禁止している預合の潜脱行為として無効と解すべきである。株式の払込は現実に株式引受人等から払込金が会社に払い込まれ、その払込金は会社が営業資金として使用可能な状態におかれなければならない。

ところで、資本充実があったか否かが問題となったケースがある。H会社は増資をするに際して次の手続をとった。従業員等から社内預金等として会社が資金を受け入れて債務を負担していたが、H会社はT銀行から借入を行い、その借入金をもって従業員等に返済し、従業員等はこの返済金をもってH会社の新株払込金に充て、T銀行が払込金として保管した。T銀行からの保管証明書を用いて増資手続を完了し、その後直ちにH会社はこの払込金をもってT銀行に対する債務の返済に充てた（さらに、社長がT銀行から借財をし、それをもって株式払込に充て、増資完了後に会社の払込金のなかから社長の借入金を返済し、会社が社長に立替払債権を有するにいたったという部分もあるが、上告審ではこの点は争点になっていないので、ここでも省略する）。これについて、最高裁は、従業員等の株式引受人の会社に対する債権が真実に存在し、かつ会社にこれを弁済する資力がある場合には、このような態様の払込方法をとっても資本充実の原則に反しないとした[30]。思うに、このケースでは、従業員の会社に対する債権が株式に変わったのであり、会社の債務がその分だけ消滅したことになる。増資によって得た資金で会社の債務を消滅させたのであるから、資本充実の原則に反することはないというべきである。

従業員の会社に対する債権が真実に存在することが前提であることはもちろんであるが、「会社に弁済資力があったこと」が必要であろうか。この点に関して、会社にこれを弁済する資力がない場合は、「名目上は増資に相当する額の消極財産が減少し、会社の資産内容が改善されたかのごとくであるが、実質的にはもともと債権者にとっては焦げつき債権であって無価値にちかいものであり、債務者たる会社にとっては実質上消極財産とは解されないものが計算上減少したからといって会社の資産内容はいささかも改善されておらず、他方資本が増加したわけであるから、資本充実の原則に反するというべきであろう」という見解がある[31]。しかし、この見解には疑問がある。現物出資としての債権の出資を議論しているのではない。出資を受ける会社の資本充実があったといえるかどうかの問題であるところ、会社の債務が減少して、その分だけ払い戻す必要のない株式に変わったのであって、計算上会社の資産内容がそれだけ改善されたのである。

(c) 複雑化する見せ金

平成になって、かなり複雑な形態による見せ金による増資の事案が現れている。見せ金による払込のからくりを隠すための悪知恵である。上場会社である甲株式会社は、第三者割当増資をすることにし、いくつかの会社を割当先に予定したが、そのうち甲の子会社であるS会社に割り当てた三億円（一二〇万株）については、甲会社が振り出した約束手形を第三者に割り引いて貰い、その割引代金をS会社に貸し付けて株式の払込に充てさせ、増資手続終了の四日後に手形の決済にあてた。また別の会社であるT会社には一〇億円（四〇〇万株）を割り当て、T会社は甲会社の連帯保証の下に金融会社から一〇億円を借り入れ、これを払込金として払込取扱銀行に払い込み、保管証明書を取得した二日後に金融先に返済した。その他、甲会社が担保を提供することでS会社が第三者から借り入れて払い込み、増資手続終了後甲会社が連帯債務者としてS会社の貸し主に返済している。さらに、複雑な種々の手口で増資新株の払込を行ったように装っていたが、関係者達が、公正証書原本不実記載罪に問われたケースにおいて、最高裁は、「各払込は、いずれも甲会社の主導の下に行われ、当初から真実の株式の払込みとして会社資金を確保させる意図はなく、名目的な引受人が甲会社自身あるいは他から短期間借り入れた金員をもって単に払込の外形を整えた後、甲会社において直ちに右払込金を払い戻し、貸付金捻出のために使用した手形の決済あるいは借入金への代位弁済に充てたものであり、――いずれも株式の払込みとしての効力を有しないものといわなければならない」として有罪とした。(32)

(二) 会社資金による払込

払込取扱銀行が五億円以上もの保管証明責任を問われた事案がある。A会社は七一回にわたって新株を発行したが、名義上は会社役員または従業員を株式引受人として、会社の資金で払込を行っていた。形のうえでは役員や従業員に払込金を貸し付けたことになっているが、実質的には会社が自社の資金で自己株を増やしていた。A会社は破産宣告を受け、破産管財人から払込取扱銀行に対して保管証明責任が問われたものである。

東京地裁は「新株発行会社自身の資金による払込、即ち、会社が名義的な株式引受人に対し払込資金として会社の資金を消費貸借その他の方法により融資し、形式的には株式引受人が自己の金員を払込むという形をとるが、実質的には会社が会社の資金を払込むことになるような払込は、実質的に会社資本の充実をもたらさず、従って一種の払込の仮装であると解すべきである」と説き、「実質的な計算関係においては会社が払込金を自ら支払って自ら受取るに過ぎないのであるから、払込後において払込前の資産以上のものを得ることは全くない」と判示し、会社資金による払込は無効であるとした(33)。

学者もまた、この判示の立場に賛成し、さらに、名義上は役員や従業員を引受人としているが実質的には会社自身が引受人となっているのであって、自己株式取得禁止の観点からも許されないと解されている(34)。

最近明らかになった東京相和銀行のみせかけ増資も、銀行が消費者金融会社など複数の会社に融資した資金で株式の払込金に充てさせており、形態としては、会社資金による払込に属するようである。銀行経営者が電磁的公正証書原本不実記録の容疑で逮捕された(35)。この銀行の場合には、銀行業に特有の自己資本比率を高める必要があったことが背景にある。

(13) 鴻常夫・会社法の諸問題Ⅰ一一〇頁。
(14) 大隅健一郎・商法の諸問題一五七頁以下。
(15) 上柳克郎他編・新版注釈会社法(7)三一九頁〔谷川久〕。
(16) 大判明治三二年五月三〇日刑録一〇輯一一七一頁。
(17) 東京控判大正三年四月七日新聞九四八号二五頁。
(18) 大隅・前掲注(14)一五八頁、大阪高判昭和三二年二月一一日高民集一〇巻一号五五頁。

(19) 東京地判大正五年七月二九日新聞一一八六号二二頁。
(20) 東京控判大正六年五月二五日新聞一二七一号二六頁。
(21) 最判昭和三七年三月二日民集一六巻三号四二三頁。
(22) 鴻・会社判例百選（新版）三三頁、前田庸・会社判例百選（三版）二七頁。
(23) 大隅＝今井・会社法論上（第二版）二四一頁、北沢正啓・株式会社法研究三〇頁、鈴木＝竹内・会社法（新版）七一頁、龍田節・民商四七巻四号一二三頁。
(24) 最判昭和三八年一二月六日民集一七巻一二号一六三三頁。
(25) 上柳克郎・金法八八一号二二頁。
(26) 大隅・会社判例百選（第四版）二六頁。
(27) 東京地判昭和四六年一月二九日判時六二六号九一頁。
(28) 鴻・前掲注(13)一一五頁。
(29) 大隅・前掲注(26)二七頁、西原寛一・会社法八八頁、北沢・会社法（第五版）一〇三頁、河本一郎・現代会社法（第八版）九六頁。
(30) 最判昭和四二年一二月二四日刑集二一巻一〇号一三六九頁。
(31) 藤木英雄・商事四五五号三七頁。
(32) 最判平成三年二月二八日刑集四五巻二号七七頁。なお、青竹正一・判タ九四八号一九二頁の判例研究参照。
(33) 東京地判昭和三八年一〇月三一日判時三五一号二三頁。
(34) 西原寛一・商事法研究第三巻四四八頁、鴻・前掲注(13)一二二頁。
(35) 日本経済新聞平成一二年五月一一日参照。

四　おわりに

本稿では、払込取扱銀行の保管証明責任の発生原因となる仮装払込の種々の形態について、その歴史的側面、判例・学説の変遷等に触れながら、検討を加えた。資本の充実を害する形態の払込としてどのような形態が存在するかについて考察してきた。いうまでもなく、銀行の保管証明責任は払込がない場合や払込が無効となるすべての場合に生じるのではないが、その責任が発生するためには、少なくとも株式の払込がないかまたは仮装払込として無効と解される場合であることが前提となる。その意味で、本稿は、払込取扱銀行の保管証明責任についての序論にすぎない。

また、仮装払込を行った発起人や取締役等の預合罪および応預合罪についても本稿では触れていないが、これらの問題については別に検討したいと考えている（なお、田邊「預合罪の要件」金融法務事情・金融判例一〇〇八頁参照）。

平出慶道先生・高窪利一先生古稀記念論文集

現代企業・金融法の課題(上)

2001年（平成13年）2月3日　初版第1刷発行

編　者　平出慶道先生・高窪利一先生古稀記念論文集編集委員会

発行者　今井　貴
　　　　渡辺左近

発行所　信山社出版株式会社
〒113-0033　東京都文京区本郷6-2-9-102
電　話　03（3818）1019
FAX　03（3818）0344

Printed in Japan

発売所　株式会社　大学図書

印刷・製本／勝美印刷・大三製本
ISBN 4-7972-2176-3 C3332

創立10周年記念
2000年12月刊行

刑事法辞典

編　集
三井　誠　町野　朔　曽根威彦
中森喜彦　吉岡一男　西田典之

信山社

編集・執筆者

愛知 正博	中京大学法学部教授
秋葉 悦子	富山大学経済学部助教授
浅田 和茂	大阪市立大学法学部教授
荒木 伸怡	立教大学法学部教授
石塚 伸一	龍谷大学法学部教授
井田 良	慶應義塾大学法学部教授
伊東 研祐	名古屋大学法学部教授
伊藤 渉	東洋大学法学部助教授
指宿 信	鹿児島大学法文学部助教授
今井 猛嘉	法政大学法学部助教授
岩間 康夫	大阪学院大学法学部助教授
上嶌 一高	神戸大学法学部助教授
上田 信太郎	香川大学法学部助教授
上田 寛	立命館大学法学部教授
植田 博	広島修道大学法学部教授
臼木 豊	小樽商科大学商学部助教授
宇藤 崇	岡山大学法学部助教授
梅田 豊	島根大学法文学部助教授
大出 良知	九州大学法学部教授
大久保 哲	久留米大学法学部教授
大越 義久	東京大学教養学部教授
大澤 裕	名古屋大学法学部教授
大塚 裕史	岡山大学法学部教授
大沼 邦弘	成城大学法学部教授
奥村 正雄	同志社女子大学現代社会学部教授
小田 直樹	広島大学法学部助教授
甲斐 克則	広島大学法学部教授
香川 喜八朗	亜細亜大学法学部教授
加藤 克佳	愛知大学法学部教授
門田 成人	島根大学法文学部助教授
上口 裕	南山大学法学部教授
川出 敏裕	東京大学法学部助教授
川崎 英明	東北大学法学部教授
川端 博	明治大学法学部教授
北川 佳世子	海上保安大学校助教授
木村 光江	東京都立大学法学部教授
京藤 哲久	明治学院大学法学部教授
葛野 尋之	静岡大学人文学部助教授
葛原 力三	関西大学法学部助教授
後藤 昭	一橋大学法学部教授
小山 雅亀	西南学院大学法学部教授
近藤 和哉	富山大学経済学部助教授
斎藤 信治	中央大学法学部教授
斉藤 豊治	甲南大学法学部教授
齊野 彦弥	北海道大学法学部教授
佐伯 仁志	東京大学法学部教授
酒井 安行	国士舘大学法学部教授
酒巻 匡	上智大学法学部教授
佐久間 修	大阪大学法学部助教授
佐藤 隆之	横浜国立大学経済学部助教授
佐藤 美樹	高岡法科大学法学部助教授
椎橋 隆幸	中央大学法学部教授
塩見 淳	京都大学法学部教授
島 伸一	駿河台大学法学部教授
島岡 まな	亜細亜大学法学部助教授
清水 一成	琉球大学法文学部教授
洲見 光男	朝日大学法学部教授
白取 祐司	北海道大学法学部教授
城下 裕二	札幌学院大学法学部教授
新屋 達之	立正大学法学部助教授
鈴木 左斗志	学習院大学法学部助教授
瀬川 晃	同志社大学法学部教授
関 正晴	日本大学法学部専任講師
＊曽根 威彦	早稲田大学法学部教授
園田 寿	関西大学法学部教授
高田 昭正	大阪市立大学法学部教授

信山社創立10周年記念

[注文書] 2000年9月刊行予定　予約票　予6,800円		書店予約印
住　　所		
お名前		
T E L		
F A X		

刑事法辞典

2000年12月30日　第1版第1刷発行

編　者　三井　誠
　　　　町野　朔
　　　　曽根　威彦
　　　　中森　喜彦
　　　　吉岡　一男
　　　　西田　典之
発行者　今井　貴
発行所　株式会社　信山社
編集所　信山社出版株式会社
販売所　信山社販売株式会社
〒113-0033　東京都文京区本郷 6-2-9-102
電話　03(3818)1019
FAX　03(3818)0344
印　刷　勝美印刷株式会社
製　本　株式会社渋谷文泉閣

ISBN 4-7279-5601-X C3532　013-050-020-0300

NDC 01-326．001

[編者から]

このたび信山社の10周年企画依頼によりまして，『刑事法辞典』を編集することになりました．

長年の刑事法学研究成果をふまえつつ，刑事法を理解する上で不可欠な項目を総まとめし，大きからず小さからず手頃な頁数で，大学生・研究者さらに実務家の要望にも応えられる刑事法の中辞典を目指して，項目選定に各編集委員が力を注いで参りました．お蔭様で，全体としてバランスのとれた中小項目主義の項目構成（総数約2,141項目，執筆者134名）にすることができ，一同ほっとしているところでございます．

平成10年8月　　編集委員　　三井　誠　町野　朔　曽根威彦
中森喜彦　吉岡一男　西田典之

[信山社から]

さて今度，三井誠先生，町野朔先生，曽根威彦先生，中森喜彦先生，吉岡一男先生，西田典之先生のご編集により『刑事法辞典』を刊行することに致しました．

もとより辞典の刊行に要する時間と労力・費用が並でないことはよく存じておりますが，10周年を期に勇気を振るって本格的な辞典をはじめ『法律学の森』等の企画を進行しております．

幸い，編集をご担当いただいた先生方の献身的なお力添えをいただき，学界の有力な先生方にご執筆のお願いができることになりました．小社にとっては，幾多の苦節の中で最も喜びとするところであります．何としても早く完成させて小社の節目の記念とし，今後この分野においてご執筆の先生方とともに，有意義な仕事に邁進して参りたいと存じます．

何卒，ご支援いただけますよう心からお願い申し上げます．

平成10年8月　　信山社　袖山　貴　渡辺左近　村岡侖衛　中浦芳明

行為の条件として構成要件に含まれることになる．

つぎに，主観的構成要件要素には，すべての犯罪に予定されている一般的要素と，特定の犯罪にのみ必要とされる特殊的要素とがある．一般的主観的要素が，構成要件的*故意'および構成要件的*過失'であり，特殊的主観的要素としては，通常，*目的犯'における主観的目的，*傾向犯'における内心の傾向，*表現犯'における心理的過程が挙げられている．

第2に，構成要件要素には，単なる事実認識に基づいて確定しうる記述的要素と，その確定のために文化的価値判断を必要とする規範的要素とがある．価値的評価を必要とする*規範的構成要件要素'は，構成要件の明確性の観点からみて望ましくないものであり，その採用は必要最小限度にとどめられなければならない．→*定型説' ［曽根威彦］

― さ ―

順点の原則 事件が起訴されると，裁判所としては，その事件の審理を担当する裁判機関を定める手続が必要となる．事件を配付するこの手続は，事件を受理した順序に従って，あらかじめ順序を定められた配付先の部または係に機械的に行うのが，原則である．これを順点の原則という．配付先の決定に作為が入らないようにするとともに，負担の公平を図るためである． ［三井 誠］

人の健康に係る公害犯罪の処罰に関する法律 1970年のいわゆる「公害国会」で成立した（昭45年法142）．公害罪法と略称され，人の生命・健康に被害をもたらす公害行為を処罰する公害刑法を構成する．

「工場又は事業場における事業活動に伴つて人の健康を害する物質……を排出し，公衆の生命又は身体に危険を生じさせた」という故意の排出罪（3 Ⅰ．Ⅱは結果的加重犯）と，「業務上必要な注意を怠り」同じ危険を生じさせた過失の排出罪（4 Ⅰ．Ⅱは結果的加重犯）とを規定し，双方の犯罪に関する両罰規定も規定されている（5）．

これら排出罪は公害犯罪とも呼ばれる．工場からの排出物質が悲惨な被害をもたらした四大公害事件（水俣病事件，新潟水俣病事件［阿賀野川水銀中毒事件］，富山イタイイタイ病事件［神通川カドミウム中毒事件］，四日市ぜんそく事件）などの構造型公害を念頭において作られた法律である．

このこともあり，最高裁は，器具の操作を誤り有害物質を大気中に排出してしまったというような，「事業活動の一環として行われた」のでない事故型公害においては，過失排出罪は成立しないとしている（最判昭62·9·22刑集41·6·255，最判昭63·10·27刑集42·8·1109）．

有害物質が排出されたことの証明があり，現に被害が生じていることの証明があったとしても，それが排出物質に因るものであることの証明は困難なことがある．*疑わしきは被告人の利益に'の原則が妥当する刑事裁判では，「疑わしきは排除する」を原則とする*疫学的因果関係'の考え方をとることはできない．

本法は，「工場又は事業場における事業活動に伴い，当該排出のみによつても公衆の生命又は身体に危険が生じうる程度に人の健康を害する物質を排出した者がある場合において，その排出によりそのような危険が生じうる地域内に同種の物質による公衆の生命又は身体の危険が生じているときは，その危険は，その者の排出した物質によつて生じたものと推定する」（5）という*推定'規定を設けた．しかし，*挙証責任'を被告人に転換する合理的な根拠はなく，立証の困難性だけを理由としてこのようなことをすることは許されないから，この規定には憲法31条違反の疑いがある．→環境刑法，胎児傷害 ［町野 朔］

構成要件（独）Tatbestand　**1 意義の多様性**　構成要件とは，*刑法'における法律要件のうち直接犯罪行為に関する記述をいうが，条文そのものではなくこれに解釈を施して得られた，犯罪を輪郭づける観念像が構成要件である．そして，現実の犯罪行為が構成要件に当てはまることを*構成要件該当性'といい，構成要件に該当した犯罪事実を構成要件該当事実という．構成要件（構成要件該当性）は，犯罪成立要件の1つであって，もともとは，価値に関係しているとはいえ，実質的な価値判断を含む*違法'・*責任'とは異なり，それ自体は形式的，価値中立的な性質をもっている．と解せられてきたが，今日では，実質的，価値的な構成要件概念も有力に主張されている（2，3参照）．

2 理論の変遷　構成要件理論は，構成要件の意義・内容，構成要件と違法・責任との関係などをめぐって，いくつかの見解に分かれている．

まず，(1) 行為類型論は，構成要件該当性の判断に裁判官の恣意的評価が入ることを防止しようとして，構成要件を純客観的，記述的に捉えた*ベーリング'の流れを汲んで，構成要件を違法・責任から截然と分離し，構成要件のもつ形式的，価値中立的な性格を徹底させている．もっとも，今日の行為類型論は，客観的構成要件要素のほか*主観的構成要件要素'を認めるが，前者は違法評価の対象，後者は責任評価の対象であるにとどまり，それ自体が違法・責任の実質的価値判断を伴うものではないとしている．

つぎに，(2) 違法類型論は，構成要件を(可罰的）違法行為の類型と解するものであるが，構成要件と違法性の関係に関する理解の違いを反映して，さらに次の2つの見解に分かれている．

第1は，構成要件を違法性の徴表とみ（煙と火の関係），構成要件に規範的要素も含まれていることを示唆して，構成要件は違法性の認識根拠であるとした*マイヤー'の流れを汲むものであって，構成要件該当性と違法性を区別しつつも，両者を原則・例外の関係と捉えている．

第2は，マイヤーの見解をさらに進めて，*規範的構成要件要素'のほか主観的構成要件要素をも認め，また，構成要件を違法性の存在根拠と解する*メッガー'の流れを汲むものであって，構成要件該当性と違法性を一体のものとしてみる立場である．この立場は，①構成要件該当性を違法性の中に埋没させ（新構成要件論），あるいは②構成要件該当性の中に違法性を取り込むことになる（*消極的構成要件要素'の理論）．さらに，③違法有責類型論は，犯罪の本質を国家的道義違反とみる*道義的責任論'の立場から，構成要件は違法類型であると同時に責任類型でもあるとして独得の構成要件論を展開した*小野清一郎'の流れを汲むものであって，構成要件を違法行為の類型であるにとどまらず，有責行為の類型でもあると解している．この意味での構成要件は，犯罪類型とも呼ばれる．

3 犯罪成立要件における機能　構成要件の果たすべき機能の第1は，*罪刑法定主義'的機能であって，構成要件は刑法の人権保障機能と結び付いて，処罰される行為と処罰されない行為を明確に限界づける機能を有している．

第2は，犯罪個別化機能であって，構成要件は個々の犯罪を他の犯罪から区別して示す機能を果たしている．

第3は，違法性推定機能であって，構成要件に該当する行為が違法であることを推定させる機能である．通説は，構成要件は（可罰的）違法類型であるから，構成要件に該当した行為について違法であることが論理的に推定され，例外的に*違法阻却事由'があれば推定された違法性が阻却されると解する．これに対し，構成要件に該当する行為は違法評価の対象にすぎないと解する立場からは，構成要件に違法性の論理的意味での違法性推定機能は認められないことになる．

第4は，故意規制機能であって，構成要件は，故意があるというために認識の対象として必要とする客観的事実を示す機能を果たしているが，故意の構成要件関連性を認めない見解も有力である．

4 構成要件要素の種類　構成要件要素は，第1に，客観的要素と主観的要素とに分けられる．まず，客観的構成要件要素としては，*実行行為'，（構成要件的）*結果'，*因果関係，*行為'の主体，行為の客体，行為の状況が含まれる．なお，*客観的処罰条件'を犯罪概念，特に違法に還元しようとする立場からは，これも

高橋則夫（たかはしのりお）　早稲田大学法学部教授
髙山佳奈子（たかやまかなこ）　成城大学法学部助教授
田口守一（たぐちもりかず）　早稲田大学法学部教授
只木　誠（ただきまこと）　獨協大学法学部助教授
多田辰也（ただたつや）　大東文化大学法学部教授
田中利幸（たなかとしゆき）　横浜国立大学経済学部教授
田中　開（たなかひらく）　法政大学法学部教授
田淵浩二（たぶちこうじ）　静岡大学人文学部助教授
津村政孝（つむらまさたか）　学習院大学法学部教授
寺崎嘉博（てらさきよしひろ）　筑波大学社会科学系教授
土井政和（どいまさかず）　九州大学法学部教授
長井長信（ながいちょうしん）　南山大学法学部教授
長井　圓（ながいまどか）　神奈川大学法学部教授
中空壽雅（なかぞらとしまさ）　関東学園大学法学部助教授
長沼範良（ながぬまのりよし）　成蹊大学法学部教授
中野目善則（なかのめよしのり）　中央大学法学部教授
*中森喜彦（なかもりよしひこ）　京都大学法学部教授
鯰越溢弘（なまずごしいつひろ）　新潟大学法学部教授
新倉　修（にいくらおさむ）　國學院大学法学部教授
*西田典之（にしだのりゆき）　東京大学法学部教授
西村秀二（にしむらしゅうじ）　富山大学経済学部教授
野村　稔（のむらみのる）　早稲田大学法学部教授
橋田　久（はしだひさし）　京都産業大学法学部助教授
橋爪　隆（はしづめたかし）　神戸大学法学部助教授
橋本正博（はしもとまさひろ）　一橋大学法学部助教授
林　幹人（はやしみきと）　上智大学法学部教授
林　美月子（はやしみつこ）　神奈川大学法学部教授
林　陽一（はやしよういち）　千葉大学法経学部助教授
久岡康成（ひさおかやすなり）　立命館大学法学部教授
日髙義博（ひだかよしひろ）　専修大学法学部教授
平川宗信（ひらかわむねのぶ）　名古屋大学法学部教授
平田　元（ひらたはじめ）　三重大学人文学部教授
平良木登規男（ひららぎときお）　慶應義塾大学法学部教授
福島　至（ふくしまいたる）　龍谷大学法学部教授
福山道義（ふくやまみちよし）　福岡大学法学部教授
堀内捷三（ほりうちしょうぞう）　法政大学法学部教授
前田雅英（まえだまさひで）　東京都立大学法学部教授
*町野　朔（まちのさく）　上智大学法学部教授
松生光正（まつおみつまさ）　姫路獨協大学法学部教授
松代剛枝（まつしろまさえ）　山形大学人文学部講師
松原久利（まつばらひさとし）　桐蔭横浜大学法学部助教授
松原芳博（まつばらよしひろ）　九州国際大学法学部助教授
松宮孝明（まつみやたかあき）　立命館大学法学部教授
丸山雅夫（まるやままさお）　南山大学法学部教授
三島　聡（みしまさとし）　大阪市立大学法学部助教授
水谷規男（みずたにのりお）　愛知学院大学法学部助教授
*三井　誠（みついまこと）　神戸大学法学部教授
宮城啓子（みやぎけいこ）　成城大学法学部教授
宮澤節生（みやざわせつお）　神戸大学法学部教授
村山眞維（むらやままさゆき）　千葉大学法経学部教授
守山　正（もりやまただし）　拓殖大学政経学部教授
安田拓人（やすだたくと）　金沢大学法学部助教授
安冨　潔（やすとみきよし）　慶應義塾大学法学部教授
安村　勉（やすむらつとむ）　金沢大学法学部教授
山口　厚（やまぐちあつし）　東京大学法学部教授
山田道郎（やまだみちお）　明治大学法学部教授
山中敬一（やまなかけいいち）　関西大学法学部教授
山名京子（やまなきょうこ）　奈良産業大学法学部教授
山火正則（やまびまさのり）　神奈川大学法学部教授
山本輝之（やまもとてるゆき）　帝京大学法学部助教授
山本正樹（やまもとまさき）　近畿大学法学部教授
*吉岡一男（よしおかかずお）　京都大学法学部教授
吉田敏雄（よしだとしお）　北海学園大学法学部教授
吉田宣之（よしだのぶゆき）　桐蔭横浜大学法学部教授
吉弘光男（よしひろみつお）　九州国際大学法学部助教授
吉村　弘（よしむらひろむ）　北九州大学法学部教授
米山耕二（よねやまこうじ）　一橋大学法学部専任講師
渡辺　修（わたなべおさむ）　神戸学院大学法学部教授